한국정신대문제
대 책 협 의 회
20년사

이 도서의 국립중앙도서관 출판시도서목록(CIP)은 서지정보유통지원시스템 홈페이지(http://seoji.nl.go.kr)와 국가자료공동
목록시스템(http://www.nl.go.kr/kolisnet)에서 이용하실 수 있습니다. (CIP제어번호: CIP2014006430)

한국정신대문제
대 책 협 의 회
20년사

| 한국정신대문제대책협의회 20년사 편찬위원회 엮음 |

한울
아카데미

축사

『한국정신대문제대책협의회(이하 정대협) 20년사』의 출간을 축하한다.

출간을 바라보며, 정대협이 조직된 1990년대 초기, 증언에 나섰던 위안부 할머니들을 떠올린다. 김학순 할머니는 사죄와 배상을 요구하며 1992년 일본 정부를 상대로 고소를 제기하셨고, 강덕경 할머니는 숨을 거두는 마지막 순간까지 일본에 가서 사죄를 받아내야 한다며 여권을 챙기셨다.

하지만 일본 수상 아베 신조(安倍晋三)는 증거가 없다며 여전히 위안부 제도의 강제성을 부인하고 있다. 위안부 할머니들이 원하는 것은 존엄성 회복을 위한 진정한 사죄와 배상이다. 그러나 일본 정부가 내놓은 답은 '여성을 위한 아시아 평화 국민기금(이하 국민기금)'이었다. 중죄인이 피해자에게 불쌍하다고 위로금을 건네며 떠들지 말라는 형국인 것이다. 물론 이 국민기금은 일본 정부가 스스로 인정하듯 실패로 끝났다.

할머니들의 소원은 '2000년 일본군성노예전범 여성국제법정'을 통해 추상적으로나마 이루어졌다. 남과 북의 피해자들이 '코리아'라고 적힌 한반도 깃발을 앞세우고 법정에 들어섰을 때, 3층 강당을 메운 참석자들은 우레와 같은 박수로 그들을 환영했다. 가브리엘 커크 맥도널드(Gabrielle Kirk McDonald) 수석판사가 히로히토(裕仁) 일왕의 '유죄'와 일본국의 '책임 있음'을 선고했을 때 일본군 클럽이 위치한 구단자카(九段坂) 호텔이 떠나갈 듯한 기립박수가 터져 나왔다. 이것은 지구촌 시민이 정의를 원하는 양심의 소리였다.

2013년 12월 25일, 서울 주재 일본 대사관 앞에서 제1,106차 수요시위를 했다. '사죄하라', '배상하라'는 구호에 대한 일본 대사관의 대답은 대사관 앞 위안부 평화비 소녀 동상을 치우라는 것이었다. 대사관을 마주보고 있는 정직한 소녀의 시선을 감당하기 어려웠으리라 짐작된다. 일본은 범행을 인정하고 사죄함으로써 죄에서 해방되고, 사실을 역사에 남겨 후세에 교훈으로 삼아야 할 것이다. 그때서야 비로소 피해자들은 존엄성을 찾고 가벼운 마음으로 이 세상을 떠날 수 있을 것이다.

과거 20여 년 동안 정대협은 위안부 문제 해결을 위해 온 힘을 다해왔다. 『정대협 20년사』 출간 축사를 쓸 수 있게 된 것은 큰 영광이다. 그동안 이 운동을 함께한 일본과 그 외 피해국의 여러 운동단체에 감사를 표한다.

2014년 2월

윤정옥

발간사

　한국정신대문제대책협의회(이하 정대협)가 설립될 때부터 함께 일해온 제가 『정대협 20년사』 편찬위원회를 맡게 된 것을 큰 영광으로 생각합니다. 참으로 힘든 역경을 헤치고 어느새 20년을 넘은 정대협운동을 어떻게 정리할 것인지 막막하기만 했습니다. 우선 창립기에 활동하신 분부터 현재 실무진에 이르는 주요 활동가들을 모시고 『정대협 20년사』의 전체 구성을 기획했습니다. 기획회의에 참여하신 분들은 모두 감개무량한 마음을 주체하기 힘들어 했습니다.

　기획회의에서는 『정대협 20년사』를 사실에 기초해 객관적으로 기록하는 데 의미를 두고, 주관적이거나 감정적인 기술은 가능한 한 하지 않기로 결정했습니다. 정대협 활동 내용을 중심에 두고, 해외동포들의 활동이나 일본과 미국에서의 입법·소송 운동 등 정대협과 관련된 단체들의 활동은 제2부로 분리했습니다. 정대협 창립 과정의 역사를 상세히 기술한 후, 그다음부터는 활동 내용을 국제사회와의 협력, 피해자 지원활동 등 부문별로 나누어 정리하기로 결정했습니다. 정대협운동의 초점을 명확히 하고, 각 부문별 운동의 일관성을 살리려는 목적에서입니다. 전체 정대협운동의 역사는 부록의 연표에서 확인할 수 있도록 정리했습니다. 또한 정대협운동의 기둥이 되고 있는 수요시위의 매주 주관단체를 정리해 정대협운동에 얼마나 많은 단체가 참여했는지를 보여주고자 했습니다. 기획회의는 『정대협 20년사』가 소중한 역사적 기록물이 되기를 바라는 마음으로 진행되었습니다.

책의 실무를 맡은 박정애 박사(여성사 전공)와 함께 기획회의에서 결정된 전체적인 구성과 방침에 따라 좀 더 세밀한 항목을 정리하고, 각 항목의 사실을 가장 잘 알고 계신 분들을 찾아 원고를 부탁드렸습니다. 설립 초창기에 주로 일하신 분부터 중도에 합류하신 분, 해외에 계신 분 등 다양한 구성을 이룬 집필진 여러분은 우리의 원고 청탁을 흔쾌히 받아주셨고 원고를 성심껏 써주셨습니다. 특히 정대협 창립 과정의 역사에 대한 한국교회여성연합회 윤영애 선생님의 놀랍도록 세밀한 기록과, 기억을 살려 손수 원고를 작성해주신 정대협 초대 공동대표 윤정옥 선생님의 노고는 그저 감동스러울 뿐이었습니다. 실무 팀은 이 원고를 모아 겹치는 부분은 다듬고, 모자라는 부분은 보충하면서 책을 완성해나갔습니다. 원고의 원저자 이름을 모두 꼼꼼히 넣어 기록의 책임성을 기하고자 했습니다. 이렇게 『정대협 20년사』는 정대협 활동가 모두의 노력으로 탄생된 공동작품이라 할 수 있습니다.

엄청난 속도로 돌아가는 정대협의 바쁜 일정 속에서, 20년이 넘는 역사가 하나의 기록물로 집대성되도록 원고를 보내주신 여러 분께 감사를 드립니다. 늘 정대협의 책을 성심껏 만들어주신 도서출판 한울과 이 책의 작업을 맡아 꼼꼼히 문장을 보아주신 서성진 선생님께 감사드립니다. 그리고 『정대협 20년사』의 출간이 창립 20주년에 맞추지 못하고 늦어진 점에 사죄의 말씀을 드리며, 부족한 점이 있더라도 이 책이 널리 읽히길 바라는 마음 간절합니다.

정대협 20년사 편찬위원회 위원장 정진성

| 차례 |

제1부

한국정신대문제대책협의회의 설립과 활동

서론
한국정신대문제대책협의회 20년의 발걸음[*]

일제시기에 일어난 일본군위안부[1] 강제동원의 문제(이하 위안부 문제)는 1980 년대 말에야 사회의 관심을 받기 시작했다. 극비 정책이었던 위안부는 전후에 관련 문서가 일본 정부 명령에 의해 파괴되어 문서자료 자체가 극히 드물었다. 그뿐만 아니라 미국의 전후 아시아 정책에 따라 일본에 대한 전쟁책임 추궁은 최소한으로 이루어졌다. 군위안소 경험자들과 피해 여성들도 가부장제 사회에서 굳게 입을 다물었다.

그러나 수많은 사람의 인권을 유린한 위안부 문제가 그동안 완전히 덮여 있던 것만은 아니다. 전쟁 이후 1980년대까지 군위안부 문제에 대해서는 한국과 일본에서 신문기사, 소설, 영화 및 연구서 등의 형태로 산발적으로나마 문제가 제기되어왔다. 그러나 이러한 연구 및 문화 활동은 경제 복구에 사회적 관심이 집중되고 있던 한국과 일본에서 모두 특별한 관심을 받지 못했고, 압도적인 가부장제 사회의 분위기에 묻혀왔다. 1980년대 말에 이 문제가 한

---

[*] 서론은 정진성 전 정대협 공동대표가 작성했다.
1   일본군위안부라는 명칭에 대해서는 이견이 존재한다. 이에 관한 논의는 이 책의 제1부 제1
    장에 정리된 '일본군위안부와 정신대, 성노예 개념' 참조. 이 책에서는 특별한 경우가 아닌
    한 인용부호 없이 위안부라는 용어를 사용한다.

국과 일본뿐만 아니라 아시아 전체에서 중요한 사회적 이슈로 급부상한 데는 무엇보다 한국 여성운동의 성장이 있었다.

　1990년 11월 설립된 한국정신대문제대책협의회(이하 정대협)에는 한국의 거의 모든 주요 여성단체가 가입했다. 1992년 1월 8일에 시작해 매주 수요일 정오에 일본 대사관 앞에서 열리는 수요시위는 정대협의 회원단체들이 만들어가고 있다. 정대협이 50년 이상 묻혀 있던 엄청난 인권침해의 사실을 파헤치고, 외롭고 힘겹게 생활해온 위안부 피해자들을 세상으로 이끌어내 위로하고, 한국 정부와 사회의 도움을 받도록 돕고, 일본 정부에 책임을 묻고, 국제사회에 위안부 문제를 알리고, 다시는 전쟁 중에 여성인권이 유린되는 사태가 한국과 아시아, 세계에서 되풀이되지 않을 것을 호소하는 사회운동을 펴온 지 20년이 넘었다. 이렇게 한길을 걸어오는 동안, 정대협은 수많은 사람에게 도움을 받았고, 그보다 더 많은 사람에게 평화와 인권존중의 메시지를 전했다. 간혹 들리는 비판은 더 열심히 활동하라는 격려로 받아들이면서 조직을 성숙시켜왔다. 일본군위안부 문제를 넘어 여성인권과 평화의 문제까지 활동의 범위를 넓히고자 늘 마음을 먹으면서도, 한편으로는 위안부 문제만으로도 벅차기만 했던 정대협의 하루하루를 20년이 넘은 시점에서 되돌아본다.

1. 정대협운동의 발전

　정대협은 1990년 11월에 설립되었지만, 설립 준비가 본격적으로 시작된 1980년대 말이 정대협운동의 시작점이라 할 수 있다. 1990년대 초반, 정대협은 한국과 아시아, 유엔에서 참으로 숨 가쁜 활동을 벌이며 위안부 문제 해결운동의 기초를 다졌다. 1990년대 중반부터는 유엔에서 일본 정부에 대한 강력한 권고가 나오기 시작했다. 하지만 일본 정부는 오히려 법적 책임을 호도

하는 국민기금을 만들었고, 정대협은 국민기금 반대운동에 집중했다.

운동의 줄기를 바로잡아 '2000년 일본군성노예전범 여성국제법정(이하 2000년 법정)'을 개최한 이후, 정대협은 새롭게 교육과 기념사업에 전념했다. 2007년 미 하원에서 일본군위안부 문제 결의안이 채택되면서 운동은 새로운 전기를 맞았다. 이때부터 지금까지 오스트레일리아와 유럽 여러 나라에서 결의안 채택을 촉구하는 운동을 벌이며 일본 정부에 다시 한 번 압력을 가하고 있다.

정대협의 운동은 20년 동안 하나의 줄기를 이루며 진행되었지만, 운동의 과정은 몇 단계로 나누어 정리해볼 수 있다.

1) 준비기: 1980년대 말~1990년

1980년대 말 한국 사회의 민주화는 여성운동을 크게 성장시켰다. 여성운동의 성장은 사회적 무관심 속에서 꾸준히 일구어온 일본군위안부 연구와 운동을 일시에 개화시켰다.

이 시기에 '정신대'[2]로 끌려갈 위기를 넘기고 지속적으로 '정신대' 문제에 관한 자료를 모으고 있던 윤정옥 교수와 1970년대 이후 지속적으로 성매매관광 문제를 제기하며 활동하던 한국교회여성연합회(이하 한교여연)가 한국여성단체연합의 대표였던 이효재 이화여자대학교 교수의 주선으로 만났다. 이들은 '정신대'의 발자취를 따라 일본을 비롯한 아시아 여러 나라를 방문했고, 그 취재기를 ≪한겨레≫에 실으면서 사회적 관심을 불러일으켰다. 이후 여러 활동을 벌이며 마침내 1990년 11월 16일 정대협이 결성되었고, 1990년 7월 윤정옥 교수가 이화여자대학교 여성학과 학생들을 중심으로 만든 정신대연구회는 정대협의 자매 연구단체가 되었다.

---

2   당시에는 일본군위안부를 '정신대'라고 불렀다.

2) 확립기: 1991~1995년

정대협은 설립되자마자 엄청난 속도로 운동을 전개했다. 1991년 8월 김학순 할머니가 위안부 피해자로서 처음 세상에 모습을 드러냈고, 이는 전 사회의 이목을 집중시켰다. 이어서 1991년 12월과 1992년 1월에는 미국과 일본에서 일본군위안부 제도의 존재를 밝히는 군문서가 발굴되어 위안부 문제는 그야말로 폭발적으로 전 세계의 이슈가 되었다.

정대협은 준비기부터 일본의 여성단체들과 교류·협력했으며, 한국 정부와 일본 정부에 위안부 문제의 해결을 촉구하는 활동을 전개했다. 또한 아시아 여러 피해국에서 결성된 정대협과 같은 시민단체와 함께 아시아연대회의를 구성하고 국제사회와의 협력을 확대해나갔다. 국내에서도 젠더 부문뿐 아니라 전 시민사회로 문제의식을 높여갔다.

정대협은 1990년대 초반 국제사회에 위안부 문제를 알리는 데 주력했다. 1992년부터 유엔인권위원회(UN Commission on Human Rights), 유엔인권위원회 산하 소수민족차별 방지 및 보호에 관한 소위원회(UN Sub-Commission on the Promotion and Protection of Human Rights, 이하 유엔인권소위원회) 및 현대형 노예제 실무회의(Working Group on Contemporary Forms of Slavery)에 위안부 문제를 제기해 세계를 놀라게 했고, 1995년부터는 국제노동기구(International Labor Organization: ILO)에 위안부 문제가 강제노동조약 위반임을 호소했다. 또한 국제상설중재재판소(Permanent Court of Arbitration: PCA)에 일본 정부를 제소하는 한편, 일본 검찰에 고소·고발장을 제출하기도 했으며,[3] 일본의 각 지방법원에 위안부 문제를 제기하고 일본 정부에 피해자 보상과 책임자 처벌을 강력히 촉

---

3   1994년 2월 7일 일본군위안부 피해자 27명이 일본 도쿄 지방검찰청에 고소·고발장을 제출했다. 하지만 일본 검찰은 시효가 지난 데다 범죄 사실을 적용시킬 만한 국내법이 없다는 이유로 접수를 거부했다. 자세한 내용은 이 책의 제1부 제5장 「법적 책임 규명운동」 참조.

구해왔다. 국내에서는 한국 정부에 피해자 지원을 촉구하여, 1993년 「일제하 일본군위안부에 대한 생활안정지원법」[4] 제정을 이끌어냈다.

일본과 미국, 유럽의 동포들이 운동에 참여하면서 정대협은 국제 네트워크의 구심점 역할을 수행했다. 북한에서도 관련 단체를 만들어 정대협과 연대했다. 한국정신대연구회와 협력하여 피해자 증언집을 출판했으며, 활동 자료집을 간행하고 피해자 복지활동에 힘을 기울였다.

3) 유엔 권고 발표와 국민기금 반대: 1996~1998년

그동안 유엔에서 전개한 활동이 결실을 맺어 1996년 유엔인권위원회 여성폭력문제 특별보고관이 일본군위안부 문제를 집중 조명한 보고서를 발표했고, 여기에 일본 정부에 대한 강력한 권고가 포함되었다. 1998년에는 유엔인권소위원회에서 「전시하 체계적 강간과 성노예제 및 노예적 관행」이라는 제목의 보고서가 나왔고 그 안에 일본 정부뿐 아니라 가해자 개인에게까지도 책임을 묻는 중요한 내용이 실렸다. ILO에서도 계속 일본 정부의 책임 있는 해결을 촉구하는 보고서를 발표했다.

국제사회가 일본군위안부 문제를 비판하는 가운데, 일본 정부는 자체 조사 보고서를 두 차례 발표했으나 사죄와 배상, 처벌 등의 해결 노력은 보이지 않았다. 1993년 일본에 사회당 연립정부가 세워지면서 태도 변화를 기대했으나, 현실은 달라지지 않았다. 일본 사회당 정권은 1994년부터 1년여의 준비를 거쳐 1995년에 '여성을 위한 아시아 평화 국민기금(이하 국민기금)'을 발족시켰다. 국민기금은 정부 차원의 법적 책임이 없다는 것을 전제한 후, 민간모

---

4   2002년 「일제하 일본군위안부 피해자에 대한 생활안정지원 및 기념사업 등에 관한 법률」로 개정되었다.

금을 통해 위로금 기금을 만들어 피해자에게 배분한다는 계획이었다.

정대협은 이것이 피해자를 다시 한 번 유린하는 조치라고 판단하고 반대운동을 전개했다. 한국 정부는 그동안 일본군위안부 문제에서 국내 시민단체와 피해자에게는 우호적인 조치를 취하면서도 일본 정부에 대해서는 입장 표명을 유보하는 이중적인 태도로 일관해왔지만, 국민기금에 대해서는 반대 입장을 분명히 드러냈다. 한국 정부는 정대협의 지속적인 요구에 응해 국민기금에 준하는 액수의 지원금을 피해자에게 지급했다. 국민기금을 대신하는 지원금을 지급함으로써 국민기금 지급의 가능성을 차단하고, 반대 의사를 명백히 표명한 것이다. 타이완을 비롯한 대부분의 아시아 피해국도 국민기금에 반대하는 입장을 취했으나, 필리핀은 의견이 양분되었고, 한국 피해자들 사이에서도 국민기금 수령을 둘러싼 갈등이 끊이지 않았다. 일본의 단체와 개인들도 이미 책임자 처벌을 둘러싸고 분열되어 있었는데, 국민기금은 이 같은 분열을 더욱 조장했다. 정대협은 이 혼란이 일본 정부의 국민기금 때문에 일어난 문제임을 누차 지적하면서도, 운동력이 국민기금 반대운동에만 소진되는 상황을 심각히 고민했다.

4) 2000년 법정 운동: 1999~2000년

다소 혼란스러웠던 운동을 추스르며, 1998년 아시아연대회의에서는 민간법정의 개최를 결의했다. 유엔과 여러 비중 있는 국제단체가 일본 정부에 사죄와 배상 등을 권고했지만 일본 정부가 국민기금이라는 회피책을 내놓은 데 대한 새로운 대응 방안이었다. 민간법정은 베트남 전쟁에 대한 미국의 책임을 묻는 '러셀 법정(Russell Tribunal)'을 모델로 한 것이었다. 일본을 비롯한 아시아 피해국, 네덜란드까지 2000년 법정 추진 운동에 전념했다.

2000년 12월에 도쿄재판[5]을 보완한다는 의미에서 도쿄에서 열린 2000년 법정은 피해국의 활동가와 피해자들이 한자리에 모이고 세계 유수의 법률가들이 판단을 내린 민간법정의 훌륭한 전례가 되었다.

5) 기념사업 발전과 미 하원 결의 이후 새로운 전기: 2001년~현재

2000년 법정으로 국내외에서 비약적으로 발전한 일본군위안부 문제 해결운동은 이후 새로운 방향을 모색하기 시작했다. 그중 하나는 일본군위안부 문제를 아시아 피해국과 해외동포단체 들을 넘어 미국, 오스트레일리아, 영국, 벨기에, 프랑스 등 세계 여성단체 및 인권단체와 전시 성폭력 중단, 여성폭력 추방 캠페인 연대활동을 진행하면서 일본군위안부 문제를 세계여성평화운동 속의 한 이슈이자 현재의 문제로 의제화한 것이다. 그 결과, 세계 각국 의회에서 일본군위안부 관련 결의안 채택이 이루어졌으며, 평화여성운동단체와의 네트워크가 확대되었다.

또한 매년 유명을 달리하는 피해자들의 흔적을 남기고 피해자들이 살아생전 소망했던 "전쟁을 하지 마라", "나 같은 피해자가 다시 생기지 않게 하라"는 뜻을 기념하는 추모비 박물관 건립을 추진했다. 국내에서는 2003년부터 일본군위안부 명예와 인권을 위한 '전쟁과여성인권박물관' 건립 사업을 시작하여 9년만인 2012년 5월 5일 전쟁과여성인권박물관을 개관했다. 일본에서는 2005년 '여성들의 전쟁과 평화 자료관[Women's Active Museum(on war and peace)]'이 만들어졌다.

이러한 상황에서 2007년 미국 하원에서 일본 정부에 진지한 사죄를 요구하는 위안부 관련 결의안이 통과되었다. 이는 재미동포들이 엄청난 노력을 기

---

5 정식 명칭은 극동국제군사재판이다. 1946년 5월부터 3년 동안 제2차 세계대전의 전범을 심리하고 재판했다. 일왕에게 면죄부를 주고, 식민지 및 위안부 문제를 다루지 않은 것이 한계로 꼽힌다.

울인 결과였다. 정대협은 이를 계기로 운동에 활력을 찾고 유럽과 오스트레일리아 등 여러 나라에서 일본군위안부 관련 결의안을 만들고 통과시키는 활동을 적극적으로 전개했다. 해외 각국 동포들의 참여도 다시 활발해졌다.

앞으로 정대협은 여러 나라에서 위안부 문제에 대한 의식을 환기시키기 위한 활동을 지속하고, 전쟁 중에 벌어지는 여성인권침해 문제에 협력하는 등 활동의 범위를 넓혀갈 것이다. 또한 아직도 미완인 위안부의 역사적 사실 규명을 위한 연구와 피해자 복지 및 기념사업, 교육활동을 지속·확대해나갈 것이다.

2. 여성인권운동으로서의 정대협운동

1) 민족주의를 둘러싼 논쟁

정대협은 여성인권운동으로서 발전했다. 역사적 사실 규명을 위한 연구와 출판도 여성인권의 증진이라는 목표가 없이는 힘을 잃는다. 그러나 여성인권의 역사적 맥락에 대한 이해가 없는 운동은 진공 속의 외침처럼 공허하기만 하다. 정대협은 이 사실을 잘 이해하고 있었다.

정대협이 1992년 처음으로 유엔인권소위원회에 제출한 문건은 다음과 같은 문장으로 시작된다. 이 문건은 군위안부 문제를 여성인권침해의 문제로 이해하면서 전쟁과 식민주의라는 사회적 맥락을 강조하는 정대협의 입장을 명확히 보여준다.

1910년 일본에 합병된 한국은 제2차 세계대전이 끝나는 1945년까지 혹독하고 억압적인 일본의 지배 아래 고통을 받았다. 이 기간에 한국 민족에게 갖은 수탈과 억압이 가해졌지만 한국의 여성들이 아시아태평양 지역에 있던 일본군의

성노예로 강제동원된 일이야말로 그중에서도 가장 중대하고 잔혹한 것이었다.[6]

정대협은 지난 20년 동안 정대협의 운동이 민족주의를 지향한다는 비판을 '폭력'처럼 받아왔다. 하지만 정대협이 전개해온 역사적 사실 규명은 식민주의 폭압, 전쟁의 피해, 여성비하의 잔혹함이 상호교차하면서 형성된 억압적 모습을 드러내고 포착하는 과정이었다. 식민지, 점령지와 일본의 여성을 차별적으로 대우한 것을 밝히는 것은 역사적 사실 규명이지 민족주의의 표현이 아니다. 피해자들의 뇌리에 가득 찬 '나쁜 일본 놈'은 사회적으로 구성된 의식이지 민족주의적 허구가 아니다. 이러한 '폭력적'인 비판은 정대협운동을 슬프게 했지만 약화시키지는 못했다.

2) 세계 여성·평화운동으로서의 정대협운동

정대협이 처음부터 일본과 아시아, 세계의 여성운동 진영과 연대한 것은 정대협의 운동 지향이 여성인권운동이라는 점을 반영하는 것이다. 정대협의 유엔활동은 항상 세계여성운동의 지지를 얻었으며, 전쟁 상황의 여성문제를 다룬다는 점에서 세계평화운동으로도 자리매김했다.

그뿐만 아니라 국내 시민단체들에는 초국적 시민운동의 전범(典範)을 보여주는 중요한 기여를 했다. 1993년 비엔나 세계인권회의에 국내의 시민단체가 대거 참여하여 공동대책위원회를 구성했을 때, 정대협은 이 과정에서 중요한 역할을 수행했다. 정대협운동은 유엔 인권 메커니즘을 활용하는 시민운동 전략의 대표적인 사례로 연구되기도 했다.

---

6 한국정신대문제대책협의회, 「일본군대의 성노예로 강제로 끌려간 한국여성들 정신대(군대위안부)문제」, 『정신대자료집 II: 왜 우리는 지금 이 문제에 도전하고 있는가?』(한국정신대문제대책협의회, 1992), 5쪽.

3. 피해자와 함께하는 운동

정대협의 중요한 결정은 항상 피해자와 공동으로 논의해 이루어졌다. 예를 들면, '일본군위안부'라는 용어를 사용할 것인지 결정하는 과정에 피해자들의 의견이 중요하게 반영되었다. 일본에서는 '종군위안부'라는 용어를 사용하고 있지만, '종군(從軍)'에 내포된 '자발성'의 의미를 정대협에서는 받아들일 수 없었다. 아시아연대회의에서 '강제종군위안부'라는 용어가 제안된 적이 있지만, '강제'와 '종군'이라는 이율배반적인 단어가 함께 쓰인 이 용어는 곧바로 거부되었다. 처음 한국에서 사용된 '정신대'라는 용어는 나름의 사회적·역사적 의미가 매우 중요하나, '근로정신대'와 혼동될 우려가 있기 때문에 사용을 잠정 보류하기로 했다. 피해자들의 의견이 여기서 중요하게 작용했다. '성노예'는 영어의 'sex slave'를 정확히 표현하면서 역사적 의미도 충분히 살리는 용어로 제안된 바 있지만, 피해자들이 별로 달가워하지 않았다. 결국 당시 군문서에서 발견된 군위안소, 군위안부라는 용어를 조합해 '일본군위안부'라는 용어가 결정되었다.

일본 국민기금의 거부도 할머니들의 의지가 반영된 것이었다. 이것은 정대협 활동가들이 진지하게 고민한 결과이기도 했지만, 많은 수의 피해자가 국민기금을 매우 불쾌하게 여기면서 또 한 번의 인권유린이라고 반발한 결과이기도 했다.

또한 정대협의 교육활동이 피해자의 증언을 중심으로 이루어지는 것 역시 정대협이 피해자와 함께하는 운동임을 방증한다. 정대협은 위안부 관련 문서 자료들이 주로 일본과 미국, 유럽에 존재하고 있는 현실에서 피해자 증언이 한국에서 할 수 있는 값진 진실 규명의 방안이라고 판단했다. 한편, 증언은 피해자의 마음을 상하게 하기보다는 치유하는 방법이기도 했다. 정대협은 수년에 걸쳐 생존해 있는 거의 모든 피해자의 증언을 기록했다. 국내외의 피해자 증언집회는 가장 감동적인 교육이 되고 있다.

정대협은 지식인 여성들이 중심이 되어 설립하고 활동을 이끌어가고 있지만, 위안부 피해자가 없이는 존재할 수 없는 운동이다. 그래서 생존 피해자는 정대협운동에서 가장 중요하다. 정대협은 초기에 피해자 신고를 받는 것부터 시작한 피해자 복지활동을 가장 중요하게 생각하고 지금까지 이어오고 있다.

4. 시민사회에서 이룬 남북통일

정대협운동이 평가받아야 할 또 하나의 매우 중요한 점은 시민사회 차원에서 남북통일을 이루었다는 것이다. 위안부 문제를 20년 동안 남북한이 공동으로 논의하고 협력할 수 있던 것은 정대협의 활동 성과라고 볼 수 있다. 1992년부터 해외에서 열린 회의나 유엔에서 개최한 NGO브리핑 등에서 정대협과 북한의 '종군위안부 및 태평양전쟁 피해자 보상대책위원회(종태위)'[7]는 직접적으로 대화하고 협력했다. '아시아의 평화와 여성의 역할'이라는 모임은 남북한과 일본을 오가며 수년간 지속되었으며, 아시아연대회의를 통해 북한의 단체가 서울에 오기도 했다. 2002년에는 평양에서 위안부 문제를 포함한 과거사 문제 전체를 다루는 큰 회의를 개최해 정대협이 참여했다. 이 자리에서 남북한의 피해자들은 서로 부둥켜안고 통곡하기도 했다. 이처럼 남북한 피해자가 서로 마주하는 자리를 마련한 것은 정대협운동의 중요한 업적으로 기록될 것이다. 2000년 법정에서는 남북한이 공동기소 팀을 만들어 세 시간 동안 아무런 문제없이 완전히 통일된 기소를 진행했다. 정대협 20년 운동사

---

7 종태위는 2003년 '조선일본군위안부 및 강제련행 피해자문제 대책위원회(조대위)'로 명칭을 변경했으며, 2010년에 다시 '일본군성노예 및 강제연행 피해자문제 대책위원회'로 단체명을 변경했다.

에서 가장 감격스러운 남북통일의 순간이었다.

5. 역사 인식의 학습

정대협운동은 한국 사회에 '역사 인식의 학습'이라는 경험을 제공했다. 처음 정대협의 결성과 피해자의 등장은 한국 사회에 엄청난 반향을 불러일으켰으나, 매우 부정적인 반응도 많았다. 왜 '수치스러운 과거'를 들추어내느냐는 것이었다. 또한 국제사회에 위안부 문제를 제기하는 것에 심한 비난을 쏟기도 했다. 심지어 일본 정부에 배상을 요구한 것에 대해 '화대(花代)'를 받으려는 것이 아니냐는 무지한 반응도 있었다.

그러나 은폐된 과거가 언제까지나 숨겨져 있을 수만은 없다. 그것을 숨기려고 하는 순간 우리는 비겁해지고 불안해진다. 수치스러운 과거를 정면으로 응시하고 그것을 넘어서려고 할 때 한국 사회는 성숙해진다. 정대협은 그것을 차츰 한국 사회에 인식시키고자 노력했고 성과를 거두었다. 이제는 그 누구도 예전과 같은 부정적인 반응은 보이지 않는다. 물론 극단적인 여성비하와 국수주의적 태도가 완전히 없어진 것은 아니다. 하지만 정대협의 활동으로 한국 사회는 역사를 이해하고 인정하는 기회, 역사를 바로잡는 것의 필요성을 학습하는 기회를 가질 수 있었다.

6. 정대협 조직의 효율성과 개방성의 과제

한국에서 위안부 문제 해결을 위해 일하는 단체는 대부분 정대협의 회원단체로 합류해 있으며, 그렇지 않은 경우에도 정대협과 유기적인 관계를 맺고 있다. 지역과 해외동포 단체들의 경우 특히 그러하다. 하지만 이러한 조직의 효율성은 자칫 조직의 개방성을 훼손할 수 있다. 정대협이 이 위험을 경계하면서 걸어온 20년은 참으로 힘든 여정이었다. 조직의 개방성과 민주성은 앞으로 계속 발전시켜나가야 할 과제이다.

제1장

한국정신대문제대책협의회의 설립[*]

1. 설립 배경

　일본군위안부 문제는 성, 민족, 계급 문제가 응축된 20세기 최대의 비극이라 할 수 있다. 수많은 여성이 아시아태평양전쟁 시기에 침략전쟁을 일으킨 일본의 군대에 끌려가 성노예 생활을 강요받았고, 전쟁이 끝난 뒤에도 50여 년간 침묵해야 했다.[1] 위안부 문제가 공론화될 수 있었던 것은, 일제 말기에 강제동원될 뻔했던 기억을 안고 동시대 여성들에 대한 죄책감을 잊지 못한 채 연구의 끈을 이어왔던 한 연구자의 노력 덕분이었다. 그는 1980년대 후반 일본인들의 성매매관광 반대운동을 벌이고 있던 교회 여성들과 만나면서 세상에 목소리를 낼 힘을 얻을 수 있었다. 그리고 그 바탕에는 민주화라는 짐을 어깨에 이고서 여성에 대한 차별과 폭력을 근절하기 위해 노력해왔던 한국 여성

---

[*] 제1장의 제1절 제1항은 2004년, 2006년, 2010년에 윤정옥 정대협 초대 공동대표가 정대협 운동과 관련해 구술한 내용을 근거로 재구성한 것이다. 제1절 제2항부터는 당시 한국교회여성연합회 총무이자 전 정대협 실행위원인 윤영애가 작성했다.

[1] 일본군위안부와 관련해 신문과 잡지, 영화 등으로 간간히 모습을 드러내기도 했지만, 공론화된 적은 없었다(정진성, 『일본군 성노예제』(서울: 서울대학교 출판부, 2004), 제5장 참조).

운동이 있었다.

1) 한 연구자의 상처와 집념

개인의 기억을 평생의 상처로 안고 끈질기게 위안부 문제를 파헤쳐온 연구자는 윤정옥(정대협 초대 공동대표)이었다. 다음은 그의 자전적인 서술이다. 여기에서 우리는 전시 여성동원이 한창이던 일제 말기의 시대적 공포를 엿볼 수 있다.

> **끌려가지 않기 위해**
>
> 1943년 열일곱 살의 나는 이화여자전문학교 1학년 가정과를 다니는 학생이었다. 당시에 일제가 한반도 각지에서 결혼하지 않은 여성들을 마구 정신대[2]로 끌고 가는 끔찍한 일이 발생하고 있었다. 이에 많은 학생이 끌려가지 않기 위해 서둘러 결혼했고 자퇴를 하기 시작했다. 당황한 학교 당국은 "학교에서 책임지고 말하는데 너희에게는 절대 그런 일이 없을 것이다"라고 공언했다. 1943년 11월 어느 날, 학교 당국은 1학년생들을 본관 지하실 염색 교실에 가득 모았다. 몇몇 선생들은 교실 벽 쪽으로 늘어서 있었다. 뭔가 심상치 않은 일이 벌어질 것 같은 분위기였다. 일본인이 들어와 학생들에게 종이 한 장씩 나눠줬다. 모인 학생들은 빽빽하게 인쇄된 글을 읽어볼 겨를도 없이 일본인의 지시에 따라 종이 오른쪽과 왼쪽 구석에 있는 네모 칸에 양손 엄지손가락 지장을 찍어야 했다.

---

2 1944년 칙령으로 발포된 '여자정신근로령'에 따라 노무 동원된 여성들을 흔히 정신대로 부른다. 그러나 정신대의 의미는 그보다 넓으며, 일제시기 말에 식민지 조선에서는 여성에 대한 동원 전체의 대명사로 인식된 사회사적 의미가 있다(같은 책, 제1장 참조).

이를 알게 된 부모님의 권고로 나는 다음 날 학교에 자퇴서를 냈다. 다음 날 다시 생각해보니 그날의 문서는 국민총동원령에 따른다는 서약서일 것으로 추정 되었다. 그 일이 있고 난 뒤 학교는 '지방지도원양성소'가 되었고, 그 후 '경성여 자전문학교'라는 간판을 달았다. 자퇴하지 않은 동급생들은 지방에 파견되어 '군 국여성지도자'를 교육하는 일에 투입되었다. 전운이 깊어지면서 나는 결국 부모 님과 함께 내가 태어난 금강산 온정리로 이주했다.

그 많은 여성들은 어디로

해방이 되어 돌아온 서울에는 학도병들, 징병 갔던 사람들, 강제연행 당했던 수많은 사람이 모여 있었다. 그러나 당시 함께 간 여성들의 이야기나 모습은 찾 아볼 수 없었다. 남성들은 귀국하는데, 함께 갔던 내 또래의 여성들이 어떻게 되 었나 알고 싶어졌다. 그래서 해외에서 돌아온 사람들이 가장 많았던 서울역으로 가 아무나 붙잡고 여성들의 소식을 물었다. 일주일이 넘게 일본으로, 남방으로 끌려갔다 돌아온 사람들을 붙잡고 함께 간 여성들은 어디에 있는지, 어떻게 되었 는지 물어보았지만, 어느 누구 하나 속 시원한 대답을 주지 않았다. 그저 모른다 는 말만 할 뿐이었고, 그런 대답조차 너무나 부자연스럽게 느껴졌다. 그러다 마 지막으로 "그녀들은 위안부가 되었다"는 이야기를 들었다. 당시 나는 위안부라 는 말을 몰랐기에 그것이 무엇인지 알아보기로 했다. 끌려갔던 사람들은 "끌려 간 여성들은 군수공장에 간 게 아니라 줄을 선 남자들에게 당했다", "해방이 되자 마자 집단학살 당했다", "대부분의 경우에는 현지에 버려졌다"라는 말만 전해주 었다. 나는 위안부의 존재를 조금씩, 희미하게 알게 되었다. 이렇게 위안부의 존 재를 캐묻는 것도 그리 오래 할 수 없었다. 해방 이후 남과 북은 38선으로 나뉘었 고, 뒤이어 한국전쟁이 발발하면서 급변하는 현대사 속에서 더 이상 스스로에게 질문을 할 여유가 없었다. 이후 미국 유학과 이화여자대학교에서의 교편생활 등으로 자연스레 잊어버릴 줄 알았지만, 그럴 수 없었다. 위안부와 관련된 무슨 이야기만 들리면 귀담아 듣고 있었던 것이다. 그러면서 어린 여성을 몇 만 명씩 데려갔다는 이 역사적 사실을 학자들이 밝혀낼 것이라고 끝까지 희망을 가졌다.

배봉기 할머니와의 첫 만남

그러던 중 1970년대 후반에 징용·학병 출신의 사람들이 쓴 수기를 모은 『분노의 계절』[3]이라는 책이 한국에서 출판되었고, 센다 가코오(千田夏光)라는 일본인 기자가 쓴 『통곡! 종군위안부』라는 책과 오키나와에 거주하고 있는 배봉기 할머니의 신문기사를 접하면서 관련 자료를 찾을 수 있으리라는 희망이 생겼다.

1980년 12월, 1년간의 영국 체류를 마치고 한국으로 들어오는 길에 몇 해 전 한국에 소개된 배봉기 할머니의 기사만을 들고 무작정 오키나와로 갔다. 두통이 심하시다는 것만 알고 있을 뿐 주소도 없었고, 아직 살아 계신지도 모르는 상황이었다.

〈그림 1-1-1〉 배봉기 할머니

당시 배봉기 할머니는 오키나와 재일본조선인총연합회(이하 총련)의 도움으로 살아가고 있었으며, 심한 대인기피증에 시달리고 있었다. 배봉기 할머니의 집은 나하 근처 초라한 변두리 주택으로 남루한 집이지만 쓸고 닦아 내부는 깨끗했고, "귀신이 들어올지 모른다"며 집안에 온통 마늘을 걸어 놓았다.

---

3 의병문제연구소 엮음, 『분노의 계절: 암울한 시대를 맨몸으로 산 애국열사·학병·강제징자·여자정신대의 수기』(서울: 훈복문화사, 1977).

준비해 간 음식을 먹으면서 이야기를 나누는 한 시간 동안 찻물을 앉히면서도, 대화를 나누는 중에도, 찻잔을 가져오는 중에도 반복적으로 손을 씻어야 할 정도로 할머니는 극심한 결벽 증세를 보이는 등 위안부 생활의 충격에서 얻은 여러 가지 정신질환에 시달리고 있었다.

위안부 생활을 물어보지도 못하고 그저 고향에 가고 싶지 않으냐고 물어보았더니 "나 아는 사람이 하나도 없을 텐데요"라고 할 뿐이었다. 고향을 그리워하지만 갈 수 없었던 할머니와는 그렇게 아쉬운 작별을 고할 수밖에 없었다. 이후 1988년 2월 한교여연의 '정신대 발자취를 따라서' 답사 팀과 함께 할머니를 만나려고 세 차례나 시도했지만, 할머니의 심한 신경쇠약으로 인해 끝내 거부당하고 잠시 얼굴을 보는 정도의 만남밖에 이루지 못했다. 아쉽게도 이것이 할머니와의 마지막 만남이 되었고, 할머니는 1991년 10월에 돌아가셨다.

끌려간 사람들

오키나와에서 배봉기 할머니를 만나고 규슈로 돌아와 이전부터 또 하나의 관심사였던 문제, 즉 임진왜란 때 끌려간 도공들의 후손에 관한 삶을 알아보기 시작했다. 1년여가 지난 후 ≪한국일보≫ 장명수 기자의 도움으로 1981년 8월 15일에서 8월 27일까지 "한일역사의 피안을 캐는 현지 취재: 끌려간 사람들"이라는 제목으로 7회에 걸쳐 ≪한국일보≫에 기사를 연재했다. ≪한국일보≫는 기획 연재를 시작하면서 다음과 같이 편집자의 주를 달았다.

〈그림 1-1-2〉 ≪한국일보≫에 게재된 "끌려간 사람들"

"해방 35년, 일제 치하에서의 35년과 맞먹는 세월이 흘러가고도 또 1년이 넘었다. 일제 때 10대, 20대를 보냈던 사람들은 이제 백발이 희끗희끗한 50대 이후가 되었고 잊어야 할 것과 잊지 말아야 할 것이 함께 세월 속에 묻혀지고 있다. 윤정옥 교수는 일제 강점기에 나서 10대, 20대를 보냈고, 해방, 6·25, 4·19, 5·16으로 이어지는 격동의 날들을 살아온 한국인 중의 한 사람이다. 자기 나이 또래 여성들이 정신대에 끌려가야 했던 비극을 생생히 기억하고 있는 그는 오래전부터 정신대의 기록들을 찾아 읽었고, 또 400여 년 전 왜란 때 잡혀갔던 도공의 후예들에 대해서도 오랜 관심을 기울여왔다. 그리고 그는 드디어 이들을 만나러 일본 여행길에 올랐다. 가장 아름다운 시절인 젊은 날을 일제 치하에서 보냈던 이 여교수가 해방 36년 만에 찾아가보는 일본 기행은 세월 속에, 우리 가슴속에 묻힌 많은 소중한 것들을 일깨워 줄 것으로 기대된다."

당시 기사는 규슈에서 자료 조사 및 현장 취재를 통해 수집한 자료들을 토대로 그 후손들의 삶을 중심으로 기록한 것이었다. 당시 위안부는 배봉기 할머니밖에 알 수 없는 상황이어서 마지막 연재(1981년 8월 27일 자)에 "비운의 위안부들"이라는 제목으로 배봉기 할머니의 이야기와 그간 찾은 자료들에 대해 기고했다. 역사적 사실에 근거한 당시 기사에 대해 국내의 반응은 싸늘했다. 더욱이 5·18 광주민주화항쟁 이후 신군부가 정권을 장악한 때로 당시로서는 일제강점기문제, 특히 위안부 문제라고 하는 것은 시대의 화두가 될 수 없는 상황이었다.

2) 한국교회여성연합회의 착실한 걸음

진보적인 여성단체가 거의 없던 1967년, 한국여성교회연합회(이하 한교여연)가 창립되었다. 일곱 개 개신교 교단4의 여성을 회원으로 하는 한교여연은 세계 교회여성과 연대해 인권 문제, 사회 문제, 공해 문제, 여성 문제, 평화통일 문제 등에 관심을 기울이며 산하 교회여성단체에 영향을 미쳤다.

신판 '정신대' 기생관광 반대운동

1970년대에 한교여연은 제2차 세계대전 당시 강제동원되었던 한국인들이 일본에서 원폭 피해를 입고 돌아온 실태를 조사해 피해자와 원폭 후유증에 대한 국내외적인 관심을 환기시켰으며, 성매매가 목적인 일본인의 이른바 '기생관광' 문제를 고발했다.[5] 기생관광은 외화 획득을 우선시한 한국 정부의 관광정책[6]의 산물이었다. 한교여연은 '기생관광'의 실태를 조사하고[7] 폭로해 관광을 빙자한 성매매에 대한 비판 여론을 불러일으켰다. 나아가 국제연대[8]를

---

4 일곱 개 교단은 기독교대한감리회, 구세군, 대한성공회, 대한예수교장로회, 기독교대한복음교회, 기독교한국루터회, 한국기독교장로회 등이다.

5 한교여연 이우정 회장은 1974년 2월 26일 YWCA강당에서 500명이 참석한 가운데 기생관광의 실태를 폭로했다. 이후 문교부의 압력을 받아 서울여자대학교 교수직과 한교여연의 회장직 중 하나를 선택해야 했다.

6 외화 획득을 위한 관광정책을 이해하려면 민관식 당시 문교부 장관이 일본을 방문했을 때 했던 발언을 보면 된다. "한국 여성은 경제적 건설을 위해서 필요한 외화를 획득하기 위해서 몸을 바치고 있으며 특히 한국의 기생, 호스티스가 대거 일본에 진출해서 몸을 바치며 밤낮으로 분투하는 애국충정은 훌륭한 것이다"[한국교회여성연합회, 『한국교회여성연합회 25년사』(한국교회여성연합회, 1992), 89쪽].

7 1973년에 제1차 한국 기생관광의 실태조사를 실시하고 시정을 촉구하는 한편, 일본(교풍회, 일본기독교협의회 여성위원회)과 연대하여 영향력을 행사했다. 1983년에는 제2차 실태조사(조사 기간: 1980.2.15~5.15, 서울, 제주, 부산, 경주 등) 보고서를 내고 기생관광 철폐를 강력히 요구했다. 1988년에 제3차로 제주 지역 실태조사(조사 기간: 1986.12~1987.12)를 하고 '여성과 관광문화'라는 국제세미나에서 보고했다. 한교여연은 '매춘(賣春)'이라는 용어를 '매매춘(賣買春)'으로 사용할 것, '매매춘'을 개인의 도덕적인 타락으로 보지 말 것, 성 판매 여성과 성 구매 남성을 차별적으로 처벌하는 「윤락행위등방지법」의 전면 개정 등을 촉구했다. 특히 기생관광은 경제구조의 희생양임을 자각하고 국제연대로 대처해야 할 것을 천명했다. 참고로 '매매춘'이라는 용어는 오늘날에는 '성매매'로 부른다.

통해 성매매 관광 반대운동을 전개해나갔다. 공덕귀 당시 한교여연 회장은 '기생관광'은 현대판 '정신대'9를 연상케 한다고 말하기도 했다.

1986년에는 1986 서울아시안게임과 1988 서울올림픽을 앞두고 관광객을 유치하기 위해 재연될 성매매관광을 막기 위한 대책을 논의했다. 그해 10월 한교여연은 '매춘문제와 여성운동'10이라는 주제로 세미나를 열고 제주도의 성매매 산업문제에 접근하는 한편 제주 지역의 '기생관광' 실태를 조사하고 이를 기반으로 성매매관광 반대운동을 펼쳐나가기로 했다.

1984년 방일을 앞둔 전두환 대통령에게 서신 전달

한교여연은 기회가 있을 때마다 기생관광 문제와 원폭 피해자 문제 등에 대해 일본과 한국 정부에 성명서, 청원서 등을 제출하고 뜻을 전해왔다. 1984 년부터는 여기에 '정신대' 문제를 추가했다. 같은 해 8월 전두환 당시 대통령의 방일을 앞두고 한교여연(회장 안상님)과 한국기독교교회협의회 여성위원회(위원장 박영숙)가 공동으로 전두환 당시 대통령에게 서한을 발송했다. 이때 기생관광 및 원폭 피해자 문제와 함께 '정신대' 문제를 아래와 같이 언급했다.

양국이 우호관계를 맺으려면 조속히 타결해야 할 문제로 여자정신대 문제에

---

8 1973년 9월 21일 일본기독교협의회 여성위원회와 일본 교풍회는 성명서를 발표했다. 같은 해 12월 13일 22개 여성단체가 연합, 일본인에 의한 한국 내 성매매관광 반대운동을 천명했다(한국교회여성연합회, 『한국교회여성연합회 25년사』, 90쪽). 1974년 2월 21일 일본 유권 자연맹과 다른 여성단체들이 성매매 반대투쟁을 위한 대회를 개최했고, 1974년 2월 21일 한국관광협회로부터 기생관광을 시인하고 기생관광을 추방, 건전한 관광을 실시하겠다는 약속의 서신을 받았다.

9 일제강점기에는 총칼로 위협해 한국 여성들을 성의 제물로 삼더니, 당대에는 경제성장을 빌미로 한국 여성을 강제로 성 노리개로 삼았기 때문에 기생관광을 신(新)정신대로 보았던 것이다.

10 발제는 이미경과 성매매 현장 실무자인 김경희, 유복님, 손덕수가 했다.

대해 일본은 사죄해야 한다. …… 일제 말기 한민족에게 가해진 수탈정책 중의 하나가 '정신대' 동원이었다. '정신대'라는 이름으로 강제로 여자들을 동원하여 군위안부로 보냈으며, 성 도구로 비참하게 짓밟았다. …… 이대로 묵과할 수는 없다. 꼭 사과를 받아야 한다.[11]

일본 여성의 날, 일본기독교협의회 여성위원회에 보내는 서신

1985년 3월 9일 일본 여성의 날 행사에 즈음해 한교여연과 한국기독교교회협의회 여성위원회는 일본기독교협의회 여성위원회에 다음과 같은 요청을 했다.

일제시대의 '정신대' 차출을 비롯해서 근래에는 기생관광, 현지처들의 문제로 …… 세계 공의가 강물같이 흐르고 …… 하나님이 지어주신 원 모습대로 평화로이 살 수 있는 나라를 이 땅에 이룩하는 데 함께 노력하기로 다짐하는 행사가 되기를 바란다.[12]

3) 윤정옥 교수와 한교여연의 만남

윤정옥 교수와 한교여연의 첫 만남은 1987년 12월 하순경에 이루어졌다. 당시 이효재 한교여연 평화통일위원이자 한국여성단체연합의 공동대표가 다리를 놓았다. 이효재 대표는 기생관광 조사에 한창이던 한교여연에 윤정옥 교수를 소개하면서 위안부 실태조사를 함께해볼 것을 권유했다. 당시 만남에 대해 윤정옥 교수는 다음과 같이 회상했다.

---

11 한국교회여성연합회, 「제16회 정기총회 보고서」(1985), 82쪽.
12 같은 글.

배봉기 할머니와의 만남 이후 관련 서적들을 중심으로 조사활동을 진행하려고 했지만, 당시의 여러 가지 국내 사정으로 인해 많은 어려움을 겪고 있었다. 이화여대에서 함께 교편생활을 한 이효재 선생을 만날 때마다 그간의 조사활동에 대해서 대화를 나누었다. 이효재 선생은 사회학자로 민주화 투쟁과 여성운동의 선두적인 역할을 하고 있었다. 당시 한국여성단체연합의 대표로 한교여연에서 평화통일위원을 겸직하고 있었던 그녀를 통해 한교여연을 만날 수 있었다.[13] 1970년대부터 성매매 문제와 기생관광 반대운동을 꾸준히 진행해오던 한교여연과의 만남은 사회운동과는 담을 쌓고 독자적인 연구 활동을 진행해오던 내게 또 다른 인생의 시작점이었다.

'정신대 발자취를 찾아서'의 취재

한교여연은 1988 서울올림픽에 앞서 기생관광 반대운동의 연장선에서 국제세미나를 준비했다. 이 과정에서 한교여연은 외화 획득을 위한 수단으로 가난한 여성의 몸을 팔도록 하는 기생관광은 '현대판 정신대'라는 인식에 이르렀다. 이에 한교여연에서는 '정신대' 문제의 역사를 밝혀야 한다는 움직임이 시작되었다.

그 결과 국제세미나의 준비 단계로 한교여연 내에 '정신대' 문제 답사 팀을 구성하고, 실행위원회의(1988.2.2)를 거쳐 '정신대 조사위원'으로 윤정옥 교

---

13 이때의 만남에 대해 당시 윤영애 한교여연 총무는 다음과 같이 기억하고 있다. "하루는 이효재 선생님이 찾아오셔서 이러시더라고요. 이보우, 윤 총무, 기생관광 조사는 잘되어가? 기생관광, 매매춘 문제에 관한 일을 지금까지 꾸준히 해온 한교여연이 '정신대' 문제를 다루면 어떨까? 친구(윤정옥)가 이 문제에 대해 오랫동안 연구하고 현지도 방문하고 했지만 혼자서 이 엄청난 일을 한다는 것은 역부족이야. 그리고 '정신대' 문제를 운동으로 확산해야 하는데 다른 여성단체에 문을 두드려보았지만 자신들의 일도 벅차서 이 문제를 다룰 여력이 없다는 거야. 거절당했다는 게 이해가 가. 정옥이에게 이곳을 방문하도록 말할 테니까 만나서 들어봐요."

수, 김신실 교회와사회위원회 위원, 김혜원 실행위원을 위촉하고 일본으로 파송하기로 했다.[14] 그들은 1988년 2월 12일부터 보름 동안 오키나와에서 규슈, 북단의 홋카이도, 도쿄, 사이타마 현까지 '정신대 발자취를 찾아서'라는 조사활동에 들어갔다. 뒤이어 8월에 윤정옥 교수 혼자 일본 홋카이도와 타이를 답사하고, 1989년 2월에는 파푸아뉴기니 등도 답사했다. 당시에는 구체적인 피해 장소나 관련 인물을 접할 방법이 없어 관련 서적[15]이나 전쟁시기의 관련 신문기사를 토대로 거의 모험에 가까운 답사를 전개했다.[16]

답사의 결과는 한교여연이 주최한 국제세미나 '여성과 관광문화'[17]를 통해 발표되었다.[18] 이를 계기로 한교여연 내에 '정신대연구위원회'가 설치되었고, 나아가 위안부 문제가 국외로 알려지면서 국제적인 연대운동의 초석이 마련되었다.

'여성과 관광문화' 세미나는 위안부 문제가 거론된 최초의 공식적인 국제세미나였다. 여기에 참가한 10개국[19]의 대표자들은 한교여연과 국제연대를 하

---

14 이후 이들은 정대협의 초기 실행위원으로 시작하여 현재에 이르기까지 위안부 문제 해결을 위한 활동을 함께하고 있다.

15 金一勉, 『天皇の軍隊と朝鮮人慰安婦』(東京: 三一書房, 1976); 山谷哲夫, 『沖縄のハルモニ: 証言・従軍慰安婦』(東京: 晩聲社, 1979); 吉田清治, 『私の戦争犯罪』(東京: 三一書房, 1983); 川田文子, 『赤瓦の家―朝鮮から來た從軍慰安婦』(東京: 築摩書房, 1987) 등.

16 한교여연의 지원은 원폭 피해자 문제, 기생관광 문제, 지문날인 문제로 같이 일해온 단체나 교회 분들에게 협조를 부탁하는 한교여연의 이름으로 된 서신과 지원금 100만 원이 전부였다. 참가자들은 일인당 180만 원의 자비를 감당하면서 별다른 연고도 없이 '정신대 발자취를 찾아서'의 취재를 감행했다.

17 이 세미나는 1988년 4월 21일부터 23일까지 제주도 YMCA 캠프장에서 10개국 130명이 참석한 가운데 개최되었다.

18 윤정옥은 당시 국제세미나에 참석한 이들의 반응을 다음과 같이 설명했다. "아휴, 그때 굉장했어. 일본 분들도 위안부 제도가 있었다는 걸 몰랐어. 그리고 한국 사람들은 '정신대'는 알았지만도 그게 위안부로 가서 이렇다는 거를 몰랐지. 당시 원고는 창피해서 내놓을 수 없을 정도지만 사람들이 많이 울었어."

19 타이완, 미국, 스웨덴, 스위스, 영국, 일본, 캐나다, 타이, 필리핀, 한국의 대표자들이 참석했다.

면서 인권 및 여성의 성착취 문제를 다루는 활동가들이었다. 이때 필리핀 대학교 엘리자베스 도밍게스(Elizabeth Domingues) 교수의 '성(性)의 성서적 측면'과 윤정옥 교수의 '정신대와 우리의 임무', 이옥정(막달레나의 집)의 '매춘의 현장' 발제가 있었으며, 기생관광지 J시의 실태조사와 위안부 답사 결과가 발표되었다. 모든 참석자의 충격과 놀라움은 말로 표현할 수 없는 정도였다. 일제강점기에 성노예로 강제연행된 여성들의 역사가 오늘의 기생관광으로 고통받는 피해자들의 역사로 이어졌다는 자책감[20] 때문에 더 괴로워했다. 여기저기서 들려오는 울음소리가 장내를 뒤덮었다. 이 세미나에서 기생관광 반대운동에 대한 기독여성의 선언문[21]이 발표되었다. 그 내용은 다음과 같다.

일본 제국주의 군대의 위안부로 동원되어 짓밟혔던 정신대의 치욕과 분노의

역사를 가지고 있는 우리 여성들은, 해방된 조국에서 또다시 경제대국이 된 일본

---

20 성매매 여성이 산업화의 희생양이라고 주장하면서도 산업화 자체에 대해서는 무비판적으로 신봉하며 지지했던 우리 또한 가해자였음을 몰랐으며, 성매매 여성을 죄인이라고만 여기고 가부장 문화에 익숙해진 채 성 착취를 당하는 여성들의 소리를 외면한 것에 대한 자책감이었다.

21 선언문 초안자는 오옥만, 이미경, 이옥정, 이수현, 배진수, 윤영애이다.

이 한국 여성을 일본 남성의 위안부로 억압하는 신정신대 정책 즉, 기생관광 정책을 단호히 거부하는 바이다.

정신대연구위원회의 설치

'여성과 관광문화' 세미나의 후속작업으로 1988년 5월 16일 한교여연의 '교회와사회위원회(이하 교사위원회)'는 위안부 문제 대책활동을 위해 현장답사 조사위원(윤정옥, 김신실, 김혜원)을 중심으로 정신대연구위원회를 설치했다. 그리고 우선적인 과제로 위안부 문제와 관련된 증언, 서류 등 객관적인 자료를 수집하고 추모비 제작을 추진키로 했다.

위안부 문제를 확산시키기 위해 각 교단에 피해 증언자를 찾아볼 것과 추모비 건립을 위해 협조해줄 것을 요청하는 공문을 회원 교단에 띄웠다.

미국 공영 교육방송 사건

1988년 5월 22일 미국의 공영 교육방송인 KQED-TV가 〈전쟁 속의 세계〉라는 프로그램에서 제2차 세계대전과 관련해 전(前) 일본군 장교를 취재했다. 그는 방송에서 "한국인 정신대원들은 일본제국의 위대한 승리를 위해 목숨을 걸고 전투 지역까지 자원해 들어와서 사병들을 위안하고 잠자리를 같이했다. 바로 내일 죽을지 모르는 병사들에게 정신대의 봉사는 가장 큰 사기 증진이었다. 일본제국이 아니면 누가 기꺼이 이 험악한 정글의 전쟁터까지 나와 젊은이들을 위로할 수 있었겠느냐"고 증언했다. 이와 함께 자신을 비롯한 장교들은 품위 유지 관계로 주로 도쿄에서 온 게이샤들과 술자리를 같이했다는 증언을 했다. 당시 한국 언론이 이 내용을 보도했다.[22]

한교여연은 즉각 대응하여 "정신대는 일본제국주의의 잔인한 민족말살정

---

22 ≪조선일보≫, 1988년 5월 25일 자.

책의 하나요, 이 땅의 여성을 강제로 징집해 일본 병사의 '정액받이'로 이용한 비인간적 행위였다. 정신대로 끌려간 한국의 딸들은 히루에 40-50명을 상대하다 죽었고 패전과 더불어 버려지거나 집단학살로 최후를 맞이했다. 그럼에도 지금까지도 여기에 대해 조금의 반성도 없이 '대일본제국'의 망령에 사로잡혀 계속적인 역사왜곡을 하고 있다. KQED-TV의 방송이나 매스컴을 통한 공식 사과를 요구한다"는 항의문을 보냈다. 방송국은 사과문을 보내왔고 이 사건은 일단락되었다.

히로히토 일왕의 사망에 대한 입장 표명

1989년 1월 한교여연은 히로히토 일왕의 사망과 아키히토(明仁)의 즉위에 즈음해 일본의 전쟁책임 및 위안부 문제에 대한 사과와 배상을 촉구하는 성명을 냈다.[23] "일본 국민은 제2차 세계대전의 전범임을 인정하고 역사 왜곡을 중지하라, 일본 군국주의 정책으로 희생된 한인 피폭자와 한민족에게 가해진 수탈정책 중의 하나인 정신대에 대해 사과하고 물질적 · 정신적 보상을 하라"는 내용이었다. 전범인 히로히토는 비록 사망했지만 전쟁 피해자가 살아 있는 한 일본이 책임져야 할 과거 청산의 과제는 아직도 고스란히 남아 있었다.

≪한겨레≫에 '정신대 발자취' 취재기 게재

정신대연구위원회는 한겨레 조성숙 기자의 협조를 받아서 그간 답사한 홋카이도, 오키나와, 타이완, 파푸아뉴기니의 취재기를 실었다.[24]

---

23 한국교회여성연합회, 「제18회 정기총회 보고서」(1989), 97쪽.

24 홋카이도, 오키나와, 타이, 파푸아뉴기니에 대한 취재기가 차례로 ≪한겨레≫ "집단 투신한 절벽은 '자살의 명소'로"(1990.1.4), "폭격에 떨며 하루 100명까지 상대"(1990.1.12), "빨래 · 탄약 운반 … 밤이면 위안부 '본업'"(1990.1.19), "히로뽕, 주먹밥 먹여 '위안' 강요"(1990.1. 24)에 각각 연재되었다.

'정신대 원혼 서린 발자취 취재기'라는 제목으로 1990년 1월 4일부터 4회에 걸쳐 연재했다. 이때 윤정옥 교수는 '필자의 글'을 통해 연구를 시작한 이유를 다음과 같이 밝혔다.

> 필자가 정신대의 발자취를 찾아 그들의 비참한 과거를 밝혀보려는 데는 내 나름의 이유가 있었다. …… 20세기에 일어난 이 끔찍한 일이 자칫하면 21세기까지 이어져, 제2차 세계대전조차 들은 적이 없는 세대에게로 옮겨갈 것을 생각하면 두려움을 금할 수 없다. 나는 이 일만은 잊어버려서는 안 되고 역사적으로 정리해야 한다는 사실을 모두에게 일깨워야 한다는 믿음에서 이 일을 시작하게 된 것이다. 만일 일본이 한국의 젊은 여성을 왜, 어떻게, 얼마나 끌고 갔으며, 무슨 짓을 했는지, 전쟁 뒤에는 어떻게 되었기에 돌아오는 사람이 없는지를 진작 밝히고 응징했더라면, 오늘날처럼 기지촌에서 또는 관광지에서 외국인을 상대로 외화벌이에 나서는 한국의 매춘여성은 많지 않을 것이라는 생각이 든다.
>
> 오키나와와 그 밖에 여러 곳에서 일본군위안부였던 한국 여성들이 전후 연합군위안부로 고스란히 넘어간 경우를 발견하고 이런 느낌은 더욱 절실했다. …… 이것은 정신대의 피눈물 자국을 따라 현지 신문의 옛 자료를 뒤지고 관계자들의 증언을 들어 작성한 기록이다.

이 기사는 1981년의 ≪한국일보≫ 기사 때와는 비교도 할 수 없을 만큼 국내외적인 반향을 일으켰다. 1980년대 후반부터 한국의 여성단체들과 여성들은 민주화투쟁을 넘어서 여성인권을 회복하기 위한 운동을 시작하고 있었다. 이러한 가운데 1987년 부천경찰서 성고문 사건이 일어나 여성에 대한 성폭력은 명백한 사회문제라는 여론이 크게 형성되었다. 이 같은 상황에서 일제에 의한 여성의 성폭력 문제를 다룬 ≪한겨레≫ 기사가 사회적인 주목을 받았던 것이다.

4) 한국 여성운동의 합류

1980년대 후반까지 한국 여성운동의 중심과제는 민족 해방과 민주화였다. 여성운동은 남성 중심적인 사회변혁운동에서 독립하기 힘든 상황이었다. 그러나 격렬한 민주화투쟁 속에서도 성폭력, 직장 내 성차별 문제 등 여성 문제는 독자적으로 꾸준히 제기되고 있었다. 이러한 여성운동의 싹들은 1980년대 말 민주화의 성취와 함께 새롭게 꽃을 피울 수 있었다.

그중에서도 1987년 2월, 여성단체 21개가 모여 한국여성단체연합(이하 여연)을 결성한 것은 변혁 지향적 여성운동의 등장을 알리는 신호탄이었다. 앞서 언급한 윤정옥 교수와 한교여연의 만남의 고리를 만든 이효재 이화여자대학교 교수가 여연의 공동대표를 맡게 되어, 사실상 위안부 운동의 틀은 윤정옥 교수, 한교여연, 그리고 한국 여성운동이라는 세 흐름의 접점에서 만들어진 것이라고 말해도 무방할 것이다.

노태우 대통령 방일 즈음에 입장 발표

1990년 5월 18일, 한교여연과 여연, 전국여대생대표자협의회가 5월 24일에 예정된 노태우 당시 대통령의 방일에 앞서 기자회견을 열었다. 성명서를 내고 "자주적인 외교 수립, 전쟁에 대한 일본 당국의 사과와 징용, 원폭 피해자에 대한 배상 문제 …… 일본의 과거의 범죄 행위 중 특히 묻혀 있는 '정신대' 문제에 대한 일본 당국의 진상 규명, 사죄와 배상이 반드시 이루어져야 한다"고 주장했다. 이로써 위안부 문제에 대한 여론의 움직임을 일으켰다.

5) 정신대연구회의 설립

1974년 한국기독교장로회 선교교육원에서 이효재 교수는 한국 최초로 여성학 강의를 열었다. 1977년에는 이화여자대학교를 비롯해 전국적으로 여성학 강의가 신설되었으며, 1984년 한국 여성학회가 설립되었다. 지식인 중심의 대안문화운동이 움터서 1984년에 '또 하나의 문화'가 동인들의 모임으로 시작되었고, 진보적 여성학자 중심의 한국여성연구소가 1989년 설립되었다.

이화여자대학교에 재직 중이었던 윤정옥 교수가 이화여자대학교 학생들을 중심으로 정신대연구회를 만들 수 있었던 것은 여성학자 집단의 형성에 힘입은 것이다. 윤정옥 교수는 한교여연과 활동을 하는 한편, 연구를 위해 1990년 7월 정신대연구회를 설립하고 초대 회장을 맡았다. 1990년 11월에 정대협이 설립되면서 윤정옥 교수는 정대협 대표로 자리를 옮기고 정신대연구회는 정진성 교수가 회장을 맡아 이끌었다.[25] 정신대연구회는 회장이 정대협의 실행위원으로 참여하면서 사실상 정대협의 연구를 책임지는 형태로 정대협과 유기적인 관계를 맺으며 활동했다. 실제로 1993년 『강제로 끌려간 조신

---

25 윤정옥 교수와 정진성 서울대학교 사회학과 교수의 만남도 이효재 교수가 주선했다.

인 군위안부들 1』출판으로 시작한 피해자 증언 청취와 증언집의 출판은 정신대연구회가 대부분 맡아 진행한 것이다.

이후 정신대연구회는 한국정신대연구소로 개칭하고 활동의 폭을 넓혔다. 중국 거주 피해자를 발굴하고 방문해 증언을 채록하는 한편, 희망하는 분들에게는 한국 국적을 취득하게 해 고향으로 돌아올 수 있도록 돕는 활동도 전개했다.

일본군위안부와 정신대, 성노예 개념

일본은 전쟁 중에 성 동원했던 여성들을 종군위안부, 정신대, 위안부 등으로 불렀다. 이 가운데 정신대는 엄격하게는 노동 동원 대상자인 '근로정신대'를 의미한다. 그러나 정신대 동원을 빙자해 여성을 끌고 간 후 성노예로 삼은 실례가 많았기 때문에 당시 피해자나 그 주변 사람들은 위안부를 '정신대'로 알고 있는 경우가 많았다. 따라서 이 문제 해결을 위해 결성된 조직들(정대협, 정신대연구소, 한교여연의 정신대연구위원회 등)은 모두 정신대라는 이름을 사용하고 있다.

한편 종군위안부의 '종군'이 '스스로 따르다'는 뜻이기 때문에 '종군위안부'라는 용어는 적절치 않다. 이 때문에 시민단체들은 '강제종군위안부' 또는 '전시 성적 피해자'라는 용어를 사용하기도 했다. 또한 '위안부'도 일본군의 '위안'을 강조한 것으로 위안부 문제의 본질을 보여주는 말은 아니다. 이 때문에 한국의 운동단체들은 일본군 '위안부'를 작은따옴표를 붙여 사용했다.

일본군의 성범죄와 피해자의 입장을 가장 잘 드러내는 개념은 '일본군 성노예'이다. 정대협을 영어로 'Korean Council for the Women Drafted for Military Sexual Slavery by Japan'으로 표기한 것에서 그 뜻을 알 수 있다. 그러나 피해 생존자들은 성노예가 차별과 냉대, 아픔을 상기시키기 때문에 받아들이기 힘들어했다.

결국 한국의 시민단체는 당시 일본 군문서에서 발견되어 역사적 의미도 있으며, 대중도 알기 쉬운 '일본군위안부'를 사용하기로 결정했다. 단체명은 바꾸기 힘들고 사회적 의미도 있기 때문에 그대로 정대협, 정신대연구소 등을 사용하기로 했다.

2. 한국정신대문제대책협의회의 발족: 1990년 11월

1) 일본 정부의 망언에 대한 대책

1990년 8월 25일 한교여연의 정신대연구위원회가 긴급하게 소집되었다. 일본 국회 '참의원 예산위원회 회의록'(1990.6.6, 제19호)을 입수했는데, 여기에 위안부 문제를 부정하는 일본 정부의 입장이 반영되어 있었다.

"사회당의 모토오카 쇼지(本岡昭次) 의원이 강제연행과 관련해 종군위안부에 대한 조사를 정부에 요청한 데 대해 노동성 직업안정국장 시미즈 쓰타오(清水傳雄)는 징용의 대상 업무는 「국가총동원법」에 기초한 총동원 업무이며 법률상 각호 열기되어 있는 업무와 종군위안부의 업무는 관계가 없다", "종군위안부에 관해 옛날 사람들의 이야기를 종합해보니 민간업자들이 군과 함께 데리고 있었던 것 같으며, 실태를 조사해 결과를 낸다는 것은 솔직히 말해서 못한다고 대답했다"는 내용이었다. 일본 정부의 망언에 분노한 정신대연구위원회는 우선 한국 정부와 일본 정부에 각각 항의하기로 결정하고 대책 마련에 들어갔다.

1990년 9월 25일 정신대연구위원회는 역사적 사안인 위안부 문제는 사회적으로 공유해야 하는 문제임을 다시 한 번 확인했다. 이날 회의에서는 일본 정

부와 한국 정부에 보내는 항의문건 내용을 검토하고, 범여성 차원에서 위안부 문제를 해결할 수 있도록 여성단체들 간 연대를 도모하기로 결의했다. 또한 자료수집 등 진상 규명에 힘쓰고 신고센터를 설치해 피해자 발굴에 노력하기로 했다. 같은 해 10월에 오키나와에서 열리는 전쟁 피해자 합동추모회에 위안부 희생자 추모와 더불어 관련 증언 프로그램이 예정되어 있으므로 대표단을 파견할 것을 결정했다. 이를 계기로 국제연대의 방향을 모색하기로 했다.

정신대연구위원회를 중심으로 준비했던 일본 정부의 망언에 대한 공개서한은 1990년 10월 17일 기자회견을 통해 발표했다. 여연을 비롯한 37개의 여성단체가 함께 뜻을 모았다. 공개서한에서는 일본 정부의 망언에 유감을 표시하고 전쟁 가해국으로서 일본의 발언이 무책임했음을 지적했다. 아울러 37개 여성단체의 여섯 가지 요구를 명시했다.

1. 조선인 여성들을 종군위안부로서 강제연행한 사실을 인정할 것
2. 그것에 대해 공식적으로 사죄할 것
3. 만행의 전모를 스스로 밝힐 것

4. 희생자들을 위해 위령비를 세울 것

5. 생존자와 유족들에게 보상할 것

6. 이러한 잘못을 되풀이하지 않기 위해 역사교육을 통해 이 사실을 가르칠 것

그리고 11월 30일까지 이에 대해 답변해줄 것을 요구했다. 기자회견에서는 위안부 문제가 지금껏 여성계에서조차 제대로 공론화되지 못했고 역사적으로도 진상을 규명하려는 노력이 부족했다는 점도 시인했다. 그 이유로는 일본군의 증거 인멸, 전쟁에 대한 일본 정부의 책임 회피, 위안부에 대한 사회적 편견을 들었다. 앞으로 위안부에 대한 자료 수집과 연구를 통해 범여성 차원에서 피해자들의 삶을 복원할 것을 결의했다. 또한 국제교류와 연대를 위해 11월 25일에서 28일까지 일본 오키나와에서 열리는 전쟁 피해자 합동위령제에 대표단을 보내기로 결정한 사항을 알렸다.[26]

기자회견을 마치고 대표 5인(윤정옥, 이효재, 조화순, 김혜원, 윤영애)은 일본 대사관을 방문해 위안부 문제에 대한 일본 정부의 왜곡 발언을 항의하고 진상 규명 및 피해 배상을 요구하는 공개서한을 전달했다. 이로부터 위안부 문제가 공론화되는 한편, 위안부 문제 해결을 위한 운동이 본격화되기 시작했다.

한국 정부에 보낸 공개서한에서는 굴욕적인 대일관계를 벗어나 자주적인 주권국가로서 위안부 문제를 적극 해결할 것을 촉구하고 다음과 같이 다섯 가지 사항을 요구했다. ① 일본으로부터 '정신대' 문제에 대해 사죄를 받아야 한다, ② 한국 정부도 진상 규명을 적극적으로 해야 한다, ③ 한국 내에 위령비를 건립하고 일본으로부터 정신대로 인한 피해 보상을 받아내도록 최선을 다해야 한다, ④ 한일 외교관계를 자주평등 외교로 전환해야 한다, ⑤ 일본의 역사왜곡을 정정하게 하고, 한국도 '정신대'를 역사에 명기해야 한다.

---

26 ≪동아일보≫, 1990년 10월 18일 자.

2) 정대협의 탄생

공동의 힘으로 일본과 한국 양 정부에 항의서한을 보낸 여성단체들은 이어서 위안부 문제 해결을 위한 협의체 구성에 들어갔다. 기자회견에 참여했던 단체 대부분이 동의했고,[27] 1990년 11월 16일 정대협이 꾸려졌다. 설립 목적은 일본군위안부의 실태 파악 및 여론화, 여섯 개 요구 항목 이행 촉구, 비극

---

27 당시 정대협의 회원단체 37개는 다음과 같다. 한국교회여성연합회, 구세군대한본영여성사업부, 기독교대한감리회여선교회전국연합회, 기독교대한복음교회여선교회전국연합회, 기독교한국루터교여신도회전국연합회, 대한성공회어머니회, 대한예수교장로회여전도회전국연합회(통합), 한국기독교장로회여신도회전국연합회, 한국여성단체연합, 거창여성회, 경남여성회, 광주전남여성회, 대구여성회, 전북민주여성회, 제주여민회, 충남여민회, 부산여민회, 인천여성노동자회, 공해추방운동연합여성위원회, 기독여민회, 민족미술협의회여성미술연구회, 한국여성의전화연합, 주부아카데미협의회, 한국여성노동자회, 한국여성민우회, 한국여신학자협의회, 한국여성연구회, 한국기독교교회협의회여성위원회, 한국기독교농민회총연합여성위원회, 여성사회연구회, 한국가톨릭농민회여성부, 또하나의문화, 두레방, 서울지역여대생대표자협의회, 아시아여성신학교육원, 이화여자대학교여성학연구회, 정신대연구회. 이때 YMCA는 규모가 큰 단체이기 때문에 정대협 회원으로 활동하기보다는 독자적인 이름으로 운동을 전개하겠다는 뜻을 보내왔다.

적 역사의 반복 방지였다. 회장에는 윤정옥, 서기에 김혜원, 회계에 김신실이
선임되었고, 한교여연의 방숙자 간사와 윤영애 총무가 실무를 보고 사무실은
한교여연에 두기로 했다.

한교여연 사무실에서 시작된 정대협

1990년 11월 16일, 37개 여성단체의 협의체로 정대협이 설립되었지만, 독립
적인 사무실에서 정대협만의 간판을 내걸고 시작할 수 없는 열악한 조건이었다.
정대협은 한교여연의 회의실 공간에 책상을 하나 놓고 시작할 수밖에 없었다. 이
것은 한교여연이 실무적 지원을 해준다는 것을 의미했다.

정동에서 종로구로

한교여연 회의실에서 출발한 정대협의 일은 점점 늘어났다. 회의뿐만 아니라
기자 등의 방문으로 사무실은 늘 분주했고, 이로 인해 한교여연의 업무는 거의
마비 상태였다. 한교여연 본연의 일을 할 수 없을 정도로 정대협의 업무량은 늘
어났다. 이러한 상황 때문에 정대협은 사무실을 옮길 수밖에 없었다. 1991년 12
월 말경, 사무실을 종로에 있는 박일재 변호사 사무실로 이전했다. 박일재 변호
사는 당시 정대협의 실행위원이었던 김혜원의 남편이다. 그러나 이곳 역시 오래
있을 수 없었다. 정대협의 복잡한 일들은 박일재 변호사 사무실의 업무를 혼란스
럽게 만들었기 때문이다.

아현동으로

정대협 사무실은 아현동 여성사회교육원으로 이사했다. 여성사회교육원은 이
효재 공동대표가 이사장으로, 후에 정대협 대표를 지낸 지은희가 원장으로 일하
고 있는 사무실이었다.

"2호선 아현역에서 내려서 시장을 따라 쭉 내려오면 마포대로와 만나게 되는데, 거기서 다시 쭉 마포대교 방향으로 내려오다 보면 마포경찰서 바로 앞 횡단보도가 있습니다. 횡단보도를 건너서 주택가 골목길을 걸어오다가……." 그렇게 긴 설명을 하고서도 방문객을 위해서 정대협 실무자는 큰길까지 나가야 했다.

어떤 기자의 표현을 그대로 옮기면, 당시 정대협 사무실 모습은 어쩌면 일본군위안부 문제에 대한 한국 사회의 수준을 그대로 담고 있는 듯했다. 사무실 근처에 지하철역도 없었다. 버스 정류장에서 내려 꾸불꾸불한 골목을 따라 주택가로 들어서서 다시 한참을 걸어야 사무실에 당도할 수 있었다. 사무실이 있던 건물은 외양은 다세대 주택인데 1층에 상가와 사무실이 있었다. 정면에서 보면 그 건물 어디에도 정대협 혹은 다른 비슷한 사무실도 보이지 않았다. 정대협 사무실은 그 건물의 모서리를 두 번 돌아 나 있는 돌계단의 아래쪽 모퉁이 회색 철문 안에 숨어 있었기 때문이다. 그 사무실에서 칸막이를 사이에 놓고 여성사회교육원의 더부살이로 지냈다. 그곳에서 실행위원회 및 대표자 회의를 진행했고, 피해자의 신고전화도 접수했다. 언론방송의 취재도 붐볐다. 여성사회교육원 직원들은 사무실의 복잡함을 피해서 외부로 나가기 일쑤였다. 결국 여기에서도 오래 머물 수 없었다.

종로5가 기독교회관으로

1992년 10월 31일 드디어 현판식을 하며 입주한 곳은 종로5가 기독교회관 802호 사무실이었다. 작은 공간이었지만 정대협만의 독자적인 공간을 마련한 것이다. 하지만 이번엔 정대협의 열악한 재정 상황이 발목을 잡았다. 기독교회관에 지불해야 하는 관리비와 임대료가 부담이 되었던 것이다. 다른 대안을 찾아야 했다.

장충동 '여성평화의 집'으로

마침 여연과 한교여연, 한국여성의전화, 한국여성민우회 등 정대협의 회원단체인 여성단체들이 장충동에 '여성평화의 집' 건물을 마련했다. 여성평화의 집 입주단체 회의에서 정대협에게 지하공간을 제공하는 방안이 검토되어 확정되었다. 정대협은 관리비 5만 원만 부담하면 되었다. 그러나 지하에는 냉난방이 전혀 되지 않았다. 겨울에는 벽에서 심한 한기가 느껴졌고, 난로를 켜도 효과가 없었다. 여름에는 통풍이 되지 않아 퀴퀴한 냄새가 진동했다. 지하의 공기를 지상의 공기와 교환해주는 유일한 시설인 환풍기는 하필이면 1층 주차장과 연결되어 있어 환풍기 사이로 자동차 타이어들이 보였다. 하지만 밤늦도록 회의를 하며 불을 밝혀도 거리낄 것이 없었고, 피해자나 기자들이 많이 찾아와 다른 사람을 쫓아내야 하는 일도 없었다. 무엇보다도 정대협의 회원단체인 여성단체들이 한 건물에 있었기 때문에 회의를 개최할 때도 편했고, 여성단체들과의 협력도 수월하게 진행할 수 있었다. 책임자 처벌을 위한 고소·고발장 제출, PCA제소 등을 준비하며 한일변호단과 정대협 실행위원들이 밤새 회의를 하며 토론을 벌였던 공간이기도 했다.

서대문 기독교사회문제연구원으로

반복되는 추위와 더위, 사무실에서 살다시피 하는 상근자들에게 장충동 지하 사무실은 오래 있을 수 없는 곳이었다. 게다가 언제까지 더부살이로 지낼 수도 없었다. 정대협은 사무실 마련을 위해 모아온 특별기금을 사용하기로 했다. 서대문사거리에 있는 기독교사회문제연구원 3층의 작은 공간으로 이사를 했다. 당시 할머니들의 일상에 관한 다큐멘터리 작업을 하던 '보임'의 변영주 감독과 팀원들이 3층까지 계단으로 이삿짐을 나르는 작업을 도왔다. 서대문 사무실은 교통도 훨씬 편리했고, 서울역에서도 택시 기본요금 거리였다.

그런데 얼마 안 가 3층 공간이 턱없이 부족해졌다. 회의실 공간과 자료 보관실 등을 확보해야 했다. 연로한 피해자들이 계단으로 3층 사무실까지 올라와야 하는 어려움도 있었다. 마침 1층에 입주해 있던 아시아여성자료센터가 사무실을 비워 정대협은 기독교사회문제연구원 3층에서 1층으로 이사를 했고, 1층의 절반을 사무실로 사용했다. 다시 정대협의 교육관 개관을 위해 3층으로 사무실을 옮겨 절반을 사무실로, 절반을 교육관으로 사용했다. 이때는 작은 방을 만들어 할머니들의 쉼터도 만들었다.

종로5가로, 그리고 다시 성미산 자락으로

2009년, 기독교사회문제연구원의 사정으로 입주해 있던 사무실이 모두 나갈 수밖에 없었다. 정대협은 종로5가로 사무실을 이전했다. 그리고 2012년 5월 5일 전쟁과여성인권박물관 개관과 동시에 정대협 사무실도 서울시 마포구 성미산 자락으로 이사했다.

이듬해인 1991년 4월, 운동을 효과적으로 전개하기 위해 조직을 개편해 공동대표 체제를 갖추었다. 연구자 대표로 윤정옥 교수, 운동단체 대표로 박순금 한교여연 회장과 이효재 여연 대표가 선출되었다.

정대협의 공개서한에 대해 일본 정부의 성의 있는 답변을 기다렸으나 요구 시한인 11월 30일까지 어떠한 답변도 오지 않았다. 정대협은 12월 20일 공개서한에 대해 회신해줄 것을 일본 정부에 재요청했다.

무응답으로 일관하는 일본 정부와는 달리 일본 시민사회에서는 한국 여성단체의 기자회견에 충격을 받고 위안부 문제를 다루는 소모임들이 속속 결성되기 시작했다. '매매춘 문제와 싸우는 모임', '아시아의 여인들', '종군위안부 문제의 책임을 묻는 모임' 등이었다. 1990년 11월 30일에는 '매매춘 문제와 싸우는 모

임'이 주최한 '전쟁과 인권' 세미나에서 윤정옥 공동대표가 위안부 문제에 관해 발표했다. 12월 1일에는 일본에 '정신대 문제를 생각하는 모임'이 결성되었다.

3) 일본 정부에 대한 입장 표명

일본 정부가 위안부 문제에 대해 대답을 회피하는 가운데 1991년 1월, 가이후 도시키(海部俊樹) 수상의 방한 계획이 알려졌다. 방한 하루 전인 1월 8일, 정대협은 기자회견을 열고 「가이후 수상 방한에 즈음하여 여성계의 입장을 밝힌다」는 제목의 성명서를 발표했다. 이날 정대협은 일본은 한국을 강점하고 한국인을 강제징집·징용 했으며 특히 '정신대'라는 '인류 역사상 유례가 없는 범죄행위'를 저질렀음을 지적했다. 아울러 일본 정부에 공개서한을 통해 여섯 가지 사항을 요구했지만 현재까지 답변이 없는 것을 항의하고, 일본 정부의 성의 있는 답변을 촉구했다. 동시에 앞으로 정대협을 중심으로 정의와 인권을 위해 일하는 국내외 단체들과 함께 싸워나갈 것을 천명했다.

그리고 입장 표명을 하지 않은 가이후 수상의 방한에 반대하는 집회를 탑골공원 정문에서 가진 후 여섯 가지 요구사항이 적힌 피켓을 들고 종로2가까지 행진하며 시위를 벌였다.

이날 정대협의 집회에 일반 시민들이 관심을 보이기 시작했다. 그동안 위안부 문제를 '부끄러운 역사'로 취급하며 침묵했던 시민들이었기에 관심을 보이는 것 자체만으로 고무적이었다. 여성단체의 끈질긴 활동과 언론 보도에 위안부에 대한 시민의 의식에 변화가 있었음을 의미하는 것이었다.

10월 17일 공개서한에 대한 일본 정부의 답변

정대협은 1991년 3월 26일 자로 일본 정부의 답변을 요구하는 세 번째 최촉장을 보냈다. 4월 24일 일본 대사관에서 드디어 소식을 보내왔다. 일본으로부터 공개서한에 대한 답변이 도착했으니 대사관으로 와달라는 것이다. 윤정옥 대표와 윤영애 총무가 방문한 자리에서 오노 마사이키(小野正昭) 참사관은 뜻밖의 대답을 내놓았다. "일본 정부의 조사 결과, 일본 정부가 정신대를 강제연행한 사실이 없고, 지난 1965년 한일 청구협상 체결로 국제법상 양국 간 보상의 권리와 의무가 끝났다"는 것이다.

이때 윤정옥 대표는 "세 차례에 걸쳐 일본 가이후 수상에게 여섯 가지 요구사항의 이행을 촉구하고 빠른 시일 안에 성의 있는 답변을 해달라고 요청했는데 공식적인 답변을 서신 대신 구두로 하느냐? 공식적인 답변 서신을 달라"고 요청했다. 그러나 오노 참사관은 문서는 없고, 일본 정부로부터 받은 답변을 구두로 전할 뿐이라고 대응했다. 면담 자리에서 구두로 전달된 내용이라도 문서로 작성해줄 것을 요청했지만, 대사관 측은 이를 거절했다. 위안부 문제에 대한 일본의 대응을 증거로 남기지 않기 위함이었다. 이어서 오노 참사관은 "위안부 동원에 관한 증거가 없다. 증거가 있다면 그때 가서 생각해볼 문제"라고 덧붙였다. 반년 만에 돌아온 답변치고는 허탈한 것이었다.

〈그림 1-1-8〉 1991년 7월 국회 청원에 대한 기자 회견

4) 한국 정부에 대한 입장 표명

국회 청원서 제출

결국 일본 정부의 입장은 ① 한국 정부가 가만히 있는데 민간단체에게 답을 줄 수 없다는 것, ② 한국의 피해 사실을 인정하면 피해국인 아시아 여러 나라가 동조할 우려가 있다는 것이었다.

정대협은 일본 정부를 압박하기 위해서는 한국 정부의 협조가 필수적이라고 판단하고, 1991년 7월 한교여연 회의실에서 박영숙 신민당 의원과 함께 이 문제를 논의했다. 이어 여야 여성의원들을 초청해 마련한 국회 간담회에서 여성의원들은 빠른 시일 안에 국회 안에 진상조사위원회를 만들고 위안부 문제를 해결하기 위한 노력을 아끼지 않겠다고 약속했다. 그러나 막상 국회에 제출할 청원서에 도장을 받기 위해 방문하면 일부 의원은 여러 가지 이유를 들며 거부 의사를 나타냈다. 힘겨운 준비를 거쳐 1991년 7월 18일 박영숙 의원 단독으로 발의한 청원서가 국회에 상정되었다. 청원서 내용은 7월 23일 기자회견을 통해 공개했다.

정대협은 정부 차원에서 위안부 문제 조사를 위한 특별대책반을 구성해줄 것과 일본 정부가 여성단체들이 요구한 여섯 가지 시항을 이행하도록 해줄 것, 독립기념관 부지에 추모비를 건립할 수 있도록 허가해줄 것 등을 요청했다. 그 결과 정대협의 요청이 국회에 접수되어 그해 12월 8일에 외무통일위원회 안건으로 다루어졌다. 12월 13일에는 박영숙 의원이 청원서를 낭독하고 윤정옥 대표가 증언을 했다.

정부는 '정신대 문제 실무대책반'[28]을 구성해 실태조사를 시행하고, 1992년 7월 중간보고서를 발간했다.[29]

5) 한국 사회에 대한 입장 표명

서울 공개강연

정대협은 무엇보다 위안부 문제의 여론화가 필요하다고 판단했다. 이를 위해 1991년 5월 26일 서울에서 처음으로 공개강연을 열었다. 발제자 윤정옥 대표는 '정신대, 무엇이 문제인가?'라는 제목으로, 일본의 여성사 연구자인 스즈키 유코(鈴木裕子)가 '종군위안부 문제와 일본 여성'이라는 제목으로 강연을 했다.

윤정옥 대표는 발제에서 태평양 파라오 섬 전투에서 조선인 위안부들이 총알받이로 이용되었다는 사실, '위안 행위'에 응하지 않은 조선인 여성에게 마약을 투여했다는 사실, 패전 후 위안부들을 비인간적으로 방치했다는 사실을 고발하며 진상조사의 시급함을 알렸다. 스즈키는 일본군에게 성적 착

---

28 아주국장을 반장으로 하여 17개 관계부처에 관련된 과장들로 구성되었다.

29 윤영애, 「정신대 문제 해결운동에 관한 역사적 고찰과 전망」, 이우정선생고희기념논문집 편찬위원회, 『여성·평화·생명: 이우정선생 고희기념논문』(서울: 經世院, 1933), 251쪽.

취를 당했다는 점에서는 일본인 위안부와 조선인 위안부가 같은 선상에 있다고 할 수 있으나 조선인 위안부에게는 민족적 착취가 더해졌다는 사실을 지적했다.[30]

서울 강연에 이어 일본에서도 "아시아의 평화와 여성의 역할"이라는 주제의 공개강연이 열렸다. 1991년 5월 31일에서 6월 2일까지 진행된 이 심포지엄에 이우정, 윤정옥, 이효재가 참석해 위안부 문제를 보고했다. 이날 만난 북한의 대표 여연구와 일본의 대표 시미즈 스미코(淸水澄子)는 우선 3국이 자료를 수집하고 위안부 문제를 서로 협력해서 풀어나가기로 했다.

3. 피해자 김학순의 등장: 1991년 7월

1) 김학순의 등장

일본 정부의 외면과 한국 정부의 소극적인 대응 속에서 고군분투하던 정대협은 피해 생존자가 나타나기를 애타게 기다렸다. 정대협 회원단체인 한교여연은 원폭 피해자들이 위안부 피해자와 연배가 비슷하다는 사실에 주목하고, 원폭 피해자들을 중심으로 위안부 피해자를 찾아나갔다.

1991년 7월, 히로시마 원폭의 날 행사를 준비하며 원폭 피해자 2세들이 반전·반핵·평화 마당극을 한창 연습하고 있던 어느 날, 원폭 피해자인 이맹희 할머니가 다른 할머니 한 분과 함께 나타났다. 이맹희 할머니[31]가 윤영애

---

30 한국정신대문제대책협의회, 『정신대 자료집1』(1991.5.28).

31 이맹희 할머니는 1992년 8월 6일 한교여연이 주최하는 반전·반핵·평화대회에서 '올해의 인물상'을 받았다. 내용은 다음과 같다. "위 사람은 원폭 피해 당사자로서 전후보상 문제 해결을 위해 적극적으로 나섰을 뿐 아니라 국내 최초의 정신대 증언자 김학순 씨를 모셔옴으

〈그림 1-1-9〉 1991년 8월 14일 처음으로 공개 증언한 김학순 할머니

총무에게 눈짓을 하며 "이 분이 당신들이 찾던 그 사람, 정신대 할머니요"라고 알려주었다.

윤영애 총무는 할머니를 모시고 다른 방에서 차를 들었다. 아무 말도 없이 차만 마시던 할머니는 한숨을 크게 쉬더니, 가슴을 서너 번 쓸어내렸다. 그리고는 다음과 같이 자신의 이야기를 털어놓았다.

나는 김학순(당시 67세)이오. 요즘 신문을 보니 나 같은 사람이 시뻘겋게 살아 있는데 천인공노할 저놈들이 이렇게 거짓말을 하니 도저히 참을 수 없소. 그리고 나는 남편도 자식도 없고 오직 나 홀몸이니 거칠 것도 없고. 그 모진 삶 속에서 하나님이 오늘까지 살려둔 것은 이를 위해 살려둔 것 같으니 내 말을 다 하리다.

김학순 할머니의 생생한 증언에 한교여연 실무자들은 충격을 받고, 할머니에게 공개증언을 해보자고 이야기할 용기를 잃고 말았다. 그러나 할머니가 오히려 전화를 걸어 실무자들에게 용기를 주었고, 1991년 8월 14일 드디어 한국의

로써(1991.7) 일본 정부가 행한 민족말살정책의 표본이었던 종군위안부 문제가 역사적으로 재조명되는 계기가 되었고, 이 문제가 일본과 전 세계로 알려지는 데 지대한 공헌을 했기에 올해의 인물로 선정합니다."

첫 생존자 증언이 이루어졌다. 이날의 기자회견은 한국 사회를 떠들썩하게 했다. 50여 년간 숨죽여 지냈던 다른 피해 생존자들은 김학순 할머니의 기자회견을 보고 자신들도 용기를 내어 신고할 수 있었다는 이야기를 전하기도 했다.

2) '정신대 신고전화' 개설

한교여연은 1991년 9월 18일 '정신대 신고전화(02-730-4400)'를 개설했다. '정신대 신고전화 개통식'에서는 윤영애 총무의 경과보고 및 취지 설명과 윤정옥 정대협 공동대표, 지익표 변호사와 김원영 서울 지역 아시아태평양전쟁희생자유족회 회장 그리고 김학순 할머니의 축사가 있었다.

속초에서 '근로정신대' 피해자 한 명이 참석해 "정신대는 종군위안부만 있는 것이 아니다. 나처럼 근로정신대로 간 사람도 많다. 말 못하고 지내는 숱한 여성들 숨통 좀 트이게 해달라"고 증언하고, 당시 사진, 훈련 규칙, 일본어로 '정신대' 노래가 적힌 수첩, 예금된 돈을 찾지 못한 통장 등을 증거물로 보여주었다.

신고전화를 개설했지만, 한동안 신고가 들어오지 않았다. 그럼에도 신고전

지역	신고전화 번호	신고자 수	신고 기간
서울	02-722-4400	79명	1992.1.14~31
	02-730-4400	95명	1992.1.14~28
부산	051-461-0830	8명	1992.1.14~31

화를 증설(02-722-4400)했다. 12월에 들어서면서 신고전화가 울리기 시작했다. 12월 2일 대구 문옥주(당시 67세) 할머니, 12월 31일 김복선(당시 67세) 할머니가 신고를 했다. 1992년 1월부터 신고전화가 차츰 늘기 시작하면서 사무실은 고무되었다. 이 시기의 신고 현황은 〈표 1-1-1〉과 같다.

이 가운데 위안부 피해자의 신고는 총 55건이었다. '근로정신대' 피해자 신고는 94건, 친척이나 이웃이 신고해 추후 진상조사가 필요한 건은 32건이었다. 신고전화 당시 피해자 나이는 대개 61세에서 73세였는데, 만 12세에서 20세 사이에 동원된 사람들이었다.

한 '근로정신대' 피해자는 부산, 대구, 일본의 나고야, 도쿄, 도야마 소재의 군수공장, 방직공장에서 일을 했고 노임도 제대로 받지 못했다고 했다. 어떤 위안부 피해자는 일본군의 성적 도구로 이용되었고, 취사, 빨래, 총알 운반까지 해야 했다고 말했다. 이들은 중국의 텐진, 만주, 베이징, 상하이, 라바울, 싱가포르, 남양군도, 사이판 등으로 끌려갔으며, 동원 기간은 6개월에서 4년에 걸쳐 있었다. 강제징집을 당했거나 돈을 벌게 해주겠다는 감언이설에 속아서 간 경우가 대부분이었다. 당시 위안부를 권유한 사람은 교사나 읍·면·동사무소의 노무계원들이었다고 한다. 돈을 벌게 해준다는 말에 근로정신대로 일본에 갔다가 도망치다 붙잡혀 위안소로 보내진 사례도 있었다. 근로정신대나 위안부로 간 피해자들은 서민 계층이었다. 근로정신대 피해자들은 한국으로 돌아와 결혼해 가정을 꾸리는 등 비교적 정상적인 삶을 회복했지만, 이혼을 했거나 아이를 낳지 못해 소실로 들어가 전처소생을 기르며 살거나 독신으로 지내는 경우가 많았다. 생활보호대상자에서도 제외되어 힘든 생활을 하는 피해자도 다수였다. 당연히 건강도 나빴고, 정신적·육체적 후유증에 시달리고 있는 경우가 대부분이었다.[32]

위안부 피해자들의 신고로 사회적 여론이 들끓자 정부 또한 피해자 찾기가 시급한 문제라는 사실에 동감했다. 정부는 1992년 1월 적십자사를 통해 피해자 신고를 접수한 데 이어 특별법을 만들어 1993년 8월부터 피해자 신고를 정부가 일괄 접수했다. 이로써 정대협 신고전화는 문을 닫았다.

3) 피해자에 대한 복지활동[33]

피해자 신고를 받으면서 정대협은 피해자 복지문제를 어떻게 해결할 것인지 깊이 고민했다. 빈곤으로 피해자들의 생활은 비참했고 위안부 경험으로 몸은 망가져 있었다. 가부장 문화에서 본인이 위안부였다는 사실을 밝히는 것은 너무 어려운 일이었다. 정대협은 피해자 복지문제가 정책적으로 해결되지 않은 채로 신고만 받는 것은 이들을 두 번 죽이는 일이라고 판단했다. 임시 대안으로 정대협의 회원단체가 몇 명씩 맡아 돌보기로 했다. 이후 정대협 내에 복지위원회를 구성하고 피해자의 정신적 치유와 복지에 힘썼다.

이 같은 자구책 마련에 힘쓰는 한편, 정부에 피해자에 대한 지원책을 강력하게 요구했다. 이것이 결실을 맺어 1993년 6월 11일, 「일제하 일본군위안부에 대한 생활안정지원법」이 제정되었고, 보건사회부(현 보건복지부)에 일본군위안부 피해자를 돌보는 부서가 설치되었다. 이로써 피해자 신고는 정부로 완전히 이관되었고, 정부 내에 심의위원회[34]를 두어 매월 피해신고자의 진위

---

32 한국정신대문제대책협의회, 『정신대 자료집 2(수정증보)』(1992).
33 이 책의 제6장 「피해자 지원활동」에 자세한 내용이 수록되어 있다.

를 심사하는 체제를 만들었다. 심의위원회를 통해 피해자로 인정된 사람은 정착금으로 500만 원 또는 임대주택 입주 중에 하나를 선택할 수 있었고, 매월 15만 원의 생활지원금을 지급받았다.

1993년 처음 인정된 피해자의 숫자는 153명이었으며 그 수는 계속 늘어났지만, 2000년에 들어와 신고가 줄어들더니 차츰 소진되었다. 2013년 말 현재 한국 정부에 등록한 피해자의 수는 237명이며, 생존해 있는 피해자는 56명이다.

한편 정대협의 회원단체인 불교인권위원회는 1992년 10월 서울 마포구 서교동에 일반 단독주택을 전세로 얻어 할머니들의 거주 공간을 마련했다. 처음에는 강덕경, 김순덕, 박옥련 할머니가 함께 살기 시작했고, 나중에는 10여 명이 거주했다. 이후 정대협에서 독립해 '나눔의 집'이라 이름 짓고 혜화동을 거쳐 1995년 경기도 광주시 퇴촌면에 새롭게 보금자리를 마련했다. '나눔의 집'에서는 할머니들의 복지를 위해 여러 활동을 전개했는데, 특히 심리치료를 위해 시작한 그림 그리기는 매우 큰 효과를 거두었다. 강덕경, 김순덕 할머니

---

34 안병직 교수, 정진성 교수, 이효재 교수 등이 참여했다.

의 그림은 국내외 여러 곳에 전시할 정도로 그 수준이 높고 메시지가 있는 것으로 평가받았고, 엽서와 포스터, 양초 등으로 제작되기도 했다.

4. 관계 문서자료 발굴: 1991년 11월

1) 미국과 일본에서 문서 발견

피해자의 등장으로 크게 이슈화된 일본군위안부 문제는 곧이어 문서자료가 발견되면서 불이 붙었다. 1991년 11월 29일 일본의 ≪니혼게이자이(日本經濟)≫는 한반도에서 징용된 군위안부가 당시 일본군 관리 아래 있었다는 사실이 적힌 미군 보고서가 미국 스탠퍼드 대학교에 보존되어 있다고 보도했다. 1992년 1월에는 일본 육군성의 기밀문서 육지밀대일기(陸支密大日記)가 일본의 방위청 도서관에서 발견되었다. 이로써 중일전쟁 및 태평양전쟁 당시 일본군이 위안소 설치와 '종군위안부' 모집 등을 지시하고 감독했다는 사실이 입증되었다.

문서자료는 주로 일본 군문서와 전쟁 직후 작성된 연합군 보고서로, 일본과 미국에 집중되어 있었다. 그 밖에 당시 연합국이었던 네덜란드와 오스트레일리아 등에 일부 분포되어 있다. 미국과 일본에서 문서가 발견된 이후, 정대협은 문서 발굴에 더욱 노력을 기울여왔다.

2) 한국학자들의 자료 발굴 노력[35]

재미 한국 학자 방선주 박사는 미국 국회도서관의 국립공문서관에서 일본 군위안부 관련 자료를 속속 발굴해내기 시작했다. 이후 정대협과 정신대연구소는 해외문서 발굴에 정부의 지원이 필요하다고 주장했으며, 2000년대 들어서는 정진성, 장태환, 한우성, 한원상 등의 연구자 그룹이 여성부의 지원을 받아 미국과 일본에서 발굴한 문서를 토대로 「일본군위안부 문제에 관한 국외자료조사 연구」(2002)라는 보고서를 냈다. 이 보고서에서는 일본 군과 정부뿐만 아니라 일본의 사기업들도 '위안소'의 운영에 관여했다는 사실이 밝혀져 일본 기업의 책임을 규명하려고 노력했다. 이 연구 팀은 또한 네덜란드 국립공문서관에서 위안부 강제연행의 결정적 문서를 발굴하기도 했다.

5. 수요시위를 비롯한 다양한 활동 전개

1) 수요시위의 시작

1991년 12월 11일 정대협은 "일본 정부와 위안부는 무관하다"는 가토 고이치(加藤紘一) 관방장관의 망언에 항의하는 공개서한을 일본 대사관에 전달하고 집회를 열었다. 그리고 위안부 문제가 해결될 때까지 정기 수요시위를 열 것을 결의했다. 또한 아시아 여러 나라에 수요시위에 동참해줄 것을 건의했다.

1992년 1월 8일 첫 번째 수요시위에서는 일본 정부에 요구하는 여섯 가지 항목을 구호로 외치면서 일본 대사관 주위를 도는 퍼포먼스를 진행했다. 이

---

35 이 책의 제1부 제7장 「조사 · 연구 및 출판, 기념사업」에 자세한 내용이 수록되어 있다.

〈그림 1-1-12〉 1992년 1월 8일, 일본 대사관 앞에서 개최한 제1차 수요시위

스라엘인들이 여리고 성을 함락하기 위해 성 주위를 돌았다는 구약성서의 기
록에 착안해 일본의 오만과 거짓이 무너지기를 기대하는 행위였다. 이 수요
시위는 많은 호응을 얻어 피해국들이 힘을 모아 같이 투쟁해야 한다는 필요
성을 확인시켜주었고, 더불어 아시아연대회의의 가능성을 모색하는 계기가
되었다. 수요시위는 2011년 12월 14일에 제1,000차를 맞이했다.[36]

2) 소송 제기[37]

1990년 12월 5일 김학순 할머니를 비롯한 위안부 피해자 세 명을 포함해,
군인 · 군속 강제동원 피해자 35명이 일본 도쿄 지방재판소에 공식 사죄와 피

---

36 수요시위의 자세한 연혁은 이 책의 부록2 「위안부 문제 해결을 위한 정기 수요시위 연표」를
    통해 확인할 수 있다.
37 이 책의 제1부 제5장 「법적 책임 규명운동」에 자세한 내용을 수록했다.

해 보상을 요구하는 소송을 제기했다.[38]

다음 날인 12월 6일 일본 가토 관방장관은 기자회견을 열고 "정신대 한인 여성들과 그 유가족들에 대한 보상문제는 정부로서는 대처하기 곤란하다"라고 말했다. 그는 또 노동성을 중심으로 실태를 조사하고 있으나 정부기관이 관여했다는 자료를 발견하지 못했다고 말했다.

3) 추모비 건립 활동

추모비 건립은 1990년 10월 17일의 공개서한 때부터 줄곧 일본 정부에 요구해온 사항이다. 한국 여성이 강제로 끌려가 일본군의 성노예로 지내야 했던 역사적 사실을 고발하고 희생자를 기림으로써 폭력적인 군사 문화 및 가부장 문화에 경고하고 다시는 이런 일이 일어나지 말아야 한다는 다짐을 되새기는 차원이었다.

1991년 1월 23일에는 조화순 한교여연 회장의 이름으로 한국 정부에 독립기념관 경내에 위안부 추모비를 건립하기 위한 부지를 요청했다. 그리고 추모비 건립을 위한 모금액 예산을 1,000만 원으로 잡고 각 교단에 협조문을 띄웠다.

그러나 3월 12일자로 독립기념관장에게서 "조경상 심각한 문제를 야기하고 있어" 추모비 건립을 허가할 수 없다는 답신을 받았다. 답신을 받자마자 한교여연은 민족미술협의회 회원과 함께 직접 독립기념관을 방문하고 현지를 돌아본 후 다시 이를 정부에 요청했다. 4월 2일자 문화부 장관의 이름으로 앞의 답신과 똑같은 내용의 답신이 도착했다. 그해 10월 28일 자로 정대협 공

---

38 아시아태평양전쟁 희생자유족회는 오래전부터 일본에 전후보상을 요구해왔다. 이들은 '정신대' 문제를 아시아태평양전쟁 희생자들의 보상 문제 전체에서 따로 떼어서는 안 된다는 입장이었고, 정대협은 일본군위안부 문제만 독립적으로 취급하는 것이 운동 차원에서 바람직하다는 생각이었다. 일본의 법정 제소는 유족회를 통해서 하기로 했다.

동대표의 이름(박순금, 이효재, 윤정옥)으로 다시금 위안부를 위한 추모비 건립 부지를 요청했다. 11월 23일 답신에는 "독립기념관 경내에는 어떤 위령탑도 건립이 계획될 수 없다. 그러나 귀회의 요청을 계기로 '추모의 자리'를 더욱 뜻있는 자리가 될 수 있도록 단장하고 보완하겠다"고 했다. 결국 거절한다는 내용이었다. 그러나 정대협은 실망하지 않고 꾸준히 추모비 건립에 대한 꿈을 꾸어왔다. 이는 전쟁과여성인권박물관의 건립으로 이어졌다.

이렇게 한국에서 시작된 정대협운동은 곧바로 일본을 비롯한 아시아 여러 나라의 단체들과 연대했고, 정대협이 유엔에 문제를 제기하면서 전 세계의 여성운동단체들과의 연대도 이루어졌다. 한편 미국, 일본, 유럽 등지에 거주하고 있는 해외동포들의 운동도 정대협과 연대하는 가운데 크게 발전했다.

"부끄러운 건 우리가 아니라 너희다"

정대협과 만난 뒤 할머니들이 보인 의식의 변화는 매우 놀랍다. 처음에 할머니들은 신고는 했지만 가족이나 친척이 알게 될까 봐, 동네에 알려질까 봐 쉬쉬하면서 스스로를 죄인처럼 부끄러워하셨다. 김순덕 할머니는 수요시위 때마다 행여 카메라에 잡힐세라 챙이 큰 모자를 푹 눌러쓰고 맨 뒷자리에서 어깨를 잔뜩 웅크리고 서 계셨다. 그러나 정대협과 함께 세월을 보낸 할머니는 돌아가시기 얼마 전까지도 시위대 맨 앞줄에 나와서 이렇게 외치셨다.

"너희가 사죄할 때까지 나는 절대 죽지 않는다."

망설임과 부끄러움에서 깨어나신 할머니들은 가해자인 일본을 향하여 당당하게 외치게 되었다.

"부끄러운 건 우리가 아니라 너희다."

할머니들의 이런 자각과 당당함이 힘이 되어 정대협은 매주 수요일 정오, 일본 대사관 앞에서 일본 정부에 요구하는 일곱 가지 항목을 끈질기게 외칠 수 있는 것이다.

---

* 이 글은 김혜원 전 정대협 실행위원이 할머니들과 함께하면서 보고 듣고 느낀 것의 기록이다.

사죄가 먼저다

처음에는 피해 신고의 목적이 다분히 돈과 관련되어 있었던 할머니도 몇몇 있었던 것이 사실이다. 과거는 억울하지만 돈이라도 받아서 궁핍함에서 벗어나보겠다는 처절한 생존 욕구가 있었다. 그러나 할머니들은 운동에 적극적으로 참여하면서 새로운 측면을 보기 시작했다. 배상을 받는 것도 중요하지만 일본 정부로부터 공식적인 사죄를 받는 것이 우선이라는 사실을 깨달은 것이다. 일본의 국민기금 수령을 거부한 용기가 이를 증명한다. 물론 할머니들 가운데는 국민기금을 수령한 분들이 더러 있었지만 그것은 자발적인 수령이라기보다는 국민기금 측의 교묘한 회유 탓이었다. 할머니들은 이제 자신들이 당한 억울함과 불명예를 회복하는 유일한 길은 일본의 공식 사죄임을 인식하기에 이르렀다. 잃어버린 자신의 명예를 되찾는 일이 곧 정의를 세우는 일임을 깨달았기에, 할머니들은 임종을 목전에 두고서도 여권을 챙기시며 국제사회에 호소하고자 하셨다. 할머니들에게 정의란 무엇인가? 남의 나라 국권을 침탈한 죄, 여성을 강제납치 혹은 거짓말로 꼬여 전쟁터로 끌고 간 죄, 그들을 성노예로 혹사한 죄, 그러고도 사죄하지 않는 죄, 이 모든 죄를 생존자는 물론 돌아가신 할머니들 영령 앞에 무릎 꿇고 진심으로 사죄하는 것이다.

전쟁과여성인권박물관 건립에 대한 꿈의 공유

운동 초기에 사료관이나 박물관 건립에 관한 의제는 할머니들 앞에서 금기사항이었다. 비록 소수라 할지라도 '우리를 앞세워 일본으로부터 돈을 받으면 일본을 위해 무엇인가를 할지도 모른다'고 할머니들께서 우려했음 직하다.

정대협은 1993년 조직을 확대하면서 전쟁과여성사료관 건립준비위원회를 만들었지만, 공석이었던 위원장을 둔 것은 1996년이었다. 이즈음에는 돌아가시는 할머니들이 점점 늘어나고, 생존 할머니들도 연로해짐에 따라 사료관이든 박물관이든 건립을 서둘러 할머니들의 증언과 관련 영상, 정대협운동의 과정 및 연구자료 등을 수집·정리하고 보관해 후대에 교육하는 것이 마땅하다는 공감대가 커졌다. 여기에 힘입어 정대협은 2003년에 '전쟁과여성인권박물관' 건립 점화식을 가졌다. 이때 할머니 10여 분이 자발적으로 기금 조성을 위한 첫 주춧돌을 놓으셨다. 박물관 건립을 위한 할머니들의 정성스러운 손길은 오늘까지도 이어지고 있다. 2010년 5월 16일에 유명을 달리하신 김계화 할머니도 운명 직전에 박물관 건립기금 모금에 동참하셨다.

정대협에 대한 신뢰

할머니들은 처음에 정대협이라는 여성단체의 정체성에 혼란을 겪으신 듯하다. 조심스럽고 판단이 빠른 강덕경 할머니마저도 윤정옥 대표에게 이렇게 묻지 않았던가.

"윤 선생님, 대답 좀 해주이소. 윤 선생님은 대학 교수였고 지금은 은퇴하셔서 한가롭게 여행하면서 즐겁게 살 수 있잖아예. 근데 뭣 땜에 이 고생을 하시는기요?"

그날 윤정옥 대표는 할머니들의 의심을 직감하고 너무 기가 막혀 얼른 대답할 말을 찾지 못했다. 침묵을 깬 건 강덕경 할머니 자신이었다.

"돈 때문은 아니고 명예 때문이겠지예?"

그때 할머니들 사이에는 여러 억측이 난무했는지도 모른다. 일부는 이렇게 말했을 수도 있다.

"저 사람들은 정부에서 월급 받고 일하는 거야."

"일본에서 배상금 타면 우리에게서 수고비 받으려고 그럴걸."

자신과는 직접적 관계가 없는 여성들이 이 운동에 매달려 자신의 돈과 시간을 아낌없이 쓰면서 활동하는 것을 그분들로서는 이해할 도리가 없었던 것이다. 그러나 할머니들은 직접 운동에 깊이 참여하면서 차차 알아가셨다. 정대협의 힘은 여성단체들의 연대의 힘, 평화와 정의를 갈구하는 국제사회의 협력으로부터 온다는 것을. 할머니들의 정대협에 대한 의혹의 눈초리는 신뢰와 감사의 마음으로 변해갔다. 윤순만 할머니는 수요시위에서 나를 만날 때마다 이런 말씀을 전하셨다. "선생님들 수고 내가 다 알아. 배상받으면 꼭 선생님들 은혜 잊지 않을 겨."

반전·평화 운동

지금도 그날의 TV 속 한 장면을 잊을 수가 없다. 2010년 3·1절을 이틀 앞둔 2월 28일, KBS TV프로그램 〈아침마당〉에 초대 손님으로 출연한 길원옥 할머니의 말씀이 이어지고 있었다.

"전쟁은 절대로 해서는 안 돼요. 우리 같은 희생자가 또 나올 테니까. 그래서 박물관을 지어 전쟁을 반대하고 평화를 지키는 교육을 해야 해요. 국민들이 박물관 건립에 관심을 가져주길 바랍니다."

'어느 대학 교수가 이보다 더 절실하고 침착하게 반전과 평화의 메시지를 띄울 수 있을까' 하는 생각이 들었다. 의연하고 당당한 할머니가 참 자랑스러웠다.

강덕경 할머니는 그림을 통해 평화를 외쳤다. 할머니들의 '평화'는 보복을 다짐하는 것이 아니었다. 전쟁은 젊은이의 희생을 요구하고, 여성과 어린이 그리고 노인, 모두가 피해자로 전락한다. 인류가 피땀 흘려 쌓아 올린 문명과 인권의 파멸인 것이다. 할머니들 자신이 바로 그 피해의 증인이기 때문에 할머니들은 전쟁 반대, 평화 수호의 최전선에서 처절하게 외치신다.

"전쟁은 절대 안 돼!"

제2장
국제사회와의 협력[*]

　일본군위안부 문제 해결운동은 위안부 문제를 넘어서 오늘날 전 세계 곳곳에서 일어나고 있는 전쟁 및 무력 갈등 지역의 여성인권 문제에도 깊숙이 개입하고 있다. 이는 한국 여성운동에서 시작된 일본군위안부 문제 해결운동이 곧바로 폭넓은 국제협력을 이끌어내면서 전개되었기 때문이다. 1980년대 말 위안부 문제의 발굴과정에서부터 한국의 연구자와 활동가들은 일본단체와 협력했으며, 정대협이 발족된 후에는 정대협을 중심으로 아시아 피해국의 연대운동을 적극적으로 전개했다. 2000년에는 전 세계의 국가 성폭력 피해자와 여성단체들이 힘을 모아 2000년 법정을 개최하는 성과를 낳았다. 이후 정대협은 해외동포와 연대하면서 미국을 비롯한 여러 나라의 국회에서 위안부 관련 결의안이 통과될 수 있도록 노력을 기울였다.

---

[*]　제2장 제1절은 정진성 정대협 전 공동대표, 제2절과 제6절은 윤미향 정대협 상임대표가 작성했다. 제3절과 제5절은 각각 정진성, 『일본군 성노예제: 일본군위안부 문제의 실상과 그 해결을 위한 운동』(서울: 서울대학교 출판부, 2004)의 제6장 「국제연합(UN)에서의 일본군 성노예문제」와 제7장 「국제노동기구(ILO)에서의 일본군 성노예문제」를 재구성한 것이다.

1. 일본 시민사회와의 협력

정대협은 일본 시민단체와의 공동활동, 피해자들의 일본 증언집회, 공동연구 및 공동출판 등의 여러 형태로 일본 시민사회와 협력해왔다. 이것은 정대협운동에 발전을 가져왔을 뿐만 아니라 일본 사회에 위안부 문제에 대한 인식을 높이고 운동을 활성화하는 데 중요한 기여를 했다.

1) 일본 여성단체와 사회당 의원의 협력

일본에서 위안부 문제가 처음 공식적으로 제기된 곳은 일본 국회였다. 1990년 초에 사회당 참의원 다케무라 야스코(竹村泰子)가 국회에서 위안부 문제를 거론하기 시작한 후, 1990년 6월 사회당 모토오카 쇼지 의원이 다시 참의원 예산위원회에서 일본 정부가 일본군위안부 문제에 대해 조사할 것을 요청했다. 그러나 이 요청은 위안부는 민간업자가 관리한 것이라는 답변으로 곧 묵살되었다. 일본 정부의 책임을 요구하는 한국 사회의 운동이 지속되는 상황에서 1991년 4월, 모토오카 의원이 다시 한 번 국회에서 문제를 제기했다. 일본 정부는 또다시 당시 정부가 위안부 문제에 관여하지 않았으며, 1965년 한일협약에서 일제시기의 모든 문제가 해결되었다는 입장을 반복했다.

1990년 이후 일본의 운동단체들은 일본군위안부 문제에 한국의 활동가와 위안부 피해자를 초청해 강연회를 열고, 일본 정부에 적절한 조치를 요청하는 등의 활동을 벌여왔다. 이후 재일한국인 여성들이 위안부 문제 해결을 위한 독자적인 단체를 새롭게 결성했다. 1991년 5월 오사카에서 '조선인 종군위안부 문제를 생각하는 회'가 설립되었고, 11월에는 '종군위안부 문제 우리여성 네트워크'를 결성되었다. 이들은 출판활동, 강연회 등을 진행하면서 위안부 문제에 집중했다.[1]

1992년 1월에는 서울에서 열릴 제1차 아시아연대회의를 준비하면서 그동안 산발적으로 운동을 벌이고 있던 일본의 16개 운동단체가 '행동 네트워크'를 결성했다. 한국의 정대협처럼 여러 단체가 연대하여 통일적인 운동을 전개하는 협의체라기보다는 각 단체가 독립적으로 각기 다른 운동을 하면서 정보를 교환하고 정대협 등의 연대단체와 원활하게 연락을 하기 위해 만든 조직이었다.

1992년 1월 22일 정대협은 한교여연 사무실에서 기자회견을 열어 일제의 만행을 국제무대에 알리기 위해서 미국을 방문하고, 유엔인권위원회에 '정신대' 문제를 안건으로 상정할 계획임을 밝혔다. 그리고 일본 법원에 위안부 피해 배상 소송을 제기하고 법률자문단을 구성하는 한편, 매주 수요일에는 주한 일본 대사관 앞에서 시위를 계속할 것 등을 알렸다.

한교여연은 두 명의 위안부 피해자(황금주, 심미자)를 포함한 28명으로 '종군위안부 발자취를 따라서' 팀을 구성했고, 이들은 일본기독교협의회 여성위

---

1 이 책의 제2부 제1장 「일본 간토 지역의 여성 네트워크」와 제2장 「일본 간사이 지역의 재일한국민주여성회」에 자세히 수록되어 있다.

원회와 함께 일본 후쿠오카, 오키나와 현, 도카시키 섬, 지바 현 가시와 시, 도쿄 등을 다니면서 증언을 했다.

이 지역들은 일본군위안부 문제와 관련해 중요한 역사적 흔적이 남아 있는 곳이다. 오키나와는 아시아태평양전쟁 당시 미군과 일본군의 격전지였다. 1941년 이곳으로 징용·징병된 한국 청년 1만 명이 전사하거나 학살된 것을 위로하기 위해, 1975년 8월 한국인희생자 위령탑인 평화의 탑을 세웠다. 오키나와에 있는 300m 길이의 이토카즈 동굴은 미군을 피하기 위해 군민이 숨어 있던 곳인데, 이곳에 한국인 위안부 여섯 명이 있었다고 한다. 당시 동굴 입구의 보초는 꼭 위안부가 서게 했다고 전해진다.

도카시키 섬 역시 상당히 격렬한 전투가 있었던 곳이다. 일본 정부의 지시에 의해 자결하거나 희생당한 자들을 한곳에 묻은 후 세운 위령탑인 백옥탑이 있다. '종군위안부 발자취를 따라서' 팀이 답사한 바에 의하면, 탑 뒤편에 400여 명의 이름이 새겨져 있지만, 한국인으로 보이는 이름은 찾을 수 없었다. 도카시키 섬의 촌장은 당시 한국인 위안부가 있었지만 일본 이름으로 개명했기 때문이라고 전했다. 그는 일곱 명의 한국인 위안부 중 네 명은 폭격으로 사망했다고 증언했으며, 그들의 이름을 새기기 위해 본래의 이름을 찾고 있다고 했다. 조사 팀은 "이름 모를 한국인 여성 네 명이 이곳에 잠들다"는 문장을 탑에 새겨줄 것을 요청했다. 한편, 당시 생존한 한국인 위안부 중 두 명이 오키나와로 건너갔다고 하는데, 한 명은 정신질환으로 사망했고, 다른 한 명이 바로 배봉기 할머니이다. 배봉기 할머니는 도카시키 섬에서 나와 임종 때까지 오키나와에 거주했다.

가시와 시는 전시의 군사도시였다. 군수공장, 헌병대, 고사포연대 육군병원, 가시와 비행장 항공교육대 등이 있었으며, 7,000여 명의 군인이 주둔했었다. 군사시설 건설에 투입되었다가 군사기밀을 이유로 징용된 사람들을 학살한 것으로 밝혀졌으며, 가시와 비행장에 위안소가 있었다.

1992년 2월 28일에서 3월 4일까지, 4박 5일간 진행된 '종군위안부 발자취를 따라서' 답사의 반응은 뜨거웠다. 후쿠오카 집회는 독일TV와 BBC에 보도되기도 했다. 집회 장소마다 경찰이 출동했고, 일본 우익들은 확성기를 설치한 차로 시내를 돌며 조사 팀을 "돈을 뜯으러 온 자들"이라고 비난하며 집회를 방해하려 했다.

각 증언집회마다 수백 명의 사람이 참석했다. 오키나와 증언집회는 시립공민관에서 개최되었으며, 200여 명이 참석했다. 오키나와인권협회, 여성역사를 연구하는 위원회, 일평반전지주회, 오키나와 여성문제를 생각하는 모임, 무라가미상 평화가이드 모임 등 각종 단체와 오키나와 시민들이 참석했으며, 다카사토 스즈요(高里鈴代) 오키나와 시의회 의원이 모든 프로그램을 진행했다. 재일동포 김현옥이 배봉기 할머니에 대한 증언을 하기도 했다.

도쿄에서는 참의원 1회의실에서 오전에는 기자회견, 오후에는 집회를 했다. 오후 집회인 '종군위안부 문제 일한교류집회'에는 15개 단체 200명이 참석했으며, YWCA회관에서 300명이 참석한 가운데 열린 저녁 집회에서는 미야자와 수상에게 보내는 공개서한을 일본기독교협의회 여성위원회 아이코 카터(Aiko Carter)가 낭독했다. 시미즈 스미코 사회당 참의원은 토론 사회자로 나와 "보상금을 얼마나 생각하느냐?"라는 기자의 질문에 "이미 해결된 조약일지라도 일한조약의 결함을 따지고 국가의 책임하에 이루어진 가해 사건은 국가적 입장에서 해결되어야 한다"고 대답했다. 참의원으로 사회당 기무라 마사유키(木村政之), 무소속 기히라 데이코(紀平悌子), 공산당 요시가와 하루코(吉川春子)가 참석했다. 이날 변호사 다카키 겐이치(高木健一)는 전체 위안부의 70~80%가 한국 여성이었으며 본인의 의사와 관계없이 집단적으로 계속 끌려갔다는 사실은 국제법상 '인도에 대한 죄'에 해당된다고 선포했다.

가시와 시에서는 가시와 시민회(발기인 아오키 유키오 외 55명) 주최로 200명이 참석한 가운데 공민회관에서 집회가 열렸다. 집회 후에 있었던 시장과의 면담 자리에서 가마가야 시의원은 역사적 사실을 올바르게 가르치는 것이 중요하다고 발언했다. 동석한 사회당 의원은 과거에 일본이 저지른 잘못을 두 번 다시 되풀이하지 않기 위해서라도 위안부 문제를 심도 있게 다룰 것이라고 약속했다.

집회에서 피해자들의 증언을 듣고 울지 않은 참석자가 없었다. 전쟁 당시 공군 조종사였다는 한 참석자가 피해자의 손을 잡고 울면서 '자신들이 전쟁의 피해자라고만 여겼는데 가해자였음을 깨달았다'고 사죄하는 순간 집회장은 숙연해졌다. 일본의 시민단체들은 자료 수집, 일본 정부에 대한 위안부 문제 해결 촉구, 역사책에 기록할 것 등에 적극적으로 나설 것을 다짐했다.

두 명의 일본군위안부 할머니와 동행했던 답사는 집회와 기자회견을 통해 일본인이 과거에 한국 여성들에게 행했던 끔찍한 사건을 알리며, 일본 사회에 큰 반향을 일으켰다. 또한 앞으로 일본의 시민사회가 이 문제를 어떻게 해결해나갈 것인지 고민하고, 위안부 문제와 같은 폭력적인 역사가 반복되지 않도록 다짐하는 계기를 제공했다.

2) 일본 시민단체와의 연대와 갈등

1993년 이후 일본 사회가 보수화되는 가운데, 한국에서는 책임자 처벌을 위한 고소·고발 및 국제상설중재재판소(이하 PCA) 제소를 위한 움직임으로 운동이 확장되었다. 일본 시민단체의 운동은 다소 위축되기 시작했고, 단체 간 갈등을 겪기도 했다.

피해자 배상 문제와 일본의 범죄성 등 다소 추상적인 비판에서 정대협과 뜻을 같이했던 일본의 운동단체 및 개인들은 구체적인 책임자 처벌이라는 형사문제에 부딪히면서 분열하기 시작했다. 처음부터 이 운동에 적극 협력했던 '일본부인회의'의 시미즈 의원은 한국에서 책임자 처벌을 고집할 경우 일본의

적지 않은 단체가 운동에서 이탈할 것임을 경고하기도 했다. 이후 일본부인
회의는 일본 정부가 제안한 국민기금[2]안의 시행에 동조하면서 정대협의 반대
세력으로 변했다. 이 밖에도 이미 사망한 사람이나 연로한 사람 그리고 일왕
에게까지 책임을 물어 새삼 처벌하는 것에 주저하는 단체가 많았다.

　갈등은 일본 정부의 국민기금안을 둘러싸고 확연히 드러났다. 1994년 발
족 이후 국민기금은 일본의 각 부문에서 영향력 있는 인사들을 포섭하고 공
격적으로 국제 로비를 하면서 국제사회와 일본 시민들 사이에서 영향력을 넓
히고 있었다. 위안부 문제를 둘러싸고 협력하던 단체들이 국민기금에 찬성하
면서 협력하는 단체와 이에 반대하는 단체로 크게 나뉘었다. 반대하는 단체
들은 다시 국민기금안을 전면적으로 반대하는 단체, 국민기금에 대항해 순수
한 시민기금을 만들고자 하는 단체, 정부의 출자금 부분을 입법화하려는 단
체 등으로 갈라졌다.

2　국민기금에 대해서는 이 책의 제1부 제5장 「법적 책임 규명 운동」에 자세히 수록했다.

국민기금과의 지루한 싸움이 계속되자 일본의 기독교계와 학계를 중심으로 국민기금을 정부 출자금과 민간모금으로 구분하는 수정안을 제안하는 등 국민기금의 성격을 바꾸고자 하는 노력도 이루어졌다. 이러한 입장들은 일본 시민들의 국민기금에 대해서뿐만 아니라 일본군위안부 문제와 전쟁범죄에 대한 전반적인 인식 상황을 보여준다고 볼 수 있다.

3) 전후보상운동 및 2000년 법정에서의 협력

일본에서는 1990년대에 들어와 위안부 문제 관련 연구와 구체적인 법적 소송을 중심으로 본격적인 전후보상운동이 전개되었다. 이전부터 지속되어온 연구 및 운동에서 발전한 것이기도 했지만, 무엇보다도 군위안부 문제의 사회운동화에 힘입은 바가 컸다.

1989년 11월에 결성된 전후보상문제연구회는 1988년 미국 국회에서 제2차 세계대전 당시 미국 정부에 의해 강제수용된 일본계 미국인에 대한 사죄와 배상에 관한 법안이 통과된 것에 자극을 받아 결성했다고 밝혔다. 그러나 연구의 주요 내용으로 일본군위안부 문제를 포함하고 있다. 위안부 문제가 전후보상 문제를 해결하려는 움직임에 중요한 추동력이 되었다는 것을 짐작할 수 있다.

이후 1990년대에 들어 전후책임을 묻는 '시모노세키 재판을 지원하는 모임'(1993.4), '재일위안부재판을 지원하는 모임'(1993) 등 전후보상 문제 전반을 위한 활동, 특히 재판을 돕는 움직임을 더욱 확대했다. 재판은 도쿄, 후쿠오카 등 여러 지역에서 일본군위안부 피해자뿐만 아니라 징용, 징병, 우편예금문제 등을 포괄해 진행했다. 이 재판은 새롭게 등장한 단체 외에도 '일본의 전후책임을 확실히 하는 모임'과 '종군위안부 문제 행동네트워크' 등의 단체와 많은 변호사가 지원했다. 이를 계기로 일본군위안부 문제에서 나아가 731

부대,[3] 근로정신대, 징용·징병 등의 문제 및 세계의 전후보상에 관한 비교연구 등으로 연구와 관심이 크게 확장되었다.

2000년 12월 8일에서 12일까지 열린 2000년 법정[4]은 1980년대 말부터 전개되어온 일본군위안부 문제 운동을 중간 결산하는 매우 중요한 계기를 만들었다. 2000년 법정에서는 그간 축적된 국제법적 판단을 총정리해 앞으로 실행해나가야 할 문제를 고민했으며, 법정에서 열린 공청회에서는 현재에도 일어나고 있는 전쟁 중의 여성인권침해문제를 다루었다. 세계 각지에서 각자 활동해오던 단체들은 2000년 법정이라는 하나의 틀에서 협력과 연대를 이룰 수 있었다. 이는 이전까지의 상황으로 미루어볼 때, 특히 일본 운동진영에 획기적인 사건이 되었다.

2000년 법정을 준비했던 단체들은 2001년 12월 헤이그에서 열린 최종판결 집회를 함께했다. 2002년 5월 피해국 참가자를 초청해서 판결을 실행하기 위한 후속 작업을 논의하는 집회를 열었다.

4) 공동연구 및 출판

2000년 법정 이후 한국과 일본의 여성학자, 운동가들은 역사교재를 공동으로 편찬하는 작업에 들어갔다. '한일여성 공동역사교재'를 편찬하기 위한 모임이 시작된 직접적인 계기는 2001년 동아시아 지역을 휩쓸었던 일본의 역사 교과서 왜곡 파동이었다. 일본 우익 의원 모임과도 연계된 단체인 '새 역사교과서를 만드는 모임(이하 새역모)'에서 제출한 '중학교용 일본사 교과서 검정

---

3   일본 육군 간토군 소속의 부대로 중국 하얼빈에 소재했다. 생체실험을 통해 생화학 무기를 개발한 것으로 악명이 높다.
4   2000년 법정은 이 책의 제1부 제5장 「법적 책임 규명운동」에서 자세히 다루었다.

신청본'이 문부과학성의 검정을 통과하자 일본 안팎에서 거센 반발이 일었다. 침략전쟁을 옹호하는 우익 편향의 교과서를 일본 정부가 공식적으로 승인했다는 사실은 동아시아, 나아가 인류의 평화를 위협하는 중대 사건으로 인식되었다.

일본군위안부 문제는 일본의 역사왜곡 논쟁의 주요 쟁점이었다. 1997년에 새역모가 꾸려진 바탕에는 일본군위안부 문제에 대한 일본 우익의 위기감이 있었다. 일본군위안부 생존자의 등장과 관련 정부 문서의 발견, 일본 고노 요헤이(河野洋平) 관방장관의 담화, 생존자에게 '위로금'을 지급하려는 국민기금의 활동까지, 1990년대 초중반에 일본군위안부 제도의 피해상이 명백하게 밝혀짐에 따라 이에 대응하지 않을 수 없었다. 특히 일본 정부가 1993년 고노담화를 통해 일본군위안부 피해와 이에 따른 일본 정부의 책임을 어느 정도 인정하자 1994년부터 사용된 고등학교 교과서 대부분과 1997년부터 사용된 모든 중학교 교과서에 일본군위안부 관련 내용이 포함되었다.

이에 일본 우익 세력이 1995년에 자유주의사관연구회를 조직한 데 이어 새역모를 창립하면서 교과서에 일본군위안부에 관해 기술하는 것은 '자학사관'이라며 비판했다. '일본이라는 국가가 대규모의 위안부 강제연행 같은 범죄를 저질렀을 리가 없다'는 주장이었다. 새역모의 교과서에서는 당연히 일본군위안부 내용을 찾아볼 수 없었다. 문제는 여기에서 그치지 않았다. 일본군위안부 문제를 기술한 교과서가 7종에서 3종으로 크게 축소되었으며, 이들 역사교과서 채택률은 20% 이하로 감소되었다.

한국과 일본의 여성학자, 활동가들은 이러한 상황에 문제를 제기했다. 이들은 1990년대 초반부터 10여 년간 함께 활동하면서 운동 경험과 문제의식을 공유하고 있었다. 특히 2000년 법정에서 일본군위안부 문제는 근대 제국주의의 폭력, 제도화된 여성차별, 식민지에 대한 착취와 계급차별 문제가 응집된 것이라는 사실을 다시 확인하면서 이들의 연대는 더욱 공고해졌다. 또한 오늘날에도 세계 곳곳에서 벌어지고 있는 전쟁 및 무력갈등 아래 여성폭력에 대한 공통된 문제의식을 갖고 있었다.

이들은 여성사를 독자적으로 다루는 역사교재를 한일 공동으로 발간할 필요가 있다는 데 뜻을 모았다. 지금까지의 역사 서술에 여성의 존재가 빠졌다는 점과 여성이 포함되었다고 하더라도 가부장적 시선에서 서술되었다는 점에 의견이 일치했다. 그리고 일본의 역사 왜곡에 대한 비판은 이러한 반성적 사고에서 출발해야 한다고 의견을 모았다.

이들은 새역모의 역사교과서가 기존 역사 서술의 가부장적 관점을 한층 강화한다는 문제를 제기했다. 일본 천황제와 이에(家) 제도를 옹호해 여성차별을 합리화하고, 현모양처주의를 찬미하면서 성별역할분업을 강화한다는 이유에서였다. 또한 제국주의 일본에 협력했던 여성을 미화함으로써 국가주의에 갇힌 여성의 경험을 '바람직한 역사'로 창출하려는 시각도 위험하다고 판단했다. 강한 가부장적 시선이 기저에 깔려 있기 때문에 일본군위안부 문제를 전쟁범죄로 인식하지 못하는 결과로 이어졌다는 것이다.

2001년 초봄, 젠더 시각이라는 대전제를 공유한 연구자와 활동가들이 서울에서 첫 모임을 가진 이래 약 3년 정도를 목표로 교류를 시작했다. 그리하여 그동안의 집필 성과를 모아 한국 측에서는 『한일여성공동교재: 근대편』(2002)을 엮어내고, 『한국현대여성사』(2004)를 발간했다. 일본 측에서는 학회지 ≪戰爭, 女性, 人權(전쟁, 여성, 인권)≫ 등을 통해 집필자 개인의 연구 성과물을 발표했다.

2004년부터는 본격적으로 공동 집필을 시작했다. 2004년 3월, 공동교재의 집필 원칙과 전체적인 목차를 정하기 위해 한국과 일본의 여성들이 서울에서 만났다. 그리고 이날 한일여성 공동역사교재 편찬위원회를 공식적으로 조직했다. 한국 연구진에서는 정진성 교수가, 일본 연구진에서는 스즈키 유코 여성사 연구자가 각국의 위원장을 맡았다. 젠더 관점으로 쓴다는 것과 내셔널

리즘을 넘을 것, 이 두 가지를 집필 원칙으로 채택했으며, 각 장의 목차와 내용을 구성하고 집필자를 정했다. 이 작업은 1년이 넘는 준비 과정을 거쳐 『여성의 눈으로 본 한일근현대사』(2005)의 발간으로 성과를 거두었다. 일본에서는 동시에 『ジェンダー視点から見た日韓近現代史(젠더 관점에서 본 일한근현대사)』를 발간했다.

2. 아시아 피해국과의 협력 및 아시아연대회의

일본과의 협력이 진행되는 동안 아시아 여러 피해국에서도 정대협과 긴밀한 협력관계를 맺으면서 일본군위안부 피해자 지원단체를 결성하기 시작했다. 가장 먼저 적극적인 활동이 시작된 곳은 필리핀이다. 여성을 위한 아시아인권센터(Asian Center for Women's Human Rights) 등 국제네트워크를 활발하게 구축해온 기존의 여성단체가 이 문제를 흡수했다. 곧이어 타이완에서도 '타이베이 부녀구제기금회(Taipei Women's Rescue Foundation)'를 만들어 피해자를 지원해왔는데, 타이완 정부에도 효과적으로 영향을 미쳐온 것으로 보인다. 1997년 12월 타이완 정부는 국민기금에 반대하며 국민기금 상당의 액수를 피해자에게 지원했다. 한국 정부보다 앞선 조치였다. 중국에서도 학자들이 중심이 되어 역사 발굴에 힘쓰고 있으며,[5] 일본군위안부 문제를 난징대학살 등과 같은 일본의 전쟁책임 문제 전체 맥락에서 접근하고 있다. 이 밖에도 정대협은 인도네시아, 동티모르 등지의 단체와 연대활동을 진행하고 있다.

---

5   상하이사범대학교의 중국위안부연구센터(中國慰安婦研究中心) 등이 있다.

1) 아시아연대회의의 창립

아시아의 피해국들은 일본군위안부 문제 관련 사안을 공동으로 고민하고 해결하기 위해 아시아연대회의를 설립했다. 1992년 8월 10에서 11일까지 정대협은 서울에서 제1차 일본군위안부 문제 아시아연대회의를 열었다. 정대협은 아시아연대회의 설립 취지문에서 "과거 일본이 저지른 범죄인 종군위안부 문제의 역사적인 규명과 피해자들에 대한 배상을 실시하도록 하기 위하여 강력한 연대의 필연성을 절감하고 아시아 지역의 피해국과 연대를 모색하게 되었습니다"라고 그 동기를 피력했다. 그리고 "앞으로 이 연대회의를 상설기구화하여 '정신대' 문제에 대한 전문적인 활동, 일본 정부에 진상 규명과 피해 배상 요구, 유엔인권위원회에 민간단체로 참가하는 방안 모색 등의 활동을 전개해나갈 것입니다. 또한 아시아의 평화를 위협하는 일본의 군사대국화를 막기 위해서도 적극적으로 노력해갈 것입니다"라고 그 활동 목표를 밝히고 있다.

이렇게 일본군위안부 문제를 해결하기 위한 아시아 피해국의 연대활동이 시작된 지 20여 년이 되었다. 일본군위안부라는 용어 사용 문제부터 논의가 시작되어 강제성문제, 법적 배상 문제, 책임자 처벌 요구, 역사왜곡 대응, 군국주의 대응, 여성폭력 이슈로의 확대와 연대, 인권운동으로서의 자리매김, 전시(戰時) 성폭력 문제에 대한 국제적 관심 조성, 2000년 법정 등 아시아 여성들이 일본군위안부 문제 해결을 위해 연대해왔던 활동들은 국제인권운동과 여성운동에 중대한 영향을 미치면서 전개되었다.

2) 아시아연대회의의 주요 쟁점

제1차 아시아연대회의(1992.8.10~11)

제1차 연대회의는 필리핀, 홍콩, 타이, 타이완, 일본, 한국의 여성들이 참여

한 가운데 서울에서 개최되었다.

1992년 정대협은 위안부 문제를 해결하기 위해서는 아시아연대가 필요하다는 취지의 편지를 한국 여성인권운동과 연계가 있었던 아시아 각국의 여성단체들에 보냈다. 이 취지에 동의한 여성단체들은 일본군위안부 문제와 관련한 기초조사를 실시해 제1차 연대회의에서 보고하고 공유했다.

당시 아시아피해국 대부분에서는 일본군위안부 문제와 관련된 활동을 제대로 정착시키지 못하고 있었으나, 제1차 연대회의를 계기로 좀 더 체계적인 피해조사활동과 함께 다양한 대응방안을 마련했다.

제1차 연대회의에서 위안부라는 용어의 문제가 중요하게 논의되었다. 열띤 토론 끝에, 그 당시 일본에서 사용하던 용어인 '종군위안부'에 내포된 '사원/자발'의 의미를 거부하고, '강제동원'된 사실을 강조하기 위해 '강제종군위안부'를 사용하기로 결의했다. 여기에는 회의에 함께 참석한 한국 피해자들의 강력한 요구가 반영되었다.

아시아 여성들은 이 회의를 통해 일본군위안부 문제는 일본의 천황제 파시

즘과 군국주의적인 국가권력의 체계적이고 조직적인 강제연행과 윤간, 고문, 학살 등이 자행된 전대미문의 잔학한 범죄라고 규정하고, 가부장제와 군국주의 전쟁이 얼마나 조직적으로 여성을 성적으로 유린하고 인간성을 말살했는지를 극명하게 보여주는 사례라고 지적했다. 그리고 일본군위안부 문제의 해결이야말로 전쟁범죄의 재발을 방지하고 평화를 구축할 수 있는 중요한 과제임에 공감했다.

제2차 아시아연대회의(1993.10.21~23)

일본 도쿄에서 열린 제2차 연대회의는 '제2차 강제종군위안부 문제 아시아연대회의'라는 제목으로 개최되었다. 한국, 북한, 중국, 타이완, 필리핀, 인도네시아, 말레이시아, 베트남, 일본이 참석했다.

제2차 연대회의의 주요 이슈는 정대협이 제기한 '책임자 처벌'을 결의문에 포함시킬지 여부였다. 책임자 처벌문제를 처음으로 접한 일본 여성들은 당혹스러워하기는 했지만, 토론 끝에 결의문에 포함시키는 데 동의했다. 정대협은 일본 정부가 내세운 '보상에 대신하는 조치'는 법적 배상을 하지 않겠다는 의미이며, 이는 범죄 사실을 인정하지 않는 태도일 뿐만 아니라 책임도 지지 않겠다는 것이기 때문에, 전쟁범죄의 책임자가 누구인지 밝히고 책임자 처벌을 요구하는 것이 필요한 시점이라고 주장했다.

이 회의에서 이미경 당시 정대협 총무는 "법적 책임은 피해자들에 대한 배상과 책임자의 처벌이라고 할 수 있다. 지금까지 법적 책임은 주로 피해자에 대한 배상 문제만 강조되어 책임자 처벌은 거의 도외시되어왔다. 그 결과 위안부 문제가 전쟁범죄의 문제보다 피해자들에게 주는 '돈'의 문제로 전도되는 경향도 생기고 있다. 따라서 앞으로 책임자 처벌문제를 강조할 필요가 있다"고 밝혔다.

우려는 현실로 나타났다. 1994년부터 일본 정부는 '민간기금'안을 구상해 '전쟁범죄'에 대한 법적 책임 문제를 '돈'의 문제로 바꾸려는 시도를 하기 시작했다.

제3차 아시아연대회의(1995.2.27~3.1)

제3차 연대회의는 전후 50년을 맞이하면서 1995년 3월에 다시 서울에서 '전후 50년, 일본군위안부 문제는 왜 해결되지 않았는가'라는 주제로 개최되었다. 한국, 일본, 필리핀, 타이완 대표단이 참석했고, 북한도 참석할 예정이었으나 갑작스러운 사정이 생겨 보고서로 대신했다. 제3차 연대회의 때부터 일본 정부의 국민모금 구상안이 회의의 주요 쟁점으로 떠올랐다. 아시아피해국 전체가 국민기금에 반대하는 입장으로 강하게 결속했다. 각국의 발표는 두 가지 방향으로 나뉘어 진행되었는데, '왜 국민기금안을 반대하는가'와 '해결을 위해 우리는 무엇을 할 것인가'에 대한 것이었다.

민간기금을 반대하는 입장에서 각국 피해자의 상황을 알리고, 필요한 지원 대책이 무엇인지에 대한 토론도 적극적으로 진행되었다. 한국에서는 정대협

복지위원회의 활동 강화와 정부에 대한 최저생계비 보장 및 의료혜택 요구를
결정했다. 타이완 단체는 피해자들의 생활이 어렵다는 점을 호소하면서 타이
완 정부에서 당시 금액으로 900달러 정도의 지원금을 피해자에게 지급하고,
정신적인 고통과 상처를 치유하는 프로그램도 진행할 계획이라고 밝혔다. 필
리핀 대표단은 생존자들의 주거 환경 및 생활 상태가 매우 열악하지만, 정부
는 어떤 지원도 하지 않고 있다고 보고했다. 필리핀 단체 대표인 넬리아 산초
(Nelia Sancho)는 발표를 통해서 "필리핀 피해자들은 정당한 돈이 아니라면 받
지 않겠다고는 하지만, 이런 상황에서 일본 정부가 돈을 내민다면 아마도 받
고 싶어 할 것"이라고 밝혀 문제의 심각성을 드러냈다.

한편, 제3차 연대회의에서는 PCA의 중재에 응할 것을 일본 정부에 촉구하
는 내용을 중점적으로 논의했다. 이는 정대협과 일본 여성단체에서 제기한
안건이었다. 국가 간 분쟁 해결을 위해 정부 단위의 소송만이 가능한 국제사
법재판소(The International Court of Justice: ICJ)와 달리 민간이 정부를 상대로
소송을 제기할 수 있는 PCA에 일본군위안부 문제를 제소하는 것을 활동과제

로 추진했던 것이다. 그 외에도 일본 정부의 유엔안전보장이사회 상임이사국 가입에 반대하는 서명운동을 지속한다는 것과 일본 정부에 특별배상법을 제정하도록 요구한다는 것, 일본 국회에는 국회 결의를 통한 사죄와 전쟁 반대 결의 및 특별배상법 제정을 요구한다는 것 등을 결의했다. 또한 피해국 정부에는 일본 정부에 올바른 해결을 촉구할 것과 피해자의 생계비 지원 및 민간 운동을 지원할 것을 요구했다.

제4차 아시아연대회의(1996.3.28~29)

제4차 연대회의는 1996년 릴라 필리피나(Lila-Philipina)의 주최로 필리핀 마닐라에서 '왜 국민기금은 일본군위안부 문제에 대한 해결책이 될 수 없는가?' 라는 주제로 열렸다. 일본에서 사회당 정권이 집권한 후 위안부 문제를 법적 배상이 아닌 국민기금 방식으로 해결하기 위해 본격적으로 모금을 추진하고 피해자에게 기금 지급을 강행하던 상황에서 개최된 제4차 연대회의의 모든 쟁점은 '국민기금 반대'가 될 수밖에 없었다. 그리고 피해자에 대한 국민기금 지급을 막기 위해서 필리핀의 생존자 생활을 어떻게 지원할 것인가도 주요 관심사였다.

이 회의에서 일본 측 발표자였던 도쿄가톨릭정의평화위원회의 다카시마 다쓰에(高嶋たつ江)는 일본의 필리핀 지원단체가 필리핀 피해자들을 적극 지원하고 있다고 말했다. 그는 재판지원활동과 다양한 경제적 지원을 소개했다. 여기에는 세부, 네그로스 섬, 그리고 여타 섬들에 살고 있는 피해자들의 소득을 올려주기 위한 사업 자본 및 의료기금 조성을 위한 모금, '롤라의 집'에 대한 재정적 지원, 피해자 85명 개개인에게 매달 500페소씩 생활비 지원 등의 활동 내용이 포함된다고 보고했다.

그리고 필리핀의 넬리아 산초는 발표문에서 "국민기금은 전쟁과 전쟁범죄의 1차적인 책임이 일본 정부에 있기 때문에 일본 정부가 사죄해야 한다는 일본군위안부 문제의 모든 전제를 완전히 부정하고 있다"고 주장했고, "이 기금은 일본 정부가 성노예 문제에 대한 책임에서 자유롭도록 길을 터주고 있으며, 법적 책임을 정부에서 시민으로 이전시키는 우를 범하고 있다"고 언급했다.

증언에 나섰던 한국의 고(故) 정서운 할머니는 "단순히 돈만을 받기 위해서 그렇게 아픈 과거, 생각만 해도 온몸이 떨리고 꿈마다 나타나는 그 악몽 같은 과거를 이야기하기 시작한 것이 아닙니다. 죄에 대한 정당하고 합법적인 배상을 받기를 원합니다"라고 밝혔고, 인도네시아의 마르디엠(Mardiyem) 할머니는 "돈의 액수가 중요한 것이 아니라 고통을 씻어줄 무언가를 하는 것이 가장 중요합니다"라고 말했다. 결의문 내용도 국민기금을 반대하고, 법적 책임으로 배상하라는 내용이 중심을 차지했다.

이렇게 제3차, 제4차 연대회의에서는 참가자 모두가 국민기금을 반대하고, 피해자를 지원하기 위해 강하게 결속했다.

제5차 아시아연대회의(1998.4.15~17)

제5차 연대회의는 서울에서 '이제, 일본 정부의 배상으로 해결을!'이라는 주제로 한국, 일본, 타이완, 필리핀, 인도네시아의 활동가들이 참여한 가운데 개최되었다. 이때의 중요 이슈도 여전히 국민기금이었다. 참가자들은 결의문에서 국민기금의 해산을 요구하고, 일본 정부에 진상 규명과 국가 배상 실현을 위한 특별법을 제정하라고 촉구했다. 이 외에도 위안부 제도와 관련한 범죄자 명단의 발굴과 아시아 피해국을 포함한 세계 각국이 일본 전범의 출입국 금지법안을 만들도록 요구하고, 국제형사재판소 설립을 촉구했다.

제5차 연대회의는 특별히 2000년 법정 개최가 결정되었다는 점에서 주목할 만하다. 참가자들은 2000년 법정 개최를 위해 적극 협력할 것과 이를 준비하기 위해서 진상 규명과 책임자 처벌을 위한 네트워크를 형성할 것을 결의했다.

제6차 아시아연대회의(2003.4.25~26)

'국제기구 권고와 2000년 법정 판결 실현을 위하여'라는 주제로 진행된 제6차 연대회의 역시 서울에서 열렸다. 2000년 법정 이후 운동을 재정비하고, 유엔과 ILO 등 국제기구의 결의와 국제법정 판결을 어떻게 실현시킬 수 있을지

공동으로 모색하기 위한 자리였다. 한편, 2000년 법정의 제안자인 마쓰이 야요리(松井やより)가 사망해 회의에 참석하지 못한 점을 참석자 모두 안타까워했다.

제6차 연대회의에서는 우선 2000년 법정 판결이 각국의 여성인권 및 국제인권 기준을 만드는 데 긍정적인 영향을 미쳤다고 평가했다. 판결을 실현하기 위해 전시하 성노예 피해자 보호를 위한 유엔의 원칙을 제정하는 안건과 국제사법재판소에 권고 의견을 구할 수 있는 전략 등이 논의되었다. 그리고 각국 정부에 기념관이나 자료관을 건립해 피해자의 체험을 기록·보존하고, 관련 자료를 수집·전시할 것과 역사교과서에 올바른 기술을 할 것을 요구했다. 또한 생존자의 복지와 권익을 향상시키고 그들의 트라우마를 치유하는 데 힘쓸 것, 마지막으로 일본군위안부 문제 해결을 위해 젊은이들이 참여할 수 있는 장을 더욱 넓힐 것 등을 결의했다.

제7차 아시아연대회의(2005.4.25~26)

2005년 일본 도쿄에서 '전후 60주년의 일본군위안부 문제 해결운동: 가해국 일본의 책임을 묻다'라는 주제로 열린 제7차 연대회의에서는 다시 국민기금이 중심 이슈였다. 피해자에게 국민기금을 무리하게 지급하는 과정에서 피해자들 사이에, 그리고 피해자와 시민단체 사이에 극심한 갈등이 생겨났다. 특히 국민기금 측은 기금사업의 정당성과 성과를 홍보하기 위해 피해국 NGO를 음해하고 비난하는 등 네거티브 전략을 내세워 활동하던 시점이었다.

한국에서는 피해자에게 기금을 받아주겠다는 브로커까지 등장했다. 국민기금 측이 브로커를 통해 기금을 지급하면서 피해자의 신분증과 도장, 통장을 갈취하는 사건이 일어나기도 했다. 피해자는 무슨 영문인지도 모른 채 사기를 당하는 사례가 발생한 것이다. 브로커가 수고비 명목으로 요구한 금액도 200만 원에서 1,000만 원에 이르는 큰 액수였고, 이는 심각한 사회문제로 비화될 상황이었다. 한편 기금을 받아내기 위해 적극적으로 피해자를 조직하고 국민기금 측과 긴밀한 관계를 형성하는 사람들도 나타났다. 이들은 정대협의 활동 금지 및 수요시위 금지 등의 소송을 제기하기도 했다. 대구의 심달연 할머니의 경우와 같이 본인은 기금을 받지 않았는데도 국민기금 측에서는 이미 기금을 전달했다고 기록하는 일마저 발생했다. 국민기금 측은 이런 현상이 기금을 반대하는 피해자 지원단체 때문이라고 주장하며 정대협을 비난했다. 가장 심각한 문제는 피해여성들 사이에 동요가 일어났다는 점이다.

당시 유엔이나 ILO 등의 국제기구는 일본 정부에 일본군위안부 문제에 대한 범죄 인정, 자료 공개, 진상 규명, 공식 사죄, 법적 배상, 책임자 색출과 처벌, 역사교과서 기록 등을 권고했다. 2000년 법정에서는 히로히토 일왕에 대한 유죄를 판결하는 등 일본군위안부 문제에 대한 일본 정부의 법적인 책임을 명확히 했다. 그러나 일본 정부는 국제사회의 권고와 판결을 전혀 수용하지 않았고, 오히려 국민기금의 지급을 빌미로 이러한 권고에 저항했다.

생존자들은 이러한 일본 정부의 태도를 보면서 국제적으로 유력하다고 믿었던 유엔조차 일본 정부에 아무런 법적인 권한을 행사할 수 없다고 인식했다. 또한 살아 있는 동안 일본 정부로부터 배상을 받아내는 것은 어려울 것이라는 판단을 할 수밖에 없었다.

생존자들의 선택은 두 가지로 나뉘었다. 하나는 국민기금이라도 받아야 한다는 것과 다른 하나는 명예와 정의 회복을 위해 국민기금을 거부하고 계속 일본 정부에 법적 배상을 요구해야 한다는 것이었다. 이런 분위기 속에서 국민기금 측은 기금 지급을 강행했고, 그 과정에서 지원 단체와 피해자 간의 반목과 분열은 더욱 깊어졌다. 기금을 수령하는 피해자의 수가 늘어나면서 갈등이 증폭된 것이다. 일본의 우익과 국민기금 측의 피해국 관련 NGO에 대한 음해와 공격도 적극적으로 진행되었다. 국민기금을 받은 생존자의 수가 증가하자 일본 정부는 국제사회를 향해 위안부 피해자에 대한 '보상'을 했다고 적극적인 로비를 시작했다. 이는 국민기금의 취지문에서 밝히고 있는 '도의적인 책임' 입장과는 명백하게 다른 것이었다.

제7차 아시아연대회의에서는 국민기금과 관련된 이러한 문제들에 대하여 진지한 논의가 진행되었다. 필리핀에서 국민기금과 관련해 입장을 달리하는 세 개의 단체가 처음으로 같이 회의에 참석했고, 이들을 포함해 모든 참가자는 국민기금의 수령 여부와 관계없이 국민기금이 피해 여성의 명예를 떨어뜨리고 있음을 확인했다.

제8차 아시아연대회의(2007.5.17~21)

제8차 연대회의는 서울에서 '아시아연대 15년, 앞으로의 과제와 연대를 위하여!'라는 주제로 열렸다. 북한을 포함해 필리핀, 타이완, 중국, 인도네시아, 홍콩, 일본, 네덜란드, 독일, 미국, 오스트레일리아 등 11개국에서 200여 명이 참석했다.

특별히 이번 회의에는 북한에서 '조선 일본군위안부 및 강제연행피해자문제 대책위원회(이하 조대위)' 홍선옥 위원장과 손철수 서기장 등 다섯 명이 참석했다. 또한 처음으로 재일조선인총연합회 여성동맹 대표단이 공식적으로 참가해 일본군위안부 문제뿐 아니라 최근 일본에서 자행되고 있는 우익 및

〈그림 1-2-9〉 제8차 아시아연대회의

공권력의 재일동포 탄압에 대한 공동대응 방안을 논의할 수 있었다.

제8차 연대회의는 다음과 같은 의의를 남겼다. 첫째, 남북공동선언 채택을 통해 일본군위안부 문제 해결을 위한 남북연대의 의의 및 연대활동의 중요성을 재확인했다. 조대위가 한국을 방문해 펼친 특별활동은 남북 민간 차원에서의 연대활동이 남북 분단의 간극을 해소하는 데 아주 중요한 역할을 하고 있다는 것을 재확인시켜 주었다. 남북공동선언에서 남북 참가자들은 "국제사회가 인류 역사상 유례없는 가장 잔혹한 인권유린 행위로 인정한 일본군성노예 범죄에 대해 일본 정부는 인정조차 하지 않고, 최근 재일동포들에 대해 탄압과 박해를 더욱 강화하고 있다"고 밝히고, "지난 3월에 발표한 일본군성노예 강제동원 부인 입장을 즉각 철회하고, 고노담화를 계승 발전시켜서 조사 법안을 제정하며 정부 내에 진상규명위원회를 설치할 것"을 일본 정부에 요구했다. 또한 "일본 정부는 부당한 대조선 적대시 정책을 당장 철회하고 재일동포들에 대한 탄압 행위를 즉각 중단하며 재일동포들의 인권보호를 위한 사회적 · 제도적 조치를 마련할 것"을 요구했으며, "역사왜곡, 전쟁범죄에 대한 미화찬양을 그만두고, 자위대법과 평화헌법 개악으로 군국주의를 부활시킴으로써 세계평화를 위협하는 행동을 즉각 중단할 것"을 함께 요구했다.

둘째, 제8차 연대회의는 일본군위안부 문제 해결을 위한 연대회의를 아시아는 물론 네덜란드, 미국, 오스트레일리아, 독일 등에서도 참가하는 더욱 강화된 국제연대체로 확대·발전시키기로 결의했다. 이는 윤미향 정대협 상임대표의 주제발제 '일본군위안부 문제 해결을 위한 아시아연대 15년, 앞으로 과제와 연대를 위하여'를 통해 "일본군위안부 문제를 포함해 여성폭력 추방운동, 전쟁 중 여성인권유린 문제를 해결하기 위한 국제연대 결성으로 유엔 등 국제기구의 권고, 2000년 법정 성과 등을 현재 이슈와 연계하고 발전시켜 글로벌화하는 것이 필요하다"고 제안한 것을 참가자들이 토론을 통해 채택한 것이다.

그리고 향후 일본군위안부 문제 해결을 위해 ① 미국 하원 및 각국 의회에서 진행되는 일본군위안부 관련 결의안 채택을 위한 활동을 지지하는 연대를 강화할 것, ② 일본 정부의 1993년 고노담화 재검토 움직임을 반대하며 진상 규명 및 국가 배상을 위한 입법조치 실행을 요구할 것, ③ 일본 정부에 유엔인권기구의 권고 실행을 요구할 것, ④ 일본군위안부 문제를 중심으로 한 각국의 평화 및 여성박물관 등의 네트워크 활동을 확산해나갈 것 등을 결의했다. 이러한 활동을 통해 연대회의 15년의 정신과 성과를 이어나가기로 했다.

제9차 아시아연대회의(2008.11.23~25)

제9차 연대회의는 일본 도쿄에서 '세계와 연대해 일본군위안부 문제의 즉각 해결을 일본 정부에 요구한다'는 주제로 개최되었다. 한국(북한은 보고서로 참여), 타이완, 필리핀, 중국, 동티모르, 인도네시아, 일본이 참가했고, 미국과 캐나다의 피해자들과 국회의원, 활동가들이 참가했다.

2007년과 2008년은 세계 각국의 국회에서 위안부 결의를 채택해 일본에 공식 사죄와 국가 배상을 요구하는 등 일본군위안부 문제의 올바른 해결을 위한 국제여론이 한층 높아진 해였다.[6] 그러나 일본 정부는 1993년 고노담화로 사죄는 이미 했으며 국민기금으로 도의적인 책임을 다했다는 입장만 되풀이하고 있는 상황이었다.

제9차 연대회의에서는 이러한 상황에 입각해 일본 정부에 공식적인 사죄와 배상을 요구하고, 위안부 문제가 해결될 때까지 연대운동을 계속해나갈 것을 결의했다. 나아가 세계 각지의 의회 및 일본 지방의회 결의7와 유엔자유권규약위원회의 권고8를 적극 지지하고 이러한 권고가 실행되어 일본군위안부 피해자의 인권과 존엄이 회복될 수 있도록 더욱 힘차게 운동을 전개할 것

6　이와 관련한 내용은 이 책의 제1부 제2장 「국제사회와의 협력」에 자세히 수록했다.

7　당시 세계 각지 및 일본 지방의회 결의 상황은 다음과 같다. ① 세계 각지 의회 결의: 미국(2007.7.30); 네덜란드(2007.11.8); 캐나다(2007.11.28); 유럽연합(2007.12.13); 한국(2008.10.8); 타이완(2008.11.5); 오스트레일리아의 스트레스필드 시(2009.3.3)와 라이드 시(2009. 3.10) ② 일본 지방의회 결의: 효고 현 다카라즈카 시(2008.3.26); 도쿄 기요세 시(2008. 6.25); 홋카이도 삿포로 시(2008.11.7); 후쿠오카 현 후쿠오카 시(2009.3.25); 오사카 미노 시(2009.6.22); 도쿄 미타카 시(2009.6.23); 도쿄 고가네이 시(2009.6.24); 교토 교타나베 시(2009.6.29); 나라 현 이코마 시(2009.9.11); 오사카 센난 시(2009.9.25); 도쿄 고쿠분지 시(2009.10.1); 교토 나가오카쿄 시(2009.12.14); 지바 현 후나바시 시(2009.12.14); 도쿄 구니타치 시(2009.12.18); 후쿠오카 현 다가와 시(2009.12.22); 사이타마 현 후지미노 시(2010.3.16); 오카야마 현 오카야마 시(2010.3.19); 지바 현 아비코 시(2010.3.23); 교토 무코 시(2010.3.24); 오키나와 현 나키진 촌(2010.3.25); 오사카 스이타 시(2010.3.26); 오사카 사카이 시(2010.3.29); 홋카이도 오타루 시(2010.6.21); 도쿄 니시토쿄 시(2010.6.21); 오키나와 현 난조 시(2010.6.21); 오키나와 현 요미탄 촌(2010.6.22); 오키나와 현 도미구스쿠 시(2010.6.22); 오키나와 현 다라마 촌(2010.6.24); 이와테 현 이치노세키 시(2010.6.25); 오사카 다카쓰키 시(2010.6.28); 홋카이도 시베쓰 시(2010.9.16); 돗토리 현 호쿠에이 정(2010.9.24); 교토 야와타 시(2010.9.29); 홋카이도 하코다테 시(2010.9.30); 교토 기즈가와 시(2010.10.1); 오사카 오사카 시(2010.10.13).

8　1966년 유엔총회에서 채택된 국제인권규약으로 '경제적·사회적·문화적 권리에 관한 국제규약(사회권 규약, A규약)'과 '시민적·정치적 권리에 관한 국제규약(자유권 규약, B규약)'으로 구분된다. 유엔자유권규약위원회(United Nations Human Rights Committee: UNHRC)는 정기적으로 각국에서 제출한 보고서를 토대로 관련 상황을 심사해 권고하고 있다. 2008년 10월 자유권규약위원회는 제5차 정부보고서에 대한 심사를 통해 일본 정부에 일본군위안부 피해자들이 수용할 수 있는 방식으로 사죄하고 피해자에게 배상하기 위한 법적·행정적 조치를 신속히 취할 것, 위안부 문제를 학생들에게 교육할 것과 사실을 부인하는 발언에 대해 반박할 것 등을 강도 높게 권고했다.

을 결의했다.

제10차 아시아연대회의(2011.8.12~14)

제10차 연대회의에는 '일본군위안부 문제 해결을 위한 아시아연대 20년 활동의 평가와 길 찾기: 기억, 교육 그리고 연대'라는 주제로 개최되었다. 제10차 연대회의에는 타이완, 동티모르, 타이, 필리핀, 일본, 독일, 미국, 캐나다 등 아홉 개국에서 일본군위안부 문제 해결을 위해 활동하고 있는 활동가 및 해외 거주 생존자들이 참석해 지난 20년 동안 벌여온 아시아연대활동을 돌아보고 향후 함께 나아갈 방향을 모색했다. 이 회의에는 종전 후 타이에서 지내온 노수복 할머니와 일본에 거주하고 있는 송신도 할머니가 참가했다. 한편 연대회의에 협력해온 북한의 참석이 통일부의 불허로 성사되지 못한 안타까운 상황에서 조대위는 연대문을 보내 지지의 뜻을 밝혔다. 제10차 연대회의에서는 각국의 활동가들이 지난 20여 년 동안 각국에서 진행해온 일본군위안부 문제 해결을 위한 활동을 진상조사, 입법 해결, 국제연대, 피해자 지원활동 등으로 나누어 보고한 후 각각의 성과를 향후에 어떻게 기억하고 교육하며 계승할지에 대해 발표했다. 그리고 일본군위안부 문제에 대한 그간의 운동성과를 다른 전시 성폭력 피해를 해결하는 활동과 어떻게 연계해나갈 것인가에 대한 특별강연이 이어졌다. 기지촌여성문제와 구유고슬라비아의 성폭력 문제에 관한 재판활동, 현재 진행형인 콩고의 여성폭력 문제 등에 관해서도 전문가들이 발표했다.

제10차 연대회의에서는 일본 정부 및 일본 국회에 대한 요구와 앞으로의 활동 계획 등 두 가지의 주제로 나눠 이후 연대활동의 방향을 결의했다. 우선 일본 정부와 일본 국회에 공식 사죄 및 진상 규명, 법적 배상을 실현하기 위한 특별법을 제정할 것, 위안부 문제를 부정하는 망언에 공식적으로 반박할 것, 일본 역사교과서에 위안부 문제를 기술할 것 등을 요구했다. 참가국의 행동

계획으로는 일본 내 입법을 위해 각국에서 국회활동을 적극 전개할 것, 제 1,000차 수요시위를 글로벌 캠페인으로 전개할 것, 유엔 각 기구와 ILO, 국제 인권단체 및 평화단체와 국제연대를 강화하는 활동을 전개할 것, 아시아 각 국 피해자들에 대한 지원을 강화할 것, 미래 세대의 위안부 역사 교육을 위해 민간 차원의 대안교재를 제작할 것, 위안부 문제를 알리는 박물관, 자료관, 추 모비 등의 건립을 추진할 것, 관련 평화·여성인권 박물관, 교육 시설과의 네 트워크를 결성할 것, 그리고 현재에도 계속되고 있는 전쟁 속에서 인권을 유 린당하고 있는 여성의 문제 해결에 적극 관심을 갖고 연대할 것을 힘차게 결 의했다.

3. 유엔인권위원회와 유엔인권소위원회

유엔은 국제사회에서 인권에 관한 규범이 구체적인 정치적 실체로 이행되 는 데 결정적인 역할을 수행해왔다. 많은 결함에도 불구하고 유엔은 인권침해 행위를 제재하고 인권 보장의 의무를 부과하는 '세계 정부'로서 기능해왔다.

유엔의 인권위원회 및 인권소위원회[9]는 포괄적이고 집중적으로 전 세계의 인권 문제를 다루는 세계 인권 체계의 중심이다. 유엔인권위원회는 53개 위 원국으로 구성되어 있다. 한국은 1993년부터 2001년까지 위원국으로 선임되 었다. 인권위원회 산하의 인권소위원회는 국가가 위원인 인권위원회와는 달 리 전문가 위원으로 구성되어 있다. 이 때문에 원칙적으로는 소속 국가의 이 해관계를 벗어나서 인권 문제를 논의할 수 있다.

---

9   인권위원회와 인권소위원회는 각각 2006년과 2008년에 인권이사회와 인권이사회자문위원 회로 개편되었다.

인권소위원회의 논의는 인권위원회 및 실무회의의 논의와 밀접하게 관련되어 진행된다. 1992년 8월 정대협의 이효재, 신혜수, 정진성과 황금주 할머니가 제네바에서 열린 인권소위원회에 참석하여 일본군위안부 문제를 처음으로 제기했다. 인권소위원회에서 정대협은 '현대형 노예제'와 '중대한 인권 침해의 피해자에 대한 배상'이라는 두 의제에서 각기 구두발언을 했으며, 기자회견과 NGO 설명회를 열고 국제사회에 호소했다. 또한 인권소위원회 위원들에게 로비활동을 시작했으며, '인권과 자유에 중대한 침해를 입은 피해자에 대한 배상과 보상 및 회복의 권리에 관한(the right to restitution, compensation and rehabilitation for victims of gross violations of human rights and fundamental freedom, 이하 배상 문제)' 특별보고관인 테오 반 보벤(Theo van Boven) 교수에게도 로비활동을 벌여, 그를 한국에 초청하는 성과를 거두었다. 결과는 곧바로 나타나서 이전에 현대형 노예제 실무회의에서 제기한 배상 문제가 포함된 결의안이 인권소위원회에서 통과되었다. 반 보벤 교수는 다음 해 보고서에 일본군위안부 문제에 관한 정보를 입수해 반영시키겠다고 약속했다.

처음 한국과 일본의 시민단체가 인권소위원회에 위안부 문제를 제기했을 때는, 이 문제가 인권침해 문제임을 국제사회에 알리고 일본 정부에 적절한 조치를 취할 것을 요구했다. 따라서 이때 정대협은 일본의 강제연행 문제를 다루는 일본의 시민단체 및 재일단체, 북한의 단체, 그리고 제2차 세계대전 당시 일본에 의해 피해를 입은 캐나다 전쟁포로단체들과도 폭넓게 연대했다.

1993년부터 인권소위원회 활동은 일본군위안부 문제를 '전쟁 중 조직적 강간, 성노예제 및 그와 유사한 관행'이라는 범주로 한정짓고, 이 제목 아래 특별보고관을 임명하고 보고서를 제출하도록 하는 것에 초점을 두었다. 그 결과 린다 차베즈(Linda Chavez)가 '전쟁 중 조직적 강간, 성노예 및 유사 노예제에 관한(systematic rape, sexual slavery and slavery-like practices during wartime, 이하 전시노예제)' 특별보고관으로 임명되어, 1996년 8월 제1차 연구보고서를 제출했다. 이 보고서는 조직적 강간에 대한 국제법적 규범, 국가 및 개인의 책임, 이를 다루는 사법기관, 제재, 배상 등의 문제에 대한 일반적인 내용을 담고 있다. 1998년에는 인권소위원회 특별보고관 게이 맥두걸(Gay MacDougal)이 전쟁 중 성노예 문제에 관한 보고서를 제출했다. 이는 1996년 인권위원회에 제출된 '무장 갈등 중에, 그리고 국가에 의한 여성에 대한 폭력(violence against women by the state and during armed conflict, 이하 여성폭력문제)' 특별보고관 라디카 쿠마라스와미(Radhika Coomaraswamy)의 보고서와 함께 이 문제에 관한 획기적인 성과였다. 이 보고서는 일본 정부의 배상책임뿐만 아니라 가해자 개인의 형사책임까지도 묻는 매우 정밀한 것이었다.

1999년 맥두걸의 최종보고서가 나온 후, 정대협은 추후 인권소위원회에서 일본군위안부 문제를 어떻게 지속적으로 다룰 수 있도록 할 것인가를 고민했다. 정대협의 정진성 실행위원과 국제법 전문가 조시현 교수는 제네바에서 반 보벤 교수를 만나 '조직적 강간, 성노예제 및 유사 노예제'라는 제목으로 전 세계의 실태를 조사해 보고하는 보고서를 인권소위원회에 제출하게 하는 결의안을 유엔인권최고대표실(Office of the United Nations High Commissioner for

Human Rights: OHCHR)에서 상정하도록 노력하기로 협의했다. 이러한 노력으로 2000년 인권소위원회에서 결의안이 채택되었고, OHCHIR은 2008년 인권소위원회가 인권이사회자문위원회로 개편되기 전까지 매년 보고서를 제출했다. 이 보고서들은 구체적으로 일본군위안부 문제를 다룬 것은 아니지만, 현재 세계의 전시하 여성피해문제를 광범위하게 논의하고 있다. 이는 정대협운동의 국제적 기여를 단적으로 보여준다.

1994년에는 유엔인권위원회에 여성폭력문제 특별보고관이라는 자리가 신설되면서 스리랑카의 변호사 쿠마라스와미가 그 자리에 임명되었다. 정대협의 신혜수 실행위원은 쿠마라스와미를 찾아가 여성폭력 문제의 하나인 위안부 문제를 조사해줄 것을 요청했다. 쿠마라스와미는 1995년 7월에 한국과 북한, 일본에서 위안부 문제에 관한 실태를 조사했고, 다음 해인 1996년 1월 4일에 최종보고서를 제52차 인권위원회에 제출했다. 이 보고서는 「전쟁 중 군대성노예문제에 관한 조선민주주의인민공화국, 대한민국, 일본 조사보고서」라는 제목으로 '성노예'의 정의, 역사적 배경 등과 함께 피해자 증언, 3개국 정부의 입장 및 도덕적 책임, 문제 해결을 위한 권고로 구성되어 일본군위안부 문제에 대한 면밀한 조사 결과와 해결을 위한 중요한 기준을 제시하고 있다.

쿠마라스와미 특별보고관은 마지막 권고 부분에서 일본 정부에 다음의 여섯 개 항을 제시했다. 첫째, 위안소의 설치가 국제법 위반이었음을 인정하고 이에 대한 법적 책임을 질 것, 둘째, 배상문제 특별보고관이 제시한 원칙에 따라 피해자 개개인에게 배상할 것과 이를 위해 특별행정법정을 설치할 것, 셋째, 모든 문서와 자료를 공개할 것, 넷째, 피해자 개개인에게 문서로 공개적으로 사죄할 것, 다섯째, 역사적 진실이 반영되도록 교육과정을 개편해 의식을 높일 것, 여섯째, 가능한 한 범죄자를 찾아내어 처벌할 것 등이었다. 이는 정대협의 입장을 전폭적으로 반영한 것이었다.

또한 국제사회에는 세 가지 권고안을 제시했다. 첫째, 비정부단체는 유엔

〈그림 1-2-11〉 1992년 8월, 유엔인권소위원회 기간 중 개최한 NGO발표회에서 증언하고 있는 황금주 할머니

내에서 이 문제를 계속 제기할 것과 국제사법재판소 또는 PCA의 의견을 구하려는 노력을 할 것, 둘째, 북한 정부와 한국 정부는 일본의 책임 및 배상 등 법적 문제에 관해 국제사법재판소에 문의하는 것을 고려할 것, 셋째, 일본 정부는 피해자가 고령인 점과 1995년이 종전 50주년인 점을 감안해서 될 수 있는 대로 빠른 시일 내에 이를 해결할 것 등이다.

일본 정부는 국민기금을 홍보하면서 이 보고서가 인권위원회에서 채택되는 것을 저지하려 했다. 정대협 등 민간단체들은 성명서 발표와 시위 조직 등으로 보고서 채택을 적극적으로 지지했다. 일본의 정치적 압력과 국제연대를 내세운 시민단체의 지지 사이에서 유엔인권위원회는 일본군위안부에 관한 쿠마라스와미의 보고서는 '유의(take note)'하다는 표현으로 타협을 보았다. 이에 대해 일본 정부는 보고서가 채택되지 않았다는 왜곡된 입장을 보였고, 한국과 일본의 시민단체들은 일본 정부가 쿠마라스와미의 권고를 이행해야 한다고 적극적으로 요구했다.

유엔인권위원회에서의 정대협의 주요 활동은 인권위원회와 인권소위원회

〈그림 1-2-12〉 비엔나 세계인권회의 중 개최된 NGO포럼 '여성인권국제법정'에서 전쟁범죄 피해자로 증언하고 있는 김복동 할머니

에서 각각의 특별보고관이 일본군위안부 문제를 조사해 보고서를 발간하도록 압력을 행사하는 것이었다. 이는 유엔의 공식 문서에 일본군위안부 제도가 범죄행위로 규정되고 이에 대해 국가 배상이 이루어져야 한다는 국제적 기준이 정립되는 과정이었다.

4. 비엔나 세계인권회의와 베이징 세계여성대회

1) 비엔나 세계인권회의: 비엔나 선언에 여성폭력 문제 포함

일본군위안부 문제를 해결하기 위해 연대해온 한국, 일본, 타이완, 필리핀 단체들은 1993년 6월, 오스트리아 비엔나에서 열린 세계인권회의에 참여했다. 그리고 세계인권회의에서 채택한 '비엔나선언 및 행동계획'에 '여성의 인권'이 명기되도록 각국에서 참가한 여러 여성단체들과 연대했다. 그 결과 세

계인권선언문에 무력분쟁하의 여성인권침해 사례의 하나로 '성노예제'가 포함되었다.[10] 국제인권문서에 이렇게 중요한 기록을 남긴 것은 한국, 필리핀, 그리고 일본 등 각국에서의 활동과 아시아연대활동의 성과로 기억할 수 있을 것이다. 비엔나 세계인권회의에서 획득한 또 하나의 구체적인 성과는 유엔인권위원회에 여성폭력문제 특별보고관을 임명한 일이었다. 이것이 계기가 되어 유엔인권위원회에 일본군위안부 문제가 여성폭력 문제 특별보고서로 제출된 것이다.

2) 베이징 세계여성대회

1993년 10월에 도쿄에서 열렸던 제2차 아시아연대회의에서는 1995년 베이

---

10 '성노예제' 문제는 '비엔나선언 및 행동계획'의 제2부, B. 평등, 존엄, 그리고 관용, 3. 여성의 평등한 지위와 권리, 제38항에 명시되어 있다.

징에서 개최될 세계여성대회를 비롯해 인권 관련 국제회의들에서 일본군위안부 문제를 제기하도록 노력할 것을 결의했다. 이 결의 이후 아시아연대회의의 참가단체들은 각국의 여성단체 혹은 국제여성단체와 연대하며 베이징 여성대회에 일본군위안부 문제를 공론화하기 위한 활동을 전개했다.

베이징 세계여성대회의 최대 어젠다는 여성폭력에 관한 것이었다. 각국의 여성들은 구유고슬라비아나 르완다 등 현재 무력분쟁 중인 지역에서 벌어지고 있는 여성 성폭력에 항의하고 과거 일본군에 의한 '성노예제'에 분노하는 구호가 적힌 플래카드를 들고 시위를 펼쳤다.

베이징 세계여성대회에서 채택된 행동강령에는 여성인권의 중대한 침해가 특히 무력분쟁 상황에서 일어난다고 명기하고, 무력분쟁 시의 강간행위는 전쟁범죄이며 인도에 대한 죄임을 명확하게 밝혔다. 중요한 것은 "무력분쟁 하의 모든 형태의 여성에 대한 폭력을 방지하고 전시에 행해진 여성에 대한 폭력행위, 특히 조직적 강간, 강제매춘, 성노예제 대해서는 충분한 규명을 행하고, 여성에 대한 전쟁범죄에 책임이 있는 모든 범죄자를 고소하고 피해자 여성에게 충분한 보상을 한다"라는 내용이 포함되었다는 점이다.

'성노예제'를 여성에 대한 전쟁범죄로 간주하고 진상 규명, 책임자 처벌, 피해자에 대한 배상을 해야 한다는 국제적 수준의 구체적인 합의를 이룬 것은 베이징 세계여성대회의 큰 성과였다.

5. 국제노동기구

1) ILO의 성격 및 강제노동조약

ILO는 유엔과 함께 군위안부 문제 해결을 위해 일본 정부에 압력을 가할 수 있는 효과적인 국제기구로 정대협의 중요한 국제활동 무대 중 하나이다. 정대협 및 연대단체는 1995년부터 ILO에 일본군위안부 문제를 제기해 일본 정부에 수차례 강력한 권고가 이루어지도록 했다.

ILO에 일본군위안부 문제를 제기한 것은 이 문제를 강제노동의 관점에서 접근한 매우 획기적인 발상이라고 할 수 있다. ILO의 기본조약 중에서 노동 분야를 넘어 기본적인 인권 보장에 광범위한 영향을 미쳐온 가장 중요한 조약의 하나가 제29호 강제노동조약이다. 노예제 폐지[11]로부터 촉발된 강제노동문제에 대한 국제적 논의에 영향을 받아 ILO는 1930년에 강제노동조약을 채택했으며(1932년부터 유효), 2012년 1월 3일을 기준으로 175개 나라가 이 조약을 비준하고 있다. 이 조약은 제1조와 제11조에서 여성에 대한 강제노동을 금지하고 있으며, 제14조와 제15조에서 강제노동에 대한 보상의무를 규정하고 있다. 제25조에서는 강제노동을 강행한 책임자를 형사 처벌해야 한다는 내용을 명기하고 있다. 또 제2조에서는 강제노동금지의 예외가 인정되는 비상사태의 조건을 규정하고 있는데 군위안부 강제동원은 이 예외적 조건 아래에서 이루어진 것이 아니라는 판결을 ILO 전문가위원회가 내린 바 있다.

일본은 강제노동조약을 1932년 11월 21일 조약 제10호로 비준했으며, 효력이 발생한 것은 1933년 11월 21일부터이다. 강제노동조약은 일단 효력이 발생하면 10년간 조약의 폐기를 금지하고 있으므로, 일본은 적어도 1944년 11월 21일까지는 그 효력을 받았다고 할 수 있다.

2) ILO에서 일본군위안부 문제의 제기 과정

ILO에 공식적으로 군위안부 문제를 제기한 것은 한국의 한국노동조합총연

---

11 유엔에서 노예제 폐지를 결정한 노예제조약을 1926년에 채택했다.

맹(이하 한국노총)과 일본의 오사카 부(府) 특수영어교사노동조합(Osakafu Special English Teachers' Union: OFSET)였다. 한국노총은 1995년 3월 20일 ILO 이사회에 위안부 피해 조사위원회를 설립하고 위안부 문제가 강제노동조약 위반임을 조사해줄 것을 요청하는 공식 제소(헌장 제24조에 의거)를 ILO 사무국에 제출했다. 그러나 ILO 이사회는 1년이 넘도록 이 문제를 다루지 않았다.

한편 OFSET는 1995년 2월 24일 ILO에 군위안부 문제와 일본 정부의 전쟁 중 강제노동문제를 강제노동조약 위반사항으로 조사해줄 것을 요청하는 편지를 보냈다. 이사회에서 한국노총이 제기한 제소의 처리를 미루고 있는 사이에 OFSET의 의견서는 1995년 6월 12일에 ILO의 '조약권고적용 전문가위원회(이하 전문가위원회)'에 접수되어, 그해 11월에 열린 전문가위원회 회의에 상정되었다. 그 결과 군위안부 문제는 '성노예제'로 규정되어야 하고, 그것은 강제노동조약의 위반이며 일본 정부가 빠른 시일 안에 이에 대한 보상책을 마련할 것을 희망한다는 결론이 나왔다. ILO 전문가위원회의 보고서는 1996년 3월에 출간되었다. 이 보고서에 대해 일본 정부는 강하게 반발했다. 이러한 일련의 상황은 정대협이 ILO에서 적극적으로 활동하게 하는 촉발제가 되었다. 정대협은 1996년 11월에 한국노총을 통해 전문가위원회에 추가 자료를 보냈으며, 1997년 3월 전문가위원회 보고서가 나온 후에는 국민기금의 실상을 ILO와 세계의 노동조합에 알리기 시작했다. 1997년 6월에는 ILO 총회에 대표를 보내 한국노총, 전국민주노동조합총연맹(이하 민주노총)과 함께 활동하기도 했다.

정대협 및 한국과 일본 노조 등의 연대활동에 힘입어 전문가위원회는 1996년과 1997년, 일본군위안부 문제에 대한 보고서를 이례적으로 연속 출판했다.12 그러나 매년 수백 건의 안건 중에서 그 중요성에 따라 열 건 이내의 사안만이 ILO 총회에서 논의되도록 선택되는데, 다소 정치적인 이 과정에서 위안부 문제의 총회 상정은 계속 좌절되었다.

1999년 3월에 출판된 전문가위원회의 보고서는 몇 가지 점에서 주목할 만하다. 첫째, 일본 정부와 일본 노동조합13이 법적 보상에 대신한다고 주장한 국민기금이 피해자 다수의 기대에 부응하는 것이 아니라는 점을 명백히 했다. 둘째, 피해자들이 고령이므로 일본 정부가 시급히 적절한 조치를 취할 것을 요구했다. 셋째, 처음으로 강제노동 및 징용의 문제를 처음으로 언급했고, 위안부 문제 역시 강제노동조약 위반이며 일본 정부가 적절한 조치를 취하고 그것을 보고할 것을 요구했다. 이처럼 전에 없이 강력한 권고를 포함한 전문가위원회의 보고서에 고무된 정대협 및 한국과 일본의 노동조합들은 6월 ILO 총회에 많은 사람을 파견했다. 이 총회에서도 군위안부 안건 상정은 좌절되

---

12 관례적으로 전문가위원회는 같은 문제를 연속적으로 다루지 않는다.

13 ILO 총회에 일본의 강제노동조약 위반문제가 상정되는 것을 끈질기게 방해한 일본의 노조는 일본노동조합총연합회(Japanese Trade Union Confederation: JTUC-RENGO, 이하 렌고)이다. 총회에 안건이 상정되는 데 영향을 미치는 조직이 국제자유노동조합연맹인데, 렌고는 국제자유노동조합연맹에 막대한 자금을 사용하면서 영향력을 미치고 있다.

었으나, 정대협 및 연대단체의 활동으로 총회 기준적용위원회에 군위안부 문제가 특별히 언급되었다.

ILO 총회에 일본의 강제노동조약 위반문제를 상정하는 문제가 진전을 보인 것은 2001년이었다. 2001년의 총회에 앞서 정대협의 정진성 실행위원은 민주노총, 한국노총과 함께 안건 채택을 위한 사전 작업을 시작했다. 일본 정부 및 노조는 안건 상정을 방해하기 시작했는데, 이것이 세계 각국 노조의 반발을 불러일으켰다. 총회 안건을 결정하는 노동자회의에서 일본의 강제노동조약 위반문제는 미국, 영국, 네덜란드 등 세계 여러 노조의 지지를 받아 안건 상정이 결정되었다.

그러나 하루 만에 상황이 반전되었다. 대체로 노동자회의에서 결정된 안건은 사용자회의에서 그대로 통과되는 것이 ILO의 관례였는데, 일본 측의 강력한 반대로 사용자회의에서 위안부 문제의 안건화를 부결한 것이다. 그 결과 2001년도 기준적용위원회의 보고서에서는 일본의 강제노동조약 위반문제에 관해 노동자그룹과 사용자그룹이 합의에 이르지 못한 것을 애석하게 생각하며, 이 문제에 관해 일본 정부가 적절한 조치를 취하는지 계속 면밀히 관찰할 것이라고 기록되었다.

2002년 3월에 출판된 전문가위원회의 보고서에는 전년도에 이어 일본의 강제노동조약 위반문제가 다시 논의되었다. 2001년에 이 문제를 둘러싸고 벌어졌던 노동자그룹과 사용자그룹 간의 논쟁 때문에 관례와 달리 해를 거르지 않고 연속해서 다루어진다. 전문가위원회는 일본 정부에 피해자의 요구에 부응할 것을 권고했다. 이러한 분위기 속에서 정대협과 연대단체들은 이 문제가 2002년 총회에 상정될 것을 기대했다.

이때 일본 노조 렌고가 2002년 6월 ILO 총회에서 강제노동조약문제 대신 일본의 공공부문 노동자단결권문제를 제기해줄 것을 한국 노동조합에 호소했다. 총회에서는 한 국가에 대해서는 하나의 안건만을 다루는 것이 원칙이

기 때문이다. 렌고는 이에 합의해주면, 2003년에는 강제노동조약 위반문제의 안건 상정에 협력하겠다고 제안했다. 정대협은 렌고의 제안을 받아들이지 않겠다는 원칙론을, 민주노총은 타협의 입장을 표했다. 한국노총은 제안을 거부한다는 애초의 입장에서 타협론으로 입장을 바꾸었다. 결국 2002년의 안건 채택은 좌절되었으며 다음 해 총회에서도 강제노동조약 위반문제는 상정되지 못했다. 2002년 당시의 제안과는 달리 일본 정부는 합의에 극히 부정적인 입장을 보였으며, 사용자그룹도 애매한 입장만 취했던 것이다. 한국노총과 민주노총 대표는 노동자그룹 차원의 대응을 요청했고, 이에 따라 의제 채택을 무산시킨 일본 정부와 사용자그룹에 전체 노동자그룹 의장이었던 르로이 트로트만(Leroy Trotman)의 명의로 항의서한을 보내 노동자그룹의 확고한 의지를 표명했다.

이어 2004년 제92차 총회에서는 기준적용위원회 노동자그룹 대변인 뤽 코트빅(Luc Cortebeeck)이 동일 사안에 대해 2년마다 심층적인 보고를 하는 전문가위원회의 관행에 비추어 2005년 보고서에는 일본군위안부 문제에 대해 좀 더 상세한 보고가 이루어질 것이며, 이를 근거로 의제 채택을 추진하겠다고 밝혔다. 또한 정대협은 해방 60주년을 앞두고 2004년부터 1년여에 걸쳐 진행한 '일본 정부에 국제기구의 권고대로 일본군위안부 피해자에게 사죄와 배상할 것을 촉구하고 일본의 유엔안보리 상임이사국 진출을 반대하는 100만인 국제서명운동' 서명부 사본을 2005년 총회에서 전달하며 성과를 기대했다. 그러나 이렇다 할 진전은 없었다. 2006년에는 ILO 총회 기준적용위원회 심의의 기초가 되는 전문가위원회 보고서에 일본군위안부 문제가 아예 포함되지 않는 상황을 맞고 말았다. 총회 이후 제14차 ILO 아태 지역 총회에 참석하기 위해 후안 소마비아(Juan Somavía) ILO 사무총장이 부산에 방문했을 때, 길원옥, 이용수, 황금주 할머니가 그를 면담했다. 할머니들은 ILO가 일본군위안부 문제 해결에 적극 협조해줄 것을 호소했고, 피해자 124명의 이름으로 편지도 전달했다.

이후에도 정대협은 해마다 양 노총과 협력해 일본군위안부의 강제연행을 부인한 아베 신조(安倍晋三) 전 수상의 발언을 규탄하는 한편, 각국 의회의 결의안 및 유엔 등 국제인권기구의 권고를 채택하도록 요구하는 등 일본군위안부 문제의 ILO 총회 안건 상정을 호소했다. 또한 각국 노사정 그룹에 협력 요청 서한을 발송하고 국제사면위원회(Amnesty International, 이하 국제앰네스티)[14]와도 연대해 총회에서의 안건 채택을 요구하는 활동을 계속했다. 전문가위원회는 전달받은 내용을 토대로 일본군위안부 문제 해결에 대한 시급성을 연이어서 보고서에 언급하는 한편 일본 정부에 관련된 조치나 상황 전달을 요청해 이를 기록했다.

그러나 2010년 또다시 전문가위원회 보고서에서 일본군위안부 문제가 포함되지 않는 좌절을 겪어야 했다. 이에 대해 국제앰네스티는 'ILO가 일본군성노예 생존자의 정의를 회복하는 데 실패했다'는 제목으로 즉각 성명을 발표해 비판했다. 총회 당시 비록 안건 채택에는 실패했지만 국제노동조합총연맹(International Trade Union Confederation: ITUC)의 주선으로 일본 외교부 담당자, ITUC 위원장, 프랑스·네덜란드·오스트레일리아의 노총 및 일본 렌고 관계자와 간담회를 개최했다. 이 자리에서 일본 외교부는 이 문제가 ILO에서 다룰 사항이 아니라는 기존의 입장을 되풀이했고, 이에 대해 ITUC는 내년

---

14 국제앰네스티는 대표적인 국제인권운동단체로 유엔에서도 공신력 있는 민간단체로 인정하고 있다. 1961년 영국의 피터 베넨슨(Peter Benenson) 변호사가 시작한 인권운동단체이다. 독재정권의 지배를 받던 포르투갈의 청년이 술자리에서 한 말 때문에 투옥되었다는 이야기를 듣고 인권운동 실천을 위해 결성했다고 한다. 1977년에는 고문 반대 캠페인으로 노벨평화상을 수상했고, 1978년에는 유엔이 주는 인권상을 수상했다. 대한민국을 포함한 약 150개국에 약 80개의 지부와 110개 이상의 지역사무실이 있다. 고문추방운동, 사형폐지운동, 난민보호운동, 국제사법정의실천운동, 소년병동원반대운동, 여성폭력추방운동, 무기거래통제운동, 양심수 등에 대한 인권옹호운동 등을 하고 있다.

ILO 총회 이전에 일본 정부와 한국의 양대 노총, 피해자가 만나 이 문제를 다시 논의할 것을 제안했다.

2011년에도 정대협과 양 노총은 전문가위원회에 경과보고서를 발송해 국제사회의 지지와 생존자의 상황 등을 전달하며 ILO의 협력과 총회의 안건 채택을 요구했다. 이에 따라 전문가위원회는 다시금 사안의 장기성과 시급성에 주목하며 일본 정부에 조치를 권고했다. 그런데 2011년 전문가위원회의 보고서에서 일본 정부는 국민기금의 후속조치(follow-up)를 계속하고 있으며 그 일환으로 정부 관료와 학계 간에 의견을 교환하고 있을 뿐 아니라 국민기금 관련자들이 피해자들을 돌보고 있다고 보고한 것으로 드러났다. 또한 책임 있는 위치의 일본 정부 관계자가 위안부 피해자들을 만나 직접 일본 정부의 입장을 전달하고 그들의 현재 상황과 과거 경험 및 개인적 의견을 신중히 듣기 위한 기회를 준비하고 있다는 내용도 보고서에 기록되었다.

이에 정대협은 ITUC 사무총장에게 서한을 보내 국민기금 자체의 부당성을 재차 강조하고 일본 정부의 후속조치 및 활동 사실의 신뢰성에 문제를 제기했다. 또한 그러한 조치가 있었다 하더라도 일본 정부가 극히 제한적인 숫자의 피해자들에게 비공식적으로 접근하고 있다고 지적했다. 그리고 2010년 총회에서 있었던 ITUC의 제안에 따라 2011년 총회를 한 달 앞둔 시점인 5월, 한국에서 한국노총과 렌고의 간담회가 이루어졌다. 이 간담회에 일본 정부 관계자는 참석하지 않았다. 한국노총은 ILO 총회가 아닌 다른 대안을 찾자는 렌고 측의 입장을 반박하며 총회 안건 채택을 통한 바람직한 해결을 재차 촉구했다. 렌고는 기존의 입장에 비해 다소 진전된 모습을 보이며 "일본 정권교체 후 렌고와 정부가 해결해야 할 최대 과제 중 하나가 바로 위안부 문제"라며, 한국노총의 입장을 일본 외무성에 그대로 전달했다. 또한 ILO 총회 기간 중 양대 노총과 일본 정부 관계자의 간담회를 마련하겠다고 답변했다. 하지만 끝내 2011년 제100차 ILO 총회에서도 일본의 강제노동조약 위반문제를 안건으로 상정하는 데 실패했다.

이후 2011년 8월 30일 한국 헌법재판소가 일본군위안부 문제에 대해 '한일청구권협정을 통해 그 법적 책임이 해결되었는가에 관해 한일 양국 정부 사이에 해석상의 분쟁이 생겼음에도 이를 협정 내 절차에 따라 해결하지 않는 한국 정부의 부작위가 위헌'이라는 획기적인 판결을 내렸다. 정대협과 양 노총은 즉시 관련한 정보를 전문가위원회에 추가 발송했다. 또한 12월 4일에서 7일까지 일본 교토에서 제15차 ILO 아태 지역 총회가 열림에 따라 소마비아 사무총장에게 피해자들의 이름으로 서한을 보내 지지와 협력을 촉구했다.

결과적으로 일본군위안부 문제에 대해 ILO에 첫 제소를 했던 1995년 이후 현재까지 ILO는 일본의 군위안부 범죄가 강제노동조약 위반임을 수차례 선언하고도, 아무런 변화가 없는 일본 정부에 대해 속수무책인 상황이다. ILO가 이 문제를 총회의 주요 안건으로 올리지도 못한 채, 마침내는 일본 정부의 압력에 굴복하는 것이 아닌가 하는 의구심마저 불러일으키고 있다. 이는 정대협과 양대 노총이 ILO에 지속적으로 유감을 표명하고 있는 바와 같이, 각국 노동자그룹의 강력한 지지가 있음에도 불구하고 일본 정부나 사용자그룹의 반대로 일본군위안부 관련 사안이 이토록 오랜 기간 다루어지지 못하는 것은 ILO의 삼자균형 체제나 책임 이행 면에서 큰 과오를 범하는 것이라고 할 수 있다.

그러나 이러한 제약을 인정하고서라도 ILO를 통한 문제의 제기는 묻혀 있던 피해자의 목소리를 불러냈고, 여성문제 및 식민지와 전시 여성폭력 문제에 대해 각국 노사정과 국제사회의 관심을 크게 환기시켰다. 이는 일본군위안부 문제 해결운동의 중대한 성과라 할 수 있으며, 국제사회의 발전에도 한 몫을 담당한 것만은 틀림없다.

6. 세계 각국의 의회 결의안

2007년 7월 30일 미국 하원은 일본 정부에 대해 일본군위안부 피해자들에게 공식 사죄하고, 올바른 역사교육을 시행할 것 등을 요구하는 결의안을 채택했다. 이는 일본군위안부 문제를 해결하기 위한 운동에 중요한 단계를 만들어주었다. 결의안은 법적 구속력이 전혀 없는 하나의 '문서'에 불과하다는 회의적인 평가도 있었지만, 이러한 평가와는 달리 '일본군위안부 관련 결의안(H. Res.121, 이하 121결의안)'[15]의 파급효과는 세계가 주목하는 가운데 일파만파로 퍼져나갔다. 일본의 국제정치관계를 고려할 때, 미국 의회의 힘은 결코 가볍게 볼 수 없는 것이었다. 일본의 로비가 가장 강했던 곳이 미국이었다는 점도 이를 방증한다. 미 하원의 결의안이 가진 힘은 사법적인 권한과는 다른 정치적인 영향력과 연관되어 있는 것이다. 그러한 정치적인 영향력을 이끌어낸 것은 시민들이었다.

미 의회를 시작으로 여러 나라에서 의회 결의안이 채택되고 있는 것은 오랜 기간 지속적으로 국제연대운동을 강조하며 연대의 지평을 넓혀온 정대협 운동의 성과라고 할 수 있다.

1) 미국 하원에서 결의안을 채택한 배경

1992년 2월, 이효재 정대협 공동대표는 일본군위안부 문제를 유엔에 제기하기 위해 미국 뉴욕을 방문했을 때, 이 문제를 재미동포 사회에 알리고 연대를 호소하는 활동을 동시에 진행했다. 같은 해 미국의 한인단체는 황금주 할

---

15 2007년 1월 31일 마이크 혼다(Mike Honda) 의원을 포함한 민주당 의원 다섯 명, 공화당 의원 두 명의 이름으로 위안부 결의안을 상정했고, 다음 날인 2월 1일 오전 9시 20분 하원 결의안 H. Res.121 번호를 배정받았다.

머니를 초청해 워싱턴과 뉴욕에서 증언집회를 개최했다. 정대협은 5월에 현대형 노예제 실무회의에, 8월에는 유엔인권소위원회에 일본군위안부 문제를 제기했다. 12월에는 워싱턴에 워싱턴정신대문제대책위원회(이하 워싱턴정대위)가 발족되었다. 뉴욕과 로스앤젤레스에서도 잇따라 동포단체들이 조직되었다.

워싱턴정대위는 정대협의 활동을 도와 미국에서 일본군위안부 문제를 알리고, 문제 해결을 위한 미주 지역의 관심과 지원을 조성하기 위한 캠페인을 해왔다. 하원 의원들과 접촉하고, 미국 하원에서 일본군위안부 결의안을 채택하도록 하는 활동을 적극 진행해왔다.[16] 그 결과, 1997년 7월 윌리엄 리핀스키(William O. Lipinski) 민주당 의원의 주도 아래 일본 정부에 모든 일본군위안부 피해자에게 공식 사죄하고 법적으로 배상할 것을 요구하는 내용의 126 결의안이 제출되었다. 그러나 이것은 채택에까지 이르지는 못했다. 2000년 6

---

16 이 책의 제2부 「해외 정대협 관련 단체의 활동과 위안부 소송」에 자세히 수록했다.

월, 미국 하원 민주당 레인 에번스(Lane Evans) 의원과 다른 30명의 의원이 일본 정부에 공식 사죄와 법적 배상을 요구하는 357결의안을 제출했으며, 이후 195결의안(2001년), 226결의안(2003년)을 지속적으로 제출했다. 2006년 2월에는 에번스 의원과 크리스토퍼 스미스(Christopher Smith) 공화당 의원이 공동으로 759결의안을 제출했으며, 이 결의안은 2006년 9월 하원 국제외무위원회를 통과했다. 하원 본회 상정도 이루어질 수 있는 긍정적 분위기였으나 일본 정부의 금전 로비에 밀려 제109대 회기가 만료되었고, 일본군위안부 결의안은 본회에 상정되지 못하고 자동 폐기되고 말았다.

결의안 채택의 노력은 여기에서 끝나지 않았다. 2007년에 들어서 마이크 혼다(Mike Honda) 의원의 주도로 민주당과 공화당 의원들이 초당적으로 뜻을 모아 1월 31일에 다시 121결의안을 제출했다. 이 결의안은 "일본 정부에 제2차 세계대전 중에 저질러진 강간과 강제 낙태, 살인, 인신매매 등 일본군위안부에게 가한 형언할 수 없는 만행에 대해 공개적이고 분명하게 사죄해야 한다"고 밝히고 있다. 또한 "일본 정부의 명확하고 공개적인 책임과 일본의 미래 세대들에게 이를 교육하도록" 요구하고 있으며, "조상이 저질렀던 인신매매를 다시는 범하지 않도록 인간과 여성의 인권을 강조하라"는 내용도 담고 있다.

결의안 채택을 위해 2007년 2월 15일 미 하원의 외교분과위원회 산하 아시아태평양환경소위원회가 일본군위안부 청문회를 개최했다. 이 청문회에 네덜란드 피해자 얀 루프 오혜른(Jan Ruff O'Herne) 할머니와 한국의 이용수 할머니가 초청받았다. 마침 현지에 증언집회가 있어서 미국에 체류하고 있었던 김군자 할머니도 청문회에 참석해 증언을 했다. 청문회는 미국 사회에 큰 반향을 불러일으켰고, 세계의 언론들도 위안부 문제를 앞다퉈 다루었다.

이후 워싱턴정대위를 중심으로 미국 현지의 재미동포단체와 미국의 인권단체, 아시아계 단체가 참여해 121결의안 채택을 위한 범대책위원회를 조직하여 본격적인 활동에 들어갔다. 한국에서는 윤미향 정대협 대표와 이용수 할머니가 직접 미국을 찾아 의원을 상대로 하는 로비활동에 참여했다. 일본 정부의 끊임없는 방해 로비가 있었지만, 2007년 7월 30일 미국 하원은 일본 정부에 일본군위안부 피해자들에게 사죄할 것을 요구하는 121결의안을 채택했다.

2) 미국 하원 청문회와 121결의안 채택을 위한 국내외 활동

2007년 2월 15일, 미국 하원 아시아태평양환경소위원회는 제2차 세계대전 당시 일본군성노예로 강제동원되었던 생존자들을 출석시킨 가운데 일본군위안부 문제와 관련한 사상 첫 청문회를 개최했다. 청문회장은 발 디딜 틈이 없을 정도로 한국 및 일본인 특파원들과 미국 기자들로 붐볐다. 참관인들도 자리를 가득 메웠다. 정대협에서는 김선실 실행위원이 이용수 할머니와 함께 미국 청문회에 참석했다. 청문회에서 이용수 할머니는 "역사의 산증인으로 이 자리에 섰지만 겪은 일들을 이야기해야 하는 게 너무 부끄럽다"고 말문을 열었다. 그녀는 열여섯 살에 한밤중에 군인들에게 끌려가 자살조차 허락되지 않은 상황에서 성노예 생활을 강요받았다고 털어놓았다. 지금은 오스트레일리아에 살고 있지만 네덜란드 태생의 피해자 얀 오혜른 할머니는 "머리를 박박 깎고 저항했지만, 정기검진을 나온 일본군 의사마저 나를 짓밟았다"고 일본군의 만행을 고발했다. 그녀는 "일본은 1995년 국민기금을 만들어 보상한다고 했지만, 정부가 아닌 민간의 보상은 모욕이라고 생각해 거부했다"며 "일본은 전쟁에서 저지른 잔학 행위를 인정하고 후세들에게 올바른 역사를 가르쳐야 한다"고 충고했다. 김군자 할머니는 "죽기 전에 일본의 사과를 받아내야겠다는 생각으로 미국 땅까지 왔다"며 "내 몸 곳곳에는 너무나 많은 흉터들이 남아 있고 죽지 않을 만큼 매를 맞았다"고 중언했다.

위안부 결의안을 하원에 제출하고 이 청문회를 추진한 일본계 2세인 혼다 의원은 이날 증인으로 출석해 "일본 정부는 제2차 세계대전 당시 소녀들을 납치해 성노예를 시킨 제국주의적 만행에 대해 분명하고 명확한 방법으로 인정하고 수용하고 사죄해야 한다"고 요구했다.

이날 청문회는 일본군위안부 문제와 관련해 미국 하원에서 열린 첫 청문회라는 사실 그 이상의 의미가 있다. 그동안 일본 정부는 일본군위안부 문제를 일본과 한국, 일본과 아시아 국가 사이의 문제로 축소·왜곡하며 결의안 채택을 저지하기 위해 활동해왔다. 그러나 네덜란드의 얀 오혜른 할머니가 증인으로 참석함으로써 백인 여성에게까지 자행된 일본군위안부 범죄의 실상이 미국 및 서구사회에 알려졌고, 서구사회의 관심이 청문회로 집중되었던 것이다.

청문회 이후 일본군위안부 문제에 대한 미국 시민사회와 여론의 관심은 상당히 고조되었다. 연일 ≪뉴욕타임스(New York Times)≫, ≪헤럴드(Herald)≫, CNN, ABC방송 등 주요 신문과 방송에서 위안부 문제를 보도했다. 무엇보다 재미동포 2, 3세 청년들이 미 의원을 방문하고 설득해 결의안 지지 서명에 참여하게 하는 등 적극적으로 위안부 문제의 여론화를 위해 노력했다. 워싱턴과 뉴욕 등 주요 도시에서 동포들은 일본군위안부 문제 결의안을 알리며 채택을 위한 서명운동도 전개했다.

정대협은 결의안 채택을 위한 국제연대활동을 적극 추진했다. 타이완, 일본 등 아시아여성단체, 독일·오스트레일리아의 관련 단체대표들에게 낸시 펠로시(Nancy Pelosi) 미 하원 의장에게 결의 채택을 요청하는 서한을 보내줄 것을 제안했다. 미국의 여성단체에도 결의 채택활동에 대한 지원과 참여를 요청했다. 마침 2007년 서울에서 열린 제7차 아시아연대회의에서 위안부 문제에 대한 각국 의회의 결의안 채택에 아시아 여성들이 연대하기로 결정했다. 아시아연대회의가 끝난 후 그동안 정대협과 함께해왔던 아시아단체 및 국제단체들은 펠로시 하원 의장에게 일본군위안부 결의안이 채택될 수 있도록 연대와 지원을 요청하는 편지를 보냈다. 이 서한에는 일본 정부에 공식 사죄와 법적 배상을 요구하는 내용과 이를 통해 일본군위안부 피해지의 정의가 회복될 수 있도록 지원할 것을 요청하는 내용이 담겨 있었다. 타이완과 한국의 일본군위안부 생존자들도 펠로시 하원 의장에게 편지를 보내 일본군위안부 피해자들의 정의 회복은 현재 전쟁 중이거나 폭력적인 상황 속에서 아픔을 겪고 있는 여성들에게 희망을 주는 일임을 호소했다.

정대협은 미국 하원 의원들을 상대로 하는 재미동포 사회의 로비활동에도 직접 참석했다. 윤미향 대표는 121결의안 채택을 위해 활동하는 워싱턴 및 뉴욕, 로스앤젤레스 한인동포들과 함께 의회를 방문해 의원들에게 결의안 채택 지지를 요청했고, 이용수 할머니는 로스앤젤레스 지역에서 한인들이 많이 거주하고 있는 지역에서 선출된 하원 의원의 지역구 사무실을 직접 방문해 결의안 채택에 대한 지지 서명을 요청하는 활동을 벌였다.

이에 일본 정부는 일본군위안부 결의안 통과를 저지하기 위해 막대한 금권력을 동원한 로비활동을 벌였다. 일본 정부는 하원 의원 및 보좌관들과 접촉하고, 펠로시 하원 의장 고문을 상대로 로비를 펼쳤다. 또한 딕 체니(Dick Cheney) 부통령의 고문 등 정부 관계자에게도 로비를 해왔으며, 토머스 폴리(Thomas Foley) 전 하원 의장과 같은 정치적 영향력이 큰 로비스트를 고용하기도 했다. 일본 정부는 이를 위해 반 년간 약 45만 달러(약 4200만 엔)를 지불했다고 일본의 언론은 보도했다.[17]

한편, 일본에서 아베 수상이 위안부 강제동원을 부인하는 발언을 했으며, 일본 각료회의 역시 강제동원의 사실을 부인하는 결정을 내리면서 일본 정부의 관여와 책임을 회피하는 정황이 포착되었다. 일본의 자민당, 민주당 및 무소속 국회의원 45명과 교수, 정치평론가, 언론인 등은 2007년 6월 14일 자 ≪워싱턴

---

17 MSN産經ニュース(산케이뉴스), 2009년 8월 25일 자.

〈그림 1-2-16〉 국제앰네스티의 일본군위안부 보고서 발표 기자회견

포스트(Washington Post)≫에 '사실(FACT)'이라는 신문광고를 내고 위안부 동원
에 일본 정부나 군이 개입했다는 문서는 찾아볼 수 없다며 "일본군이 젊은 여성
들을 성노예로 내몰았다"는 혼다 의원의 결의안 내용은 역사적 사실과 다르다
고 주장했다. 이러한 일본 정부의 방해공작과 로비에도 불구하고, 7월 30일 121
결의안은 하원 본회에서 채택되었다.

3) 국제앰네스티와의 연대와 유럽의회에서의 결의안 채택

2005년 3월에 국제앰네스티는 일본군위안부 조사관을 한국과 일본에 파송
했다. 그리고 2005년 10월에 「60년간의 기다림: 일본군위안부 피해자의 정의
를 위하여」라는 제목의 조사보고서를 발표했다. 이 보고서는 국제앰네스티
가 일본군위안부 문제에 대해 처음으로 공식 입장을 밝힌 것으로 시기적으로
는 아주 많이 늦은 감이 있었다. 그러나 전체적인 일본군위안부 문제 해결운
동의 측면에서 봤을 때에는 시의적절했다고 평가할 수 있다. 유엔과 ILO, 아
시아연대회의에서 정대협은 온갖 노력을 기울였으나 일본 정부의 태도는 여

전히 달라지지 않았고, 피해자들은 역사적인 진실이 밝혀지고 있는 가운데 어떤 보상도 받지 못한 채 사망하고 있었다. 일본 정부에 어떻게 이러한 국제 사회의 요구를 받아들이도록 압력을 넣어야 하는지 그 방법이 보이지 않아 모두가 힘들어하고 있을 때였다. 이때 국제앰네스티의 일본군위안부 문제 보고서가 나온 것이다.

정대협은 보고서가 나온 후 바로 국제앰네스티에 일본 정부에 대해 보고서의 권고를 수용하라는 캠페인을 펼쳐줄 것과 각국 국제앰네스티 차원에서 여성폭력 중단 캠페인의 일환으로 일본군위안부 문제에 연대해줄 것을 요청했다. 우선, 앰네스티 한국지부를 통해서 앰네스티 아태지부 사무국에 이러한 요구들을 전달했다.

이러한 노력의 결과, 2006년 2월 홍콩에서 열린 앰네스티 아태 지역 회의에서 일본군위안부 문제에 대한 연대캠페인이 논의되었고, 이 회의에서 각국의 일본 대사관에 엽서를 보내는 캠페인과 오스트레일리아에서 해방 61주년을 기념해 같은 해 8월 '일본군위안부 피해자에게 정의를!'이라는 캠페인을 개최하기로 확정했다.

2006년 8월, 장점돌 할머니와 윤미향 정대협 대표가 앰네스티 오스트레일리아지부의 초청을 받아 오스트레일리아에 사는 네덜란드 피해자 얀 오혜른 할머니와 함께 애들레이드, 멜버른, 호바트, 시드니 등 네 개 도시를 순회하며 증언과 강연을 진행했다. 앰네스티는 일본 정부에 엽서쓰기 캠페인을 계속하면서, 피해자들에게도 나비 모양의 종이에 격려의 글을 써서 보내는 활동을 전개했다. 앰네스티 오스트레일리아지부 대표는 일본 수상에게 보내는 서한을 써서 일본 대사관에 보내기도 했다. 이 캠페인의 마지막 방문 도시였던 시드니에서 '일본군위안부와 함께하는 오스트레일리아 친구들(Friends of Comport Women in Australia, 이하 오스트레일리아 친구들)'이라는 단체를 발족시키자는 의견이 모아졌고, 이 단체가 오스트레일리아 의회 결의안 채택을 위해 본격적으로 활동하게 되었다.

이렇게 시작된 앰네스티와의 연대를 기반으로 정대협은 유럽 의회에서의 결의안 채택을 위한 활동을 앰네스티에 제안했다. 당시 캠페인 담당자였던 아이리스 챙[18]은 앰네스티 유럽지부에 이를 제안하고, 네덜란드·벨기에·독일·영국의 앰네스티가 이 제안을 받아들여 '일본군위안부 피해자에게 정의를!' 의회 결의 채택 캠페인을 2007년 11월 1일에서 11일까지 개최했다. 이 캠페인에 한국의 길원옥 할머니와 윤미향 정대협 대표, 필리핀의 메넨 카스틸로(Menen Castillo) 할머니, 네덜란드의 엘렌 판 더 플루흐(Ellen van der Ploeg) 할머니가 초청되어 네덜란드, 벨기에, 독일, 영국을 순회하는 캠페인을 추진하기에 이르렀다.

유럽 각국의 정부 관계자와 의원을 면담하고, 유럽 사회에 일본군위안부 문제를 알리는 기자회견을 여는 한편, 여성단체 및 시민단체 대표와의 간담회를 통해 지원과 협력을 이끌어내는 활동도 전개했다. 유럽 의회에서 열린 공청회에 정대협이 증언을 하고, 유럽 의회에서 결의안 채택이 필요한 이유를 알렸다. 그 결과 11월 20일 네덜란드 의회 본회에서 결의안이 통과되었고, 12월 13일에는 유럽 의회에서 결의안이 채택되기에 이르렀다.

4) 캐나다 의회의 결의안 채택

미국 하원 외무위원회에서 2006년에 결의안이 통과된 후부터 캐나다 의회

---

18 아이리스 챙(Iris Chang)은 2007년 유럽연합의회에서 결의안 채택 캠페인을 진행할 때 앰네스티에서 '일본군위안부 피해자에게 정의를!' 캠페인을 담당하고 있던 여성인권운동가였다. 네덜란드, 벨기에, 독일, 영국의 앰네스티 지부 활동가들과 네트워크를 만들고, 그 지역의 활동가들이 각 나라 의회와 시민사회를 움직일 수 있도록 만든 여성이다. 이 외에도 피해자들이 가는 곳마다 피해자들의 손을 잡고 유럽을 순회하며 호소할 수 있도록 이끌어준 많은 여성이 앰네스티 유럽지부 활동가였다.

의 결의안 채택을 추진하는 운동이 시작되었다. 이 운동은 캐나다 현지 중국 동포들의 오랜 활동에 힘입은 바가 크다. 중국교포단체인 '제2차 세계대전 아시아 역사 바로 알리기 연합회(Association for Learning and Preserving the History of World War II in Canada: ALPHA)'는 난징대학살 등 중국이 일본군에 당한 피해를 캐나다 사회에 알리고, 관련 세미나를 개최하거나 캐나다 역사교육에 이 내용을 포함시키는 것 등의 활동을 해왔다. 정대협은 윤미향 대표가 황금주 할머니를 모시고 집회에 참석하는 등 이 단체와 2002년부터 연대를 시작했다.

캐나다의 한인동포 사회는 이 활동에 적극적으로 결합했다. 캐나다에서도 결의안 채택을 위한 조직을 결성하자는 움직임이 시작되었고, 그 결과 2007년 5월에 '캐나다 정대협'이 발족했다. 이어서 '캐나다 의회 결의안 채택을 위한 아시아연대'가 결성되었다.

2007년 11월 18일에서 12월 4일에는 한국의 장점돌 할머니, 네덜란드의 앨렌 할머니, 중국의 익명의 피해자 할머니가 '캐나다 의회 결의안 채택을 위한 아시아연대'의 초청으로 밴쿠버, 토론토, 오타와를 순회하며 집회를 개최했고, 그 과정에 11월 28일 캐나다 연방의회에서 결의안이 만장일치로 채택되었다.

5) 오스트레일리아 의회의 결의안 추진

2006년 8월 앰네스티 캠페인을 통해 '오스트레일리아 친구들'이 2006년 12월에 공식 발족됨으로써, 오스트레일리아 의회에 대한 결의안 채택활동이 시작되었다. 하지만 본격적인 활동이 시작된 것은 2007년부터라고 할 수 있다.

2007년 3월 8일, 세계여성의 날 연대집회가 시드니 영사관 앞에서 열렸다. 타이완의 우슈메이(吳秀妹) 할머니와 길원옥 할머니, 얀 오헤른 할머니가 집회에 참여해 서한을 전달하는 등의 캠페인을 벌였다. 제2차 세계대전이 끝난 8월 15일을 기해 오스트레일리아 의회에서의 결의안 채택을 시도했지만 성공하지는 못했다. 오스트레일리아의 정권 교체로 새롭게 힘을 얻은 '오스트레일리아 친구들'이 2008년에 다시 결의안 채택을 추진하기 시작했다. 한국에서 윤미향 정대협 대표와 길원옥 할머니, 네덜란드 피해자 얀 오헤른 할머니가 함께 로비활동을 벌였지만 이 역시 성공하지 못했다. 그러나 여기에서 끝나지 않고, 2009년 8월 캔버라에서 의회에 서명 전달 및 결의안 채택을 위한 로비활동을 전개했다.

한편, 2009년 3월 1일에는 뉴사우스웨일스 주의 라이드 시의회에서, 3월 3일에는 시드니 스트라스필드 시의회에서 일본군위안부 문제 해결을 촉구하는 결의안이 채택되었다.

6) 한국 의회의 결의안 추진

미국 하원에서 결의안이 채택되었을 때, 한국에서도 일본 정부에 사죄와

〈그림 1-2-18〉 전국 지방자치단체 의회에서 일본군위안부 문제 해결 촉구 결의안을 채택할 것을 요구하는 정대협과 회원단체

배상을 요구하는 결의안을 채택하는 것이 필요하다고 판단했다. 정대협은 이미 경 민주당 의원과 결의안 채택을 추진하기로 논의하고, 2008년부터 결의안 초안을 작성하는 등의 준비를 해왔다.

한편 국회 여성위원회에서도 결의안 채택을 추진하여, 2008년 10월 8일 '일본군위안부 피해자 명예 회복을 위한 공식 사죄 및 배상 촉구 결의안'이 본회에서 통과되었다.

제3장

국내 시민사회로의 확장[*]

1990년 11월 16일 정대협이 발족할 때 참여했던 여성단체는 37개였다. 모두 한국 여성운동의 각 분야에서 가장 활발한 활동을 펼치고 있던 단체들이었다. 여성단체의 협의체로 시작한 정대협이었지만 운동을 전개하면서 일제과거사 관련 단체, 교사단체, 노동단체, 전문가단체, 평화운동단체, 문화예술가단체 등 한국의 다양한 시민사회단체로 연대의 범위를 확대했다. 연대운동은 곧 정대협운동이 국내 시민사회 전반에 확산되는 과정이었다. 일본군위안부 피해자를 위한 국민성금 모금운동에는 사회 각 분야에서 중추적인 역할을 하고 있던 인사들이 대거 참여해 모금을 위해 뛰어다니기도 했다. 특히 여러 시민단체가 돌아가며 주관하는 정기수요시위는 일본군위안부 문제 해결운동이 정대협운동에 지원·연대하는 차원이 아니라, 바로 자기 단체의 몫이라는 인식을 하도록 만든 장이 되었다. 여전히 일본군위안부가 '정조를 빼앗긴', '부끄러운 과거', '민족의 수치'라는 한국 사회의 보수적이고 가부장적인 인식은 남아 있다.

---

* 제3장은 정대협 사무처에서 작성했다.

1. 수요시위

일본군위안부 문제 해결을 위한 정대협의 활동에서 수요시위가 차지하는 비중은 다른 무엇보다도 크다고 할 수 있다. 운동 초기부터 일본 정부를 향한 요구를 알리는 장이자 국내외 시민과 피해자가 함께하는 활동의 구심점으로 20년의 역사를 이어왔다. 운동 과정에서 피해자와 활동가들은 수요시위와 함께 호흡하고 동고동락하며 지내왔다. 수요시위의 시작부터 지금까지의 끊임없는 투쟁과 변화의 역사를 돌이켜보는 것은 정대협운동의 큰 흐름을 돌아보는 일이라고 해도 틀리지 않을 것이다.

1) 수요시위, 그 오랜 걸음의 시작

1991년 김학순 할머니의 공개증언을 시작으로 피해자 할머니들의 신고전화가 이어졌고, 위안부 문제 관련 입증자료들이 속속 발굴되었지만, 일본은 책임을 회피하고 은폐하려는 '망언'을 계속했다. 당시 가토 관방장관은 "정부기관이 정신대 동원에 관여한 바 없다", "일본 정부는 '정신대' 문제에 대처하기 곤란하다" 등의 발언을 해 일본 정부에 대한 반발 여론이 형성되었다. 이에 정대협은 1991년 12월 11일 주한 일본 대사관 앞에서 위안부 문제가 해결될 때까지 정기적으로 시위를 진행하기로 결의했다. 회원단체들과 조율해 매주 수요일 낮 12시에 시위를 진행하기로 했다. 점심시간을 이용해 더 많은 직장인과 시민이 참여하기를 바랐기 때문이었다.

첫 수요시위는 미야자와 수상의 방한을 앞두고 1992년 1월 8일에 열렸다. 회원단체 여성들과 정대협 활동가들은 당시 정대협의 여섯 개 요구사항[1]을

---

1 1992년 당시 정대협의 여섯 가지 요구사항은 다음과 같다. ① 일본 정부는 조선인 여성들을

외치며 일본 대사관 주위를 돌았다.

　처음 몇 회 동안은 할머니들의 참석 없이 수요시위가 진행되었다. 시위 후에
는 일본 대사관부터 탑골공원까지 침묵 행진을 하는 것으로 마무리했다. 할머
니들은 제7차 수요시위부터 참석했고, 이때 김순덕 할머니를 비롯해 세 분의 할
머니가 함께했다. 수요시위는 정대협 회원단체가 돌아가며 주관을 맡았다. 매
회 각 단체 및 여성계의 입장을 담아 성명서를 낭독했다. 현재까지도 회원단체
들은 1년에 한두 번 씩 집회 주관을 이어가고 있다. 한국여성의전화는 여성폭력
상담원 교육 회기마다 수요시위 주관 일정을 맡아 교육생들에게 참여와 살아
있는 교육의 기회를 제공하며 연대하고 있다. 한국천주교여자수도회 장상연합
회는 매주 전국의 수녀회가 릴레이로 수요시위에 참가하는 전통을 1995년부터
지금까지 이어오고 있다. 회원단체 외에도 역사, 인권, 종교단체, 그리고 청소

군위안부로서 강제연행한 사실을 인정하라, ② 그것에 대해 공식적으로 사죄하라, ③ 만행
의 전모를 스스로 밝혀라, ④ 희생자들을 위해 추모비를 세워라, ⑤ 생존자와 유족들에게 배
상하라, ⑥ 이러한 잘못을 되풀이하지 않기 위해 역사 교육을 통해 이 사실을 가르쳐라.

년들이 직접 시위를 주관하면서 연대와 참여의 폭을 넓혀왔다.

2) 참여와 연대의 확산

국내 시민단체·지지자들의 연대 확산

수요시위 주관은 1992년까지 정대협 20여 개 회원단체가 돌아가면서 맡았으나, 1993년부터 회원단체 이외의 시민단체도 주관을 하는 형태로 확대되었다. 1992년 일본 정부가 진상 규명과 사죄도 없이 일본군위안부 피해자들에 대한 개인 배상 불가 방침을 밝히고, '보상에 대신하는 조치'로 민간기금을 추진하겠다는 입장을 표명했다. 이 소식이 전해지면서 국내에서는 기금을 반대하면서 한국 정부와 국민이 먼저 나서서 피해자 할머니들의 생계를 지원하고 위로하는 일이 필요하다는 취지로 '정신대 할머니 생활기금 모금 국민운동본부'를 발족했다. 각계각층의 다양한 단체와 시민들이 결합했던 이 활동은 1992년 12월 발족식을 겸한 제47차 수요시위를 통해 물꼬를 텄다. 이는 범국민적 차원에서 일본군위안부 문제를 알리고 할머니들의 생활 지원을 위한 연대의 움직임이 일어나는 계기가 되었다.

이후 1993년 12월 제100차 수요시위를 맞이하기까지 정대협 회원단체 외에 17개 단체가 시위를 주관했다. 초기에는 민주화운동과 통일운동단체의 참여가 두드러졌고 회를 거듭하면서 과거사 관련 단체, 평화운동단체와 문화예술계 및 노동계 단체도 참여했다. 1998년 제300차 수요시위 때는 일본 대사관 앞에서 집회를 여는 한편 동시에 탑골공원에서 문화예술인들이 참여하는 판화 및 종이인형 전시회, 노래 공연 등이 다채롭게 펼쳐졌다. 1999년부터는 국제노동기구(이하 ILO)에 일본군위안부 문제를 제기하며 협력을 쌓아왔던 민주노총과 한국노총이 새롭게 수요시위 주관단체로 참여하면서 노동계와 본격적으로 연대할 수 있는 발판을 마련했다. 초기에는 주로 대학생 조직이나 기독교 청년단체를 중심으로 이루어졌던 학생들의 참여가 일반 초·중·고등학생의 참여로 확대되면서 점차 그 연령대가 낮아졌다. 이는 미래세대가 위안부 문제의 중요성을 인식하고 문제 해결에 주체적으로 참여하고 있음을 보여주는 것이라는 점에서 특별히 그 의의가 크다고 할 수 있다.

2000년대부터는 지리적인 면에서나 참여자의 범위에서 더욱 확장되고 다원화된 수요시위의 모양새를 갖추어나갔다. '책임자 처벌을 21세기로 넘길 수 없다'는 1999년까지의 결의는 비록 실현하지 못했지만, 새로운 세기가 시작된 2000년에는 2000년 법정의 개최를 결의하면서 국내 각계의 지지가 이어졌다. 2000년 1월 첫 수요시위의 문을 연 것도 '2000년 법정 학생법정 준비위원회'였다. 전국의 대학생이 열정을 모아냈던 학생법정(2000년 4월 개최)은 수요시위의 장에서 젊은이들의 고민과 참여를 일구어내며 법정 개최를 위한 전국적 여론을 만들어내는 데 일익을 담당했다. 뒤이어 2000년 하반기에는 법정의 성공적 개최를 기원하는 각지의 뜻을 모아 서울에서 특별캠페인을 여는 한편 제주, 마산, 창원, 대전, 부산, 대구, 광주, 수원에서 릴레이 집회를 열었다. 2001년 첫 시위 역시 2000년 법정에서 남북공동기소장을 작성했던 검사단이 주관했다.

2001년에는 일본 역사교과서 왜곡문제가 국민적 분노를 일으켜 한동안 학생들을 비롯해 다양한 단체가 수요시위에 참여하면서 공동대응을 해나갔다. 제451차 수요시위에서는 '역사교과서 개악 저지'를 외치면서 인간 띠를 잇는 퍼포먼스를 펼쳤고, 고이즈미 준이치로(小泉純一郎) 전 수상의 야스쿠니 신사 참배를 비판하는 많은 사람이 수요시위에 참여하기도 했다.

2004년에 맞이한 제600차 수요시위에는 '일본군위안부 피해자들의 명예회복과 평화를 염원하는 600인 선언'을 통해 여러 분야의 단체는 물론이고 특정 단체나 조직에 소속되지 않은 수많은 개인의 참여가 이루어졌다. 동시에 온라인에서 조직한 '네티즌 6,000인 선언'을 통해서 참여자의 스펙트럼은 한

충 다양해졌고, 범국민적 차원의 여론화를 이끌어낼 수 있었다. 네티즌들은 당시 한국 사회를 뜨겁게 달구었던 위안부 관련 누드집 제작 파문[2]에 대응하면서 정대협 활동에 관심을 두기 시작했는데, 이후 수요시위에 참여하면서 온라인과 오프라인을 넘나들면서 활발하게 활동하는 사람들이 많아졌다.

해방 60주년이 되던 2005년부터 2011년에 이르기까지 수요시위에 연대하는 이들의 범위와 수는 계속 확대되어가고 있다. 전국에서 촛불시위를 통해 발화된 민초들의 참여의식은 수요시위에서도 나타났고, 전경의 신분으로 수요시위를 마주했던 한 남성은 제대 후에 수요시위 참여자로 옷을 갈아입기도

---

2   2004년 2월 12일, 방송인 이승연과 네띠앙엔터테인먼트는 '군위안부 테마의 누드 촬영'을 진행하고 있다고 기자회견에서 밝혔다. 정대협은 이것이 일본군위안부 피해 여성을 성 상품화하는 상업주의라고 규탄하고, 관련 단체 및 여성계와 함께 해당 동영상과 화보집 배포 금지 및 폐기, 프로젝트의 전면 중단을 요구하는 소송을 제기했다. 이에 공감한 네티즌들은 온라인 카페를 통해 항의운동을 전개하기도 했다. 결국 이승연은 일본군위안부 피해자들에게 직접 사과를 했고, 네띠앙엔터테인먼트는 촬영물을 처분하는 동시에 프로젝트를 중단했다.

했다. 세계 여성의 날에는 여성단체가 특별한 지지를 보내오고, 일제 과거사 청산단체들 또한 사안마다 함께하며 일본 대사관 앞을 지켜오고 있다. 가족과 시민의 일상적 삶에 관심을 두는 지역 풀뿌리 운동단체인 생명·환경단체와 조합들은 가족 및 조합원 단위로 참여해 수요시위에 공동체적 분위기를 더하고 있다. 이 과정에서 함께 외치는 소리가 커지기도 하고 작아지기도 했지만, 이들의 참여가 또 다른 참여를, 연대가 또 다른 연대를 낳으며 수요시위 역사를 이어올 수 있었다.

여성인권과 평화를 외치는 연대의 장, 살아 있는 교육의 장으로

수요시위는 일본군위안부 문제 해결이라는 뚜렷한 목표를 안고 출발했지만, 위안부 문제의 본질이 다양한 가치와 사안들과 연결되어 있어 연대와 협력의 스펙트럼이 넓을 수밖에 없었다. 위안부 문제는 여성차별과 폭력, 전쟁의 비극 그리고 전쟁을 초래하는 군국주의의 위험성, 식민지 문제, 한일 과거사 청산 등 수많은 문제와 맞물려 있다.

한국 사회의 민주화 및 여성운동의 발전 속에서 태동한 정대협운동은 초창기에는 한교여연을 중심으로 한 교계 여성들의 역할에 힘입어 정착할 수 있었다. 하지만 이후 수요시위를 통해서 사회의 다른 부문에서 활동하는 여성들의 연대의식을 확인하고 새로운 연대를 만들어내며 성장해왔다. 각 단체의 여성위원회나 여성국은 일본군위안부 문제를 연대사업의 주요 사안으로 삼고, 수요시위를 주관했다. 대학교에서는 여성 관련 강좌가 개설되고, 여성주의 동아리가 많아지면서 이들의 수요시위 참여도 많아졌다. 매년 3월 8일 세계 여성의 날에는 여성 현안과 일본군위안부 문제의 해결을 연계해 특별수요시위를 조직, 목소리를 높였다. 2005년 세계여성학대회가 한국에서 개최되면서 전 세계에서 온 여성학자 100여 명이 수요시위에 참가해 군사주의와 여성폭력을 규탄하며 일본군위안부 피해자들과 연대했다. 일본군위안부 문제를 중대한 여성인권유린으로 개념화하고 공론화한 국내 여성의 활동이 국경을 넘는 지지와 연대를 얻기까지 수요시위의 역할을 빠뜨릴 수 없을 것이다.

수요시위에 참여하는 반전·인권운동 활동가도 늘어났다. 반핵·평화활동가들은 수요시위를 통해 무기와 전쟁에 반대하는 목소리를 냈다.

일본 수상 등 일본의 주요 인사가 한국을 방문했을 때, 일본 정부 측에서 역사 관련 망언을 했을 때, 일본 국회의원 등이 공식적으로 신사참배를 했을 때는 일제 식민지 지배의 피해자 모임이나 과거사청산단체가 수요시위에 참가해 범시민 규탄대회를 열기도 했다. 일본의 역사교과서 개악 파동이 발생했을 때에도 마찬가지였다. 여성, 과거사, 평화운동을 중심으로 한 시민단체의 협력은 수요시위의 양분이자 열매가 되었다. 이라크 파병 반대시위가 있을 때는 위안부 피해자들이 참가했다. 평화와 인권의 가치를 지키고자 하는 평화운동은 수요시위가 수호하려는 것과 다르지 않음을 공유했기 때문이다.

수요시위 현장이 역사의 아픔을 직접 보고 느낄 수 있는 교육의 장으로 거듭나면서, 더욱 많은 사람이 현장을 찾고 있다. 특히 어린이와 학생의 참여가 두드러진다. 2000년에는 한 해 동안 일본군위안부 문제를 공부하며 수요시위에 참가했던 남성초등학교 6학년 2반 학생들이 졸업을 앞두고 수요시위를 주관하기도 했다. 최근에는 현장학습이나 사회체험 활동이 적극 장려되면서 수요시위에 참가하는 청소년이 점점 늘어나고 있다. 한 고등학교의 학급은 소풍을 수요시위 현장으로 오기도 했다. 어린이집이나 공부방에 다니는 어린이들이 고사리 손을 잡고 수요시위를 찾는 일도 종종 있다. 특히 방학에는 청소년들의 참여가 눈에 띄게 늘어난다. 수요시위에 참가한 청소년들은 스스로 성명서를 작성하거나 피해자들에게 전할 편지를 적어온다. 또한 율동과 노래로 공연을 꾸미고, 직접 피켓을 만들어 와 현장에 힘을 불어넣는다. 청소년들은 스스로 수요시위 현장을 평화의 공간으로 만들어가고 있다. 수요시위는 교과서가 가르쳐주지 않는 혹은 교과서로는 다 배울 수 없는 것을 보고 느끼는 '살아 있는 박물관'이자, '역사 교육의 현장'으로 거듭나고 있다.

세계에 울려 퍼지는 함성

한국에서 위안부 문제가 제기된 후, 과거 일본 식민지였던 피해국에 거주하는 동포들뿐 아니라 독일이나 미국 등에 거주하는 해외동포들이 이 문제를 해결하기 위한 활동에 적극적으로 참여하고 있다. 이들은 관련 세미나나 홍보, 시위 등을 진행하면서 각국 사회에 위안부 문제를 알리는 데 힘을 쏟고 있다. 또한 현지의 일본 대사관이나 영사관에 요청서나 항의서를 전달하기도 하고 정대협이 특별한 수요시위를 열 때는 연대성명이나 지지서한을 보내고 현지에서 연대시위를 열기도 한다.

2004년 3월 17일, 정대협의 수요시위가 제600차를 맞이했을 때는 각국에서 동시에 수요시위를 벌였다. 주한 일본 대사관 앞에는 '피해자들의 명예 회복과 평화를 염원하는 600인 선언' 참여자의 이름이 새겨진 온갖 빛깔의 깃발이 걸렸고, 위안부 문제 해결을 위한 변함없는 열정을 표현한 붉은색 옷을 입은 시민들이 모여 앉았다. 같은 시각에 타이완, 필리핀, 일본, 미국, 스페인, 벨기에, 독일에서도 수요시위가 열렸다. 한국을 포함해 8개국 30개 지역에서 공동행동을 했던 것이다. 세계적인 여성평화운동단체인 위민인블랙(Women in Black)이 유럽에서 연대시위를 주도했다.

다음 해인 2005년 정대협은 해방 60주년을 맞이하면서 본격적으로 세계연대 행동을 제안했다. 8월 10일을 '일본군위안부 문제 해결을 위한 세계 연대의 날'로 정하고 세계 각지에서 동시에 수요시위를 전개하기로 결정했다. 한국에서만 서울을 비롯해 여덟 개 도시에서 시위를 벌였고, 워싱턴과 뉴욕, 로스앤젤레스 등 미국 여덟 개 도시, 베를린 등 독일 두 개 도시, 도쿄와 오사카, 교토 등 일본 여덟 개 도시, 스위스 베른, 네덜란드 헤이그, 캐나다 밴쿠버 그리고 필리핀, 타이완 등 9개국 30개 도시에서 목소리를 드높였다. 더불어 앰네스티 등 세계 인권·평화단체에서 연대성명을 발표했다. 이날 각지에서 동시에 벌인 세계연대집회가 CNN과 BBC에 특별 보도되면서 세계적으로 주목을 받았다.

이후 제700차, 제800차 등 100차를 더하는 수요시위를 비롯해 해마다 광복절에 즈음한 수요시위에는 일본군위안부 문제와 이와 관련한 당대의 여성인권 이슈를 제기하며 세계가 함께 참여하고 있다. 2006년의 세계연대집회는 앰네스티와의 연대로 홍콩, 네팔, 네덜란드, 미국, 독일, 스위스, 폴란드, 덴마크, 몽골, 말레이시아 등 앰네스티 지부가 있는 27개국, 그리고 일본의 여섯 개 도시와 타이완의 타이베이 등에서 열렸다. 2007년에는 10개국, 2008년과 2009년에는 8개국에서 공동의 목소리를 높였다. 시위뿐만 아니라 각국의 특성에 걸맞은 문화제와 전시회, 상영회 등 다양한 행사가 함께 열렸다.

제700차 수요시위를 계기로 독일에서는 네 개 단체가 연합해 '프로젝트 700'이란 단체를 만들어 연대시위에 참가했으며, 일본에서는 특정한 날에만 연대시위를 벌였던 것에서 나아가 정기 수요시위를 개최하고 있다. 2000년 이후 도쿄에서는 '위안부 문제 입법 해결을 요구하는 모임' 등 시민단체가 주관해 참의원 회관 앞에서 국회가 열리는 기간에 매월 셋째 주 수요일마다 정기적인 시위를 벌이고 있다. 교토와 오사카에서 매월 첫째 주, 효고 현의 니시노미야와 니가타에서 둘째 주, 히메지에서 셋째 주에 수요시위를 열고 있다. 최근 오사카에서는 '재일조선인의 특권을 허락하지 않는 모임'의 방해가 거세져 시위장소를 매번 옮겨가면서 수요시위를 이어가고 있다.

오스트레일리아에서는 2006년 세계 여성의 날을 맞아 길원옥 할머니가 직접 참여한 가운데 수요시위가 개최되었다. 이를 계기로 '오스트레일리아의 친구들'이 결성되어 매년 세계 여성의 날 혹은 광복절에 시위를 열었다. '오스트레일리아 친구들'은 앰네스티 오스트레일리아지부와 연대해 한국과 타이완, 오스트레일리아 피해자가 함께 수요시위를 벌였고, 오스트레일리아 국회에 결의 채택을 위한 서명 엽서 보내기 캠페인을 펼치기도 했다. 그리고 일본군위안부 문제 관련 전시회와 국제심포지엄 등도 개최해 2009년 3월 스트라 스필드와 라이드 시의회에서 결의안 채택이라는 열매를 맺었다. 2010년 말부 터 '오스트레일리아 친구들'의 공식적인 활동은 중단된 상태이다.

수요시위를 통한 변화

위안부 문제를 바라보던 가부장적 시선은 수요시위에 대해서도 다르지 않 았다. 위안부 문제를 '부끄러운 역사'로 치부하고 세상에 드러내는 것을 이해 하지 못했던 사람들은 수요시위를 비난했고, 때론 현장에서 마찰이 일어나기 도 했다. 세상의 차가운 시선에 피해자들은 고개를 숙이기도 했지만, 이제 이 들은 세상 앞에 당당해졌다.

침묵을 깨고 나온 피해자들이 만난 것은 사람들의 따뜻한 눈빛과 마주잡은 손의 온기였다. 비난의 시선은 따가웠지만, 많은 이의 지지 속에서 "부끄러운 것은 내가 아니라 일본 정부다"라고 당당하게 말하기에 이른 것이다. 시위대 의 맨 앞줄을 지켜내는 피해자들의 용기 있는 투쟁은 날이 갈수록 단단해졌 다. 그들은 시위의 주체가 되어 손녀, 손자 같은 아이들을 향해 자신이 겪은 아픔이 다시 있어서는 안 된다고 목소리를 높였다. 피해자의 이름으로 서 있 지만 여성인권활동가로, 평화운동가로 말하게 된 것이다. 짓궂은 날씨에는 현장에 나오지 말 것을 몇 번이나 권유하지만 수요시위에 참석하려는 피해자 들의 의지는 꺾지 못한다. 피해자가 자신의 당당한 목소리를 찾고 자신의 언 어를 만들어가는 모습이야말로 수요시위라는 싸움을 이어오면서 생긴 가장 중요한 변화이다.

수요시위는 피해자 스스로를 일깨우기도 했지만, 참여하는 모든 사람을 변 화시켰고 수요시위의 분위기 또한 변화시켰다. 수요시위에 온 사람들은 할머 니의 말 한마디와 다른 참가자들의 넘치는 열정에 감동한다. 또 지난한 세월 이 흘렀지만 현장에서 패배감의 흔적은 찾아볼 수 없었다고, 지치지 않는 열

정만이 가득한 것을 느꼈다고 고백한다. 머릿속에 막연히 그려왔던 피해자의 모습은 그저 지쳐 있고 안쓰러운 모습이지만, 현장에서 만난 그들의 모습은 다르기 때문이다. 역사 속에서 뚜벅뚜벅 걸어 나와 역사의 주인으로 당당하게 서 있는 피해자들의 모습에서 느껴지는 감동의 크기는 사람들마다 크게 다르지 않은 듯하다.

수요시위는 2013년 11월 13일에 제1,100차 시위를 치렀다. 수요시위가 얼마나 더 계속될지, 어떤 다른 형태로 그 정신을 이어갈지는 우리 모두의 과제라 할 것이다.

2. 진상조사와 연구활동

정대협운동은 일본 정부가 일본군위안부의 존재를 부정한 것에서 촉발되었기 때문에, 일본군위안부 문제와 관련한 역사적 사실을 규명하는 일은 무엇보다도 중요했다. 정대협은 결성 초기부터 정진성 당시 한국정신대연구소 소장을 위원장으로 하는 진상조사연구위원회를 조직했다. 1993년에는 위원회를 확대해 강만길, 이만열, 방선주 등 남성 역사학자를 포함한 여러 분야의

학자를 모아 일본군위안부 문제에 대한 일본의 역사적 책임을 규명하는 연구를 진행했다. 연구는 1997년 『일본군위안부 문제의 진상』을 발간하면서 결실을 맺었다.

한국정신대연구소는 1991년 9월 이후 정대협의 '정신대 신고전화'를 통해 접수된 피해자 신고자료를 토대로 피해자 방문조사 및 면접을 진행해 증언을 채록하고, 그 결과를 모아 『강제로 끌려간 조선인 군위안부들』(1993)이라는 제목의 증언집을 정대협과 공동으로 출간했다. 1993년 2월에 제1집, 1997년 4월에 제2집, 1999년 10월에 제3집이 발간되었다. 증언집 제4집 『강제로 끌려간 조신인 군위안부들 4: 기억으로 다시 쓰는 역사』(2001)는 정대협의 2000년 법정 한국위원회 증언 팀이 법정에 증거자료로 제출하기 위해 펴냈으며, 제5집 『강제로 끌려간 조선인 군위안부들 5』(2001)는 2000년 법정 한국위원회와 한국정신대연구소가 공동으로 출간했다.

2002년에는 정대협의 부설기구인 '전쟁과여성인권센터'에 참여하고 있는 연구자들이 함께 작업해 『역사를 만드는 이야기: 일본군 위안부 증언집 6』(2004)을 발간했다. 이외에도 정신대연구소는 해방 후 중국에서 고향으로 돌아오지 못하고 현지에 체류하고 있던 일본군위안부 피해자들을 면접해 정리한 증언집『중국으로 끌려간 조선인 군위안부들』을 2집까지 펴냈다.

일본의 법적 책임을 규명하기 위한 활동에 법학자들과 변호사들도 정대협 초기부터 적극 합류했다. 정대협은 일본군위안부 문제 해결을 위한 법적 소송 가능성 및 국제법적 판단 등을 연구했다. 일찍이 1993년에 민주화를 위한 변호사모임(이하 민변)의 조용환 변호사와 정진성 한국정신대연구소장이 시민적·정치적 권리규약위원회의 일본 정부 심의 과정에 NGO보고서를 만들어 제출했다.[3] 일본 검찰청 고소·고발장 제출, PCA 제소활동 등은 모두 법률전문가들의 참여가 있었기에 가능했다. 유엔인권위원회 및 ILO에 일본군위안부 문제를 제기하는 과정에도 이들의 법률 자문이 중요한 역할을 했다. 이러한 과정에서 민변과 대한변호사협회가 연대와 지원을 아끼지 않았다. 1997년에는 일본군위안부 전범의 입국을 금지하는 법률조항을 대한민국「출입국법」[4] 조항에 추가시키기도 했다.

특히 2000년 법정을 앞두고 역사학자 및 법학자들은 일본군위안부 제도의 책임자를 기소하기 위한 남북공동기소장을 작성했다. 이 기소장으로 2000년 법정에서 히로히토 일왕 등 전범들의 유죄가 판결되었다.

2006년에는 민변과 공동으로 일본군위안부 피해자들이 한국 헌법재판소에 한국 외교통상부를 상대로 한 헌법소원심판청구 소송을 걸었다. 2011년 8

---

3 Minbyun(Lawyers for a Democratic Society), Jungdaehyup(Korean Council for the Women Drafted for Military Sexual slavery by Japan), *Human Rights and Japanese War Responsibility*, Counter Report to The Human Rights Committee on the Japanese Government's Third Periodic Report, Oct. 1993.

4 「출입국법」 제11조 제7항은, "1910년 8월 29일부터 1945년 8월 15일까지 다음 각 목의 어느 하나에 해당하는 지시를 받거나 그 정부와 연계하여 인종, 민족, 종교, 국적, 정치적 견해 등을 이유로 사람을 학살·학대하는 일에 관여한 사람. 가. 일본 정부, 나. 일본 정부와 동맹관계에 있던 정부, 다. 일본 정부의 우월한 힘이 미치던 정부"를 입국 금지 대상으로 규정한다.

월 30일 드디어 한국 헌법재판소는 '대한민국과 일본국 간의 재산 및 청구권에 관한 문제의 해결과 경제 협력에 관한 협정 제3조 부작위 위헌 확인' 선고를 통해 '한국 정부가 위안부 피해자 배상청구권 관련해서 구체적인 해결 노력을 하지 않고 있는 것은 피해자의 기본권을 침해하는 것으로 헌법에 위배된다'는 결정을 선고했다.

3. 과거청산운동단체들과의 연대와 협력

일본군위안부 문제가 일제 식민지 범죄의 성격을 갖고 있다는 사실을 생각하면 정대협 활동에서 일제 과거사 관련 단체와의 연대 및 협력은 빼놓을 수 없을 것이다. 피해자들 중에서 일본 정부를 상대로 손해 배상 청구소송을 원한 경우, 정대협은 아시아태평양전쟁 희생자유족회(이하 유족회)의 소송에 함께할 수 있도록 지원했다. 이후 김학순 할머니를 비롯하여 일본군위안부 피해자들의 소송은 유족회의 협력과 연대로 진행되었다.

이외에도 일본의 군국주의 부활 기도 및 역사교과서 왜곡 규탄과 시정 촉구, 야스쿠니 신사참배 반대, 망언 규탄 등을 위한 공동행동 및 연대집회는 일제 과거사 관련 단체들과 함께 진행해왔다. 특히 일본 정부가 역사교과서에서 위안부 관련 기술을 삭제하는 등 본격적으로 역사왜곡을 시도한 2001년에는 일본의 역사교과서 왜곡을 막기 위한 범시민네트워크를 만들어 활동했으며, 이 활동을 토대로 정대협은 일본 역사교과서바로잡기국민운동본부(현 아시아평화와 역사교육연대)를 발족시키는 데 핵심적인 역할을 했다.

2002년 정대협은 평양에서 개최된 '일본의 과거청산을 요구하는 아시아심포지엄'에서 북한의 제안으로 결성한 '일본의 과거청산을 요구하는 국제연대협의회'의 한국위원회에 참여했다. 이 국제연대협의회는 남북한과 일본, 필

<그림 1-3-5> 일본의 역사교과서 왜곡을 항의하는 집회

리핀, 타이완, 네덜란드 등이 참여하는 협의체인데, 특별한 연대사업은 진행하지 않고 연례회의 및 조정자회의 정도가 진행되는 상황이다. 이 외에도 한국강제병합 100년인 2010년에는 대일과거사 관련 단체들이 총망라된 임시조직 '한일강제병합100년 공동사업추진위원회'에 회원단체로 적극 활동했다.

4. 문화예술인들의 연대와 지원

일본군위안부 문제 해결운동에 참여한 문화예술인 집단은 영화, 연극, 사진, 음악 등 다양한 형식으로 일본군위안부 문제를 알리는 콘텐츠를 생산해 대중에게 보급하는 문화적인 접근을 시도해왔다. 이는 정대협운동에 대한 대중의 많은 관심과 참여를 이끌어내는 역할을 했다.

피해자들의 삶을 조명하고 일본군위안부 문제를 영화화한 첫 작품은 변영

〈그림 1-3-6〉 영화 〈낮은 목소리〉(왼쪽)과 〈낮은 목소리 2〉(오른쪽) 포스터

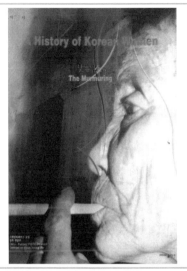

주 감독의 〈낮은 목소리〉이다. 변 감독은 이 영화를 만들기 위해 1993년부터 1년여 동안 피해 생존자들과 감정을 공유하고 친밀감을 형성하는 준비를 거쳤다. 그는 '나눔의 집'에 거주하는 피해자들의 일상과 수요시위에 참여하는 모습을 카메라에 담았다. 이 작품은 1995년 개봉 당시 한국 영화사상 최초로 일반극장에서 상영된 다큐멘터리 영화로 기록되었고, 일본 야마가타 국제다큐멘터리 영화제에서 아시아 신인감독상에 해당하는 오가와 신스케상을 수상했다. 1997년 후속편으로 제작된 〈낮은 목소리 2〉는 경기도 광주에 새로운 보금자리를 튼 피해자들이 고통을 이겨내고 새로운 삶의 의미를 찾아가는 모습을 담아냈다. 〈낮은 목소리 2〉는 베를린영화제, 몬트리올영화제, 홍콩영화제 등 세계 유수 국제영화제에 초청되었고, 1998년 제1회 타이완 다큐멘터리 영화제에서 메리트 프라이즈를 수상했다. 변영주 감독은 1999년 〈낮은 목소리〉 3부작의 완결편인 〈숨결〉을 제작했다.

여성에 대한 차별과 폭력으로부터 자유를 성취하기 위해 다큐멘터리를 만

드는 여성단체인 일본의 '비디오 주쿠(Vedio Juku)'는 〈우리는 잊지 않겠습니다〉(1997)를 통해 고 강덕경 할머니와 고 문옥주 할머니의 모습을 담아냈다. 미국에 거주하는 김대실 감독은 〈침묵의 소리(Silence Broken)〉(1999)를 제작해 미국 각지 대학 등에서 상영하면서 미국 사회에 일본군위안부 문제의 실상을 알리는 데 기여했다. 이 작품은 미국 의회에서 결의안이 채택되는 과정에서 하원 의원들을 대상으로 상영되기도 했다. 한우성 재미 기자와 정진성 전 정대협 공동대표가 기획하고, 김동원 감독이 제작한 〈끝나지 않은 전쟁(63 Years On)〉(2008)은 일본군위안부에 대한 역사적 고증과 한국, 중국, 필리핀, 네덜란드 생존자들의 인터뷰가 담겨 있다. 2009년에는 재일조선인 위안부 피해자 송신도 할머니와 일본 지원모임이 10년 동안 전개한 긴 법정투쟁의 과정을 담은 다큐멘터리 영화 〈나의 마음은 지지 않았다〉가 제작되어 일본과 한국에서 상영되었다.

이 밖에 정대협이 일반 시민과 학생을 대상으로 제작한 교육용 다큐멘터리가 있다. 위안부 제도의 실상과 생존자들의 삶, 운동 과정 등을 담은 〈아직도 아물지 않은 상처들〉(2003), 〈잊혀진 역사, 시대의 울림〉(2004), 〈지울 수 없는 역사〉(2005), 〈잊으면 안 돼 절대로: 그녀들의 이야기〉(2008)가 그것이다. 2000년 법정의 기록은 다큐멘터리 영화 〈끝나지 않은 법정〉(2003)으로 세상의 빛을 보았다. 한국정신대연구소가 제작한 〈귀향〉(2003)은 일본군위안부로 중국에 끌려가 오랫동안 고향을 찾지 못했던 피해자들의 삶을 추적한 작품이다. 2011년에는 교육용 영상으로 〈나비 희망으로 날다〉를 제작했다. 한편 컴퓨터를 통해 교육용 자료(CD)로 활용할 수 있는 〈할머니에게 명예와 인권을〉은 2004년 제작 후 학생들과 학부모들에게 꾸준히 보급되고 있다.

연극 작품 중에는 1993년에 초연된 극단 한두레의 마당극 〈소리 없는 만가〉가 위안부 문제를 다룬 최초의 작품으로 꼽힌다. '순이'라는 소녀를 통해 위안부 문제를 고발한 이 작품은 일본 13개 도시에서 순회공연을 펼쳤으며

2004년에 다시 한국에서 상연되었다. 광복 50주년을 기념해 한일 공동합작으로 제작된 극단 나이테의 연극 〈거짓말쟁이 여자, 영자〉(1995) 역시 일본 각지에서 순회공연을 열었으며, 극단 빛누리의 1인극 〈노을에 와서 노을에 지다〉(1995)는 최초 증언자인 김학순 할머니가 극 중간에 직접 등장해 화제가 되기도 했다. 연극 〈나비〉는 위안부였다는 사실을 숨긴 채 외부와 담을 쌓고 뉴욕에서 손녀와 함께 살아가는 할머니와 그 과거를 세상에 알리고 증언하려는 다른 한국 할머니들의 이야기를 담고 있는 작품이다. 2004년 미국의 브로드웨이에서 초연된 후, 한국에서는 극단 나비의 탄생으로 서울 대학로와 전국을 돌면서 꾸준히 공연하고 있다. 미국 극작가 라본느 뮐러(Lavonne Mueller)가 쓴 〈특급호텔(Hotel Splendid)〉[5]은 극단 초인을 통해 2008년 국내에 소개되었으며, 이 작품은 2001년 국제평화상과 반전연극상 등을 수상한 바 있다.

이 밖에도 서울시립무용단의 춤극 〈도라지꽃 할미꽃〉(1994), 오세호의 무언극 〈할머니〉, 오병돈의 퍼포먼스 〈통과의례〉, 그리고 강혜숙 춤패의 〈님 부르는 그대 넋은〉(1995), 무용가 최은희와 춤패 배김새의 〈백의〉(1995) 등 무용을 통해서도 일본군위안부 문제를 형상화하고 고발한 작품들이 있다. 뿐만 아니라 사진, 미술, 문학 작품으로도 각종 전시회가 열려 대중에게 위안부 문제를 알리는 데 큰 역할을 했으며, 이선희, 홍순관, 이지상 등 가수들은 추모 노래를 부르고 순회공연을 펼쳤다. 특히 홍순관은 1995년부터 '정신대 할머니 돕기 온겨레 모금운동'에 나서 국내외를 돌며 공연 〈대지의 눈물〉을 100회 넘게 이어갔다. 2008년 영국 가수 줄리 매슈스(Julie Matthews)는 길원옥 할머니의 용기 있는 활동에 감명을 받아 직접 곡을 만들고 할머니가 참석한 런던

---

5 〈특급 호텔〉은 라본느 뮐러가 일본에 체류하던 중 우연히 위안부에 관한 이야기를 접한 뒤, 수년간 집필에 몰두해 완성한 작품이다. '특급 호텔'은 위안부 막사를 지칭했던 용어이다.

의 대학 증언집회에서 노래를 부르기도 했다. 또한 할머니들의 넋을 위로하고 한을 달래는 수많은 살풀이와 해원굿도 펼쳐졌다.

이 외에도 전문 예술인이 아닌 수요시위 참가자들은 노래와 몸짓을 만들어 운동에 활력을 불어넣고 있다. 다양한 아이디어가 녹아난 크고 작은 공연들은 수요시위를 문화의 장으로 만드는 데 크게 기여하고 있다.

5. 자원봉사자의 참여

정대협 사무실의 일꾼으로, 할머니의 벗으로 또 위안부 문제를 알리는 활동을 기획하는 주체로 정대협운동 속에 함께 울고 웃던 이들이 바로 자원봉사자들이다. 기꺼이 정대협의 일손이 되어주었던 숨은 주역들은 다양한 모습으로 재능과 시간을 기부해주었다.

1) 할머니의 벗이 된 사람들

정대협 활동의 큰 줄기인 생존자 복지사업은 무엇보다 자원봉사자의 손길이 필요한 활동이다. 정대협에서는 전국 곳곳에 생존해 있는 피해자들을 정기적으로 찾아가 그 삶을 어루만지고 있지만, 고령의 생존자들의 일상을 돌보는 데에는 한계가 있다. 정대협은 재가자원봉사자를 모집해 생존자가 있는 지역마다 일대일 결연을 맺어주는 방식으로 프로그램을 진행했다. 2000년부터 본격적인 사업을 시작해 서울, 경기도, 경상도, 전라도 등 전국 각지의 봉사자들에게 필요한 교육을 지원하고 이들과 피해자들의 만남을 주선했다. 자원봉사자들은 피해자의 집을 방문해 말동무가 되어주기도 하고, 병원진료와 같이 외출이 필요한 경우 동행하기도 한다. 이들은 피해자와 정대협의 징검

다리 역할을 훌륭하게 해주고 있다.

낯선 사람에 대한 경계심이 강하고 과거에 받은 상처로 트라우마가 있는 피해자들과 관계를 맺는 데 어려움이 있었지만, 자원봉사자들은 그 과정을 묵묵히 견뎌내었다. 그리고 이제는 피해자들의 상담가이자 벗으로 성장했다. 정대협은 1년에 한 번 피해자들과 자원봉사자들이 함께하는 인권캠프를 개최해 제주도, 금강산 등으로 향하기도 했다. 또한 각 지역에서 자원봉사자들 간에 네트워크가 자연스럽게 형성되어 시민모임으로 확대·발전했다. 이 모임은 일본군위안부 문제 해결을 위한 운동과 피해자들의 노후를 함께하는 중요한 역할을 수행하고 있다.

2004년 서대문에 문을 연 쉼터 '우리 집'에는 각종 후원과 봉사를 하는 사람들로 북적인다. 쉼터 청소를 비롯해 가사를 돕는 일부터 물품 후원, 그리고 심리 치료를 포함한 의료지원 프로그램 등에 많은 손길이 보태졌다. 또한 생신, 명절 잔치가 열릴 때마다 자원봉사자들은 손님이자 주인이 되어 피해자들과 함께했다. 쉼터 '우리 집'에는 서대문 지역 학교의 학생들과 관공서 및 기업의 자원봉사모임 등이 정기적으로 방문하고 있다. 이들은 가족이나 개인단위로 피해자와 관계를 맺으면서 또 다른 가족이 되어주고 있다.

2) 운동의 주체로 성장한 숨은 일꾼들

피해자들과 함께하는 일 외에도 정대협 사무실에서 온갖 자료와 문서를 정리하는 등 손이 많이 가는 일도 마다하지 않은 숨은 일꾼이 많다. 캠페인이나 행사가 있을 때면 물감과 크레파스로 손피켓을 만들기도 하고, 거리에서 함께 목청껏 구호를 외치기도 한다. 해외 유학생을 비롯해 영어와 일어에 능통한 사람들은 번역과 통역으로 일을 도왔고, 컴퓨터 기술이나 예술적 재능을 가진 이들은 또 그에 맞는 다양한 역할을 해주었다. 자원봉사자 대부분은 도

움이 되는 일을 하고 싶다며 개인적으로 정대협 사무실을 찾아오는데, 이화여자대학교 등 학교 차원에서 진행한 사회봉사 수업을 통해 정대협 도우미로 인연을 맺기도 했다.

자원봉사를 통해 일본군위안부 문제를 누구보다 자신의 문제로 느끼면서 할머니의 도움이 되고 싶어 하는 학생들은 학내에서 서명활동, 모금 캠페인 등을 전개했다. 특히 해외 유학생들은 할머니를 직접 해외로 초청하고 증언 집회를 준비해 국제사회에 위안부 문제를 알려내는 데 많은 기여를 했다. 자원봉사자들과 관련 시민단체가 공동주관해 진행한 한일 동시증언집회는 매년 정례화되어 진행될 정도로 학생들의 참여 열기가 높다.

제4장

남북한 연대활동*

정대협의 22년 운동사에서 가장 특기할 만한 활동 중 하나는 남북한 연대이다. 해외 무대에서 시작된 만남은 남북한을 오가며 계속되었고, 2000년 법정에서는 남북공동기소 팀을 꾸려서 명실공히 '남북통일'을 이루기도 했다. '종군위안부'라는 일본식 표현을 그대로 사용했던 북한단체는 정대협에서 결정한 '일본군위안부'라는 용어에 동의하고 이를 공식적으로 사용했다. 또한 북한단체가 정대협의 연구 성과를 수용하면서 위안부 문제를 둘러싼 남북한의 시각차는 현격히 줄어들었고, 상호신뢰가 쌓이기 시작했다. 남북한 단체는 남북한 정부의 관계에 직접적인 영향을 받으며 일본단체나 해외동포를 통해 간접적으로 접촉할 뿐이었다. 그럼에도 일제강점기 당시의 피해와 고통이라는 공통의 역사적 상처 아래 깊은 대화를 나눌 수 있었다. 정대협과 북한단체의 연대는 위안부 문제를 넘어 미래의 남북한 통합에 중요한 기틀이 되고 있다.

일본군위안부 문제 해결을 위한 남북 교류는 1991년 '아시아의 평화와 여성의 역할'이라는 남북 여성 교류에서 제안되었다.[1] 이와 별도로 정대협의 유

---

* 제4장은 김윤옥 전 정대협 공동대표와 윤미향 정대협 상임대표가 작성했다.

엔활동과 아시아연대회의, 그 밖의 위안부 관련 여러 국제회의에 북한이 참여하면서 남북 교류와 협력은 점차 긴밀해졌다. 2000년 법정 당시 남북공동기소 팀을 구성한 것은 그 결실이라고 할 수 있다. 2000년 법정 이후 정대협의 유엔 활동이 느슨해지고 남북관계가 경색됨에 따라 교류는 줄어들 수밖에 없었지만, 서로의 신뢰와 공감대의 기초는 여전히 탄탄하다고 할 수 있다.

1. '아시아의 평화와 여성의 역할' 토론회

1991년 5월 31일, 일본 도쿄에서 남북 여성대표단이 46년간의 분단의 벽을 넘어 처음으로 만났다. 이는 1987년 히로시마 평화국제회의에서 이우정 한국여성단체연합 공동대표와 일본의 시미즈 스미코 참의원 의원의 만남이 있었기에 가능했다. 스미코 의원은 모임의 시초에 대해 다음과 같이 설명했다.

> 사회를 맡았던 나는 세계의 사람들이 남북조선의 분단에 관심을 가져달라, 공통의 과제로 만들어달라는 방향으로 토론을 이끌었고 그것이 계기가 되어 이우정 선생과 한국의 여성운동이나 피폭자 문제를 이야기하는 사이가 되었다. 그런데 이우정 선생이 "북의 동포들은 어떤 생활을 하고 있어요? 우리는 우리 동포에 대해 40년간 알지 못하고 있어요"라고 말하는데, 순간적으로 "일본의 여러분들은 바다를 건너서 우리나라에 오는데 우리 가족들은 남북으로 분단되어 생사도 모르고 있어요"라고 말했던 북조선 개성의 이산가족의 말이 나의 가슴을 지나쳤다. 침략에 대한 사죄도 청산도 하지 않고 있는 정부 아래서 일본인이 해야 할 일은 남북 조선 민족 사이에 참된 화해를 구축하고 통일에 협력하는 일이 아닐까. 일본군

1 　이 모임은 1998년 제4차까지 지속되었다.

위안부 문제 등 던져지고 있는 과제에 대해 힘을 모아야 한다고 생각한다.[2]

이처럼 일본군위안부 문제는 첫 모임에서부터 일본의 과거청산이라는 맥락에서 언급되었다. 분단된 남북의 여성들과 과거청산을 위해 자국 정부를 향해 발언을 시작한 일본 여성들의 심포지엄은 서울에서 제2차, 평양에서 제3차, 그리고 도쿄에서 제4차로 이어졌다. 통일의 그날까지 도쿄-서울-평양을 돌며 여성들이 노력을 기울이자는 취지였다. 제4차 회의를 치른 후 김영삼 정부의 대북 강경정책이 발표되면서 이 모임은 더 이상 열리지 못했다.

1) 제1차 도쿄 심포지엄

제1차 도쿄 심포지엄은 1991년 5월 31일 도쿄에서 열렸다.[3] 위안부 문제는 이 모임에서 이미 공통의 관심사였다. 정대협의 윤정옥 공동대표가 한국대표단으로 참석해 발언을 한 것이 이를 증명한다. 윤정옥 공동대표는 '정신대 발자취를 찾아서' 조사한 결과를 소상하게 설명하고, 1990년 6월에 일본 국회에서 위안부 문제가 제기되었으나 일본 정부가 부인하고 있으며, 정대협이 공개질문서를 제출했음에도 일본 정부의 태도가 변하지 않고 있다고 발언했다. 나아가 여성의 손으로 진상을 규명하고 일본 정부의 사죄와 배상을 받아내야

2　아시아 평화와 여성의 역할 실행위원회 엮음, 『국제 심포지엄 아시아 평화와 여성의 역할 제1회 보고집』, 국제 심포지엄 아시아 평화와 여성의 역할(1991. 5. 31~6. 2), 29쪽.

3　한국대표단은 이우정 여연 공동대표, 이효재 여연 공동대표, 윤정옥 정대협 공동대표로 구성되었고, 북한대표단은 여연구 최고인민회의 부의장, 정명순 조국평화통일위원회 서기국 참사, 이연화 조선대외문화연락협회 지도원이 포함되어 있었다. 일본의 초청인은 아홉 명이 었고, 도쿄와 고베 두 곳에서 심포지엄이 열렸다. 구체적으로 미키 무쓰코(三木睦子) 전 수상 부인, 도이 다카코 사회당 위원장, 시미즈 스미코 일본부인회의 의장, 이지리 미호코 일본YWCA회장, 나가노 에이코 일본 기독교부인교풍회 회장, 하야미즈 마사코 일본 기독교협의회 여성위원회 위원장이다.

한다고 역설하면서 이 일을 위해서 조직된 정대협과 여섯 가지 요구 항목을 소개했다.

일본 측 발언자는 일본기독교부인교풍회의 다카하시 기쿠에(高橋喜久江)와 여성사학자 스즈키 유코였다. 기쿠에는 16개 단체로 조직되어 있는 '매매춘 문제를 취급하는 모임'이 일본 정부에 사과하라는 요구를 하고 있으나, 정부는 수상관저에 들어갈 기회도 주어지지 않는다고 비판했다.[4] 스즈키 유코는 성차별과 천황제 및 민족차별 문제에 대해 언급하면서 위안부 문제를 일본 여성 억압의 문제로 취급해나가고 싶다고 발언했다. 또한 위안부 제도의 책임자인 히로히토 일왕은 죽을 때까지 극진한 대접을 받았지만, 조선인 위안부들은 비참하게 죽었거나 살았어도 46년 동안 고통을 겪었다는 것을 생각하면 일본인의 죄를 깊이 느낀다고 했다. 그는 일본과 한국의 가부장제가 위안부 문제를 은폐하고 있으며, 일본의 경우 가부장제의 뿌리인 천황제를 여성 억압의 차원에서 고민해야 한다고 강조했다. 그리고 위안부 문제를 우리들 자신의 문제로 여기는 작업을 시급히 하지 않으면 전쟁과 일본의 식민지 지배에 결과적으로 협력하는 것이 된다고 주장했다.[5]

제1차 심포지엄 현장에서는 KBS가 제작한 〈침묵의 한〉이라는 비디오와 재일한국민주여성회가 만든 '조선인 종군위안부'라는 팸플릿이 판매되기도 했다. 그리고 이 모임을 총괄하는 성명서에는 "특히 일본 정부가 부인하고 있는 조선인 여성의 종군위안부 문제는 민족차별, 성차별에 전쟁의 폭력이 겹친 무서운 국가범죄이다. 그런 국가적 책임을 분명히 하고 배상을 할 것을 일본 정부가 성의를 가지고 실행할 때까지 일본 여성의 책임은 끝나지 않는다"는 내용이 채택되었다.[6]

---

4 「제1차 도쿄토론회 보고서」, 42쪽.

5 같은 글, 43~44쪽.

2) 제2차 서울토론회

제2차 모임은 1991년 11월 25일부터 30일까지 서울에서 열렸다. 해방 후 46년 만에 처음으로 북한 여성대표단이 휴전선을 넘어 서울로 왔다. 이때 심포지엄이라는 표현 대신 북한대표단의 제안대로 토론회라는 말을 사용했다.[7]

역사상 최초로 남북 민간 여성 교류의 물꼬를 텄던 서울토론회의 주제는 '가부장제 문화와 여성', '통일과 여성', '평화와 여성'이었다. 일본군위안부 문제는 전면으로 제기되지 못했고 북한의 김선옥의 발제에서 잠깐 언급이 되는 정도였다.

한편, 토론회 관련 기자회견에서 위안부 문제가 제기되었다. 교도통신(共同通信) 기자는 "정신대 문제나 원폭 피해자 문제가 이번 회의에서 큰 테마로 등장할 것이라고 생각되는데, 일본 여성으로서 이 회의에서 어떻게 토의할 것인지 알고 싶습니다. 정신대로 피해를 당한 여성의 입장을 어떻게 반영할 것인지요?"라는 질문을 던졌다. 이에 일본의 시미즈 대표는 다음과 같이 답변했다.

일본은 정신대, 원폭 피해자, 사할린 교포문제 등 모든 문제를 해결하지 못하고 있습니다. 정부는 종군위안부 문제에 대해서는 일본이 관여할 일이 아니라고 답변했습니다. 이를 계기로 요즘 일본 여성 사이에서는 큰 흐름이 등장하고 있습니다. 이런 잘못에 대한 각성과 더불어 근대 식민지 시대의 실패를 자인하고, 더

---

6 같은 글, 119쪽.

7 북한은 여연구 최고인민회의 부의장을 비롯해 참가자 총 14명과 기자단 여섯 명이 참가했고, 남한은 이우정, 이효재, 윤정옥 세 명과 그 밖의 집행위원이 참가했다. 일본은 미키 무쓰코 전 수상 부인, 시미즈 스미코 참의원 의원을 비롯한 참관인을 포함해 총 여덟 명이 참가했다.

불어 일본 정부가 국회에서 정식 사죄하고 보상하라는 운동이 일본에서 시작되고 있습니다.[8]

3) 제3차 평양토론회

평양토론회는 1992년 9월 1일에서 6일까지 평양에서 열렸다.[9] 토론회는 9월 2일 오전 9시 반에서 오후 5시까지 인민문화궁전 원탁회의실에서 진행되었다. 참가자는 북한 여성 200여 명과 한국 측 30여 명, 일본 측 25명, 그리고 해외동포 17명이었다. 주제는 북한이 제안한 대로 '민족 대단결과 여성의 역할', '일본의 식민지 지배와 전후책임'이었다. 전후책임 기조발제를 맡은 시미즈 의원은 1년이라는 짧은 시간 동안 민족의 비극으로 생긴 한반도의 군사분계선을 넘어 왕래한 감동을 언급했다. 그리고 위안부의 80%는 조선 여성이었다는 사실에 비추어 볼 때, 이것은 민족말살이라는 중대한 범죄이며 '천황의 군대'에 의해 조직적이고 폭력적으로 행해진 국제범죄라고 언급했다. 그리고 한국에서 조직된 정대협운동을 지원하며 함께 투쟁해나가는 것이 필요하다고 강조했다.

이어서 토론자로 나선 북측의 최훈춘 교수도 위안부 문제에 대해 다음과 같이 언급했다.

---

8 서울토론회 준비위원회 엮음, 「아시아 평화와 여성의 역할」, 『서울토론회 보고집: 평화와 통일을 위한 따스한 자매애』(1992), 75쪽.

9 한국대표단은 이우정 여연 대표와 이효재 · 윤정옥 정대협 공동대표, 안상님 아시아여성신학교육원장, 김윤옥 기독교여성평화연구원 원장, 윤영애 한국교회여성연합회 총무, 이미경 여연 부회장, 한명숙 한국여성민우회 회장, 강성혜 한국기독교교회협의회 여성위원회 여성부장 등 아홉 명이었다. 그 외에 이태영 박사를 비롯한 12명이 참관인으로 참석했다. 북한대표단은 여연구 인민회의 부의장, 강관선 중앙여맹 부위원장, 김선옥 해외동포영접부 부부장, 정명순 조국평화통일위원회 서기국 참사, 홍선옥 군축평화연구소 실장이었다. 일본은 미키 전 수상부인, 시미즈 참의원 의원, 오카자키 히로미(岡崎宏美) 중의원이 대표로 참석했다.

과거 일본군 병사들에게 여성으로서는 도저히 입에 담을 수 없는 치욕과 피해를 당하고 한순간도 울분을 잠재우지 못하고 살아온 전 종군위안부들이 살아 있을 때 일본 정부로부터 납득할만한 사죄와 보상을 받아내야 합니다. 이를 위해 지금부터 우리 여성들이 이러한 투쟁에서 행동의 일치를 보장해야 한다고 생각합니다. 일본으로부터 조선에서 저지른 과거의 재앙에 대한 사죄와 보상을 받아내는 일이 북과 남, 일본 여성의 공동의 것이라 할 때 이것은 더욱 절박한 문제라 할 수 있습니다. 이런 의미에서 저는 이번에 북과 남, 일본의 여성단체 지도자들이 함께 모인 이 기회에 일본으로부터 조선에 대한 침략과 지배, 특히 종군위안부 문제에 대한 명백한 사죄와 보상을 받아내기 위한 투쟁을 벌여나갈 것과 전후 보상을 위한 북과 남, 일본 여성들의 대책위원회와 같이 공동투쟁조직을 만들 것을 제의합니다.[10]

---

10 아시아 평화와 여성의 역할 실행위원회 엮음, 『국제 심포지엄 아시아 평화와 여성의 역할 제3회 보고집』, 국제 심포지엄 아시아 평화와 여성의 역할(1992.9.1~6), 26~35쪽.

토론자로 나섰던 정대협의 윤정옥 대표는 갓 조직된 정대협이 어떤 배경에서 탄생했고 요구 내용이 무엇인지 그리고 앞으로 무엇을 위해서 일할 것인지에 대해 자세하게 설명했다.

한국의 이미경 한국여성단체연합 부회장은 폐회식 고별성명에서 "우리는 가능한 것부터 한 가지씩 실천에 옮기는 구체적인 행동에 나설 것이다. 특히 위안부 문제의 해결은 긴급한 문제이다. 토론회는 그 새로운 출발점으로서 여성들의 연대성을 더욱 높여나갈 것을 결의한다"라고 밝혔다.11 위안부 문제를 남과 북 그리고 일본 여성들이 함께 연대하며 실천해나갈 것을 비로소 공식적으로 합의했던 것이다.

평양토론회에서는 처음으로 북한의 위안부 생존자들의 증언이 있었다. 북한에서 리봉녀 할머니, 리경생 할머니, 김영실 할머니, 김대일 할머니가 증언을 했고, 재일본조선인총연합회 대표단에서 일본 오키나와에 생존하고 있는 배봉기 할머니 소식을 전했다.

4) 제4차 도쿄토론회

제4차 토론회는 다시 도쿄에서 1993년 4월 24일에서 29일까지 열렸다. 간토 지방과 간사이 지방으로 나뉘는 일본의 지리적·문화적 특수성에 따라 토론회는 도쿄와 오사카에서 두 번 열렸다.12

---

11 같은 글, 62쪽.

12 한국대표단으로는 이우정 국회의원, 이효재 정대협 공동대표, 박순금 한국교회여성연합회 회장, 김윤옥 기독교여성평화연구원 원장, 한명숙 한국여성단체연합 공동대표, 윤영애 한교여연 총무, 이태영 가정법률상담소 소장, 강성혜 한국기독교협의회 여성국 부장, 안상님 아시아여성신학교육원장, 신혜수 정대협 국제협력위원장, 그리고 김복동 할머니가 함께 했다. 북한대표단으로는 여연구 조국통일민주주의전선 중앙위원회 의장, 강춘금 사회과학원 부소장, 배민옥 문학예술종합출판사 부사장, 홍선옥 군축평화연구소 실장, 최금춘 김일성종합대

제4차 토론회 주제는 평양에서 합의한 대로 위안부 문제가 중심이었다. '일본의 식민지 지배와 전쟁책임과 전후배상: 종군위안부 문제를 중심으로'라는 주제로 논의했고, 제2발제로 '아시아의 평화, 한반도 통일 실현을 위해서 우리는 무엇을 할 수 있는가'를 토론했다.

토론회에 앞서 위안부 피해자인 한국의 김복동 할머니와 북한의 정문복 할머니의 증언이 있었다.[13] 김복동 할머니는 오사카의 '오사카 국제평화센터(피스 오사카)'를 관람했을 때 전시 사진 속에 있는 자신의 모습을 발견하고서 "여기에 간호사들이라고 썼는데, 간호사들이 아니라 위안부들이었다. 수정하라"고 항의했다. 기조발제를 맡았던 이효재 정대협 대표는 '인도에 반한 범죄에는 시효가 없다'는 제목으로 위안부 문제의 본질을 설명하고, 일본 정부가 1965년 한일기본조약에서 이 문제가 해결되었다고 주장하는 것은 잘못이라고 언급했다. 그리고 정대협의 기본입장을 설명하면서 배상 문제를 해결하는 기본 원칙을 내세웠다. 이는 곧 유엔인권위원회 특별보고관 테오 반 보벤이 지적한 대로 피해자의 관점에서 그들의 필요와 요구를 들어야 하며, 일본의 양심적인 사람들이나 시민단체와 연대하며 해결 방법을 모색해 나가겠다는 것이었다.

북한의 최금춘 교수는 '인도주의 기금으로서는 해결할 수 없다'는 발표를 통해 을사조약의 무효를 주장했다. 또한 일본이 조선을 지배한 전체 기간 중 강제연행된 사람이 600만 명에 이르는데, 이 중 절반이 아시아태평양전쟁 당시 연행된 것이라고 주장했다. 위안부로 연행된 사람은 20만 명으로 추정되는데, 일본 정부가 이를 인정하지 않는 것은 일본이 다시금 군국주의를 지향하기 때문이라고 강조했다. 그는 한국 정부가 위안부 문제와 관련해 일본과

학 교수와 정문복 할머니가 참석했고, 함께한 기자단이 다섯 명이었다.

13 이하 증언 및 발제와 관련한 자세한 내용은, 도쿄 심포지엄 실행위원회 엮음, 『제4회 아시아 평화와 여성의 역할 도쿄 심포지엄 보고집』, 아시아 평화와 여성의 역할 도쿄 심포지엄 (1993.4.23~29), 30~39쪽을 참조했다.

정치적 타협을 도모하고 있는데, 이는 배상 문제가 1965년의 한일협정 자체를 무효화시킬 것을 우려하기 때문이라고 지적했다. 또한 일본이 국제적 정의와 인권을 배신하고 있다고 비판하고, 여성이 나서서 아시아에서 전쟁의 발원지가 될 수도 있는 일본의 군국주의 부활을 저지해야 한다고 강조했다.

일본의 시미즈 의원은 '일본인은 조선 민족에 대한 가해자'라는 제목으로 일본의 책임을 모두 인정하며 정대협의 항의로 시작해 아시아 전역으로 확산되고 있는 위안부 문제 앞에서 일본인들은 과거를 사죄하고 배상을 다하기 위해서 노력해야 한다고 주장했다.

토론회 후 북한의 배민옥 부사장과 한국의 신혜수 위원장이 유엔인권위원회에 제소한 결과를 보고했다. 신혜수 위원장은 1992년 3월 이효재 대표가 미국의 유엔본부를 방문해 위안부 문제를 설명하며 지지를 호소했고, 1992년 8월에는 제네바의 유엔인권위원회에 이효재 대표와 정진성 정대협 진상조사위원장, 그리고 본인이 참석해 공식적 발언권을 두 번 얻어 위안부 문제를 설명했다고 보고했다. 아울러 유엔인권위원회에서 일본 정부가 보인 무책임한 태도를 설명하고 일본이 유엔 안보리 상임이사국이 되는 것을 저지해야 한다고 강조했다.[14]

2. 국제회의에서 만남과 연대

남북 일본군위안부 피해자들의 첫 만남이 1992년 일본에서 실현되었다. 12월 9일 일본 도쿄에서는 '일본의 전후보상에 관한 국제공청회'가 열렸다. 일본군위안부 문제를 논의하는 최초의 대규모 국제회의였으며, 필리핀, 중국, 타

---

14 같은 책, 41~44쪽.

이완, 네덜란드 등 피해국의 여성들과 활동가들이 참여했다. 이날 한국의 강순애 할머니와 북한의 김영실 할머니가 한 공개 증언은 피해자들의 고통과 분노의 울부짖음으로 폭발하며 회의장을 뒤흔들었다. 한국 측 참가자인 황금주 할머니, 김학순 할머니는 북한의 김영실 할머니를 끌어안고 통곡했다.

1993년 9월에는 독일 베를린에서 재독한국여성모임과 일본여성회 주최로 '인간의 존엄과 여성의 존엄: 전쟁과 강간' 국제회의가 개최되었다. 한국의 문필기 할머니, 북한의 정송명 할머니가 참석해 국제사회에 일본군위안부 문제를 알렸다. 국제회의에는 필리핀의 아시아여성인권협의회(Asia Women Human Right Council), 네덜란드의 대일사죄요구단 등도 참가했다. 이 회의에서는 유럽에서 처음으로 제2차 세계대전 당시 벌어졌던 일본군위안부 문제 및 강제성매매 문제가 중점적으로 제기되었다. 한편 구유고슬라비아에서 일어난 전쟁 및 무력갈등 상황에서 자행되는 여성에 대한 성폭력 문제도 함께 논의되었다.

3. 유엔에서의 만남과 공동 활동

1992년 8월 유엔인권소위원회에서 정대협이 위안부 문제를 처음으로 제기했을 때, 점심시간을 이용해 NGO 설명회가 열렸다. 이효재 정대협 공동대표, 신혜수 국제협력위원장, 정진성 정신대연구회 회장, 황금주 할머니가 참석한 회의였다. 이때 북한 정부도 참석했다. 이것이 계기가 되어 1992년 12월 도쿄 국제공청회에 북한이 참여했던 것이다.

1993년 2월 인권위원회에서는 북한 정부가 인권소위원회 보고를 다루는 '의제19'에서 일본 정부의 진상 규명과 법적 책임, 배상을 촉구하고 인권소위원회의 위안부 결의안을 지지하는 발언을 했다.

1993년 5월 17일에서 28일에 열린 제18차 현대형 노예제 실무회의에는 북한의 피해자가 처음으로 유엔 회의에 참석했다. 정대협은 강덕경 할머니가 피해자로서 증언할 수 있도록 주선했다. 북한에서는 정송명 할머니가 증언을 했고, 원정숙 종태위 위원이 관련 발언을 했다. 유엔 인권 메커니즘에서 인권위원회-인권소위원회-실무회의 라인을 헌장기구로 전부 활용했던 정대협의 활동에 북한이 함께한 것이다. 실무회의는 인권위원회와 인권소위원회에 비해 유연하게 진행되기 때문에 피해자들과 정대협, 종태위를 포함해 네덜란드, 필리핀의 단체까지 참여한 세션이 구성되어 위안부 문제에 대한 방대하고 심도 있는 논의가 이루어졌다. 이 실무회의에 참석한 남북한 정부 관계자는 한 목소리로 일본 정부에 위안부 문제를 조속히 해결할 것을 촉구했다. 민간 차원에서 이룬 남북한의 연대가 남북한 정부의 협력으로까지 이어진 감격적인 계기를 만든 것이다. 이 실무회의에서는 인권위원회의 배상문제 특별보고관에게 일본군위안부 문제에 관한 모든 정보를 전달하고 상위기관인 인권소위원회에 이 문제를 넘기기로 결정하는 결의문을 채택했다.

1993년 6월에 오스트리아에서 개최된 비엔나 세계인권회의에서 세계 여러

〈그림 1-4-3〉 비엔나 세계인권회의에서 이루어진 남한(김복동 할머니, 오른쪽)과 북한(장수월 할머니, 왼쪽)의 일본군위안부 피해자 만남

나라의 여성폭력 문제를 다루는 '여성인권국제법정'이 열렸다. 정대협에서는 정진성 교수가 참석해서 발언하고 김복동 할머니가 증언을 했다. 본 프로그램이 진행되는 다른 한편에서 정대협은 북한의 일제의 조선 강점피해 조사위원회, 필리핀의 아시아여성인권협의회와 공동으로 '일본군성노예의 전쟁범죄: 해결되지 않은 아시아 위안부 문제'라는 주제로 NGO 설명회와 아시아여성포럼을 개최했다. 북한 종태위도 피해자들과 함께 참여했다. 필리핀 위안부 피해자들도 증언을 했다. 이후 위안부 문제의 성격과 피해국의 요구, 법률적 문제, 각지에서 전개된 운동의 현황에 대한 발표가 이어졌다. 포럼이 끝나고 참가자들의 이름으로 성명서를 채택했다. 이 성명서에서는 유엔이 성노예범죄를 조사할 것, 국제상설재판소를 설치할 것, 세계인권회의에서 현재의 여성인권 문제뿐만 아니라 일본군위안부와 같은 과거의 문제도 다룰 것, 일본 정부는 아시아 지역의 수많은 여성에게 저지른 성노예범죄의 전모를 밝히고 전범자를 처벌할 것 등을 촉구했다.

같은 해 8월 인권소위원회에 신혜수 정대협 국제협력위원장이 참석했고, 북한의 정송명 할머니가 참석해 발언했다. 이때에도 NGO 설명회 '일본에 의한 성노예: 증언과 증거'를 개최했으며, 여기에서 북한의 박용연 종태위 상무위원이 발언하고 정송명 할머니가 증언했다. 1994년 2월 인권위원회에도 정대협이 참석했으며, 북한의 주형선 종태위 위원은 NGO 설명회에서 평양에서 열린 위안부 문제 관련 심포지엄 등 그간의 활동을 보고했다.

이후에도 정대협은 인권위원회와 인권소위원회에 지속적으로 참가해 발언했으며, 북한에서도 종태위 대표 혹은 북한 정부 관계자 대표가 참석했다. 남북한 정부 차원의 관계에 상관없이 민간단체가 만들어온 연대의 경험이 축적되면서, 위안부 문제와 관련해서는 남과 북, 민간과 정부 사이의 벽이 사라지고, 모두가 협력하는 모습으로 발전했다.

4. 북한의 일본군위안부 문제 해결을 위한 활동

북한 정부는 1991년 평양에서 개최된 제1차 조일 정부간담회에서 식민지 지배로 100만여 명의 인명 피해와 600만여 명의 강제연행 피해자가 발생한 점 등을 제기했다. 그 가운데 인적 피해의 한 부분으로 일본군위안부 문제를 다루고 적절한 보상조치를 취할 것을 일본 정부에 요구했다. 이에 일본 정부는 인적 피해와 관련해 "당시로서는 실정법에 따른 것"이었기 때문에 보상의 책임을 질 수 없다고 주장하는 한편, 일본군위안부 문제는 "재산 청구권의 테두리 안에서 토의에 응할 용의가 있다. 그러나 사실관계를 확인하는 입증 책임은 보상을 청구하는 측에 있다"는 입장을 견지했다.

1992년 5월 북한의 정부 관계자들과 역사학자, 국제법학자, 변호사 등 개별인사들로 구성된 '일제의 조선강점 피해 조사위원회'가 조직되었다. 조사위원

〈그림 1-4-4〉 2002년 일본의 과거사 청산을 요구하는 아시아 지역 토론회에 참석한 각국 피해자들과 정대협 대표단

〈그림 1-4-4〉 2002년 일본의 과거사 청산을 요구하는 아시아 지역 토론회에 참석한 각국 피해자들과 정대협 대표단

회가 일본군위안부 사건의 진상을 조사하는 과정에서 1993년 6월까지 피해자 131명이 신고했으며, 그중에 34명이 공개증언에 나섰다. 조사위원회는 생존자의 구술 및 그들이 소지하고 있던 각종 문서와 자료, 국내외에서 입수한 공문서와 보도 자료에 의거한 중간보고서를 발표하고, 1993년 8월 종태위를 설치했다.

종태위는 남북관계가 경색된 가운데서도 1993년 11월 평양에서 '일본의 전후처리문제에 관한 평양국제토론회'를 개최하면서, 정대협의 윤정옥·이효재 대표를 초청했다. 당시는 북한의 핵확산금지조약 탈퇴 위협과 핵문제로 인한 북한과 미국의 정치적 공방으로 긴장이 고조된 시기여서 남북 정부 관계도 냉각되어 있었다. 그럼에도 당시 통일원(현 통일부)은 정대협 공동대표의 토론회 참가를 허용해 제3국을 경유한 평양행이 결정되었다. 이는 정부수행원이 동행하지 않은 민간인의 첫 평양 방문 사례였다.

평양국제토론회 이후 10년 만인 2002년에 다시 평양에서 종태위의 주최로

'일본의 과거청산을 요구하는 아시아 지역 토론회(이하 아시아토론회)'가 열렸다. 5월 3일에서 4일까지 개최된 아시아토론회에 한국에서는 정대협 관계자들과 일본군위안부 피해자 이용수 할머니, 문필기 할머니, 일제징병 피해자, 관련 단체 대표 등 12명이 초청을 받아 참석했다. 한국의 위안부 피해자의 북한 방문은 아시아토론회가 처음이었다. 아시아토론회는 남과 북, 중국, 타이완, 필리핀, 인도네시아의 피해자들과 활동가들, 해외동포 및 일본과 미국의 활동가 150여 명이 참석한 가운데 진행되었다. 이때 일본군위안부 문제뿐만 아니라 강제노동, 강제징병, 역사교과서 왜곡, 군국주의 부활 문제 등 일본의 과거사 문제 전반에 걸쳐 토론이 이루어졌다.

첫날, 홍선옥 종태위 위원장은 기조발제에서 일본이 조선민족에게 저지른 만행을 규탄하고, 아시아토론회를 통해 일제의 만행을 국제사회에 알리는 데 함께하자는 내용의 연설을 했다. 이를 위해 일본의 과거사 해결을 위한 국제협의회를 구성할 것을 제안했다. 이어서 피해자들의 증언과 그동안 각국에서 진행해온 국제활동, 소송활동, 입법활동 등에 대한 보고가 있었다. 남북의 일본군위안부 피해자들은 당당하게 일본 정부의 사죄와 배상을 요구했고, 위로금으로 주는 돈을 받고자 하는 것이 아니라 사죄금으로 주는 배상을 받을 것이라고 발표했다. 특히 북한에서는 세 명의 피해자가 증언을 했는데, 남북의 피해자 할머니들은 마치 자주 만나왔던 사람들처럼 같이 앉아서 인사를 나누며 정을 쌓았다. 이후 강제노동과 강제징용 피해자의 증언도 이어졌다.

둘째 날에는 주제별로 일본군성노예제, 일본의 강제연행 및 강제노동, 일본의 역사왜곡·군국화·우경화 등 세 분과로 나뉘어 분과회의가 진행되었다. 일본군성노예제 분과에서는 각국이 일본이 법적 책임을 회피하기 위해 1995년도에 만든 국민기금에 대항해서 어떻게 싸워왔는지를 보고했다. 향후 국민기금을 해체하고, 유엔의 권고에 따라 일본이 사죄 및 법적 배상을 하도록 연대하기로 했으며, 유엔과 국제노동기구(ILO) 등에서도 연대활동을 펼쳐나가기로 했다. 특히 정대협은 분과회의에서 일본 정부가 유엔의 권고를 이행하도록 압박하고, 2000년 법정 판결을 실현시키기 위해 위안부 문제를 국제사법재판소에 제소하는 운동을 전개하기로 했다. 동시에 국제NGO의 참여를 독려하고 활성화시키는 활동에 남북이 협력할 것을 제안했다. 이날 참가자들은 첫째 날에 있었던 홍선옥 종태위 위원장의 제안대로 본 토론회를 일회성 회의가 아닌 연속성이 담보된 협의체로 발전시키는 데 합의했다. 이에 따라 '일본의 과거청산을 요구하는 국제연대협의회(가)'를 발족시키기로 하고, 향후 협의회의 구성 및 사업에 대해서는 상호 의논하며 결정하기로 했다.

토론회를 마치면서 전체 참가자 결의로 일본 정부에 사죄와 배상을 촉구했다. 그리고 유엔 인권고등판무관에게 특별조사관을 구성할 것을 제안하고, 일본 정부에 유엔 결의를 준수하도록 촉구하는 서한과 공동성명을 채택했다. 남과 북, 해외동포가 공동성명을 발표하는 의미 있는 순간이었다. 공동성명에서 남북한은 일본 정부에 사죄와 배상을 강력하게 촉구했고, 앞으로 이 일을 해결하기 위해 서로 연대하고 단합해 범민족적인 투쟁을 전개할 것을 선언했다.

아시아토론회에서 논의된 상설기구체 '일본의 과거청산을 요구하는 국제연대협의회(가)'는 아시아토론회에 참가한 각국 대표단의 호응과 동의 아래 2003년 중국 상하이에서 '일본의 과거청산을 요구하는 국제연대협의회(이하 국제연대협의회)'로 정식 발족했다. 이 협의회는 역사왜곡과 일본의 신군국주의화 등 다양한 문제를 포괄해 논의한다. 2004년 5월 20일에서 23일까지 서울에서 제2회 국제연대협의회 국제심포지엄이 개최되었다. 이때 북한대표단의 공식적인 한국 방문이 최초로 성사되었다. 국제연대협의회에 북한의 홍선옥 조대위[15] 위원장을 비롯한 관계자와 강제동원 피해자 황종수 할아버지, 위안부 피해자인 이상옥 할머니가 방한했다. 서중석 성균관대학교 교수의

---

15 2003년 종태위가 명칭을 바꿔 조대위로 재편되었다.

<그림 1-4-5> 2004년 국제연대협의회 서울 심포지엄에서 함께한 남북한 징용 피해자와 일본군위안부 피해자

'대일 과거사 운동의 과거와 현재 그리고 미래'라는 제목의 기조발제를 시작으로 일본군위안부 문제, 일본의 역사교과서 왜곡과 군국주의의 부활 문제, 강제동원 피해 문제, 집단학살 문제 등 네 가지 주제의 포럼이 개최되었다. 한편 각국에서 참가한 원폭 피해자, 위안부 피해자, 난징대학살 피해자의 증언이 이어졌다. 이후 개최된 각 분과별 포럼 및 토론에서 위안부 문제로 참가한 남과 북, 타이완, 필리핀, 일본의 활동가들은 그간의 국제활동의 성과를 보고했다. 또한 2000년 법정 판결을 토대로 국제사법재판소에 위안부 문제를 제소하는 등 국제기구를 통한 문제 해결 방안을 모색하고 협력할 것을 약속했다. 그 외에도 피해자 보상을 위한 입법운동과 국제적인 서명운동 등 일본 정부에 전쟁범죄 사실을 인정하고 문제를 해결할 것을 요구하는 연대활동을 지속적으로 진행해나가기로 결의했다.

5. 아시아연대회의를 통한 연대[16]

아시아연대회의를 통한 남북연대는 제1차 아시아연대회의에서부터 시작되었다. 제1차 아시아연대회의를 준비하면서 정대협은 1991년 '아시아평화와 여성의 역할' 제2차 서울토론회에 참가했던 북한의 여연구 최고인민회의 부의장과 정명순 조국평화통일위원회 서기국 참사에게 보내는 초청장을 통일원에 접수했다. 그러나 한국 정부는 이들의 방문을 허가하지 않았고 북한의 참석은 무산되었다. 일본에서 개최된 제2차 아시아연대회에서도 재일본조선인총연합회 대표가 북한을 대신해 참가했다.

1995년, 제3차 아시아연대회의를 준비하면서 정대협은 다시 한 번 북한 대표를 초청했다. 당시 북한의 김일성 주석이 사망하면서, 한국 정부는 "김일성 주석에 대한 조문을 목적으로 하는 방북을 허용할 수 없다"는 입장과 함께 남북 간 전화통지문의 수·발신도 중단한 상황이었다. 경색된 남북관계 속에서도 북한은 2월 20일 정식 참여를 결정하고, 홍선옥 종태위 위원장과 북한의 박영심 피해자 할머니 등 일곱 명이 2월 26일 판문점을 통해 입경한다는 소식을 알려왔다.

2월 26일 아침, 판문점으로 북한 참석자들을 환영하러 나가기 위해 분주한 상황에서 북한으로부터 갑작스러운 불참 소식이 전해졌다. 이에 정대협은 공식 논평을 통해 "우리는 해방 50주년을 맞아 같은 민족으로서 남북한 여성이 함께 이 문제에 대처하는 것을 의미 있게 생각했으며, 특히 그동안 냉각되었던 남북관계를 푸는 계기가 될 수 있을 것으로 기대했다. 정대협은 모든 회의 준비를 마쳤으며 회의는 일정대로 진행할 것"이라고 발표했다. 북한 측은 북한중앙방송을 통해 발표한 성명서에서 회의에는 불참하지만 주제발표문과

---

16 아시아연대회의 전반에 관한 내용은 이 책의 제1부 제2장 「국제사회와의 협력」에 자세히 수록했다.

북한 측 결의안 초안은 곧 정대협에 보내겠다고 밝혔다. 북한의 불참에도 제3차 아시아연대회의는 1995년 2월 27일부터 3월 1일까지 서울 종로5가 여전도회관에서 '전후 50년 일본군위안부 문제는 왜 해결되지 않았는가'라는 주제로 개최되었다. 북한이 보내온 '왜 민간위로금을 반대하는가', '일본군위안부 문제 해결을 위해 무엇을 할 것인가?' 등의 원고는 대독 형식으로 발표되었다.

남북분단의 현실에서도 일본군위안부 문제 해결을 위한 남북연대는 계속되었다. 드디어 2007년 5월 19일부터 21일까지 서울에서 개최된 제8차 아시아연대회의에 처음으로 북한 홍선옥 조대위 위원장을 비롯한 다섯 명이 참가했다. 5월 19일 한국 기자들과의 간담회에서 홍선옥 위원장은 일본의 군국주의와 과거사 문제를 청산하기 위한 남북의 연대와 단합을 강조하면서 "일본이 과거청산을 실행하는 문제는 민족의 존엄과 자주권을 수호하고 아시아의 평화와 안정을 위해 매우 중요한 문제이며, 국제사회의 윤리와 기본질서를 확립하는 문제"이므로 "온 겨레가 민족의 존엄을 걸고 일본의 반인륜적인 특대형 범죄를 해결하기 위해 나서야 한다"고 지적했다.

5월 20일 윤미향 정대협 대표의 '일본군위안부 문제 해결을 위한 아시아연대 15년, 앞으로의 과제와 연대를 위하여' 발제를 시작으로 타이완과 필리핀 일본군위안부 피해자 증언, 일본의 니시노 루미코(西野瑠美子)의 '위안부 문제를 둘러싼 일본의 움직임과 문제해결의 전망'이라는 제목의 특별발표가 이어졌고, 참가국 단체들의 활동보고 및 제안, 특별보고와 영화 상영이 있었다. 늦은 시각까지 각국의 대표자는 사전회의를 통해 결의문 채택과 공동행동에 관한 논의를 진행했고, 한편에서는 남북한과 해외동포의 입장이 담긴 공동성명을 채택하기 위한 남북 간 조율에 들어갔다.

5월 21일 폐막식에서 북한의 손철수 조대위 서기장과 정태효 정대협 실행위원이 공동성명서를 낭독했다. 일본군위안부 문제만을 두고 남북이 함께 공동성명서를 발표한 것은 제8차 아시아연대회의가 처음이었다. 남북은 공동성

명서를 통해 "일제강점하에서 저질러진 모든 과거 범죄의 조속한 해결을 위해 전 민족적인 연대투쟁을 더욱 강화해나갈 것을 엄숙히 천명"하고 "일본으로부터 철저한 진상 규명과 공식 사죄, 완전한 배상을 받아낼 때까지 범민족적인 단결을 계속 강화하고, 세계의 광범위한 여성 및 인권단체들과 굳게 연대해 더욱 힘 있는 투쟁을 벌여나갈 것"을 알렸다. 성명서에 포함된 일본군위안부 문제와 재일동포 탄압, 일본 군국주의화에 관한 다섯 개 항목은 ① 모든 전쟁 자료를 공개하고 법적 책임을 이행, ② 위안부 강제동원 부인 철회와 조사법안 마련, 진상규명위원회 설치, ③ 일본 역사교과서에 위안부 제도와 전쟁범죄 기록, ④ 재일동포에 대한 차별 및 탄압 중지와 인권보호, ⑤ 평화헌법 개악 중단이었다.

정대협은 2011년 8월에 개최된 제10차 아시아연대회의에도 북한을 초청했다. 이를 위해 통일부에 북한주민접촉신고서를 제출하는 한편 전화 또는 팩스를 이용해 간접적으로 접촉하려고 했다. 그러나 통일부는 '남북교류의 질서 유지와 현재 남북관계 제반 상황 등을 고려'해 수리를 거부하겠다고 알려왔다. 이념과 정치적 역학의 논리에서 벗어나 민족공동의 과제인 위안부 문제를 남북이 서로 협력해 해결해나가야 한다는 시대적 요청에도, 2011년 8월 이후 남북한 연대활동은 중단된 상태이다.

6. 2000년 법정에서 남북공동기소 팀 구성[17]

1) 남북공동기소의 출발: 베이징 여성회담

2000년 법정에서 남북연대활동은 1998년 10월 9일에서 11일까지 베이징에서 개최된 '일본군위안부 문제와 여성의 인권에 관한 남과 북, 일본 여성 3자 회담(이하 베이징 여성회담)'[18]에서 처음 논의되었다. 베이징 여성회담은 북한의 종태위의 제안으로 성사되어, 한국의 정대협과 일본의 조선여성과 연대하는 일본부인연락회가 함께 참여했다.

이 회담에서는 3개국에서 각기 '위안부 문제와 여성의 존엄'이라는 주제로

---

17 2000년 법정 전반에 관해서는 이 책의 제1부 제5장 「법적 책임 규명운동」에 자세히 수록되어 있다.

18 베이징 여성회담에는 한국 대표로 윤정옥(정대협 공동대표), 김윤옥(정대협 공동대표), 지은희(정대협 기획위원장), 고혜정(정대협 홍보위원장), 양미강(정대협 총무), 이우정(평화를 만드는 여성회 수석대표)가 참가했다. 북한에서는 리청일(아세아여성들과 련대하는 조선녀성협회 회장), 박명옥(종태위 부위원장), 박영희(아세아여성들과 련대하는 조선녀성협회 위원), 곽금녀(일본군위안부 피해자), 서옥선(종태위 위원), 강청려(재조일본인), 조연희(아세아녀성들과 련대하는 조선녀성협회 위원), 김은영(평양외국어대학 교원)이 참여했다. 일본에서는 시미즈 스미코(참의원 의원, 조선여성과 연대하는 일본부인연락회 대표), 니시노 루미코(바우넷 재팬), 야마무라 지즈에(조선문제를 생각하는 효고부인의 회 사무국장), 나가히사 무쓰코(간사이 '아세아의 평화와 여성의 역할' 네트워크 사무국장), 가키부치 사치코(조선여성과 연대하는 나라 현의 회 대표), 오가와 루미코(조선여성과 연대하는 일본부인연락회 사무국장), 로민애(재일본 조선민주여성동맹 중앙 국제부장) 등 총 21명이 참가했다.

기조발제를 했고, 그동안의 운동 성과와 향후 전략에 관해 보충발제를 진행했다. 베이징 여성회담에서는 북한이 사전에 제안한 대로 일본 정부에 보내는 공동항의문과 유엔인권위원회에 보내는 공동요청서 형태의 편지를 남·북·일 3자 회담 참가자의 이름으로 채택했다. 또한 윤정옥 정대협 대표의 제안으로 일본군위안부 문제해결을 위한 제5차 아시아연대회의에서 결의한 2000년 법정에 북한이 협력하기로 하고 함께 공동조사를 하기로 합의했다. 이로써 남과 북은 2000년 법정을 위한 연대활동의 길을 열었다.

2) 남북공동기소 팀의 활동

북한은 2000년 법정 국제실행위원회의 참가국으로 2000년 3월 상하이에서 개최된 국제검사단 및 국제실행위원회 회의부터 참여했다. 국제실행위원회에서는 피해 국가별 기소장 작성에 합의했고, 이에 따라 한국은 기소장 작성을 위해 법률위원회와 진상규명위원회의 위원들을 중심으로 한국 측 검사단을 조직했다.

북한에서도 북한 측 검사로 정남영 북한 사회과학원 교수를 선임하고 본격적인 기소장 작성에 들어갔다. 각국별로 2000년 법정 개최를 위한 활동이 진행되는 과정에서 남한의 정대협과 북한의 종태위는 기소장 작성을 위한 자료협조 및 연락을 취하기로 합의했다. 북한은 5월 1일 방북한 '바우넷 재팬(Violence Against Women in War Net Japan: VAWW-NET JAPAN)'[19]을 통해 한국

---

19 1997년 도쿄에서 개최된 '전쟁과 여성에 대한 폭력' 국제회의를 계기로 바우(Violence Against Women in War: VAWW) 네트워크가 생겨나 여성들의 국경을 넘는 연대활동이 시작되었다. 바우넷 재팬은 이 국제회의의 '도쿄 선언'을 활동 목적으로 1997년 조직되었다. 2000년 법정 주최단체 중 하나로 활동했다. 바우넷 재팬의 설립 목적은 ① 일본군성노예 제도 피해자의 명예와 정의 회복, 일본의 전후책임 요구, ② 오키나와부터 군 기지의 점진적 철거, ③ 무력분쟁 상황에 놓인 여성에 대한 폭력을 근절하기 위한 연대이다. 초대대표 마쓰

위원회에 기소장 작성을 위한 관련 자료 협조[20]를 요청했다.

한국위원회는 남과 북이 분단된 상황임에도 일본군위안부 제도는 분단 이전의 역사적 사실이라는 점과 현재 남북의 피해자가 한민족이라는 점 등을 고민하면서 2000년 법정에서 남과 북이 하나의 기소장을 제출하는 것에 대해 논의했다. 2000년 남북정상회담에 한국 측 방북단으로 참가한 당시 장상 이화여자대학교 총장을 통해 남북이 공동으로 기소장을 작성할 것을 제안하는 공문을 전달했다. 북한 종태위 수신으로 보낸 공문에는 ① 기소장을 남과 북이 공동으로 작성하고, ② 만약 공동 작성이 불가능하다면 양측이 합의가 되는 수준에서 공동 작성을 하되, 의견이 다른 경우 양측의 의견을 기록하는 방

이 야요리(松井やより), 동부대표 니시노 루미코(西野瑠美子) · 나카하라 미치코(中原道子), 동사무국장 김부자로 구성되었다. 운영위원에는 오사카에서 도쿄로 이주한 송연옥이 맡았고(2000년 법정 후에 사임), 양영지(梁霊芝)도 협력했다.

20 일본 내 제2차 세계대전 후 피해 보상법 제정 자료, 1951년 대일평화조약 체결자료, 법률 발효 시 천황의 수표권 자료, 1921년의 부인 및 아동매매금지조약 및 구 일본 법률에 대한 절차 관련 자료 등이었다.

법[21]등을 제시했다.

2000년 7월 28일에서 31일까지 필리핀 마닐라에서 개최된 2000년 법정 국제검사단 및 국제실행위원회 회의에서 만난 남북한 관계자들은 남북이 공동으로 기소장을 작성하는 것에 원칙적으로 합의했다. 한국에서 먼저 2000년 8월 15일까지 기소장을 만들어 북한위원회에 보내고 서로 합의점을 도출한 뒤 다음 타이완 회의에서 만나 기소장을 완성해 남북공동검사단을 구성하기로 했다. 남북한은 공동기소장 작성 과정에서 난관에 부딪히더라도 상호 신뢰와 협력을 통해 극복해나가기로 약속했다.

이후 한국 검사단이 기소장 초안을 제3국을 통해 북측에 전달하려 했으나 쉽지 않았다. 2000년 9월 14에서 18일까지 타이완에서 개최된 국제검사단 및 국제실행위원회 회의에서야 한국위원회에서 준비한 기소장을 북측에 전달할 수 있었다. 북측은 한국위원회가 작성한 기소장 초안의 기본적인 체계에 동의를 표명하면서 역할 분담을 제안했다. 이날 남북이 공동으로 기소장 작성에 합의하고 내용 조율을 진행하고 있음을 국제실행위원회에 밝히기로 했다.

9월 14일 타이완에서 만난 남북 검사들은 서로의 기소장 초안을 검토하면서 기본적인 구성 체계와 내용에 합의했다. 일본의 조선 지배는 철저한 군사적 강점이며, 따라서 이 시기에 감행된 일본군성노예 제도는 '인도에 반한 죄'일 뿐만 아니라 '전쟁범죄'라는 점, 일본 정부가 전후 반세기가 훨씬 지난 오늘까지도 이에 대한 국가 책임을 부인하고 있기 때문에 피해자들의 고통이 가중되고 있는 점, 이러한 범죄행위의 최고 책임자인 히로히토 일왕 및 기타 전범자 처벌과 일본의 국가적 책임에 대한 추궁이 필요하다는 점 등에 대해 의견 일치를 보았다. 공동기소장 발표와 관련해서는 남북한이 역할을 분담했다. 한

---

21 정대협 공문, 「2000년법정 기소장 공동작성 제안 및 자료 협조에 관한 건」, 문서번호 2000-67호(2000.6.12) 참조.

〈표 1-4-1〉 남북공동기소장의 형식

체계	1부 개인의 형사책임	2부 일본 정부의 국가책임	3부 부록
내용	1) 피고인 확정 2) 역사적 배경 　(1) 강점, (2) 민족말살, 　(3) 수탈, (4) 여성관련, 　(5) 위안소 체제 3) 피고인 서술: 인적 사항 4) 일반적 주장: 법 적용 5) 범죄사실	1) 사실 주장 2) 법 적용 3) 요구사항: 남북한 공동 집필(북한은 배상 초점, 한국과의 차이는 별도 집필)	1) 일본 정부의 부인에 관한 반박 2) 보충자료

국이 '개인의 형사적 책임 부분'을, 북한이 '일본의 국가적 책임'과 관련해 각자의 초안을 발표하되 여기에 쌍방의 의견을 최대한 반영하기로 했다.[22]

남북공동기소장의 형식은 〈표 1-4-1〉과 같이 결정했다.

3) 지연된 정의를 회복하기 위한 남북공동기소

마닐라 회의에서 남북공동기소에 관한 합의를 마쳤지만, 서로 긴밀한 연락을 주고받기 어려운 상황이 계속되면서 기소장을 마무리하는 데 어려움을 겪었다. 남북 검사단은 2000년 법정 개회 이틀 전인 12월 6일에야 도쿄 아카사카(赤坂) 기독교센터에서 만날 수 있었다. 공동기소장 작성에 합의하기는 했지만, 다른 역사 인식을 바탕으로 각자 준비해온 기소장을 공동으로 만드는 것은 그리 쉬운 일이 아니었다. 서로 다른 문체도 어려움을 가중시켰다. 2000년 법정에 참여하는 여러 국가가 남북 공동기소에 주목하고 있는 상황에서 자칫 잘못하면 남북이 각각의 기소장을 발표하는 사태가 생길지도 모른다는

---

22 장완익, 「2000년 일본군 성노예전범여성국제법정에서 남북공동기소장이 갖는 의의」, 『일본군위안부 문제에 대한 법적해결의 전망』(서울: 풀빛, 2001), 328~329쪽.

〈그림 1-4-8〉 2000년 법정에서 남북공동기소에 관한 공동기자회견

위기감이 감돌았다. 당시의 급박했던 상황에 대해서 당시 2000년 법정 한국 위원회 부위원장이었던 정진성 교수는 다음과 같이 회상했다.

> 법정에 설 때까지의 이틀은 그야말로 숨 막히는 순간들이었다. 검사단 간에 기소장에 관한 논의가 다소 있은 후 양측이 준비해온 법정 발표 자료를 서로 점검했다. 일단 서로 감을 잡은 후 헤어진 남북 팀이 다시 만난 것은 그날 밤 9시가 되어서였다. 재일동포 팀도 합류했다. 다시 발표 내용을 서로 맞춰보면서 한국 측은 사실상 공동으로 세 시간의 기소를 진행하는 것은 불가능하다고 판단했으며, 처음의 문제제기 부분과 마지막 법 적용 부분만을 같이하고 중간의 강제연행, 위안소에서의 생활 및 귀국 후 후유증 부분은 각기 시간을 나누어 따로 진행하자는 의견을 개진했다. 참담하고 막막한 분위기가 감돌았다. 그렇게 원했던 공동기소가 무산되는 순간이었다. 남북 모두 잠시 쉬면서 다시 생각하기로 했다. 그리고 서로 조금씩 양보하고 역할분담하면서 다시 맞추어보자고 의견을 모았다. 다음 날 아침에 만나기로 하고 헤어진 시간이 자정을 넘었다. 남측도 북측도 제대로 잠을

자지 못하고 수정 작업에 매달렸다. 다음 날 아침 정확히 약속한 시간에 만난 남북 팀은 긴장한 가운데 리허설을 시작했다. 한 부분, 한 부분을 맞추어가면서 긴장이 풀리기 시작했고, 전체 리허설을 위해 법정이 열리는 구단회관으로 가야 할 시간이 되면서야 웃음이 번졌다.[23]

드디어 2000년 12월 8일 도쿄 구단회관에서 2000년 법정이 개최되었다. 남북공동검사단의 수석검사인 박원순 변호사는 아래와 같은 말로 남북공동기소를 시작했다.

존경하는 판사단, 국제검사단 여러분 그리고 그 엄청난 고통 속에서도 고귀한 영혼을 지켜오신 각국의 일본군위안부 피해자 여러분, 남북의 공동검사단 일동으로 인사드립니다. 저희들은 2000년 법정을 준비하기 위해 남북, 북남 양측이 함께 만나 공동의 기소장을 작성했고, 이제 양측의 검사들이 공동으로 기소사실을 설명하고 증명하기 위해 이렇게 자리를 함께했습니다.[24]

박원순 남북한 수석검사의 전체 사회 및 기소 요지 발표가 시작된 후 일본군위안부의 사회역사적 배경, 강제연행 과정, 위안소 내 범행, 종전 후 범죄 등의 순서로 한국검사단 여덟 명과 북한검사단 세 명이 나누어 각각 발표하고, 남과 북의 위안부 피해자들이 직접 법정에 나오거나 비디오를 통해 각 주제에 따라 증언을 했다. 마지막으로 법률 적용에 관해 논고를 했다. 개인적 책임은 한국의 조시현 검사, 국가책임은 북한의 정남영 검사가 맡았다.

---

23 정진성, 「2000년 일본군성노예전범 여성국제법정」, 『일본군 성노예제』(서울: 서울대학교출판부, 2004), 207~208쪽.

24 박원순, 「2000년 동경역사여성법정 참가기: 지연된 정의를 구하여」, ≪역사비평≫, 제54호 (2001), 172~182쪽.

남북공동기소장의 요지는 다음과 같았다.

1. 개인의 형사책임: 일본군성노예 가해자는 무수히 많지만 이번 법정에서는 히로히토 전 일왕 등 중요 피고인 여덟 명만 반인도적 범죄와 전쟁범죄로 기소한다. 특히 히로히토 전 일왕은 일본군 최고책임자이자 최고 권력자로서 군인이 저지른 범죄에 관여했거나 묵인한 책임이 있다. 피고인들은 군대 위안소 정책의 수립과 시행, 위안부 강제연행, 위안소 내 강간·고문·상해·학대·살인, 종전 직후의 대량학살 등의 범죄를 저질렀다. 당시 조선은 일본 식민지였으므로 전쟁범죄가 적용될 수 없다고 하나 이는 잘못된 사실에 근거한 것이다. 일본은 1904년에서 1905년 조선에 군대를 보내 강제 점령을 시작한 후 1905년에 강압적으로 외교권을 박탈했으며 1910년에 강제로 병합했다. 일본의 조선 지배는 국제법상 군사적 강점이다.

2. 일본 정부 책임: 당시 일본의 천황·수상·관료 군인과 조선총독부 관리, 강제연행과 관련된 민간인 등이 광범위하게 군위안부 제도와 관련되어 있다. 국제법상 정부는 행정기관 등의 잘못에 대해 책임이 있다. 일본 정부는 △ 최근 개정된 국제형사법을 과거 행위에 소급적용할 수 없다, △ 전쟁 시 강간행위는 당시 국제관습규범상 금지된 것이 아니었다, △ 전쟁법은 식민지에는 적용되지 않는다는 등의 이유로 책임을 부인한다. 그러나 일본은 △ 전쟁에 관한 국제관습법, 국제인도법의 근본 원칙, 노예와 노예무역금지에 관한 국제조약, 부녀약취금지에 관한 조약과 국제관습법, ILO 강제노동조약 등을 위반했으며, △ 반인도적 범죄를 저질렀다. 일본은 또 피해자에 대한 공식 사죄와 피해 배상, 책임자 처벌, 피해자 명예 회복, 생존자 귀환 및 유골 송환 등의 의무가 있으며, 성노예 범죄 재발을 막기 위해 역사 교육 등의 조치를 취할 의무가 있다.

마지막으로 히로히토 일왕을 비롯한 전범자 일곱 명을 인도에 반한 범죄와 전쟁범죄의 책임을 물어 기소하는 것으로 남북공동기소를 마쳤다.

기소를 마친 후 남북공동검사단은 기자회견을 통해 "법정에서 남북이 공동기소한 것은 역사적으로 큰 의미가 있으며, 법정에서 나올 판결을 일본 정부가 이행하도록 촉구하기 위해 남북이 각각 정책협의회를 구성하고, 힘을 모아 공동대처하기로 했다"고 밝혔다.

7. 연대의 단절

일제강점 100년이 되던 해인 2010년을 앞두고 정대협은 북한의 조대위와 민족화해협의회(이하 민화협)에 일본군위안부 문제 해결을 위한 남북 여성 공동행사를 제의했다. 2010년 2월 25일에는 개성에서 실무협의를 위한 회의를 열고, 이후 수차례 팩스 교환을 통해 3월 30일 합의서를 교환하면서 평양에서 남북여성공동토론회를 개최하기로 했다.

정대협과 조대위, 민화협이 맺은 합의서는 일제강점 100년이자 6·15 남북공동선언 발표 10년이 되는 2010년에 일제과거사 청산을 위해 공동으로 노력하자는 내용을 담았다. 이를 위해 남북여성단체는 2010년 4월 26일에서 29일까지 4일간 평양에서 '일제강점 100년, 일본군위안부 문제 해결을 위한 남북여성토론회'와 일제의 만행을 폭로하는 사진 전시회를 개최하기로 합의했다. 토론회 참석 규모는 남북여성대표단 각각 100명으로 하며, 서해 직항로를 통해 평양을 방문하기로 했다. 정대협 및 여성단체 대표단은 토론회 개최를 성사시키기 위해 많은 노력을 기울였다. 무엇보다도 이 토론회에는 북한 출신의 일본군위안부 피해자들과의 동행을 계획했고, 이들은 약 70년 만에 고향 방문을 앞두고 있었다.

그러나 남북관계가 급속히 얼어붙으면서 토론회는 실현되지 못했다. 지난

20년 동안 지속되어 왔던 일본군위안부 문제 해결을 위한 남북 여성의 인도주의적인 교류는 현재까지도 막혀 있는 상황이다.

제5장
법적 책임 규명운동[*]

　일본군위안부 가해 책임자 및 일본 정부의 법적 책임을 규명하는 일은 정대협운동의 중심 줄기 중 하나였다. 김학순 할머니의 등장 이후, 한국과 일본의 시민단체가 일본 법원에 제기한 강제연행 관련 소송에 위안부 피해자가 원고로 참여하기 시작했다. 정대협은 이 소송의 취지를 전적으로 인정하고 소송을 측면에서 지원하는 방식을 취했다. 미국에서도 동포들과 미국 변호사들이 중심이 되어 미국 법원에 소송을 제기했다. 이 소송에도 정대협은 자료 제공 등 전폭적인 지원을 아끼지 않았다.[1]

　정대협은 일본 검찰청과 국제상설중재재판소(이하 PCA)에 일본을 고소·고발하는 활동에 주력했다. 승리한 사례가 거의 없긴 하지만, 이 같은 소송은 일본 정부에 정치적 압박을 가하는 한편 국제적으로 일본군위안부 문제를 알리는 데 의미가 있었다. 또한 정대협과 아시아단체들은 유엔인권위원회와 인

---

[*]　제5장 제1절은 양징자, 한우성, 양지혜가 작성한 이 책의 제2부, 제7장 「일본과 미국에서의 위안부 소송」을 토대로 재구성한 것이다. 이하 제2절은 정대협 사무처, 제4절은 김윤옥 정대협 전 공동대표와 양미강 정대협 전 총무가 작성했다. 나머지 제3절, 제5절, 제6절은 윤미향 정대협 상임대표가 작성했다.

[1]　이와 관련된 논의는 이 책의 제2부 제7장 「일본과 미국에서의 위안부 소송」에 자세히 수록했다.

권소위원회 및 ILO에서 결정된 국제법적 판단을 근거로 2000년 법정을 개최했다. 민간법정이었기 때문에 판결 내용은 실질적인 효력을 발휘할 수 없지만, 법정에서 세계 유수의 법률가들이 내린 일왕 및 전범에 대한 유죄판결은 국제적으로 큰 반향을 일으키며 일부 판례에도 인용되고 있다.

이 밖에 위안부 피해 진상 규명과 피해자 배상을 위한 입법운동이 일본을 비롯한 세계 곳곳에서 시민단체들을 중심으로 전개되고 있으며, 정대협은 여기에 지원을 아끼지 않았다.

1. 일본과 미국에서의 위안부 소송

1) 일본에서 진행된 법정투쟁

정대협이 설립되기 이전부터 일본 법정에서는 강제동원 등 전쟁 및 식민지 피해 문제에 대한 소송이 제기되어왔다. 아시아태평양전쟁 희생자유족회(이하 유족회)를 비롯한 국내 시민단체가 다카키 겐이치(高木健一) 변호사와 같은 일본인들의 도움을 받아 피해 보상을 요구한 법정운동이었다. 이 소송운동은 일본군위안부 문제가 사회적으로 크게 환기되면서 새로운 계기를 맞았다. 일본군위안부 문제를 중요한 피해 보상 요구의 하나로 포함시키기 시작한 것이다.

1991년 12월 김학순 할머니 등 위안부 피해자 세 명을 포함하는 '아시아태평양전쟁 한국인희생자 보상청구소송(이하 유족회 소송)'이 제기되면서 관련 재판과 원고가 증가하기 시작했다.

일본군위안부 관련 재판의 첫 판결은 1998년 4월 27일 야마구치(山口) 지방법원 시모노세키(下關)지부에서 나왔다. 시모노세키재판 1심 판결이었다. 결과는 '일부 승소'('근로정신대' 원고는 패소)였다. 이 판결의 결론, 즉 함께 제소한 근로정신대 피해자에 대한 배상은 인정하지 않은 점, 승소한 일본군위안부 피해자에 대해서도 피해가 발생한 당시의 불법행위를 인정하지 않았나는 점, 배상액이 위안부 원고 1인당 30만 엔이라는 소액이었다는 점 때문에 판결 직후에는 일부에서 비판이 나오기도 했다. 그러나 이 판결은 일본군위안부 재판을 비롯한 전후보상 재판의 첫 승소판결이라는 의미가 있다. 시모노세키 지부 판사들은 전후에 제정된 「국가배상법」을 적용하는 적극적인 해석으로 "국회의원이 배상입법을 해야 할 의무를 불법적으로 게을렀음으로 인하여 발생한 정신적 손해 배상"이라는 논리를 폈다. 또한 "종군위안부 제도가 소위 나치의 만행에 준하는 중대한 인권침해였으며 위안부가 된 많은 여성의 피해를 방치한 것 또한 새로운 중대한 인권침해를 초래한다는 점을 고려한다면 늦어도 내각관방장관 담화가 발표된 1993년 8월 4일 이후에 조속히 위안부 원고들의 손해를 회복하기 위한 특별한 배상입법을 해야 할 일본국 헌법상의 의무"가 있었다는 이유로 「국가배상법」 위반이라고 판시했다.

이어 1998년 6월 20일에는 위안부 재판을 지원하는 운동단체와 변호인단이 함께하는 심포지엄이 열렸다. 이 자리에서 그동안 각자 재판 지원운동을 진행해온 운동단체들이 서로의 재판을 함께 지원하면서 동시에 입법운동을 추진하는 것을 목적으로 한 재판 지원단체들의 협의체인 '시모노세키 판결을 살리는 모임'이 결성되었다. 또 시모노세키 판결을 통해 입법부작위를 지적받은 국회의원들도 법안 작성에 나서기도 했다.

시모노세키 재판의 1심 판결은 2001년 3월 29일 히로시마(広島)고등법원에서 항소기각되고, 2003년 3월 25일에는 최고재판소 제3소법정에서 상고기각 결정을 받았다. 일본군 성폭력 피해자 재판 중 처음이자 유일한 승소 판결을 쟁취했던 시모노세키 재판이 이번에는 최초로 패소가 확정된 재판이 되어버린 것이다. 한편, '재일조선인 위안부 재판을 지원하는 모임(송신도재판 지원회)'이 지원한 재판, 송신도 할머니가 최고재판소에 상고한 것도 거의 비슷한 시기에 같은 판결이 나왔다. 같은 해 말에는 필리핀 재판도 상고기각되었고, 2010년 3월 2일에는 마지막 재판인 하이난 섬 재판 또한 상고기각되어 일본 군위안부 피해자 재판은 열 건 모두의 패소가 확정되었다.

1991년 12월의 유족회의 제소에서 2010년 3월의 하이난 재판 상고기각까지 약 20년 동안 진행되었던 '일본군 성폭력 피해자 재판'은 모두 패소했다. 그러나 얻은 성과도 많았다. 판결 내용에서의 성과뿐 아니라 구체적인 피해 배경과 원고들의 개별적인 피해에 대한 사실 인정을 얻어낼 수 있었다. 무엇보다 재판 방청, 보고집회, 서명운동 등 변론이 열릴 때마다 여론을 환기하는 중요한 계기가 되었다. 법정투쟁은 일본군위안부 문제 해결을 위한 운동을 계속 이끌어온 하나의 큰 힘이었다고 할 수 있다.

시모노세키 판결처럼 분명하게 입법부작위를 지적하지는 않았지만 입법 해결의 필요성을 언급한 부언 판결도 나왔다. 2003년 4월 24일 도쿄지방법원이 내린 산시 성 재판 판결2이다. 이 판결은 원고들의 청구를 기각했으나 "입법부 및 행정부에서 그 피해 구제를 위해 새로 입법적·행정적 조치를 취하는 것은 충분히 가능하다"며 "본건 소송을 비롯하여 소위 전후보상문제가 사법적인 해결과는 별개로 피해자들에게 직접 또는 간접적으로 위로하는 방향에서 해결되는 것이 바람직하다"고 부언했다.

2) 미국에서 진행된 소송

재미동포 및 한국인들이 미국에서 벌인 일본군위안부 소송은 2000년에 들어와 본격적으로 전개되었다. 1999년부터 시작된 강제징용 소송이 2000년에

---

2 산시 성 재판은 일본군위안부로 강제동원된 중국인 여성 네 명이 일본 정부를 상대로 9,200만 엔의 배상을 청구한 소송이다.

들어와 위안부 소송으로 확산되었던 것이다. 2000년 9월 18일 한국인 위안부 피해자 여섯 명, 중국인, 타이완인, 필리핀인 피해자 각각 네 명이 워싱턴 D. C.에 있는 연방 지방법원에 일본 정부를 상대로 집단소송을 제기했다. 미국에서 진행된 위안부 소송은 민사법정에서 집단소송이라는 형태로 진행되었다.

2001년 3월 5일, 원고들은 미합중국 법률 제28호 「외국주권면책특권법 (Foreign Sovereign Immunities Act: FSIA)」 제1602~1611조에 의거해 일본이 그 행위에 대해 주권 면제를 누리지 못한다고 요구하면서 판결 선언을 해줄 것을 청구했다. 이틀 뒤인 3월 7일, 일본은 원고 측의 소송에 대응해 '일본이 주권 면책특권을 누리며 정치적 문제 원칙이 이 소송의 기각을 법적으로 지시한다'고 주장하면서 기각을 청구했다. 결국 2004년 6월 14일 미국 대법원은 항소법원에 이 사건을 다시 고려하라고 명령했다. FSIA의 적용 가능성을 시사하며 판결을 받은 최근의 다른 사건이 참작된 것이다.

이 소송 과정에는 한국, 미국, 중국의 양식 있는 법조계와 학계, NGO 등이 힘을 합쳤으며, 정대협 또한 예외가 아니었다.

2. 일본 검찰청에 대한 책임자 처벌 고소·고발

1) 배상에서 책임자 처벌로

1992년 일본 미야자와 정부는 '보상에 대신하는 조치'라는 모호한 해결책을 발표했다. 법적 책임, 진상 규명 등에 대한 명확한 해결 의지 없이 위안부 문제를 '돈'의 문제로 축소시키고자 하는 것이었다. 정대협은 그동안 일본 정부에 법적 책임을 인정하고 그에 따른 배상과 책임자 처벌을 요구해왔는데, 일본 정부는 이를 왜곡한 셈이었다. 정대협은 국제사회를 통해 일본 정부의 책임 있는 자세를 요구하면서 책임자 처벌문제를 더욱 적극적으로 제기했다. 1993년 8월에 개최된 유엔 인권소위원회에서 책임자 처벌을 강력하게 요구했으며, 1993년 11월에 개최된 제2차 아시아연대회의에서 결의문 제5항으로 "일본 정부는 책임자를 분명히 하고, 책임자는 처벌을 받아야 한다"는 내용을 채택하면서 책임자 처벌 요구를 명확히 했다. 1948년 바타비아 군사법정[3]과 유엔인권소위원회의 테오 반 보벤 특별보고관이 작성한 「인권과 기본적인 자유의 중대한 침해를 당한 피해자의 원상회복, 배상 및 갱생을 요구하는 권리에 대한 연구」[4]라는 최종보고서에서 책임자 처벌에 대한 국제법적 근거를 찾았다.

이러한 정대협의 기조 변화에 대해 그동안 연대해오던 일본 시민사회는 당황했다. "이제 와서 전범 처벌은 말이 안 된다. 다 죽었을 텐데 누구를 처벌할 수 있는가. 미래 지향적인 자세로 응해야 한다", "처벌할 수 있는 법적 근거는 무엇인가"라며 전범 처벌에 대한 회의를 드러냈다.[5]

한편 일본 정부는 계속해서 문제 해결에 불성실한 태도로 임했다. 1993년 정대협 대표자 회의록에는 당시의 상황이 다음과 같이 기록되어 있다.

1993년 11월 5일 호소가와 일본 수상의 방한 시의 태도를 보고 실망을 금치 못했다. 그는 미야자와 정부보다 몇 가지 수식어를 더 붙인 사과의 말을 했지만,

---

3   1948년 바타비아(현 인도네시아 수도 자카르타)의 네덜란드 군사법정에는 인도네시아 각지의 수용소에서 네덜란드 여성 35명을 위안부로 삼은 일본 군인 12명이 회부되어 한 명이 사형, 여덟 명이 유기 징역에 처해졌다. 당시 일본 정부는 이 같은 판결을 순순히 받아들인 전례가 있다.

4   반 보벤 특별보고관은 그의 보고서에서 '피해 회복은 피해자의 필요와 요망에 부응하지 않으면 안 되며, 원상회복과 배상, 갱생, 만족, 재발 방지의 보증'이 필요하며, '국제법상 범죄에 해당하는 모든 인권침해에 대한 피해 회복의 내용에는 위반자를 소추하고 벌하는 의무를 포함한다'고 지적했다(UN Doc. E/CN. 4/Sub. 2/1993/8 참조).

5   한국정신대문제대책협의회, ≪정신대문제대책활동소식≫, 제5호(1994. 4. 11), 3쪽.

조선의 식민지 지배의 침략성에 대해서도 명시하지 않았고, 전쟁책임에 대한 피해자 배상 문제에 대해서도 전혀 언급하지 않았다. 즉, 그는 취임 초기 당시의 진전된 입장에서 오히려 후퇴하고 있음을 보여주었다.

이 상황에서 피해자들은 "무언가 해야겠다. 일본 정부는 우리가 죽기만을 기다리고 있다. 일본에 가서 우리의 요구를 명확히 표시하고 싶다"는 의사를 밝혀왔다. 정대협은 1993년부터 책임자 처벌에 관한 형사적 고소·고발을 소수의 일본 시민사회 활동가, 법률가와 협의하면서 준비하기 시작했다. 형사상 고소·고발장 제출은 일본군위안부 제도가 전쟁범죄이며 법적 배상과 더불어 책임자가 형사처벌을 받아야 하는 사안이라는 것을 명백하게 선언하는 투쟁이었다.

2) 일본 도쿄 지방검찰청에 고소·고발장 제출

1994년 2월 7일 일본군위안부 피해자 27명이 일본 도쿄지방검찰청에 고소·고발장을 제출했다.[6] 일본이 일본군위안부 제도를 입안하고 운용한 것은 전쟁범죄이자 인도에 반한 범죄에 해당함으로 그 책임자를 수색하여 처벌해 달라는 내용이었다. 이날 고소·고발장을 접수하기 위해 강덕경 할머니 등 피해자 여섯 명과 이미경 정대협 총무, 박원순 변호사 등 다섯 명이 참석했다. 피고발자는 성명 미상 책임자 다수였고, 피고발 사실 내용은 위안부의 연행 및 노예화와 관련된 피해자들의 증언과 정대협의 실태조사로 구성했다. 그러나 일본 검찰은 이미 시효가 지난 사건이고, 피고소인과 피고발 사실이 불특정하며 범죄 사실을 적용시킬 만한 국내법이 없다는 이유로 접수를 거부했다.

---

6 ≪마이니치신문(每日新聞)≫, 1994년 2월 8일 자.

〈그림 1-5-1〉 1994년 2월 7일, 도쿄지방검찰청에 책임자 처벌 고소, 고발장 제출에 참석한 일본군위안부 피해자와 정대협 활동가

고소·고발장 작성에 참여한 박원순 변호사는 ① 시효는 인도에 반한 죄의 경우에는 적용되지 않는다, ② 피고소인은 성명 등을 특정하고 있지 않지만, 구체적인 피해 사실이 특정되어 있고 수사에 의해 쉽게 특정될 수 있으며, 그 수사의 책임은 일본 검찰 당국에 있다, ③ 피고발 사실은 충분히 특정되어 있다, ④ 처벌 조항은 전쟁범죄, 인도에 반한 죄 등으로 일본의 국내법 조항에 해당되어[7] 처벌이 가능하다고 주장했다. 두 시간 이상 법적 토론을 진행했지만 끝내 받아들여지지 않았다.

고소·고발장은 받아들여지지 않았지만, 이 사건은 일본 시민사회를 변화시키는 커다란 원동력이 되었다. 위안부 제도의 범죄행위에 관한 책임자 처벌 관점이 결여되어 있던 일본 시민단체들은 일본군위안부 문제가 전쟁범죄인 동시에 책임자 처벌이라는 법적 책임을 제기해야 하는 것이라는 인식에 닿았다. 이러한 인식을 딛고서야 일본 시민사회는 전후배상운동으로 나아갈 수 있었다.

---

7 전쟁범죄 또는 인도에 반한 죄는 살인, 강간, 납치, 감금, 손괴 등 대부분의 문명국가에 기존 형사법으로 처벌되어오던 죄목을 국제법적으로 평가해 붙인 이름에 불과한 것이다.

3. 국제상설중재재판소 제소를 위한 활동

정대협이 유엔 이외의 국제사회에 위안부 문제의 해결을 요청하고자 시도한 곳은 네덜란드 헤이그에 있는 국제상설중재재판소(이하 PCA)였다. 1994년 11월 22일, 국제법률가협회(International Commission of Jurist: ICJ)가 발표한 일본군위안부 조사보고서[8]에서 PCA 제소의 동기를 얻었다. ICJ는 일본군위안부 제도가 일본군에 의해 자행된 비인도적 범죄이며, 일본 정부가 국가에 의해 자행된 성노예제도에 대해 명백하게 법적·도덕적 책임을 져야 한다는 공식 입장을 밝혔다. 또한 즉각적인 원상회복과 손해 배상의 의무가 있다는 점과 1965년 한일협정의 '청구권'에는 인권침해와 위안부 개인의 권리침해에 관한 청구는 포함되어 있지 않다고 밝혔다. 정대협은 이에 근거해 PCA 제소를 추진했다. 국제사법재판소는 국가가 국가를 제소할 수 있는 것에 반해서 PCA는 민간 개인이 국가를 상대로 제소할 수 있다는 이점이 있었다. 단 국제사법재판소와 마찬가지로 상대방 국가가 이 제소에 응해야 재판까지 갈 수 있었다. 일본 정부가 제소에 응할지 확신할 수 없었지만, 정대협은 PCA에 위안부 문제를 제소하기 위한 운동에 돌입했다.

1) PCA 제소 배경

정대협은 1990년 발족 이후 위안부 문제를 해결하기 위해 유엔인권위원회 제소, 국제NGO와의 연대, 아시아 피해국과의 연대 등 국제활동을 전개해왔다. 일본 시민단체와도 적극적으로 연대하며 일본군위안부 문제 해결을 위한

---

8 Ustinia Dolgopol and Snehal Paranjape, *Comfort Women: an Unfinished ordeal: Report of a Mission*(Geneva: International Commission of Jurists, 1994).

특별법 제정을 요구했다. 이를 위해 일본 국회 내 특별위원회를 구성해 진상을 조사하고 해결 방안을 마련토록 했으며, 국회에서 정부의 사죄, 배상을 결의하도록 요구해왔다.

그러나 일본 정부는 소극적으로 대응하면서 책임을 회피했다. 특히 일본군위안부 피해자에게 개인 배상을 할 수 없고, 대신 민간모금으로 피해자에게 '위로금'을 지급하겠다는 입장을 고수했다. 정대협은 이러한 일본 정부의 태도는 위안부 문제가 정부와는 상관없이 민간업자의 상행위로 일어난 일이라고 발뺌해오던 초기의 태도에서 진전된 것이 없는 것이라고 판단하고, 이를 타개할 수 있는 새로운 운동 방안을 모색해왔다. 고민 끝에 국제법을 근거로 PCA에서 일본군위안부 문제를 판결받기로 하고 1994년부터 본격적인 제소 준비에 들어갔다.

2) PCA 제소 결정 동기

승소에 대한 확신은 물론, 일본 정부가 제소에 응할지도 확신할 수 없는 상황에서 정대협이 PCA 제소를 감행한 이유는 일본군위안부 피해자들의 긴박한 상황 때문이었다. 1993년에서 1994년까지 피해자 여섯 명이 연달아 사망했고, 생존자들의 건강상태도 좋지 않았다. 더 이상 지체할 수 없었다. 피해자들은 고통스러운 상황에서도 일본 정부가 주는 정당한 법적 배상이 아닌 민간이 주는 '위로금'은 받을 수 없다며, 진상조사와 이에 따른 국회에서 결의한 사죄와 법적 배상을 요구했다. 그러나 일본 국내법으로는 이 문제를 해결할 가능성이 희박했고, 어떠한 결정이든 판결이 나오기까지 아주 오랜 시간이 걸릴 것이었다. 20년 이상을 끌다가 결국 패소판결을 받았던 타이완의 전쟁 피해자 사례에서 그것을 확인할 수 있었다. 따라서 정대협은 일본군위안부 문제를 PCA에 제소하여, 이 문제가 국제법상 명백하게 인도에 반한 죄이

〈그림 1-5-2〉 1994년 9월 일본에서 열린 PCA 제소 성공을 위한 집회

며 전쟁범죄라는 것을 판결받고자 했다.

정대협은 1994년 3월부터 PCA 제소의 가능성을 논의하기 위해 한국과 일본을 오갔다. 일본 변호사들과 수차례 회의를 하고, 국제법전문가들의 자문을 구했다. 그 과정에서 1994년 8월, 스위스 제네바에서 열린 유엔인권소위원회 현대형 노예제 실무회의가 PCA를 통한 해결을 권고했다. 8월 말 정대협은 PCA 제소 결정과 함께 PCA 준비위원회(위원장 지은희)를 출범시키고 한일변호인단을 구성했다. 한일변호인단에 참여한 변호사는 100명이 넘었다. 한국의 경우 '민주사회를 위한 변호사 모임'은 국제인권분야 변호사들을 중심으로 PCA 특별위원회를 구성했고, 대한변호사협회에서도 PCA에 적극 가담하기로 했다. 9월 15일에는 일본에서 국제중재재판을 실현하는 연락협의회와 변호인단이 발족했다.

이어서 정대협은 피해자들에게 PCA 제소에 관한 설명회를 개최하고 원고인단을 조직했다. 9월 15일에는 문필기 할머니, 김순덕 할머니 등 피해자들과 정대협 한국변호인단 대표인 배금자 변호사가 일본을 방문해 일본변호인단과

PCA연락회 등 200여 명이 모인 가운데 제소 성공을 위한 집회를 개최했다. 한일변호인단은 소장을 만든 후 한국 정부의 정신대실무대책반 반장인 유병우 아태국장과 면담해 PCA 제소 결정 과정에 대해 설명하고, 한국 정부가 PCA 제소활동을 지지해줄 것을 요청했다. 이에 대해 한국 정부는 포괄적인 협조는 못 하겠지만 사안에 따라 구체적으로 요청하면 지원하겠다고 밝혔다.

같은 해 11월 27일에서 29일에는 한일변호인단과 민간단체가 참여하는 심포지엄을 서울에서 개최했다. 이를 통해 PCA에 대한 국내외 관심을 확산시키고 일본 정부를 PCA 제소에 응하도록 압박했다. 그러나 오랜 고민과 논의 끝에 결정되어 추진된 PCA 제소는 일본 정부가 응하지 않아 더 이상 진행되지 못한 채 끝이 나고 말았다.

4. 2000년 일본군성노예전범 국제여성법정

1) 2000년 법정 설립의 동기

새로운 21세기를 맞이하면서 사람들은 저마다 새로운 세기에 대한 희망이 있었다. 특히 전쟁과 폭력으로 얼룩진 20세기를 마무리하고, 새로운 세기에는 전쟁과 폭력이 없는 세상을 열어야 한다는 열망이 사회적으로 가득 차 있었다. 정대협은 일본 정부에 요구하는 일곱 가지 사항 중에 '책임자 처벌'의 항목을 두었으나 공식 법정에서 고소가 모두 취하되면서 책임자 처벌을 이뤄내지 못했다. 이에 20세기 말인 2000년 12월에 '2000년 일본군성노예전범 국제여성법정(이하 2000년 법정)'을 열기로 합의했다.

2000년 법정은 1998년 4월에 서울에서 개최되었던 아시아연대회의에서 제안되고 합의되면서 준비가 시작되었다. 2000년 법정의 배경에는 1998년 로마회의에서 채택한 국제형사재판소(International Criminal Court: ICC)가 무력갈등 아래 여성에 대한 성폭력을 처벌할 수 있는 길을 열었으나, 일본군위안부 문제와 같은 과거의 문제는 다루지 않는다는 규정이 있음을 알게 된 데 있었다. 그동안 연대하며 위안부 문제를 다루어오던 아시아여성들은 국가 법정이 아닌 민간법정을 통해 책임자를 처벌할 필요성에 공감했다.

2000년 법정의 목적은 세 가지였다. 첫째, 1945년 도쿄재판은 승전국 연합군이 패전국 일본을 판결한 전범재판이었음에도 불구하고, 일본군이 저질렀던 만행 중 일본군성노예제에 대해서는 어떤 판결조차 내려지지 않았다. 따라서 국가 차원에서 완성하지 못한 전범재판을 민간의 힘으로 완성하고자 했다. 둘째, 전쟁 중 여성폭력에 대한 단죄의 필요성을 국제사회에 확립하고자 했다. 이 목적을 국제적인 연대활동을 통해 확산시키고자 했다. 일본군 성노예제의 문제가 단지 50년 전 과거의 문제가 아니라, 오늘날 전쟁 중에 여전히 일어나는 성폭력 문제에 맞닿아 있다는 사실을 아시아 피해국만이 아닌 세계의 여성, 인권단체와 공유하는 일이 필요했다. 셋째, 일본군성노예제 해결을 위해 일본 정부의 법적 책임을 명백히 하고자 했다. 일본 정부에 그들이 저질렀던 전쟁범죄와 인도에 반한 죄의 법적 책임을 묻는 것이다.[9]

결국 2000년 법정은, 50년 전의 일이라는 이유에서, 이미 국가 간의 협정으로 마무리되었다는 정치적인 이유에서 해결되지 않았던 일본군성노예제 문제를 전면적으로 재검토하고, 여성의 힘으로, 아시아의 힘으로, 시민의 힘으로 새롭게 역사를 쓰기 위한 법정운동이었다.

2) 2000년 법정 국제실행위원회의 조직

1999년 2월 서울에서 국제실행위원회를 조직하면서 2000년 법정을 위한 활동이 본격화되었다. 국제실행위원회는 한국, 타이완, 중국 등 10개국 단체들에 의해 조직되었고,[10] 한국, 타이완, 일본, 필리핀이 참석했고, 공동대표로 윤정옥 정대협 공동대표, 마쓰이 야요리 바우넷 재팬 대표, 인다이 사호르 (Indai Sajor) 여성을 위한 아시아인권센터 대표 3인을 선정했다. 이외에 국제

---

9 2000년 법정을 발의한 일본의 마쓰이 야요리는 2000년 법정의 목적을, ① 일본군위안부 문제에 대한 범죄를 분명히 규명하고, 일본 정부와 일본군의 책임을 분명히 하기 위해, ② 젠더의 시각에서 전쟁범죄, 인류에 대한 범죄, 대량학살의 성격을 가진다는 점을 분명히 하기 위해, ③ 아시아의 일본군위안부라는 범죄에 대한 국제사회의 관심을 집중시키고 일본 정부의 책임을 규명하기 위해, ④ 전쟁 및 무력갈등 아래의 여성폭력 문제를 해결하기 위한 국제적인 운동으로 만들기 위해, ⑤ 전쟁 중 일어나는 여성폭력에 종식을 고하고 향후 발생할 수 있는 범죄를 미연에 방지하기 위해서라고 말했다.

10 국제실행위원회의 각국 대표는 다음의 단체들이다. 한국: 한국정신대문제대책협의회, 일본: 바우넷 재팬, 필리핀: 여성을 위한 아시아인권센터, 타이완: 타이베이 부녀구제기금, 중국: 중국 위안부 연구센터, 인도네시아: 정의와 민주화를 위한 인도네시아여성협의회, 동티모르: 유엔독립정부, 네덜란드: 네덜란드 여성을 위한 지원회.

실행위원회를 지원하기 위해 국제자문단을 조직했고, 평화와 인권 분야에서
국제적인 명성이 있는 인권변호사들과 페미니스트들이 참가했다.

2000년 법정은 공동대표단과 국제실행위원회 외에도 2000년 법정을 지지
하고 승인하는 전 지구적인 단체와 개인으로 구성되었다.[11] 각국의 기소를
책임지는 각국 검사단과 국제검사단은 두 차례에 걸친 회의를 통해 전쟁범죄
의 요소와 기소의 골격, 내용과 원칙 등을 담은 2000년 법정의 헌장을 몇 번이
나 손질해 합의했다. 특히 2000년 법정은 형사재판의 성격을 띤 민간법정으
로 피고인의 범위를 규정하는 것이 가장 큰 관건이었다. 밤늦도록 이어지는
회의와 나라별 토론 등을 거쳐 전범자의 범위를 히로히토 일왕과 증거가 확
실한 상위계급으로 한정해 아시아 10개국에서 총 30여 명의 전범자를 기소하

---

11 대표적인 구성원으로는 전 유고재판의 수석판사인 커크 맥도널드를 비롯한 다섯 명의 판사
단, 국제법학자 론다 코플론을 비롯한 세 명의 법률자문단, 천황제 관련 전문가인 야마다 아
키라를 비롯한 각 영역의 전문가 증인단 등이 선정되었다. 이뿐만 아니라 각 나라의 기소를
위해 전 유고재판의 법률자문인 퍼트리샤 셀러스, 국제법학자인 티나 돌고폴이 중심이 된
국제검사단과 10개국의 각국 검사단이 구성되었다. 2000년 법정을 위해 핵심적으로 활동하
는 사람은 전 세계적으로 약 40명이었다.

기로 했다.

3) 2000년 법정을 향한 한국위원회의 조직과 활동

2000년 법정의 사실상 가장 중요한 주체는 정대협이었다. 정대협은 2000년 법정 준비를 위해 한국위원회를 조직했다. 한국위원회는 2000년 법정의 중요한 결정사항을 정대협에서 미리 논의해 국제실행위원회에 의사를 표명하는 한편, 2000년 법정을 계기로 국내 운동의 활성화를 모색했다. 한국위원회는 위원장 윤정옥, 부위원장 정진성, 김윤옥, 법률위원회 김명기, 조시현, 진상규명위원회 강정숙, 양현아, 여순주, 기획홍보위원회 지은희, 대외협력위원회 신혜수, 재정위원회 김혜원으로 구성되었다.

지역 문화제와 학생법정

1998년 12월 조직된 한국위원회가 중점을 둔 사항은 한국에 운동을 확산시키는 것이었다. 2000년 법정이 일본에서 개최되기 때문에 한국에서 운동이 퍼지지 않으면, 한국과 무관한 일회성 행사로 끝날 수 있다는 우려가 있었기 때문이다. 이 때문에 서울 중심의 운동을 지역으로 확산시킬 방안과 시민단체에서 대학생 등 다양한 계층이 참여할 수 있는 통로를 열어놓는 방법을 모색했다.

그 결과 대구, 마산, 진주, 인천, 전주, 제주 등 여섯 개 지역에서 문화제[12]

---

12 지역 문화제는 전주(8.12, 전주기독살림여성회), 대구(9.23, 대구시민모임), 진주(9.30~10.1, 민족예술보존회), 인천(10.2, 인천가톨릭교구노인교실연합), 마산(11.3, 경남정대연), 제주(10~11월, 제주여성회, 제주범도민회, 제주대학교) 등에서 열려 일본군위안부 문제와 관련한 특강, 영화 상영, 문화제 등 다채로운 행사를 진행했다. 문화제에는 총 1,400여 명이 참여했으며, 각 지역에서 2000년 법정 참가단에 100여 명 이상이 참가했다.

〈그림 1-5-5〉 2000년 법정 한국 참가자들의 도쿄 선전전

를 개최해 2000년 법정에 대한 전국적인 관심을 환기하는 계기를 만들었다. 또한 11개 학생법정 및 문화제를 통해 대학생들의 참여를 이끌었다. 위안부 문제에 관심을 두고 꾸준히 증언집회와 강연회를 진행해온 각 대학생 조직이 학생법정을 통해 이 운동의 주체 세력으로 성장했다.13

심포지엄 개최 및 논문집 발간

정대협 10주년을 기념하는 학술심포지엄은 2000년 11월 16일 서울 명동 은행연합회관에서 '정대협운동 10년의 회고 및 전망'이라는 주제로 열렸다. 10년 동안 한결같이 일본군위안부 문제를 고민하며 정대협운동에 참여해온 법률가, 연구자, 그리고 각계각층의 사람들이 한자리에 모였다. 이들의 발제

---

13 학생법정은 서울(4.28~29, 이화여자대학교 중강당)에서 20여 개 대학이 참여한 가운데 열렸으며, 이것을 기점으로 부산대학교(5.9), 조선대학교(5.19), 동아대학교(9.26), 창원대학교(9.28), 경희대학교(10.12) 등 여섯 개 대학교에서 모의법정을 개최했으며, 부산해양대학교(현 한국해양대학교), 원광대학교, 한신대학교, 서울대학교, 서원대학교는 문화제를 개최해 총 1,800여 명의 참가를 이끌었다.

를 통해 피해자 인권 회복과 배상, 전범자 처벌 측면에서 10년간의 운동 성과를 살펴보았다. 특히 이 자리에서 위안부 피해자들에 대한 진상조사 내용이 발표되어 향후 피해자 연구에 중요한 기반을 마련해주었다. 피해자의 육체적·심리적 후유증에 관한 발표는 일본 정부의 배상을 받기 위한 중요한 기초자료가 되었다. 이러한 연구 성과는 2001년 12월에 2000년 법정 총서 『일본군'위안부'문제의 책임을 묻는다: 역사, 사회적 연구』와 『일본군'위안부'문제에 대한 법적 해결의 전망』으로 발간되었다.

2000년 법정 성사를 위한 수요시위

지역 문화제와 학생법정이 지역에 2000년 법정을 알리기 위한 방법이었다면, 제주에서 서울까지 매주 진행된 릴레이 수요시위는 2000년 법정의 성사 의지를 전국적으로 모아내기 위한 방법이었다. 릴레이 수요시위는 9월부터 11월까지 두 달간 전국에서 동시다발적 혹은 각 지역별로 열었다. 수요시위는 마산과 창원(9.20), 서울(9.27), 부산(10.4), 대구(10.11), 광주(10.25), 수원(11.1)으로 이어졌고, 최종적으로 11월 29일 2000년 법정 개막을 한 주 앞둔 시점에서 아시아 10개국에서 동시 연대시위를 진행했다. 아시아 10개국은 각 나라의 일본 대사관 앞에서 수요시위나 기자회견, 항의성명 발표를 통해 2000년 법정을 알리고 공동행동을 진행했다.

해외동포의 참여

국내뿐만 아니라 미국, 독일, 일본 등 해외에서도 활발하게 2000년 법정 성사를 향한 의지가 모아졌다. 미국에서는 로스앤젤레스, 샌프란시스코에서 가수 홍순관의 모금공연이 열렸으며, 미네소타, 뉴욕 등에서도 재미한인들을 중심으로 한 모금공연이 진행되었다. 독일에서는 재독한국여성모임과 독일 서남선교회재단의 후원으로 김윤옥 대표가 독일 전역을 순회하면서 2000년

법정을 홍보하는 강연을 진행했다. 이러한 노력은 2000년 법정 개최에 필요한 상당 부분의 금액을 모금하는 결실을 맺었다.

4) 2000년 법정의 진행 과정

12월 7일 저녁에는 2000년 법정의 전야제가 열렸다. 강단 전면에는 강덕경 할머니의 그림 '책임자를 처벌하라: 평화를 위하여'와 최초의 신고자인 고 김학순 할머니의 사진이 걸렸다. 참가자 1,000명은 회관의 모든 좌석을 메웠고, 9개국에서 위안부 생존자 67명이 참석해 희생자를 추모하는 촛불을 밝혔다.

12월 8일 2000년 법정이 개회했다. 우선 수석검사와 각국 검사단의 자기소개와 국제실행위원회 공동대표인 윤정옥, 마쓰이 야요리, 인다이 사호르의 개회사가 있었다. 이어서 가브리엘 커크 맥도널드 수석판사가 개정을 선언했다. 그리고 퍼트리샤 셀러스(Patricia Viseur-Sellers) 수석검사의 모두진술이 시작되었다. 그는 모두진술에서 범죄가 행해졌던 당시의 법을 적용할 것과 제시하는 증거를 조사할 것을 요구했다. 이는 곧 도쿄재판에서 지금 제시하는 증거들을 받아들였다면 재판의 결과는 달랐을 것이라는 주장이었다. 또한 도쿄재판은 히로히토 일왕을 기소하지 않기로 했으나 이 재판에서는 피고로 삼고 새로운 증거들을 제시하겠다는 것을 선언했다.

오후에는 남북검사단의 발언이 있었다. 박원순 검사는 남북검사단의 입장을 설명하면서 첫째, 아시아태평양 지역에서 일본이 행한 전쟁으로 수백만 명이 학살당했으나 처벌된 것은 극소수였으므로 2000년 법정은 '연기된 정의', '지연된 정의'를 실현하기 위한 장이라는 것, 둘째, 이 재판이 민간재판이라는 것, 셋째, 위안부 문제는 과거 50년간 무시당하고 침묵을 강요당해왔으며 젠더 이슈라는 것을 분명히 했다. 그리고 그런 의미에서 이 재판이 바로 '여성법정'이라고 정의했다.

남북검사단은 일본군 사령관 여섯 명14과 도조 히데키(東條英機)와 히로히토 일왕을 피고인으로 고소했다. 위안부 제도에 대해 설명하고 생존자들의 비디오 증언, 위안소 설치 지도를 증거로 제시했다. 증언에 나선 위안부 생존자는 북한의 박영심 할머니와 김영숙 할머니, 중국 우한의 하상숙 할머니, 일본에 있는 송신도 할머니, 한국의 문필기 할머니와 안법순 할머니 등이었다. 마지막으로 한국의 조시현 검사가 피고의 '개인책임'을 일일이 열거했고 북한의 정남용 검사가 '국가책임'에 대해 진술했다.

둘째 날에는 오전 10시부터 일왕의 책임에 대한 전문가의 증언이 있었고 이에 대한 검사들의 질의응답이 있었다. 이어서 중국 검사단, 필리핀 검사단, 타이완 검사단의 고소장 제출과 피해자들의 증언이 이어졌다.

셋째 날에는 말레이시아 검사단, 네덜란드 검사단, 인도네시아 검사단의 고

---

14 오카무라 야스지(岡村寧次), 미나미 지로(南次郎), 이타가키 세이시로(板垣征四郎), 우메즈 요시지로(梅津美治郎), 안도 리키치(安藤利吉), 마쓰야마 유조(松山祐三).

소장 제출과 피해자들의 증언이 있었다. 오후에는 심리적 외상증후군에 대한 전문가 증언이 있었다. 증인으로 나온 레파 플라제노비치(Lepa Mladgenovic)는 임상심리학자로 구유고슬라비아 내전에서 세르비아 병사에게 성폭력을 당한 피해자의 상담사로 일하고 있었다. 그녀는 심리적 외상증후군의 치유를 위해서는 무엇보다 사회적 정의가 중요하다고 말했다. 또한 피해자들의 고통은 제복을 입은 남성과 제복을 입힌 국가에게 책임이 있으며, 국가는 피해자에게 치유를 위한 지원을 함으로써 배상해야 한다고 강조했다. 또한 가해자 처벌은 피해자의 존엄성을 회복하기 위한 기본 전제임을 역설했다.

이어서 일본의 가와구치 가즈코(川口和子) 검사가 일본의 국가책임에 대해서 진술했고, 프리츠 칼스호벤(Fritz Kalshoven) 국제인도적 사실 조사위원회 위원장이 '국제법에 관한 국가책임'에 대해 설명했다. 그리고 여성사 전문가 후지메 유키(藤目ゆき)가 일본군위안부 동원의 실태와 출신 계급에 대해서 진술했다. 마지막으로 전 일본군 병사 두 명이 나와서 위안부 범죄에 대해서 진술하고 속죄하는 시간을 가졌다. 이후 판사 네 명이 두 시간에 걸쳐 '인정의 개요'를 교대로 읽었다. 히로히토 일왕에게 유죄가 선언된 순간 방청석에서 환성이 터졌고 모두 일어나 뜨거운 박수를 보냈다. 정의를 찾아서 법정에 참가한 위안부 피해자들의 소원이 이루어지던 순간이었다. 일본 정부의 국가책임도 인정되었으나 일왕 이외의 사령관들에 대해서는 다시 판결을 하기로 했다.

법정이 끝나자 피해자들은 무대 위에 올라서서 하얀 손수건을 흔들었다. 평화를 상징하는 퍼포먼스였다. 웃음과 눈물이 번진 피해자들의 얼굴은 빛나고 있었다. 어려운 증언의 시간을 감당했던 그들에게 정의 실현과 명예 회복의 순간이 찾아온 것이다.

5) 최종판결: 히로히토 일왕과 일본 정부에 유죄 선고

최종 판결은 다음 해인 2001년 12월 4일 네덜란드 헤이그의 뤼켄트 단스 (Lucent Dans) 극장에서 이루어졌다. 위안부 할머니 열 명을 비롯해 11개국에서 약 70명이 참가했다. 판결 전날 각국 검사단의 발표에 참가했던 인원은 400명에 이르렀다. 커크 맥도널드 수석판사 등 네 명의 판사단은 두 시간 동안 피해자들이 겪은 내용이 절절히 배어 있는 판결문을 읽어 내려갔다. 아시아 9개국이 공동기소한 히로히토 일왕에게 판사단이 유죄판결을 내릴 때, 객석에 앉아 있던 수많은 참가자는 일어나 환호했고, 피해자들은 눈물을 글썽거렸다.

판결의 요지는 일본 정부는 군대위안부를 강제연행한 사실이 분명하고, 히로히토 일왕은 군의 최고통수권자로서 1937년 난징대학살과 강간 사건을 통해 위안소 설치와 운영 등 일본군의 잔학행위를 알고 있었으므로, 이러한 비인도적 행태에 대해 조사하고 적절한 조치를 취했어야 했다는 것이다. 또한 일본 정부가 일본 국회가 비준한 인신매매금지조약과 강제노동조약이 규정한 의무를 위반했으며, 성차별 및 인종차별을 금지한 헤이그조약을 위반한 것 등에 대해 책임이 있다는 점도 분명히 했다.

판사단은 두 시간 반에 걸쳐 1,094개의 항목에 이르는 장문의 판결문을 교대로 읽었다. 판결문 마지막 제1,094항은 "따라서 이 판결을 통해 본 법정은 일본의 군대성노예제의 피해자가 되었던 모든 여성을 칭송하고 싶다. ······ 이 판결은 증언대에서 자신의 체험을 말하고 그것으로 불법을 단두대에 보내고 진실을 왕좌에 앉힌 생존자들의 이름을 명기하는 바이다"라고 쓰여 있다.

5. 국민기금 반대운동

1) 국민기금의 등장

1990년 6월, 모토오카 쇼지 당시 사회당 의원이 위안부 문제와 관련해 국회에서 질의한 것에 대해 일본 정부는 "일본군위안부는 민간업자가 한 일이었다"고 답변했다. 이 일이 있은 후, 피해자들의 공개 고발이 줄을 잇고 군의 개입을 입증하는 문서가 발굴되면서 일본 정부는 국내외의 강한 저항에 부딪혔다. 이후 1992년 7월 6일 일본 정부가 발표한 1차 조사보고서에는 위안부에 대한 군의 부분적인 개입을 인정하면서도 강제성은 부인하고 있었다. 그리고 이에 대한 해결책으로 '보상에 대신하는 조치', '위로금' 등의 발언이 흘러나왔다.

이에 앞서 1992년 3월 9일, 와타나베 미치오(渡邊美智雄) 외상은 중의원 예산위원회에 출석한 자리에서 위안부에 대한 배상을 요구한 야당 의원에게 "일본 정부는 이들에 대해 동정을 표하고 싶다"고 답변했다. 이미 일본 정부는 법적인 배상은 검토하지 않은 채 '동정'을 표현할 수 있는 방법을 강구하고 있었던 것이다.

일본 사회당은 1993년 1월 3일 위안부 문제 등 전후처리를 위해 국회에 '전후보상조사특별위원회'를 설치할 것을 제의하는 등 일본 정부의 법적인 책임을 요구했다. 사회당은 이날 발표한 '패전 50주년까지 전후보상을 실현하기 위한 제안'을 통해 "사죄와 보상의 구체적인 방법이나 내용에 대해 국민적인 합의를 도출하는 장으로서 중·참의원 양원에 이 같은 기구의 신설이 필요하다"고 밝히고 "아울러 국회에서도 사죄를 결의해야 할 것"이라고 촉구했다.

1993년 8월 4일, 일본 정부는 2차 조사보고서를 발표하면서 강제성을 일부 인정하고, '보상에 대신하는 조치'에 해당하는 방안을 더욱 적극적으로 제시했다. 한편 일본의 보수 우익 정치인 혹은 언론 등을 통해 '한국 여성들은 돈을 벌기 위해서 스스로 위안부가 되었지 강제연행된 것이 아니었다', '한국 사람들은 틈만 나면 일본에서 돈을 뜯어가려 한다'는 등의 말들이 쏟아져 나왔다.

1994년 일본의 정권이 자민당에서 사회당으로 교체되어 무라야마 도미치(村山富市) 사회당 당수가 수상이 되었다. 무라야마 수상은 집권하기 전인 1994년 6월 10일, 도쿄에서 있었던 전후 청산을 요구하는 집회장에 참석해 일본 정부의 공식 사죄와 법적 배상이 이루어져야 한다는 공개 발언을 했던 인물이다. 그러나 그로부터 한 달 후에 집권한 사회당 정권은 이전의 전후처리에 대한 법적 보상의 원칙을 접고, '전후 50주년 프로젝트'를 세우면서 자민당 정권 때의 정책을 답습, 개인 보상은 어렵다는 방향으로 입장을 전환했다. 다만 도의적인 책임에서 민간모금을 실시해 피해자에게 위로금[15]을 지급하겠다고 밝혔다.

무라야마 정권의 방침은 아시아 피해국의 반대뿐만 아니라 이들과 연대하고 있는 일본 시민단체의 강한 반대에 부딪혔다. '일본의 전쟁책임을 분명히 하는 모임'을 비롯한 한국, 일본, 필리핀 등지의 40개 민간단체는 1994년 7월 18일 일본 정부가 군대위안부에 '보상에 대신하는 조치'로 아시아교류센터 설립을 추진하고 있는 것과 관련, "이는 납득할 만한 해결책이 아니다"며 계획의 전면 백지화를 촉구하는 내용의 '긴급요망서'를 무라야마 수상에게 전달했다. 이 요망서에는 "일본 정부가 계획하고 있는 방안은 미해결 상태의 전후처리문제를 다시 묻어두는 결과밖에 되지 않는다"고 지적하고, "일본 정부는 희

---

15 일본어로 '쓰구나이(償い)'라고 표현한 것을 '위로금'으로 번역해 사용했다. '쓰구나이'는 사전적으로 '보상'이라는 의미가 있지만, 엄밀하게 법적 보상을 뜻하지는 않는다. 일본어의 사전적 의미보다 상황에 따른 맥락적 의미를 명확하게 하고, 법적 보상과 '위로금' 형식의 '보상에 대신하는 조치'를 구분하기 위해 '쓰구나이'로 표현된 것을 인용할 때에는 모두 '위로금'으로 표기했다.

〈그림 1-5-7〉 국민기금 반대시위

생자 개개인에 대한 배상을 해야 한다"고 강조했다.

1994년 8월 20일에는 정대협이 "일본 정부가 민간모금 형식으로 보상 자금
을 조달하려는 것은 공식적인 배상을 교묘하게 피하려는 의도로밖에 보이지
않는다"고 지적하고, 위로금안 철회를 요구했다. 일본의 시민단체 28개도 8
월 22일 민간 위로금 구상 철회를 요구하는 공동성명을 발표했다. 이들은 일
본 정부가 국가 차원의 가해 사실과 책임을 인정하고, 피해자 개인에게 직접
사죄하고 보상할 것을 요구하는 한편, 정부 산하 조사기관을 설치해 실태조
사를 실시한 뒤 '전후보상법' 제정을 통해 문제를 해결할 것 등의 포괄적인 해
결을 촉구했다. 그러나 일본 정부는 피해자들과 피해국 및 자국의 시민단체
들의 요구와는 상관없이 기존의 입장을 관철시키기 위해 전후 50주년이 되던
해인 1995년 7월 국민기금을 설립하고 모금을 시작했다. 국민기금은 정부가
조직의 운영비와 인건비 등을 담당하고, 국민 모금 형식으로 기금을 마련해
피해자에게 돈을 지급하는 방식이었다. 이와 별도로 건강 유지 및 주택 지원
비에 해당하는 금액은 정부가 직접 국민기금에 전달한 후, 이를 기금 측에서
피해자에게 전달하도록 했다.

2) 국민기금에 대한 정대협과 피해자의 입장

정대협은 국민기금을 반대하는 입장을 명확히 했다. 국민기금은 일본 정부가 범죄를 인정한 결과로 나온 조치가 아니며, '보상에 대신하는 조치'로써 법적 책임을 회피하는 수단이기 때문이었다. 또한 일본 정부가 피해자들을 비인도적인 범죄의 희생자로 보는 것이 아니라, 당시 일본 우익인사들의 발언처럼 '가난해서 오로지 돈을 벌기 위해 공창이 되었던 여성'으로 규정짓고, '동정과 시혜의 대상'으로 본다는 것이었다. 일본 정부가 피해자에게 사죄하고 배상해야 하는 이유는 일본 군과 정부가 인도에 반한 죄 및 전쟁범죄를 범했고, 강제노동금지 조약을 위반했기 때문이다. 따라서 배상의 주체는 일본 정부이고, 배상의 이유는 범죄행위에 대한 결과여야 한다. 그런데 국민기금은 이러한 조건을 하나도 충족시키지 못했다.

"배상이요? 일본 땅덩어리를 다 받는다 해도 시원치 않을 것 같습니다. 제 인생을 어디에서 보상받을 수 있단 말입니까?" 일본에서 충분한 배상 결정이 나올 때까지 시신이 되어서라도 수요시위에 계속 참여하겠다고 했던 고 강덕경 할머니와 일본이 해야 할 것은 사죄고 배상이라며 끝까지 국민기금을 거부하며 숨을 거둔 고 김학순 할머니의 생각에 피해자 대부분이 동의했다. 김복동 할머니는 국민기금에 대해 "아이고, 모욕당하는 것 같아요. 저그들은 돈 그것 던져주고 쾌활한 마음이겠지만. 아이고, 모욕당하는 것 같아요"[16]라고 억울하고 분한 심경을 밝혔다. 국민기금 설립 당시 '조선 여성들이 돈을 벌기 위해 공창 또는 성매매를 했다'는 발언이 일본 정계와 언론계에서 계속되었기 때문에 위안부 피해자들은 국민기금이라는 '위로금'을 모욕적으로 받아들였다.

그러나 일본 정부는 기금의 당사자인 위안부 피해자와 전쟁 피해국인 한국

---

16 한국정신대문제대책협의회 교육비디오, 〈지울 수 없는 역사〉(2006).

정부의 반대에도 국민기금의 지급을 강행했다. 1997년 1월 11일, 서울의 한 호텔에서 비밀리에 피해자 일곱 명을 만나 기금을 지급한 것이다. 이는 한일 외무회담을 며칠 앞둔 시점이었다. 이 소식은 피해자들뿐만 아니라 한국 사회 전체에 분노를 일으켰다. 국민기금 발기인 중에 한 명인 오누마 야스아키(大沼保昭) 도쿄 대학교 교수는 "피해자들이 하루라도 빨리 보상받기를 원했기 때문에 기금 지급과 수령의 절차를 밟았다"고 전했다.

한국의 기금 수령자가 늘어나지 않자 국민기금 측은 사업기간을 연장하면서 모금과 일시금 지급을 강행했다. 이에 피해자들의 선택도 두 갈래로 나뉘었다. 하나는 일본 정부가 법적 배상을 하지 않을 것이니 국민기금이라도 받아야 한다는 것이었고, 다른 하나는 국민기금을 거부하고 계속 일본 정부에 공식 사죄와 법적 배상을 요구하는 운동에 참여한다는 것이었다. 그 과정에서 지원단체와 피해자 간에 반목과 분열, 피해자와 피해자 간에 분열이 일어났다. 그리고 일본 우익집단에서 정대협운동을 일본 정부에 '돈을 요구하는 운동'으로 음해하고 공격하는 일이 계속되었다.

3) 국민기금으로 인한 혼란

정대협은 국민기금 설립 이전부터 국민기금 관계자들과 여러 차례 만나 국민기금 방식이 왜 철회되어야 하는지, 일본군위안부 문제의 본질적인 해결책이 무엇인지 전달하려고 노력했다. 사회당이 집권 이전에 국회에 제출한 법안에 힘을 모아달라고 요청했다. 그러나 일본의 입장에서는 어쩔 수 없이 국민기금이 최선이라며 기금의 지급을 강행하겠다는 대답이 돌아왔다.

국민기금 측에서 2002년 5월 1일까지 기금의 지급을 연장한다는 방침을 세운 후에는 정대협 사무실로 매일같이 피해자들로부터 전화가 걸려왔다. 누군가 매일 밤마다 전화를 해서 국민기금을 받으라고 협박하고 종용한다는 내용이었다. 정대협이 이 사실을 알려온 피해자들의 집을 직접 방문해 조사한 결과, 국민기금 지급과 관련해 부도덕한 행태가 벌어지고 있음이 밝혀졌다.

첫째, 전화를 통한 피해자 우롱과 협박이었다. 피해자들의 제보에 의하면, 국민기금으로부터 기금 지급을 위탁받은 사람들이 밤낮을 가리지 않고 기금을 받으라는 익명의 전화를 해왔다. 누구인지 밝히라는 피해자의 요구에는 응하지도 않고 일방적으로 "할머니는 무슨 돈이 그렇게 많아서 기금을 받지 않느냐"는 등의 협박을 하고는 전화를 끊는다고 했다. 그 정도가 너무 심해서 밤에는 무서워서 전화를 받지 못할 정도라고 했다.

둘째, 기금 수혜자를 늘리기 위한 브로커의 활동이었다. 그들은 피해자가 기금을 받도록 알선하고, 업무를 대행해주는 대가로 1인당 200만 원에서 500만 원, 심지어 1,000만 원을 요구했다.

셋째, 정대협과 피해자 간의 불신을 조장하는 소문을 피해자들에게 유포했다. 정대협이 피해자들을 제치고 돈을 받으려 했다는 소문이 돌았다. "윤정옥이 일본 국민기금 사무실을 혼자 방문해서 기금을 할머니들에게 줄 것이 아니라 정대협에 주라고 요구했다"는 내용이었다. 이러한 전화를 한 사람은 피해자들을 잘 알고 있는 일본 여성이나 과거사 관련 단체의 대표라고 했다. 당시 피해자 중에는 정대협에 전화를 걸어, "정대협 윤정옥이 국민기금에 가서 돈을 달라고 한 사실을 알고 있다. 그래서 국민기금에게 망신만 당하고 왔다고 들었다. 윤정옥이 피해 당사자도 아니고 피해자 유족도 아닌데, 왜 국민기금을 달라고 하느냐. 5월 1일이 되면 국민기금이 만료되는데, 할머니들이 돈을 못 받게 해서 너희가 돈을 받으려고 하는 거냐?"며 비난하기도 했다.

넷째, 막무가내로 기금 수혜자를 늘리려다 보니 엉뚱한 사람에게 기금이 전달되기도 했다. 대구의 심달연 할머니는 기금을 수령하지 않았는데, 신청 서류가 접수되어 기금이 지급되었다고 보고되어 있었다. 누구에게 지급했느냐는 추궁에 대해 국민기금 측은 할머니와 전혀 상관없는 이름인 박 모 씨에게 기금을 지급했다고 확인해주었다.

무엇보다 심각한 폐해는 정대협이 국민기금을 받은 피해자들을 '이지메(따돌림)' 했다거나, 정대협의 생존자 복지활동에서 제외시켰다고 하는 허위사실이 퍼진 것이었다. 이에 정대협은 국민기금 반대가 정대협의 독단적인 결정이 아니라 온전히 피해자들의 입장을 반영한 것임을 알리며 대응해왔다.

2004년 11월, 서울에서 열린 한일연대21 주최의 세미나에서 당시 윤미향 정대협 사무총장은 국민기금 정무이사인 와다 하루키(和田春樹)에게 이러한 행태에 대해 질문했다. 이에 대한 와다 이사의 답변은 경악할 만한 것이었다. 브로커 활동은 정대협이 기금에 협조하지 않았기 때문에 일어난 결과라면서, 필리핀의 경우 민간단체가 협조했기 때문에 그런 일은 일어나지 않았다는 것이다. 사건의 모든 책임을 정대협으로 돌리는 부도덕한 행태였다.

6. 한국 헌법재판소에 헌법소원 제기

2011년 8월 30일, 한국 헌법재판소(이하 헌재)는 한국 정부가 일본군위안부 문제 해결을 위해 노력하지 않는 것이 피해자의 기본권을 침해하는 위헌 행위라고 선고했다. 2006년 7월 5일, 109명의 일본군위안부 생존자가 헌법소원 심판청구를 제기한 때로부터 5년여가 지난 후에야 이루어진 결정이었다. 오랜 침묵에 지치기도 하고 실망하기도 했던 생존자들은 이제 한국 정부가 일본군위안부 문제 해결을 위해 적극 나설 수밖에 없게 되었다며 다시 문제 해결에 대한 기대를 걸기 시작했다.

1) 한일협정 문서 공개 청구 행정소송

그동안 일본 정부는 일본군위안부 피해자들의 배상 요구에 대해 "1965년 한일협정으로 법적인 책임 문제는 모두 해결되었다"는 입장을 되풀이해왔다. 이러한 상황에서 2002년 10월 11일, 길원옥, 김복동, 심달연, 이옥선, 황금주 등 일본군위안부 피해자와 원폭 피해자 등 100인 원고단이 서울행정법원에 한일협정 문서 공개를 요구하는 행정소송을 제기했다. 이 행정소송은 약 1년 반 동안 진행되었고, 2004년 2월 13일 마침내 원고 승소 판결이 났다. 그 판결에 따라 한국 정부는 국무총리실 산하에 한일협정 문서 공개를 위한 민관공동위원회를 구성했고, 2005년에 한일협정 체결과 관련된 총 156권, 3만 5,354쪽에 달하는 모든 외교문서를 공개했다. 그리고 민관공동위원회 위원장이었던 이해찬 국무총리는 민관공동위원회의 분석 결과를 발표하면서, "한일청구권협정은 기본적으로 일본의 식민 지배 배상을 청구하기 위한 것이 아니었고, 샌프란시스코 조약 제4조에 근거해 한일 양국 간 재정적·민사적 채권, 채무관계를 해결하기 위한 것이었음", "일본군위안부 문제 등 일본 정부와 군

등 국가권력이 관여한 반인도적 불법행위에 대해서는 청구권협정에 의하여 해결된 것으로 볼 수 없고, 일본 정부의 법적 책임이 남아 있"다고 주장했다. 이는 한일협정에서 일본군위안부 피해자 배상 문제가 다뤄지지 않았다는 한국 정부의 입장을 공식적으로 밝힌 것이었다.

2) 일본군위안부 피해자들의 헌법소원심판 청구

한일협정 문서가 공개되고 한국 정부의 공식 입장 발표가 있은 후, 피해자들은 한국 정부가 적극적으로 문제 해결에 나설 것이라고 기대했다. 일본 정부의 법적 책임이 남아 있음을 공표하고 정부 차원에서 책임 추궁을 해나가겠다고 공언했기 때문이다. 그러나 한국 정부는 어떠한 실질적인 외교 노력도 기울이지 않았다. 여전히 피해자들은 "한국 정부는 일본군위안부 문제 해결을 위해 적극 앞장서라"라는 구호를 외칠 수밖에 없었다.

이에 정대협은 2006년 3월 15일 제700차 수요시위를 마치고, 생존자들과 함께 외교통상부를 방문해 적극적 대일외교정책을 요구하는 요구서를 전달했다. 외교통상부는 이 요구서에 대해 3월 22일 "1965년 청구권협정에 의해 법적 책임이 종결되었다는 일본과 소모적인 법적 논쟁을 벌이기보다는 고령의 피해자에 대한 실질적 지원이 중요하다는 관점에서 우리 정부가 피해자 구제 조치를 위하며, 이러한 도덕적 우위의 관점에서 일본 측에는 물질적 배상을 요구하지 않는다는 입장을 견지해온 것"이라는 요지의 답변서를 보내왔다. 이 답변서에 대해 설명을 들은 피해자들은 정부에서 받는 생활지원금을 거부해야 하지 않겠냐고 항변하기도 했다. 4월 19일, 피해자들과 정대협, 대구 시민모임 등 관련단체는 외교통상부의 답변에 대해 항의하는 기자회견을 열었다. 그리고 이후에도 지속적으로 한국 정부를 압박하는 활동을 전개해나갔다.

2006년 6월 22일에는 외교통상부 앞에서 일본군위안부 문제 해결을 위한

한국 정부의 적극적인 대일외교정책을 촉구하는 기자회견을 열었다. 동시에 국가인권위원회에 외교통상부가 일본군위안부 문제 해결을 위한 외교적 보호권을 행사하지 않음으로써 피해자의 인권이 침해당했다며 구제 요청을 요구하는 진정서를 제출했다. 그러나 국가인권위원회는 이 사안이 국가인권위원회의 심의 대상이 아니라고 입장을 정리했다.

다양한 시도가 끈질기게 전개된 끝에 2006년 7월 5일, 일본군위안부 피해자 109명이 최후의 수단으로 헌재에 헌법소원심판 청구서를 제출했다. 이 헌법소원의 취지는 일본군위안부 피해자에 대한 배상 문제가 1965년 한일청구권협정 제2조 제1항에 의해 소멸되었는지에 대한 한일 양국 간에 벌어지고 있는 해석상의 분쟁을 본 협정 제3조가 정한 절차에 따라 해결하지 않고 있는 한국 정부의 부작위가 일본군위안부 피해자들의 기본권을 침해하는지 여부를 묻는 것이었다. 피해자들의 청구는 2006년 7월 25일 헌재 사전심사를 통과해 심판에 회부되었다. 이후에도 공개변론을 요청하는 전국적인 서명운동, 탄원서 제출 등 관련단체들의 다양한 시도는 계속되었고, 헌재는 이 청원을 받아들여 2009년 4월 9일에 한 차례의 공개변론을 거쳤다. 그리고 드디어

2011년 8월 30일 위헌을 결정했다.

3) 헌재의 위헌 결정 요지

헌재의 결정 요지는 한국 정부가 일본군위안부 피해자의 배상청구권 실현을 위해 일본 정부와의 분쟁을 해결하려는 노력을 하지 않아 피해자의 기본권을 침해했다는 것이다. 즉, 일본군위안부 피해자들은 일본이 저지른 조직적이고 지속적인 불법행위에 의해 인간의 존엄과 가치를 심각하게 훼손당했으며, 국가는 그런 피해자들의 배상청구권 실현을 위해 당연히 협력하고 보호해야 할 의무가 있는데도 한국 정부가 그 역할을 하지 않음으로써 피해자들의 기본권을 침해했고, 이로 인해 헌법을 위배했다는 것이다. 또한 일본국에 의해 자행된 반인도적 범죄행위에 대해 일본군위안부 피해자들이 일본에 대해 가지는 배상청구권은 헌법상 보장되는 재산권일 뿐만 아니라, 인간의 존엄과 신체의 자유를 회복하는 문제라고 규정했다. 그러므로 피해자들의 배상청구권 실현을 가로막는 것은 헌법상 보장되어 있는 재산권 문제에만 국한되는 것이 아니라 더 근원적인 문제인 인간의 존엄성과 가치 등 중대한 기본권을 침해한다는 것이다.

더욱이 헌재는 일본군위안부 문제와 관련한 국내외 여론 등을 종합해볼 때 배상청구권을 실현할 수 있는 가능성이 결코 적지 않다고 판단했다. 외교통상부가 "소모적인 법적 논쟁으로의 발전 가능성", "외교관계의 불편"의 이유를 내걸면서 "외교적 보호조치는 의무가 아니라 재량"이라고 했던 것에 대해서도 헌재는 타당한 사유라거나 진지하게 고려해야 할 국익이라고 보기 힘들다면서 외교통상부의 입장을 반박했다. 오히려 한일협정 제3조에 의한 분쟁해결 절차로 나아가는 것만이 국가기관의 기본권 기속성에 합당한 재량권 행사라고 결정했다.

4) 한국 정부의 대응

헌재의 위헌 판결이 나고 보름 후인 2011년 9월 15일, 한국 정부는 일본군 위안부 문제와 관련해 한일 청구권협정에 따른 분쟁 해결 절차를 준비하기 시작했다. 일본 정부에 양자협의를 공식 제의한 것이다. 외교통상부 동북아시아국과 법률국을 중심으로 전담 팀이 꾸려지고 자문단도 조직되었다.

그러나 한국 정부가 양자협의를 제안한 바로 그날, 제의를 받은 지 몇 시간도 채 지나지 않아 일본의 외무부 대신은 정례기자 브리핑에서 "법적 배상은 1965년 한일협정으로 마무리되었다"는 이전의 입장을 재확인했다. 이 답변이 한국 정부의 '양자협의 제안'에 대한 공식입장은 아니었지만 향후 일본 정부가 나올 태도를 충분히 짐작해볼 수 있는 대목이었다.

9월 24일에는 미국 뉴욕에서 진행된 한일 외교장관회담에서 김성환 외교통상부장관이 일본 외상에게 일본군위안부 문제와 관련해 일본이 대국적 결단을 내려줄 것을 촉구했다. 10월 6일 서울에서 개최된 외무장관회담에서도 한국 정부는 일본군위안부 문제와 관련한 양자협의에 응할 것을 요구했다. 그러나 일본은 기존의 입장을 반복하며 한국 정부의 제안을 사실상 거절했다.

5) 전망

여전히 일본 정부는 과거와 똑같이 "한일청구권협정으로 배상책임을 완료했다"며 법적 책임을 회피하고 있다. 또한 한국 정부의 양자협의 제안에 대해서도 외무성 관료들 개인의 입장만 계속 표명하면서 공식답변은 거부한 채 현 상황을 얼버무리고 있다.

한일청구권협정은 일본 정부가 1951년 샌프란시스코조약과 함께 일본군위안부 피해자들에 대한 배상 책임을 완료했다고 줄기차게 주장해온 근거로 사용하고 있는 것이다. 일본 정부는 이 협정의 제2조에서 규정한 "양 체약국 및 그 국민(법인을 포함함)의 재산, 권리 및 이익과 양 체약국 및 그 국민 간의 청구권에 관한 문제가 1951년 9월 8일 샌프란시스코에서 서명된 일본국과의 평화조약 제4조 (a)에 규정된 것을 포함해 완전히 그리고 최종적으로 해결되었다"는 조항을 원용하면서 그동안 지속적으로 배상을 거부해왔다.

그러나 유엔인권위원회 등은 수차례 한일협정 및 샌프란시스코조약의 체결과정이나 그 내용에 일본군 성노예 범죄는 고려되지 않았다고 지적해왔다.[17] 지난 2010년에는 라시다 만주(Rashida Manjoo) 유엔인권이사회 여성폭력문제 특별보고관이 보고서를 통해 일본군위안부 피해자에 대한 배상이 이루어지지 않은 것은 배상 영역에서 여성에 대한 전통적인 무시를 드러내는 대표적인 예라고 지적하면서 일본군위안부 문제에 대한 일본 정부의 배상책임을 다시 한 번 강조했다. 또한 그는 위안부 문제 해결운동을 여성폭력에 대한 배상운동에서 가장 체계적이고 충분히 입증된 운동이라고 평가했다.

피해자들은 국가책임은 회피한 채 경제적 지원을 하려는 일본 정부의 태도에 대해 부당함을 제기하고 있으며, 시혜적이고 표면적인 지원 대신에 공식 사죄와 공적 자금을 통한 개인 배상을 지속적으로 요구하고 있다.

---

17 1994년 국제법률가협회의 일본군위안부 보고서, 유엔인권위원회 여성폭력문제 특별보고관 라디카 쿠마라스와미의 보고서, 유엔인권소위원회 전시성노예제 특별보고관 게이 맥두걸의 보고서 등. 이와 관련해서는 이 책의 제1부 제2장 「국제사회와의 협력」에 자세히 수록했다.

제6장

일본군위안부 피해자 지원활동[*]

정대협의 지난 22년의 활동 가운데 피해자 지원활동은 '피해자와 함께해온 운동'이라고 표현할 수 있을 정도로 피해자와 밀착된 활동이며, 정대협의 운동 역사에서 빼놓을 수 없는 큰 부분이다. 운동 초기에는 피해자를 찾아내는 데만도 어려운 점이 많았지만, 정대협은 위안부 피해자가 역사의 피해자에서 주체로 당당히 일어서기까지 그들의 중요한 동반자였다고 평가할 수 있다.

정대협의 피해자 지원활동은 네 가지로 구분할 수 있다. 첫째, 경제적 지원활동, 둘째, 피해자 지원을 위한 제도적 장치 마련을 위한 활동, 셋째, 일본군위안부 경험으로 인한 육체적·정서적 상처의 치유활동, 넷째, 쉼터 운영이다.

---

[*] 제6장은 윤미향 정대협 상임대표가 작성했다.

1. 피해자 신고전화 개설과 경제적 지원활동

1) 피해자 신고전화 설치

1991년 9월 피해자 신고전화를 처음 개설했다. 그해 말부터 정대협 사무실에는 신고 문의 전화가 빗발쳤다. 언론보도를 통해 신고전화 개설 사실이 알려지자 전국 각지에서 신고가 들어왔다.

"우리 누나가 끌려가 돌아오지 않아서 지금까지 호적도 정리하지 않고 실종된 것으로 남아 있는데 혹시 신고한 피해자 중에 우리 누나 이름과 같은 분이 없을까요?"라고 묻는 전화도 있었고, 자기가 살던 동네에서 당시 면장이었던 사람이 '정신대'에 가라고 선동했다는 전화도 있었다. 물론 본인이 피해자라고 신고하는 사례도 지속적으로 늘어났다. 정대협 사무실을 모르는 피해자들은 신고전화에 관한 뉴스가 실린 언론사를 찾아가기도 해서 해당 언론사에서 정대협을 연결해주기도 했다.

피해자들이 직접 신고를 하는 것은 쉬운 일이 아니었다. 한 피해자는 친구를 대신해 신고하기 위해 찾아왔다고 했지만, 정대협 활동가와 이야기를 나누면서 본인이 '정신대'에 끌려간 경험이 있다고 털어놓았다. 다른 피해자는 가족이 통화 내용을 들을까 노심초사하다가 결국 전화를 끊고 사무실까지 찾아와 신고를 하기도 했다. 신고를 위해 사무실까지 찾아왔던 한 피해자는 차마 일본군성노예로 지냈던 과거를 이야기하지 못하고 되돌아갔다가 다시 방문해 신고하기도 했다.

피해신고 접수 과정에서 알게 된 피해자들의 삶은 '열악하다'는 표현만으로는 부족할 정도였다. 해방 후 이웃에게 손가락질을 받으며 살아온 질곡의 세월 자체가 어려움이었지만, 대부분 빈곤으로 인해 곤란을 겪고 있었다. 일정한 직업도 없이 하루하루 돈을 벌며 생계를 꾸려야 했고, 돈이 조금이라도 모이면 위안부 후유증으로 생긴 질병을 치료하느라 병원비로 다 써버리는 상황이었다. 피해자들은 입주가사도우미, 육아도우미, 유흥업소나 식당 서빙 등 닥치는 대로 일을 하며 '내일 없는' 삶을 이어가고 있었다. 주거 공간도 안정적이지 못했다. 위안부라는 낙인 때문에 결혼을 못한 피해자가 많았고, 슬하에 자녀를 둔 경우가 적었다. 노인 복지의 상당 부분을 가족 내에서 해결해야하는 한국 사회에서 어떠한 지원이나 돌봄도 받지 못하고 50여 년을 살아온 것이다.

신고전화를 통해 드러난 피해자들의 열악한 상황은 1992년 5월 1일과 2일 어버이날을 앞두고 개최한 일본군위안부 피해자 초청 위로행사에서 재확인되었다. 1박 2일 일정으로 서울에서 열린 위로행사에 참석한 피해자 40여 명은 한결같이 '방 한 칸도 없는' 생활을 하고 있었다. 최저생활기준에도 미치지 못하는 피해자들의 경제적·사회적 상황을 보면서 정대협은 피해자들을 위한 복지활동을 중요한 과제로 삼게 되었다. 피해 회복을 위한 정서적 안정지원사업, 피해자를 위한 민간모금운동과 피해자 지원법 제정활동, 의료지원 대책 수립 등의 활동에 중점을 두었다.

2) 모금활동을 통한 피해자 지원

피해자들을 위한 경제적 지원을 위해 2회에 걸쳐 국민 모금운동을 진행했다. 첫 모금운동은, 1992년에 '정신대할머니 생활기금모금 국민운동본부(이하 모금운동본부)'의 설립과 함께 진행되었다. 일본 정부가 위안부 제도에 대한 군의 개입을 인정하면서도 피해자에게 법적 배상이 아닌 '보상에 대신하는 조치'를 운운하고 있었다. 이 모금은 피해자들이 원하는 것은 단순히 '돈'이 아니라 '법적 배상'이라는 것을 확인시킬 필요에서 시작되었다. 피해자들에 대한 생활 지원은 정대협을 중심으로 한 한국 사회가 감당하겠다는 결의를 보여준 것이다.

모금운동본부는 발족 취지문에서 "일본군위안부 문제는 피해 여성에 대한 인권침해의 성격만이 아니라 언어말살정책, 창씨개명 등과 같이 일제가 국가 권력의 차원에서 우리 민족을 정신적으로 파괴하고자 했던 식민지 지배의 성격을 가지고 있다"고 밝혔다. 그리고 일본 정부는 마땅히 우리 민족과 피해자 들에게 사죄해야 한다고 역설하고, "이 사죄는 '미안하다', '사죄한다'는 말로 써 끝나는 것이 아니라 진상 규명, 책임의 소재 파악 및 관련 책임자 처벌, 그리고 역사적 교훈의 전수와 피해자에 대한 정신적 피해 배상을 위한 추모관 및 추모비 건립, 생존 피해자에 대한 법적 배상으로 이루어져야 한다. 그런데 일본 정부는 자세한 진상 규명도 없이 '보상에 대신하는 조치'로써 이 문제를 조기에 매듭짓고자 하고 있다"고 일본 정부를 비판했다. 또한 피해자들에 대한 지원은 한국 사회의 책임이라고 강조했다. "지난 50년간 할머니들은 한 번도 우리 정부와 국민들로부터 따뜻한 위로의 말 한마디 듣지 못하고 가난 속에서 살아왔다. 우리가 진상 규명이나 사죄 없이 주는 금전적 보상을 반대하려면 우선 우리 정부와 국민이 나서서 할머니들의 생계를 돕고 위로하는 일을 벌이는 것이 도리라고 생각한다"고 밝혔다.

모금의 목표는 1차적으로 경제적 지원을 통해 피해자의 생활을 안정시키는 것이었으며, 더 나아가 일본 정부와 보수언론으로부터 피해자를 보호하는 것이었다. 일본은 계속해서 정대협운동을 인권운동으로 보기보다는 '돈'을 노리는 활동으로 왜곡했고, 이는 곧 일본군위안부 제도를 '강제'와 '자발', '성노예'와 '돈 벌이'로 이분화해 피해자와 정대협운동을 분열시키려는 시도였다.

이런 취지로 1992년 12월에 서영훈 당시 미래사회와 종교성연구원 이사장이 대표를 맡고, 이미경 정대협 총무(현 국회의원)가 모금운동의 총무를 맡아 모금운동본부를 발족한 것이다. 모금운동본부는 거리에서 모금활동을 하고, 모금공연을 열어 국민의 참여를 호소했다. 그러나 한국 사회는 일본군위안부피해자를 돕는 모금에 열의를 보이지 않았다. 이에 모금운동본부는 1993년 7월까지 모인 모금액 약 1억 5,000만 원을 당시까지 신고된 피해자 62명에게 250만 원씩 전달하고 해산했다.

두 번째 모금운동은 일본의 국민기금을 저지하고자 하는 목적에서 두 차례 진행했다. 모금운동은 피해자들의 가난한 생활을 빌미로 법적 책임을 회피하는 수단인 국민기금으로 이 문제를 해결하려 하는 일본 정부에 대해 명백히 반대의 입장을 전하면서 시작되었다. 1996년 10월, 대표 오재식, 공동집행위원장 김성재와 윤영애가 중심이 되어 '강제연행 당한 일본군위안부 할머니 지키기 시민연대'라는 단체를 출범하고 전 국민을 대상으로 모금을 펼쳤다. 1차 모금은 1997년 5월까지 전개되었다. 전국 수녀원에서는 조직적으로 모금을 해서 보내왔고, 학생들은 자체 모금행사를 통해 생긴 수익금을 전달했다. 가수 홍순관은 전국적으로 교회 100곳을 순회하면서 〈대지의 눈물〉 공연을 펼쳤다. 거리 곳곳에서도 모금함을 놓고 모금운동을 전개했다.

또한 국민 참여를 유도하기 위해서는 방송을 통한 ARS 모금이 필요하다는 판단 아래, 행정안전부(현 안전행정부)에 기부 금품 모집 허가신청서를 제출했다. 천재지변은 아니지만 모금이 필요하다는 동의를 얻어 ARS 모금 허가를 받았다. ARS 전화회선은 한국통신에서 무료로 제공해주었다. 당시 윤미향 정대협 간사와 피해자들은 모금방송에 출연해 일본의 국민기금에 반대하는 이유와 기금의 부당성에 대해 알렸다. SBS에서는 관련 다큐멘터리를 특별 제작해 방영하고, 방송 후 화면에 ARS 전화번호를 노출시켜 시민의 참여를 독려했다.

그러나 ARS모금에 대한 관심은 많지 않았다. 힘겹게 살아온 피해자들의 삶을 재조명하며 눈물로 호소를 해보았지만 시민들의 반응은 미지근했다. 위안부 문제가 과거의 사건이고, '성폭력' 관련 사안이라는 이유로 여전히 불편하게 여긴다는 것을 충분히 느낄 수 있었다. 결국 목표액의 절반도 채우지 못한 채 모금운동은 마무리되었고, 당시 일본군위안부로 신고·확인된 피해자 총 154명에게 각각 351만 7,000원의 지원금이 전달되었다. 일본의 국민기금이 피해자 1인당 500만 엔, 당시 환율로 약 4,300만 원에 달하는 '위로금'을 지급하겠다고 한 것에 비하면 턱없이 부족한 금액이었다.

그 틈을 타서 일본의 국민기금 측 관계자들이 한국을 비밀리에 방문해 피해자 일곱 명에게 기금 지급을 강행하는 일이 발생했고, 이에 대해 정부와 정대협은 한목소리로 강력하게 항의했다. 그리고 정대협은 정부의 후원으로 다시 2차 모금을 시작했다.

1997년 10월부터 시작한 2차 모금운동은 1998년까지 60억 원을 목표로 했다. 그러나 IMF 금융위기로 목표 달성이 어려워졌다. 정대협은 김대중 당시 대통령을 찾아가 면담을 하고, 정부가 나머지 잔여분을 지급해줄 것을 요청했다. 정대협의 의견을 수용한 정부는 1998년 5월, 피해자 모두에게 1인당 3,150만 원을 지급했다. 이것은 정부의 두 번째 일시금 지원이었다. 정부는 「일제하 일본군위안부에 대한 생활안정지원법」 시행 초기에 1인당 500만 원의 지원금을 1차로 지급한 바 있다. 두 차례에 걸친 정부 지원금은 피해자 1인당 총 3,650만 원이었다. 여기에 정대협 또한 1차에 이어 2차 모금 분을 피해자 1인당 410만 8,000원씩 지급했다. 이로써 정대협이 전달한 지원금은 총 762만 5,000원이었다. 정부와 정대협의 지원금을 모두 합하여 피해자 1인당 일시금 4,412만 5,000원이 전달된 셈이었다.

2. 피해자 지원법 제정활동

정대협은 피해자의 안정적인 생활을 위해서는 민간단체의 지원 외에도 정부의 제도적 지원이 필요하다고 판단했다. 이에 1992년부터 정부와 국회에 문제제기를 시작했고, 1993년 6월 11일 법률 제4565호 「일제하 일본군위안부에 대한 생활안정지원법」이 제정되었다.

이 법에 따라 피해자 1인당 500만 원의 일시금이 지급되었고, 매월 15만 원의 생활비가 지원되었다. 또한 생활보호대상자로 지정해 약 20만 원의 지원금과 쌀 등의 생필품을 지원받을 수 있도록 하고 영구임대주택 입주 우선권을 제공했다. 의료보험도 무료로 지급되었다.

정대협은 정부의 지원금이 피해자의 열악한 생활을 안정되게 유지하는 데

<표 1-6-1> 연도별 월 생활안정지원금

(단위: 만 원)

연도	1993	1994	1995	1996	1997	1998	1999	2000	2001	2002
지원금	15	15	20	25	50	50	50	50	50	53.5
연도	2003	2004	2005	2006	2007	2008	2009	2010	2011	2012	2013
지원금	60	64	70	74	78	80	82.4	86.5	90.8	95.3	98.2

자료: 여성가족부 일본군 위안부 피해자 e-역사관.

는 부족하다고 여기고 정부에 계속해서 문제를 제기했다. 위안부 피해자 지원금은 매년 5만 원씩 인상되어 1998년에 지원금이 50만 원으로 늘어났다. 이후 매년 물가인상률이 반영되어 2012년 현재 95만 3,000원이 지원된다. 이 외에도 정대협은 각 지방자치단체 예산에서 피해자 지원예산이 반영되도록 힘써왔다. 서울시의 경우 2009년부터 매월 50만 원을 서울시 거주 피해자들에게 지원하고 있고, 대구시는 2000년 초기부터 매월 50만 원을 지원하고 있다. 그 밖에도 소정의 예산을 별도로 지원하는 지방자치단체가 있다.

정부는 「일제하 일본군위안부 피해자 생활안정지원법」에 의거해 2000년부터 관련 민간단체를 통한 피해자들의 정서적 안정지원사업을 지원한다. 2005년부터는 피해자들에게 별도의 건강치료비를 지원하고 있으며, 병원에 입원하거나 집에서 기거하면서 간병인이 필요할 때에는 간병인비를 지원한다.

「일제하 일본군위안부 피해자 생활안정지원법」은 2002년에 이미경 의원의 개정안 발의를 통해 「일제하 일본군위안부 피해자 생활안정지원 및 기념사업 등에 관한 법률」로 개정되었다. 이후 3년 동안은 대학연구소, 연구기관 등에게 연구용역을 주어 위안부 제도의 진상 규명에 힘쓰기도 했지만, 그 외 다른 사업은 거의 진행하지 못했다. 2009년도에는 여성가족부 주도로 천안 독립기념관에 일본군위안부에 관련한 전시공간이 마련되었다. 현재 정부의 눈에 띄는 활동으로는 사이버 역사관[일본군위안부 피해자 e-역사관(www.her-museum.go.kr)] 운영이 있다.

3. 피해자의 육체적 · 정서적 치유활동

1) 정신적 외상 치유 지원 및 건강 지원활동

일본군위안부 피해자들이 '위안소'에서 입은 육체적 피해는 전쟁이 끝난 후에도 그대로 남아 있었다. 구타 등으로 인한 외상과 불임, 성병, 자궁 이상, 심장기관 및 소화기관 이상, 폐 질환 등의 직접적인 후유증과 위안부 경험 때문에 후천적으로 생긴 질병(노인성 질병 포함) 등을 모두 안고 있었다. 하지만 피해자 대부분은 힘겨운 경제적 여건으로 인해 제대로 된 치료를 받지 못한 경우가 많았다.

1995년부터 1999년까지 서울중앙병원(현재 아산중앙병원)에서 일본군위안부 피해자들을 대상으로 무료 건강검진을 실시한 결과, 각종 질병을 안고 있는 피해자가 많았다. 2000년 9월, 인천사랑병원 정형외과가 실시한 검진 결과에 의하면, 조사대상 14명 가운데 일곱 명이 과거의 구타 및 외상으로 인한 후유증을 앓고 있었다. 신체적 외상은 정신적 외상을 동반했다. 정대협이 일본군위안부 피해자 신고전화에 접수된 피해자 192명을 조사한 결과도 마찬가지였다. 거의 모든 피해자가 대인공포증, 정신 불안, 울화, 수치감, 죄책감, 분노, 원망, 자기비하, 체념, 우울증, 외로움 등 정신적으로 심각한 장애를 겪고 있었다. 이러한 피해의식은 정대협 활동가와 관계를 맺는 과정에서도 드러났다. 활동가가 불순한 의도로 자신에게 접근했다거나 자신을 이용해서 활동가가 이익을 취하려 한다고 여기는 등 의심이 짙어서 피해자들은 활동가의 방문을 달가워하지 않았다.

정대협은 피해자들의 육체적 외상과 정신적 피해를 치유하고 극복할 수 있도록 지원하는 활동을 꾸준히 추진해왔다. 육체적 외상의 치료를 위해 우선 민간의료기관과 연계해 피해자 지원 연결망을 구축했다. 1992년 김학순 할머

니가 서울적십자병원에 입원했을 때는 할머니가 무상으로 진료를 받고 입원을 할 수 있도록 병원 측의 협조를 이끌어냈다. 해모수치과와 '건강 사회를 위한 치과회'와 연계해 피해자들에게 무료 치과진료 및 틀니(의치) 시술을 지원했다. 서울중앙병원은 1995년 8월 15일, 해방 50주년을 맞이해 위안부 피해자들의 평생 무료진료를 약속했다. 아산중앙병원은 진료 및 치료는 물론 입원을 지원하고 있으며, 피해자가 사망한 경우 장례 편의를 돕고 있다. 2010년에는 틀니 시술과 치과 진료까지 무료로 지원하기 시작했다. 천호한의원에서는 무료 한방진료를 해주었으며, 연세의료원 노동조합에서는 쉼터를 방문해 의료봉사활동을 펼치는 등 피해자들이 경제적인 부담 없이 의료서비스를 받을 수 있도록 해주었다. 여성가족부에서도 의료서비스 지원에 동참했다. 초기에는 여한의사회를 통해 매년 한약을 조제해 피해자들에게 제공해주었고, 이후 정대협과 지역의 네트워크를 통해 사업을 체계적으로 추진했다. 건강·치료 지원은 각 피해자의 상황과 요구에 따라 한약 조제, 병원 진료, 치과 진료, 건강보조식품 제공 등 다양한 방법으로 진행되고 있다.

2) 정서적·심리적 치유 지원활동

정대협은 피해자의 정신적인 치유와 안정을 위한 다양한 프로그램을 기획, 진행했다. ① 봄, 가을 나들이를 겸한 인권캠프 개최, ② 피해자 1인과 재가자원봉사자 1인 자매결연 체결 및 방문활동, ③ 지역 시민모임 조직 및 지역 사회 돌봄 서비스 구축, ④ 원예, 노래, 미술치료 교실활동을 통해 피해자가 위안부 경험으로 인해 받은 상처를 극복할 수 있도록 노력해왔다.

인권캠프는 1992년 5월에 처음 열었던 피해자 위로잔치를 계기로 기획되었다. 피해자들 간의 만남과 교류가 그들의 과거 상처를 치유하는 데 큰 도움이 되었다. 이후 정대협은 매년 한두 차례 나들이를 겸한 인권캠프를 개최했다. 인권캠프의 경비는 정부의 민간단체 지원금이나 특별 후원의 형태로 충당했다. 2005년부터는 피해자 대부분이 80대의 고령이 되면서 거동이 불편해져 가까운 곳으로 일일 나들이를 가는 정도로 인권캠프가 진행되고 있다.

피해자의 정신적 치유와 안정을 위한 일대일 자매결연 및 재가봉사활동은 지금도 열심히 추진되고 있다. 부산, 울산, 대구, 마산, 통영, 창원, 대전, 해남, 청주, 서울, 경기 등 각 지역에서 자원봉사자들이 월 1회에서 4회 정도 피해자를 방문한다. 이들은 평생 외롭게 살아온 피해자의 말벗이 되어주고, 혼자 해결하기 어려운 행정 업무 처리에 도움을 주고 있다.

재가봉사활동 초기, 피해자들은 오랜 시간 누적되어온 대인기피증으로 어느 누구도 만나고 싶지 않다며 자원봉사자의 방문을 거부했다. 하지만 재가자원봉사자들의 지속적인 방문에 차차 마음을 열고, 자신의 경험도 편하게 말하는 사이가 되었다. 피해자들은 "이야기를 하고 나니 시원하네"라며 마음을 털어놓기도 하고, "언제 또 오느냐"며 사람에 대한 그리움을 드러내기도 했다.

정대협은 피해자들과 사회나 역사에 대한 이야기, 같은 피해를 입고 있는 여성에 대한 이야기를 계속 나누면서 자기 안에 갇혀 있던 피해자를 세상으로 끌어내기 위해 노력했다. 이제 위안부 피해자들은 기지촌 여성의 문제와 성매매 피해여성의 문제에 연대하기 시작했고, "입을 다문다고 문제가 해결되는 것이 아니다. 요구할 것은 해야 한다"고 말하곤 한다.

피해자 지원활동의 성과는 피해자들의 변화된 삶 속에 그대로 드러났다. 2006년 1월 31일, 센트럴워싱턴 대학교에서 열린 증언집회에 윤미향 당시 정대협 사무총장이 이용수 할머니와 참석했다. 한 여대생이 이용수 할머니에게 "그렇게 심각한 성폭력 피해를 겪고서도 당당할 수 있는 이유가 무엇인지 알고 싶다"고 했다. 이용수 할머니는 "저도 처음에는 부끄러워서 아무한테도 말도 못 하고, 피해를 당했으면서도 오히려 제가 죄인이라고 생각하며 숨어 지냈습니다. 그런데 한국의 정대협이라는 단체의 노력 덕분에 제가 부끄러운 사람이 아니라는 것을 알게 되었습니다"라고 답했다. 2007년 11월 유럽 의회의 위안부 관련 결의 채택을 위한 공청회에 참석했던 길원옥 할머니도 "나는 그동안 위안부였다는 것을 밝히지 못하고 숨어 지냈습니다. 그런데 정대협이라는 단체와 함께 운동에 참여하면서 죄인은 내가 아니라 저를 이렇게 만든 일본 정부라는 것을 알게 되었습니다"라고 고백했다.

3) 장례 지원활동

정대협은 피해자 사망 시 장례를 돌보는 역할을 하고 있다. 피해자 대부분이 안정된 가정을 꾸리지 못해 사망 시에도 장례를 치를 유족이 없는 경우가 많았다. 이러한 사정을 잘 알고 있는 정대협은 장례 절차를 지원하기로 하고, 피해자 본인이 원하는 경우 천안에 있는 국립묘원인 '망향의 동산'에 안장을 돕고 있다. 무연고자인 피해자의 경우는 정대협이 장례를 맡아 진행하기도 한다. 아울러 정대협에서는 1998년부터 '돌아가신 일본군위안부 할머니 추모회'를 매년 12월 마지막 수요일에 개최하고 있다.

4. 쉼터 '우리 집'의 설치와 운영

2003년 겨울, 서울 강서구 등촌동 영구임대아파트에 거주하는 황금주 할머니(당시 86세)가 정대협 사무실에 와서 "수요시위가 끝나고 버스를 타고 우리 동네에 내렸는데, 우리 집이 어딘지 도무지 모르겠어. 여기저기 한참을 헤매다가 겨우겨우 관리실에 물어서 우리 집에 들어갔네"라고 말했다. 정대협 실무자들은 깜짝 놀라지 않을 수 없었다. 노령인 피해자가 치매에 걸린 것은 아닌지 걱정되었고, 이 같은 사고가 재발할 가능성이 높다는 판단 아래 대책 마련에 부심했다.

같은 해, 정윤홍 할머니는 평택의 한 시골에서 월세를 치르며 단칸방 생활을 했다. 주거환경이 열악해 연탄불로 취사와 난방을 해결해야 했다. 할머니의 건강상태가 나빠져 윤미향 당시 정대협 대표와 복지업무를 담당하고 있던 강주혜 부장이 할머니의 집을 방문했다. 방문을 열자마자 방 안에서 연탄가스 냄새가 느껴졌다. 할머니는 늘 연탄가스에 노출되어 있었던 것이다.

피해자들은 갑자기 급한 일이 생겼을 때 조속한 도움을 받을 수 없다는 것 때문에 불안해했고, 혼자서 끼니를 챙기는 것도 힘들어했다. 그러나 혼자 지내는 것이 외로워도 지역의 노인정과 복지관 등에서 진행하는 나들이 행사나 잔치에 참석하는 것은 꺼려했다. 위안부라는 낙인을 안고 살아가는 피해자들이었기에, 위로행사가 오히려 불편하고 부끄럽게 생각된다고 했다. 정대협은 홀로 사는 것을 불안해하는 피해자들에게 조계종에서 운영하는 경기도 광주의 '나눔의 집'에 입주할 것을 권유하고는 했다. 하지만 피해자들은 종교상의 이유로, 또는 여기저기 돌아다니면서 마음속 답답증을 풀어야 하는데 바깥출

입이 자유롭지 못할 것 같다며 선뜻 입주하지 않았다.

　김복동 할머니는 '나눔의 집' 초기부터 입주해 생활하다 부산에서 홀로 아파트에 살고 있다. 시력이 많이 약해져 생활에 불편을 겪고 있는 데다 입맛이 없다며 보리차로 끼니를 대신하면서도 혼자 사는 생활을 고집했다. 김복동 할머니는 "나눔의 집에 찾아오는 사람들이 너무 많아서 항상 시끄럽고, 나는 증언하는 것이 참 싫은데 사람들이 방문하면 꼭 증언을 하라고 해. 혼자 조용히 살고 싶어서 나왔어"라며 '나눔의 집'에서 생활하는 어려움을 토로했다. 그 외에도 병원 진료나 수요시위 및 각종 행사 때문에 지방에서 서울로 올라온 피해자들은 마땅히 쉴 곳이 없어 여관이나 단체 실무자의 집에서 기거하는 일이 종종 있었다.

　정대협은 피해자의 생활환경을 개선시킬 수 있는 새로운 쉼터가 필요하다고 생각했다. 그리고 피해자들의 공동체적 공간이자 정대협 활동가와 피해자들이 새로운 가족 관계를 맺고 살 수 있는 공간의 역할을 할 시설을 만들기로 결정했다. 마침 정대협은 전쟁과여성인권박물관을 건립하기 위해 모금을 진행 중이었는데, 박물관 건립 전까지 쉼터로 활용할 전세 공간을 얻는 것이 효과적이라는 판단이 들었다.

　공간을 마련하기까지 각고의 노력이 있었다. 2003년 12월, 서대문의 한 단독 주택을 전세로 빌려 쉼터를 꾸렸다. 피해자들은 쉼터를 '우리 집'이라고 불렀다. 쉼터의 첫 입주자는 김윤심, 정윤홍, 황금주, 이용수 할머니였고, 이후 이막달, 길원옥, 이순덕 할머니가 입주했다. 중국 상하이로 연행되었다가 해방 후 고향으로 돌아오지 못하고 중국에 살고 있던 박우득 할머니가 딸과 함께 국적 회복을 위해 고향을 방문했을 때 약 세 달간 쉼터에 머물렀다. 황순이, 손판임 할머니는 병환으로 세상을 떠나기 전까지 쉼터에서 돌봄을 받았다.

　쉼터는 한적한 교외가 아닌 서울의 일반 주택가에 있으며, 같은 아픔을 겪은 피해자들이 공동생활을 하며 가족적인 분위기에서 살고 있다. 특히 공동

생활을 하면서도 각자의 방이 있어 일정 부분 독립된 공간이 보장된다. 쉼터에서는 매주 정기적으로 원예치료교실, 노래교실, 건강교실, 서예교실 등을 열고 있으며, 이 프로그램의 성과는 연말에 전시회, 송년회 등의 행사를 통해서 대중에게 선보이고 있다. 피해자들은 자신의 작품이 사람들에게 인정받는 것을 보면서 자긍심을 회복한다. 그러나 쉼터 운영 비용을 전적으로 정대협의 민간 후원금에 의존하고 있어 운영에 많은 애로점이 있다.

제7장
조사 · 연구 및 출판 · 기념사업[*]

    정대협이 설립 초기부터 중점을 둔 사업 중 하나가 진상 규명을 위한 조사 · 연구 및 교육과 출판 사업이다. 특히 일본군위안부의 피해 사실을 밝히는 생존자 구술 녹취 사업은 정대협 연구활동의 중심이었다. 증언집 발간 및 위안부 피해 실태조사는 한국정신대연구소와 긴밀한 협조를 나누면서 진행할 수 있었다.

    공교육 현장에서 위안부 관련 교육이 거의 없던 상황에서 위안부 문제의 무엇을, 어떻게 가르칠까 하는 것은 정대협의 큰 고민이었다. 이를 위해 정대협은 교재를 개발하고, 이것이 현장에서 활용될 수 있도록 노력했다. 이 기획은 초중등학교 교사들이 자발적으로 참여함으로써 많은 성과를 거둘 수 있었다.

    진상 규명과 교육사업의 체계화를 위해서 정대협은 1999년 학자들을 중심으로 하는 '전쟁과여성인권센터'를 병설기관으로 설립했다. 또한 현재까지의 연구 성과와 피해자 관련 자료를 보관하고 역사교육 사업에도 활용하려는 목적으로 '전쟁과여성인권박물관'을 건립했다.

---

[*]   제7장은 정대협 사무처에서 작성했다.

1. 조사 · 연구 및 출판 · 기념사업

1) 자료집 출간

운동 초기부터 위안부 문제 및 관련 상황을 널리 알리는 매체로 정대협 소식지와 자료집은 중요한 역할을 담당했다. 정대협 소식지는 1992년 11월 15일 창간호를 시작으로 2008년 11월 49호까지 1년에 3~4회 정도 발간했다. 발간된 소식지는 국내외 회원단체, 여성단체, 사회단체, 정부기관, 후원회원 등약 1,500곳에 발송했고, 정대협을 찾아오는 방문자들에게 교육 자료로 제공했다. 일본어와 영어로 1년에 1~2회 번역 발간해 해외에도 소식을 알렸다. 소식지에는 주로 한일 정세와 국제여론의 동향, 위안부 문제 해결활동 상황, 피해자들의 소식, 각 단체와의 연대활동 내용 등을 게재했다. 2006년부터는 윤미향 현 정대협 상임대표가 온라인 정대협 주간소식을 매주 발행하기 시작했다. 이에 따라 오프라인 소식지는 2009년부터 1년에 한 번 발행하는 것으로 변경되었다.

1991년부터 발간하기 시작한 『정신대 자료집』은 현재 제15호까지 발간되었다. 『정신대 자료집』은 시기별 이슈나 세미나, 아시아연대회의 등 중요한 자료들을 발췌 또는 재편집하여 발간한다.

2) 정부보고서 비판

1991년 일본에서 위안부 제도에 관한 문서가 발굴되자 국내에서도 진상 규명이 시급하다는 여론이 고조되었다. 1992년 1월에는 한국 정부가 정신대문제실무대책반을 설치하고 같은 해 7월에 「일제하 군대위안부 실태조사 중간보고서」를 처음 간행했다. 그러나 이 보고서는 관련 자료 발굴이나 책임자 중언에 대한 추가 조사도 없이 작성되어 그동안 공개된 사실을 조합하는 수준을 넘지 못한 것이었다.

일본 정부 또한 한국 정부에 앞서 「전시 중의 '종군위안부'에 관한 조사보고」를 발간했다. 그러나 이 보고서는 위안부 모집, 위안소 설치·경영·감독 등 위안소 제도 전반에 관한 제목만 나열하고 있을 뿐, 이미 진행된 민간연구의 성과나 피해자의 증언조차 반영하지 않은 빈약한 것이었다. 이에 일본 국내외에서 비판과 불신이 깊어지자 일본 정부는 1993년 8월에 2차 보고서를 발표했다. 이 보고서에는 일본 군부가 위안소의 설치, 경영, 관리 및 위안부 이송에 직간접적으로 관여했다는 내용이 추가되었다. 이에 대해 정대협은 1차 보고서보다는 내용이 보강되었으나 위안부제도가 전쟁범죄라는 점을 인정하지 않았다는 점에서 비판성명을 냈다. 일본 정부가 법적 책임을 회피하고 위안부 동원의 강제성을 애매모호하게 기술하는 한편, 국가가 운영한 성노예 제도로서의 위안부 제도의 성격을 인정하지 않았다는 점을 문제로 지적한 것이다. 정대협은 일본 정부를 향해 성의 있게 진상 규명을 촉구하면서 계속적인 조사보고를 요구했다. 그리고 한국 정부가 이 문제에 대해서 일본 정부에 좀 더 강경하게 요구해야 한다고 주장했다.

3) 증언집 발간

한국 정부와 일본 정부는 일본군위안부 관련 진상 규명에 소극적인 태도를 취했다. 정대협은 정부를 통해서는 철저한 진상조사가 어렵다고 생각하고 국내 연구자를 중심으로 자체적으로 진상조사연구위원회를 구성했다. 위원회에서는 첫 사업으로 한국정신대연구소와 함께 생존자 할머니들에 대한 증언 수집 및 채록을 진행했다. 위안부제도에 관한 문헌자료가 많지 않은 상황에서 피해 생존자의 증언은 일본군위안부 제도의 존재와 피해 사실을 입증해주

는 결정적인 자료의 의미가 있었다. 특히 위안부 피해자의 입장에서 위안부 문제를 말해주는 기록이나 문헌자료는 거의 없었기 때문에, 위안부 생존자에 대한 증언 채록은 위안부 문제의 본질을 밝히는 데 가장 기초적인 작업이었다. 정대협은 한국정신대연구소와 함께『강제로 끌려간 조선인 군위안부들』 1, 2, 3집을 간행했고, 이후 정대협 사업의 일환으로 증언집을 6집까지 발간했다. 증언집을 통해 자신의 이야기를 구술한 피해자는 정부 신고 피해자 중 총 79명이다.[1]

1　『강제로 끌려간 조선인 군위안부들 1』(서울: 도서출판 한울, 1993), 19명 증언 수록;『강제로 끌려간 조선인 군위안부들 2』(서울: 도서출판 한울, 1997), 15명 증언 수록;『강제로 끌려간 조선인 군위안부들 3』(서울: 도서출판 한울, 1999), 14명 증언 수록;『기억으로 다시 쓰는 역사』(서울: 풀빛, 2001), 9명 증언 수록; 강제로 끌려간 조선인 군위안부들 5』(서울: 풀빛, 2001), 10명 증언 수록;『역사를 만드는 이야기』(서울: 여성과 인권, 2004), 12명 증언 수록.

1990년대 후반부터는 구체적인 실태조사의 차원에서 위안소가 설치되었던 지역과 피해자들이 동원되었던 지역에 관한 조사를 실시했다. 초기에는 일본군의 후기에 나온 위안소 지역을 중심으로 현지답사를 했으며, 생존자 증언조사 및 문헌연구 결과가 축적되고 나서부터는 답사 지역을 넓혔다. 이로써 사이판, 타이완, 팔라우 등 예전에 남양군도라고 불린 미크로네시아공화국과 사할린, 오키나와, 중국 동북 지역과 상하이 등을 답사했다.

1993년 일본에서는 전후의 올바른 과거청산문제에 몰두하는 연구자들과 시민단체 활동가들이 모여 전쟁책임자료센터를 개설했다. 정대협은 전쟁책임자료센터와 함께 위안부 문제의 진상 규명을 위한 한일합동연구회를 개최했다. 제1차 한일합동연구회에서는 위안부 관련 전체 피해 규모 추정, 패전 후 위안부 문제의 처리방식 및 위안부 모집에 관한 조선총독부와 일본 경찰의 자료 발굴 등에 관한 사항을 논의했다. 국제적 인권 차원에서 위안부 문제를 해결할 방안에 대해서도 토론했다. 제2차 한일합동연구회에서는 일본에서 일반적으로 사용되고 있는 '종군위안부'라는 명칭의 문제[2]와 국제법상 위안부 가해자에 대한 형사적 책임과 배상 문제를 논의했다.

4) 연구서 출판

한일연구회의 연구활동은 1997년 정대협 진상조사연구위원회가 발간한 『일본군위안부 문제의 진상』(1997)으로 결실을 맺었다. 위안부 문제에 관한 전문 학술서로는 한국에서 처음 출간된 이 책은 제1부 위안부의 개념과 역사적 배경, 제2부 위안소 및 위안부의 운영 실태, 제3부 문제의 성격과 해결 전

---

[2] 이에 관련해서는 이 책의 제1부 제1장 「한국정신대문제대책협의회의 설립」 중 '일본군위안부와 정신대, 성노예 개념'에서 자세히 설명하고 있다.

망으로 구성되었다. 위안부의 호칭 문제에서부터 배상에 관한 국제법적 해결 전망까지 그간의 연구 활동을 망라한 책이다.

2000년 법정을 마친 뒤에는 그간의 위안부 논의를 모아 『일본군위안부문제에 대한 법적 해결의 전망』(2001)과 『일본군위안부 문제의 책임을 묻는다』(2001)를 출간했다. 전자에서는 아직도 해결되지 못한 일본군위안부 문제의 법적 전망에 관해 살펴보고 일본과 미국을 중심으로 진행되고 있던 재판의 현황을 소개하는 한편, 2000년 법정과 남북공동기소의 의미를 중점적으로 다루었다. 후자에서는 진일보한 연구 성과를 중심으로 일본군위안부 제도의 실상과 사례, 피해자들의 후유증과 피해 사실을 담았다.

2000년 법정이 끝난 후, 한일 여성학자들은 위안부라는 비극이 일어난 근본적인 요인은 한국과 일본의 남성 중심적이고 지배계급 중심적인 역사에 있다는 데 의견을 같이 했다. 그리고 한국과 일본의 근현대사를 양국의 관계에 주목해 여성의 시각에서 다시 서술해 하나의 책으로 만들어보자는 데 뜻을 모았다. 한국의 정진성 정대협 전 공동대표와 일본의 스즈키 유코 와세다 대학교 강사가 책임편집을 맡았다. 5년여의 노력 끝에 한국에서는 『여성의 눈으로 본 한일 근현대사』(2005), 일본에서는 『ジェンダーの視点からみる日韓近現代史』(2005)가 거의 똑같은 내용으로 발행되었다.

5) 외국어 소책자 및 영상 자료 제작

이 밖에도 위안부 문제에 관한 교육용 소책자를 한국어, 영어, 일어, 독일어, 중국어로 발간해 국내외에 배포했다. 피해자 관련 사진집, 위안부 문제 해결운동사 사진집, 제600차 수요시위 성명서 모음집 등도 제작했다. 일본군위안부 문제의 역사와 운동 내용이 상세히 담긴 영상과 사진을 모아 교육용 CD 및 비디오, DVD를 제작했다. 또한 정대협 15년의 운동사를 정리한 영상을 만드는 한편, 피해자 개인별로 증언을 재편집해 30분짜리의 피해자 개인 증언 영상물을 만들었다. 이러한 출판물들은 정대협운동을 처음 접하는 사람에게는 훌륭한 교양서로, 관련 연구 및 저술 작업을 진행하는 연구자에게 중요한 자료로 활용되고 있다.

2. 교육활동

1) 증언집회

초기 정대협의 교육사업은 생존자의 증언집회가 중심이었다. 피해 생존자들의 경험을 통해 위안부 문제에 접근하는 이 방식은 중요하고도 효과적인 것이었다. 그러나 고령의 피해 생존자들이 장거리 이동에 어려움을 느끼는데다 고통스러운 기억을 반복적으로 되새겨야 한다는 문제점 등으로 인해 정대협 교육은 점차 활동가의 강연으로 그 중심이 옮겨가고 있다. 이 자리에서는 정대협에서 제작한 피해자 증언 영상을 보여주고, 활동가들의 현장 경험을 바탕으로 위안부 문제에 대한 전반적인 해설과 운동과정이 소개된다. 활동가들은 교육 대상자들의 참여 동기를 부여하는 데 초점을 맞춰 강의를 진

행하고 있다.

2) 역사교과서 관련 활동

2001년 일본 정부는 극우단체인 '새로운 역사교과서를 만드는 모임(이하 새역모)'[3]의 주장을 받아들여 2002년부터 사용될 교과서에서 아시아태평양전쟁을 '아시아해방전쟁'으로, 조선 강점을 '정당한 합병'으로 기술하려 했다. 이러한 일본 정부의 역사교과서 개악은 당시 한국 사회로부터 많은 비판을 받았다. 정대협을 비롯한 과거사 운동단체들은 일본교과서 왜곡사건을 겪으면서 한국 정부를 향해 당시 국사교과서에 실린 일제강점의 역사, 특히 일본군위

---

3 새역모가 펴낸 역사교과서의 채택률은 매우 저조했고, 그 결과 단체 내에 분열이 생겨 2010년 제2의 새역모라고 할 수 있는 '일본교육재생기구 설립준비위원회'가 설립되었다. 이 단체의 주장은 일본 사회 우경화에 한몫을 하는 한편, 여타 역사교과서의 왜곡을 확대시키는 데 큰 영향을 미쳤다는 점에서 문제가 있다.

안부, 징병, 징용 부분에 대한 기술을 전면 재검토할 것을 촉구했다.

2001년 여성부가 출범하면서 일본군위안부 문제에 대한 정부 차원의 대응이 새로운 단계로 들어섰다. 여성부과 교육부의 제언으로 정부는 2002년 2월 중학교 2학년 및 고등학교 1학년 역사교과서에 위안부 관련 기술을 대폭 정정한다고 발표했다.

당시까지만 하더라도 위안부에 관해서는 국사교과서에 한정되어 기술되었고,[4] 이마저도 "여성도 정신대의 이름으로 끌려가 위안부로 희생되었다"는 것이 전부였다. 이것이 개정판에서는 "다수의 여성을 강제동원해 일본군이 주둔하는 아시아 각지로 보내 위안부로서 비인간적인 생활을 강요했다"로 바뀌었다. 이후 제7차 교육과정을 거쳐 검정 교과서 체제가 되면서 출판사에 따라 위안부 문제를 더욱 상세하게 기술하기도 했다.

정대협의 교육활동에는 초·중·고등학교 일선 교사들이 적극적으로 참여해오고 있다. 특히 전국역사교사모임 소속 교사들의 연대 및 참여는 현재까지도 지속되고 있다. 수요시위에 참가하는 현장학습 진행이나 방학숙제 제시, 정대협 방문 프로그램에 참여하는 사회체험 진행, 서명운동 동참 권유 등 학생들이 위안부 문제와 접촉할 수 있도록 한다. 일선 교사들의 이러한 노력 덕분에 위안부 문제 해결운동에 적극적으로 참여하는 청소년의 수는 갈수록 늘어나고 있다.

정대협은 위안부 문제가 국가나 민족의 입장, 그리고 남성 중심적 시각에서 벗어나 전시하 여성인권의 문제로 다루어져야 한다고 보고 교육 프로그램

---

4 1997년판 중학교 국사교과서에 기술된 위안부 관련 내용은 "일제는 이와 같은 물적인 약탈 뿐만 아니라 한국인을 강제징용으로 끌고 가 광산이나 공장에서 고통스러운 노동을 강요했으며, 강제징병제와 학도지원병 제도를 실시했다. 이에 많은 한국의 청·장년들이 각지의 전선에서 희생되었다. 이때 여성까지도 정신대라는 이름으로 끌고 가 일본군의 위안부로 희생되기도 했다"가 전부였다[국사편찬위원회, 「일제의 민족말살정책」, 『중학교 국사(하)』(서울: 교육과학기술부, 1997), 151쪽].

을 진행한다. 또한 청소년 대상 교육에 활용될 수 있도록 일본군위안부 문제
와 관련한 부교재 및 수업자료집 개발과 제작에도 힘쓰고 있다.

3) 정대협 교육관의 활용

정대협 교육관에서 실시하는 교육은 일본군위안부 문제의 역사와 해결방
안에 대한 설명을 중심으로 프로그램을 기획해 진행하고 있다. 성 평등과 인
권의 관점에서, 다양한 자료를 동원해 성별이나 연령, 학습자의 목적에 따라
맞춤형 교육을 진행한다. 교육은 누구나 일본군위안부 문제를 현재의 문제이
자 자신의 문제로 느끼고 운동에 참여하도록 동기를 부여하는 것을 대전제로
한다. 교육을 진행하는 활동가는 교육이 끝난 후에 방문자가 위안부 문제와
운동에서 스스로의 역할을 고민하고, 그 역할을 만들어내도록 독려하는 것도
잊지 않고 있다. 또한 타 단체나 교육현장에 자료를 지원해 2차 교육이 되도
록 연계하고, 수요시위 참여를 유도해 실천적인 교육으로 발전할 수 있도록

많은 노력을 기울이고 있다.

4) 대학생 교육

1992년 전국여대생대표자협의회가 위안부 문제 해결운동에 참여하기로 결정한 이후, 각 대학의 총여학생회는 정대협에 위안부 문제에 관한 강연 및 증언집회를 해줄 것을 요청했다. 정대협은 서울에서 제주까지, 전국 각지의 대학을 직접 찾아다니며 증언집회를 하는 대중적인 교육활동을 시작했다. 당시 정대협은 자체 교통수단도 없었고, 차량을 소유한 활동가도 없던 상황이어서 활동가들과 피해 생존자들은 버스와 기차를 타고 전국의 대학을 순회했다.

당시 통일과 노동, 정치 이슈를 운동의 쟁점으로 삼고 있던 캠퍼스에서는 피해 생존자를 직접 만나고 그 목소리를 들음으로써 식민지 과거청산과 여성 인권 문제에 대한 중요성을 환기했다. 대학 내에서 위안부 문제는 중심 이슈로 떠올랐다.

대학생 조직과의 연대 속에서 시작한 정대협의 교육활동은 매년 지역단체, 생활협동조합, 소모임, 국내외 행사 등을 통해 꾸준히 진행되고 있다. 효율적인 교육방식에 대한 고민이 축적되면서 최근에는 전시회, 영화상영회 등 시각자료와 문화행사를 활용한 위안부 역사 교육을 모색하고 있다. 위안부 문제를 해결하기 위한 참가자들과의 소통은 정대협이 주최하는 교육의 중요한 화두이다.

3. 홍보

1) 대중강연, 세미나, 심포지엄

정대협은 발족 초기부터 일반 시민, 관련 단체 활동가, 연구자를 대상으로 위안부 문제의 진상을 알리기 위한 홍보활동을 진행해왔다. 1990년대 초반에는 주로 대중강연 및 세미나, 심포지엄의 형식으로 교육과 홍보를 동시에 진행했다. 1991년 5월 28일 기독교회관에서 개최한 '정신대, 무엇이 문제인가'라는 주제의 강연회를 시작으로, '정신대 문제와 한일 정부의 책임'(1992.4.22), '전후배상·보상 실현을 위한 한일 심포지엄'(1992.6.7), '일본의 군국주의 부활과 동북아의 평화문제'(1992.7.29), '강제종군위안부 문제에 대한 국제법적 접근'(1993.7.5), '일본군위안부의 민간위로금이 과연 해결책인가?'(1994.8.29), '일본군위안부 문제의 국제법적 해결을 위하여'(1994.11.28) 등의 강연회를 개최했다. 초기 강연은 국내에 위안부 문제의 진상을 알리기 위한 내용이 주를 이루었고, 점차 법적 배상, 국제법적 책임 등의 해결 방안의 모색과 각 시기별 이슈에 따른 국내외 여론 형성 및 정책 수립을 위한 내용 등으로 발전해갔다. 이러한 강연활동은 각 분야별, 주제별로 관련 단체들과 공동주최를 하기도 했다. 이는 정대협만의 독자적인 여론 형성이 아니라 국내시민사회와 관련 연구자, 법률가와 연대를 통한 지속적인 연구활동의 기틀을 마련하는 발판이 되었다.

2) 온라인에서의 홍보활동

홈페이지와 온라인 카페

인터넷 보급과 발맞추어 1990년대 후반 개설된 정대협 홈페이지는5 일반시민과 위안부 문제에 관심 있는 이들이 온라인에서 할머니의 증언과 피해 내용을 보고 위안부 문제에 관한 정보를 수집하며 정대협 활동 소식 전반과 생존자 동정 등을 한 눈에 볼 수 있도록 구축했다. 이를 통해 정대협 활동에 직접적인 참여를 하더라도 후원과 온라인 캠페인 등 간접적인 참여 및 조사를 할 수 있는 기회를 제공했고, 이로써 특히 청소년들이 일본군위안부 문제에 쉽게 접할 수 있게 되었다. 정대협 홈페이지는 현재 한국어와 영어로 서비스를 제공하고 있다.

포털사이트에 후원 및 공론 게시판(네이버 해피빈, 다음 아고라, 다음 카페)을 개설하거나 소셜 네트워크 서비스(싸이월드, 트위터) 등을 통해서도 정대협의 활동을 홍보하고 있다. 특정 시기에 유행하거나 주도적 여론을 형성하는 사

---

5 정대협 홈페이지는 http://witness.peacenet.or.kr로 개설해, http://www.k-comfortwomen. com을 거쳐, 2004년 현재의 사이트 http://www.womenandwar.net으로 개편했다.

이트를 전략적으로 이용하는 문제나 여러 홍보수단을 일일이 관리하지 못하는 어려움 등으로 인해 각 사이트의 활동이 부침을 거듭한 것도 사실이다. 하지만 정대협은 대중과의 소통의 접점을 넓혀가기 위해 온라인상에서 다양한 시도를 계속해서 해나갈 예정이다.

온라인 주간소식

정대협 온라인 주간소식은 한국어와 일본어로 매주 발행된다. 후원회원과 위안부 문제에 관심을 가진 이들에게 이메일을 발송하고, 홈페이지와 블로그에도 콘텐츠를 게재해 많은 사람이 정대협 소식을 들을 수 있도록 하고 있다. 온라인 주간소식은 정대협의 활동과 위안부 문제에 대한 지속적인 관심과 연대의 끈을 형성하는 주요한 수단으로 자리 잡고 있다. 일본어 번역판 주간소식은 일본 활동가와 정대협운동을 연결하는 가교 역할을 하고 있다.

3) 후원행사

결성 시점부터 단체 회원으로만 구성되어 있던 정대협은 2005년부터 본격적으로 개인 후원회원을 모집했다. 해마다 부족해지는 사업비를 충당하고 전쟁과여성인권박물관 건립 기금을 마련하기 위해서는 후원의 방식을 다각화할 필요가 있었다. 정대협은 CMS 후원 시스템을 구축해 정기적인 재정 후원의 통로를 마련했다. 또한 홈페이지를 통해 재능 후원 및 자원봉사를 신청할 수 있도록 하여 후원과 참여의 접근성을 높였다. 2006년부터는 매년 12월경 '후원의 밤'을 개최해 후원회원들이 한자리에서 소통할 수 있는 시간을 마련하고 있다. 정례화된 '후원의 밤'은 정대협 활동에 관심 있는 젊은 세대와 일반 후원자들이 정대협의 연간 활동내용을 듣고, 활동에 더욱 적극적으로 참여하고자 하는 의지를 재충전하는 자리가 되고 있다. 후원의 밤은 정대협 활동을 위한 재정 마련뿐만 아니라 후원자들 간의 만남과 소통이 이루어지는 장이라고 할 수 있다.

4. 전쟁과여성사료관

정대협의 운동 목적은 일본 정부에 7대 요구사항을 이행하도록 하여 인류 역사에 다시는 일본군위안부 제도와 같은 범죄가 일어나지 않도록 하는 데 있다. 이 7대 요구사항 중 하나가 피해자 추모비와 사료관 건립이다.

일본 정부의 올바른 진상 규명조차 이루어지지 못한 상황에서 정대협은 1994년 대표자 회의를 통해 '전쟁과여성사료관 건립준비위원회(이하 건립준비위원회)' 신설 및 조직에 관해 논의했다. 일본 정부의 법적 배상을 실현시키는 문제가 순탄치 않은 상황에서 사료관 건립을 위해 공개적인 모금을 하기에는 많은 문제점이 있었다. 이 때문에 피해자 배상 문제가 해결될 때까지는 개인적인 접촉을 통해 모금을 진행하기로 했다. 건립준비위원회는 우선 자료 수집에 중점을 두고 관계기관의 협조를 얻어 역사 사진, 문서, 영상물, 논문, 저서 등을 수집하기로 했다.

1996년 정대협 대표자회의에서 사료관의 성격을 일본군위안부 문제에 국한하지 않고 전쟁과 여성 문제 전반을 알리는 공간으로 확장시켜나갈 것을 결의했다. 이에 건립준비위원회는 이전의 자료 수집활동에서 나아가 연구, 자료 보관 및 전시, 추모비 건립, 교육 등의 준비를 함께 진행하면서 더욱 폭넓은 활동을 전개해나갔다.

1997년에는 건립준비위원회를 '건립추진위원회'로 확대하고, 부지 섭외, 자료 수집, 모금, 홍보 추진 등으로 업무를 세분화했다. 또한 사료관의 목적을 ①아시아태평양전쟁 당시 아시아 지역에서 희생당한 일본군위안부의 참상을 고발하고, ② 현재 세계 도처에서 자행되고 있는 성 침탈에 대한 참상을 고발하며, ③ 올바른 역사 인식을 통해 세계 평화에 기여하는 교육의 장으로 활용케 한다는 세 가지로 확정했다.

사료관 건립활동은 당시의 당면과제였던 국민기금 반대운동, 2000년 법정 개최를 위한 국제활동 등 여러 가지 사업과 병행하기에는 벅찬 것이었다. 그렇지만 위안부 문제 해결운동에 쏠린 국내외 관심을 지속·강화시키기 위해서라도 평화감수성 교육은 핵심적인 것이었고, 이를 실현하기 위한 공간의 확보, 곧 전쟁과여성사료관의 설립은 필수불가결한 과제였다.

그러나 전쟁과여성사료관을 위한 독립적인 건물을 마련한다는 것은 요원한 일이었다. 그래서 당시 정대협 사무실이 있었던 서대문 기독교사회문제연구원 3층에 교육관을 마련하기로 했다. 전쟁과여성사료관의 첫걸음이자 1단계라는 의미가 있었다. 1년여의 준비 끝에 1999년 3월 3일 드디어 교육관이 문을 열었다. 교육관은 30~40명이 방문해 사용할 수 있는 규모로, 그간 수집한 역사 사진과 정대협운동 현장 사진, 피해자들의 유품 등을 전시하고, 교육용으로 활용할 빔 프로젝터도 설치했다. 비록 작은 공간이지만 교육관을 통해 좀 더 전문적이고 효과적인 교육활동이 전개되었고, 교육관 방문자 교육은 정대협 주요 사업의 하나로 자리매김했다.

5. 전쟁과여성인권센터

1999년 정대협 교육관 개관에 이어 전쟁과여성사료관 건립준비위원회는 일본군위안부 이슈를 시작으로 현재 세계 곳곳에서 자행되고 있는 여성에 대한 전쟁범죄의 실상을 알리고, 문제 해결을 위한 구심점이 되어줄 연대의 장이 필요하다는 판단 아래 '전쟁과여성인권센터' 개설을 논의하기 시작했다.

마침내 2001년 7월 20일 자료 수집과 연구, 교육, 전시 등을 목적으로 하는 전쟁과여성인권센터가 설립되었다.

센터의 중심활동은 자료 조사, 연구사업과 함께 일본군위안부 문제를 현재 일어나고 있는 전쟁 및 분쟁상황의 여성인권 문제와 연계해 알려나가는 세미나 개최와 국제연대활동이다. 자료 조사와 연구사업은 일본군위안부 생존자 증언 녹취, 영상 및 사진 기록, 해외 위안소 답사 및 관련 자료의 수집, 연구 등이다. 생존자 증언 녹취는 2년간의 준비 끝에 증언 6집 『역사를 만드는 이야기』(2004)로 출간되었다. 또한 피해자 목록을 정리하고, 증언 내용 및 각종 영상과 사진 기록 자료의 데이터베이스화 및 디지털 변환을 추진하고 있다. 이를 위해 각지의 피해자를 방문하고 관련 단체들과의 연대활동을 하고 있다.

2005년에서 2007년 사이에는 오키나와를 여러 차례 방문하여 오키나와 본토와 인접한 도카시키 섬, 미야코 섬 등에 대한 조사를 실시했으며, 오키나와의 미군기지 건설에 반대하는 시민운동을 조사하기도 했다. 2007년에는 윤정옥 정대협 초대대표와 함께 오키나와를 방문해 미야코 섬 조선인 위안부에 관한 현지 주민의 증언을 들었고, 이를 바탕으로 위안소가 위치했던 곳을 조사했다. 후속 작업으로 2008년에 일본, 오키나와, 한국 시민들의 힘을 모아 미야코 섬 주민이 기증한 땅(당시 일본군사령부가 있던 곳 부근)에 '아리랑비'를 세우고 매해 기념식을 열고 있다.

이 밖에도 중국 상하이와 우한, 타이완의 타이베이, 지룽, 화리엔, 신주를 답사했다. 1930~1940년대 지도와 위안부 관련 고서적, 피해할머니 증언, 관련 논문 등의 기초자료와 각 국가별 관련 단체의 도움을 받아 위안소 터 확인, 관련자 증언 및 자료 수집 활동을 진행했다.

2006년부터 전쟁과여성인권 월례세미나를 개최해 젊은 세대가 정대협 활동에 참여하는 계기를 마련했다. 2006년 '역사 속의 전쟁, 전쟁 속의 여성'을 주제로, 일본의 침략동원과 여성동원, 한국전쟁과 여성, 미군주둔과 기지촌,

베트남전쟁과 여성, 그리고 한국군 파병, 한국 사회의 군대문화 여성, 일본군 위안부 문제 등을 다루었으며, 이슬람 문화권과 오키나와, 미얀마의 여성폭력 사례 등도 다루었다. 2007년에는 '분쟁 지역에서의 여성인권 문제'를 주제로, 아프리카 내전과 중동 지역에서의 내전과 여성인권, 국제인권기구와 인권단체에서의 여성인권 문제 해결 방안 등에 관한 세미나를 개최했고, 2008년에는 '문학, 영화 속에서의 전쟁과 여성인권'이라는 주제로 대중적인 세미나를 개최했다. 일련의 세미나에서는 영역별 전문가의 발제 및 강의를 통해 지금도 계속되고 있는 세계의 전쟁과 분쟁, 무력갈등 아래서의 여성폭력 문제를 진단하고, 왜 일본군위안부 문제가 반드시 해결되어야 하는지를 여론화하는 데 커다란 역할을 했다.

연구 사업활동으로 센터 내 '읽기 모임'을 진행했다. 2000년 법정에서 검사단으로 활동한 연구자들과 사회학, 역사학, 법학을 전공한 신진 연구자들이 주축이 되었다. 2008년 조직된 이래 매달 1회 정기적인 모임을 갖고 위안부 관련 해외 자료 읽기, 해외 연구자 초청 심포지엄 개최, 정대협운동에 대한 이론과 담론 제기 및 해석 등 활발한 활동을 펼쳤다. 각자의 전공 분야에서 위안부 문제에 관한 연구 방향을 논의하고 발표하는 상을 만늘어나가는 가운데 정대협운동에 대해 이론적으로 활력을 불어 넣는 한편 앞으로의 전망에 대한 학문적 토대를 만드는 역할을 담당했다.

연대사업 역시 빼놓을 수 없다. 국내 단체와의 연대를 통해 전쟁 반대 집회와 기자회견을 열었고, 성명서를 발표했다. 지난 2008년부터 미군 기지촌 및 성매매 관련 단체들과 함께 '기지촌여성인권연대'를 결성해 일본군위안부 문제를 기지촌 여성의 문제와 함께 고민하고 연대하는 활동의 단초를 마련했다. 첫걸음으로 기지촌 피해자들과 일본군위안부 피해자들이 함께 어우러지는 어버이날 공동잔치를 열고 있다. 서로를 적대시하기도 했던 피해자들은 1년에 한 번 있는 만남을 통해 같은 상처를 발견하고 치유의 방법까지 찾아나가고 있다. 최근에는 기지촌 피해자들이 수요시위에 참석하거나 수요시위를 주관하면서 연대의 폭을 넓혀가고 있다.

앞으로는 필리핀, 러시아 등지에서 한국의 기지촌으로 유입되는 여성들을 지원하고, 사전 예방과 범죄 추방을 위해 현지 여성단체와 네트워크를 확산시켜갈 예정이다. 또한 오스트레일리아, 미국, 일본, 독일 등으로 인신매매되어 성노예 상황에 처한 한국 여성들을 지원하기 위해 현지 여성단체들 및 전문가들과 네트워크를 맺어 대응할 계획도 가지고 있다.

6. 전쟁과여성인권박물관

1) 건립위원회 조직

2000년 이후 일본 사회의 우경화가 가속화되면서 전쟁 책임을 회피하려는 태도도 더욱 노골적으로 드러나기 시작했다. 한편 이라크에서 전쟁이 발발하면서 전 세계는 전쟁 반대의 목소리를 높여나갔다. 위안부 문제 해결은 답보 상태이고, 세계의 평화가 위협받는 어지러운 상황 속에 위안부 피해 생존자의 수는 계속해서 줄어들었다. 정대협은 피해자를 위한 진정한 추모가 무엇일까 고민했다. 일본 정부에만 사료관 건립을 요구할 것이 아니라 국내에서 먼저 건립운동을 시작해야 한다는 반성이 나왔다.

이에 정대협은 위안부 문제의 역사화를 중점사업으로 확정했다. 2003년 12월 18일, '돌아가신 일본군위안부 할머니를 위한 추모제'와 함께 '일본군위안부 명예와 인권의 전당'6 건립사업 점화식을 거행했다. 1년여의 준비 끝에 2004년 12월 16일 건립위원회 발족식을 열고 사업계획을 확정했다. 일본군위안부 문제 해결을 위해 함께했던 국내외의 활동가들과 명사들을 중심으로 건립위원회를 조직했다. 공동준비위원장으로는 정대협 초기에 대표를 수행했던 윤정옥, 이효재 교수가 맡았다. 박물관 건립사업은 다음과 같이 시작을 알렸다.

운동이 시작되었을 때 피해자들은 용기 있게 증언을 함으로써 우리로 하여금 과거 역사를 다시 돌이켜보게 하고 인권과 평화를 위해 살아 있는 교과서가 되어 주셨습니다. 이제는 생존자들의 용기 있는 고백을 희망으로 변화시켜야 할 때입니다. 살아 있는 역사인 그분들이 우리 곁에서 모두 떠나기 전에 일본군위안부 명예와 인권을 위한 '전쟁과여성인권박물관'을 건립하고자 합니다. 이 박물관을 통해 우리는 일본군위안부 할머니들의 명예와 인권을 회복시키고, 다시는 인류 역사에 이와 같은 범죄가 재발되지 않도록 교육해 인권과 평화를 사랑하는 사람

---

6 점화식을 개최할 당시에는 '일본군위안부 명예와 인권의 전당'이라는 용어를 사용했지만, 이후 이 사업의 명확한 목적을 알리기 위해 2004년 건립위원회 발족식에 맞춰 '전쟁과여성인권박물관'이라는 용어로 변경해 지금까지 사용하고 있다.

들이 갈수록 많아지도록 하고 싶습니다. 아직도 세계 곳곳에서 계속되고 있는 전쟁과 그 속에서 폭력을 당하고 있는 여성들의 문제를 알려내며 연대해 그들에게도 희망을 주고 싶습니다.

이렇듯 일본군위안부 피해자들의 명예와 인권 회복, 유사 범죄 재발 방지를 위한 교육 등을 목표로 내걸고 박물관 건립활동을 본격적으로 시작했다. 일본군성노예 피해자의 생애와 이들에 대한 추모, 문제 해결을 위해 달려온 여성들의 운동사, 세계의 전쟁 중 여성인권유린 사례를 보여주는 전시 등을 기록해 기억과 체험과 연대가 있는 공간을 만들고자 한 첫 걸음을 뗀 것이다.

일본에서도 2009년 2월 박물관 건립을 지원하기 위한 일본건립위원회(대표 양징자)를 발족하고, 1억 엔을 목표로 모금활동을 펼쳤다. 일본 건립위원회는 박물관 건립을 홍보하고 기금 마련을 위해 자선콘서트, 전시회, 영화상영회, 강연회를 조직하기도 했다.

2) 박물관 부지 선정문제

박물관 건립기금 마련을 위한 활동을 진행하면서 사람들에게 가장 먼저 받는 질문은 박물관의 위치에 관한 것이었다. 부지도 확보되지 않은 상황에서 모금활동을 진행하기란 어려운 일이었고 참여도 저조했다. 이에 건립위원회는 부지 선정을 최우선 목표로 정하고 장소 물색에 들어갔다. 서울시내 공원부지, 서울시 및 중앙정부 소유 건물 중 박물관으로 리모델링이 가능한 건물 등을 찾아다녔다. 서울, 경기, 충청 지역까지 돌아다니면서 부지를 마련에 총력을 기울였다. 건립위원회를 조직하고 약 1년 동안 부지 확보를 위해 노력했으나, 당시 정대협의 힘만으로 역부족이었다. 2005년 8월 이명박 당시 서울시장과의 면담에서 서울시 소유 공원 중에서 박물관 건립이 가능한 부지의 제공

을 요청한 결과, 서대문 독립공원 내 주차장 일부를 박물관 건립부지로 활용하는 방안이 협의되었다.

전쟁과여성인권박물관 공동건립추진위원회 소속으로 건축설계를 담당한 이명주 위원(명지대학교 건축학과 교수)과 김희옥 위원(에이텍건축사무소 대표)이 부지에 관해 검토한 바, 서울시가 추천한 부지는 서대문형무소와 70m 이내로 인접해있었다. 문화재로 지정된 건물에서 70m 이내의 부지에는 신축이 어렵다는 법령이 있었기 때문에 이곳은 박물관 부지로는 여의치가 않았다. 이에 서울시는 서대문형무소 주차장 주변 녹지를 활용할 것과 공동건립추진위원회가 예비 후보지로 추천한 주차장 옆 매점 부지를 제안했다. 이에 매점 부지에 박물관을 짓기로 합의했다. 이명주 위원과 김희옥 위원을 포함해 여러 전문가가 건축, 조경 설계, 구조설비, 측량 등에 재능기부를 해주었다. 이후 기본 설계 작업과 문화재청 사적과 현상변경심의위원회 및 서울시 도시공원위원회의 심의를 통과하는 데 약 1년이 걸렸다.

2006년 10월 19일, 전쟁과여성인권박물관 부지 확정 및 건립설명회를 개최했다. 서대문 독립공원 내에 박물관을 짓는다는 보도가 나가자, 곧바로 공원 내 위패봉안소를 관리·운영하는 순국선열유족회를 중심으로 반대 의견이 나왔다. 신성한 독립운동의 영역에 수치스러운 위안부 역사가 들어올 수 없다는 것이 이유였다. 이들은 정대협 사무실로 몰려와 항의하고, 서울시장과의 면담에서 박물관 건축 불허를 요청했으며, 담당 공무원들을 괴롭히는 등 여러 가지 방법으로 박물관 건립을 반대했다.

이로 인해 서울시가 건축허가와 관련한 행정적 절차를 지연시키는 사태가 발생했다. 서울시는 정대협이 직접 독립운동단체와 합의할 것을 주문하며 사태를 관망하는 태도를 취했다. 이에 정대협은 회원단체들과 힘을 모아 서울시를 상대로 항의성명서 및 공개서한을 발송했다. 광복회 등의 비상식적이고 비인권적인 반대 요구를 빌미로 건축허가를 지연하는 것은 서울시 담당자의 공무위반이며, 그들의 주장에 동조하는 것이라고 반박하고 건축허가와 지원을 요구했다. 그 결과 서울시는 "독립운동 관련 단체들이 반대한다 할지라도, 그 입장은 명분도 없고 타당하지 않기 때문에 받아들일 수 없으며, 독립공원에 전쟁과여성인권박물관을 건립하는 계획은 변할 수 없다. '건축비'의 '50%'를 모금하면 지금이라도 바로 건축허가를 낼 수 있다"는 입장을 알려왔다. 결국 건축비의 50%에 해당하는 약 15억 원에 해당하는 모금 및 모금 약정서 등 관련 서류를 구비해 2008년 7월 31일 건축허가 신청서류를 제출했고, 같은 해 10월 17일 서울시로부터 사업 인가증을 받았다. 이로써 법적인 하자 없이 현 부지 내 매점 멸실에 관한 허가를 서울시로부터 받고 전쟁과여성인권박물관의 건립을 시작할 수 있었다.

그러나 이러한 사실이 언론에 보도되자, 광복회를 비롯한 순국선열유족회, 민족대표33인유족회 등 32개 독립운동 유관단체가 2008년 11월 3일에 있을 순국선열의 날 정부행사에 불참할 것을 선언하고, 서울시에 건축허가를 철회하라는 기자회견을 열었다. 이들은 기자회견에서 서울시가 "독립공원 내에

일본군위안부 박물관 건축을 허가한 것은 몰역사적인 행위로서, 수많은 독립운동가들과 독립운동을 폄하시키는 '순국선열에 대한 명예훼손'"이며, "'후세들에게 일제에 의해 수난만 당한 민족'이라는 왜곡된 역사인식을 심어주는 것"이라 주장하면서 "서대문 독립공원 내 일본군위안부 박물관 건축 결사 저지를 선언하고 최후의 1인까지 결사 저지한다"고 반대의지를 밝혔다. 이 같은 소식이 인터넷과 정대협 활동 보고를 통해 국내외에 전해지면서 일본의 제9차 아시아연대회의 실행위원회 참여단체, 전쟁과여성인권박물관 일본건설위원회, 재일·재미동포, 독일 단체 등 그동안 정대협과 연대해온 NGO들이 박물관 건립을 지원한다는 입장의 성명서를 발표하고, 관련 기고문을 신문에 싣기도 했다. 한국에서도 각 부문 시민단체가 일제히 성명서를 발표했다. 그 결과 광복회는 전쟁과여성인권박물관에 공식적으로 반대하지 않겠다는 입장으로 돌아섰다. 한편, 서울시는 독립공원에 전쟁과여성인권박물관을 건립하는 정책에 변함이 없다는 입장을 밝혔다.

2009년 3월 8일 박물관 부지에서 전쟁과여성인권박물관 착공식 '희망의 터 다지기'를 개최했다. 착공식을 앞두고 마지막까지 부지 내 매점 철거를 서울시에 요청했으나, 서울시는 이를 허가해주지 않았다. 행사 당일, 정치적 성격의 집회가 아닌 박물관 착공 문화행사였음에도 전경과 공무원들은 행사장 주변을 분주히 오가며 행사 준비와 진행 상황을 예의주시했다. 행사 중간에는 독립운동 관련 단체의 고성이 들리기도 했다. 그러나 박물관 건립을 염원하는 참석자들의 열기와 함성에 이들의 반대 목소리는 힘을 발휘하지 못했다. 이날 '희망의 터 다지기' 행사에는 박물관의 주춧돌이 되어준 일본군위안부 피해자들과 국내에서 모금 활동을 벌인 400여 명, 일본의 활동가, 노동자, 학자 등 60여 명이 참가했다. 아무리 험난한 길일지라도 함께함으로써 힘든 과정을 이겨내고 좋은 결과를 이루어낼 수 있다는 희망을 확인하는 자리였다.

3) 박물관 건립 모금활동

가장 먼저 박물관사업에 박수를 보내고 힘을 보태준 이들은 바로 피해자들이었다. 전쟁과여성인권박물관의 건립기금은 피해자들의 '주춧돌 기금'으로 시작되었다. 적게는 10만 원에서 많게는 1,000만 원까지 기금을 후원했다. 실제 후원액이 얼마이든지 간에 피해자 자신에게는 정말 큰 액수임에도 자신이 건립기금을 내면 더 많은 국민이 참여할지도 모른다는 희망으로 선뜻 후원에 나서고 있는 것이다.

정대협은 박물관 건립을 한시라도 앞당기기 위해 모금활동에 박차를 가했다. 기업에 후원 요청을 했지만, 위안부에 관한 이미지가 기업의 이미지와 맞지 않는다는 이유로 대부분의 기업이 후원에 난색을 표했다. 한편 정부예산을 확보하기 위해 2004년 10월 22일, 국회 외교통상통일위원회의 국정감사에 길원옥 할머니가 증인으로 출석해 박물관 건립의 필요성에 대해 발언했다. 외교통상통일위원회 소속 국회의원들은 만장일치로 일본군위안부 피해자의 명예와 인권을 회복하기 위한 박물관 건립을 주장하는 결의안을 채택했다. 이날의 결의안은 국회 본회에서 채택되었다. 본회의 결의안과 여성부의 「일본군위안부 피해자생활안정지원 및 기념사업지원에 관한 법률」에 근거해 당시 여성가

족위원회 예산소위원회를 통해 정부지원을 요청했다. 정대협의 21개 회원단체장 명의로 여성가족부 장관에게 박물관 건립예산 지원요청 청원서를 전달했으나, 여성부는 지방자치단체가 기부한 부지에 중앙정부가 재정을 지원하는 것은 어렵다는 이유로 지원을 거절했다.

하지만 피해자들의 뜻에 동참하는 국내외 시민과 단체를 중심으로 모금은 꾸준히 이어졌다. 정대협은 캠페인과 수요시위, 각종 행사장을 통해 모금활동을 펼쳤으며, 그때마다 십시일반 희망을 모아주는 손길이 계속되었다. 생활비의 일부를 쪼개 모은 2,000여만 원을 전달한 전국 수녀원의 수녀님들, 특별예배와 공연의 헌금을 모금해준 교회와 교인들, 한국노총과 민주노총 소속 노동자들, 4년 연속 캠페인을 진행해온 한국여자프로농구연맹과 개인 후원을 아끼지 않은 여자 프로 농구선수들, 학교 축제 때 기금마련사업을 전개한 고등학생들과 대학생들, 영화상영회를 통해 기금마련활동에 동참한 생활협동조합 조합원들, 온라인 모금에 자발적으로 참여해준 블로거들, 인터뷰차 왔다가 자신도 참여하고 싶다며 약정서를 쓰고 가는 기자들, 모금에까지 따뜻한 손길을 보낸 자원봉사자들, 자녀의 생일선물로 후원금을 전달한 시민들, 그리고 익명의 후원자들까지 셀 수 없이 많은 사람이 아름다운 사연과 함께 마음과 성금을 모아주었다.

일본에서는 박물관 건립후원을 위해 재일동포 가수 이정미가 모금공연을 했으며, 기독교단에 속하는 일본 기독교인들이 매년 8월 15일 일본의 전쟁범죄를 반성하며 범죄에 대한 책임을 다하기 위한 예배를 드린 후 헌금을 모아 기금을 보내왔다. 퇴직금의 절반을 기금으로 후원한 일본인 교사, 부모가 물려준 유산의 절반 이상을 후원하고 요양원에 입소한 일본인 할머니, 정대협 방문 때마다 건립기금을 모아 전달하는 일본의 단체와 개인의 후원도 이어졌다. 또한 미국, 독일, 오스트레일리아 등의 동포들 또한 박물관 건립을 위해 모금에 참여해주었다.

4) 해외 박물관과의 네트워크 조직

전쟁과 여성인권 문제에 대한 박물관 네트워크를 만드는 것 또한 건립사업과 동시에 진행하고 있다. 정대협은 세계의 여성인권 관련 박물관 및 단체와의 네트워크를 구성하고, 해외 박물관의 사례를 학습해 한국에 전쟁과 여성의 역사, 그리고 평화·인권교육의 새로운 패러다임을 제시하고자 노력하고 있다. 현재까지 베트남, 독일, 타이완, 중국, 일본, 미국 등지의 30여 개 단체 및 박물관을 방문해 전쟁과여성인권박물관을 알리고 설명하는 자리를 가져왔다. 이 자리에서 정대협은 보유한 자료의 교환, 콘텐츠 교류 협약, 전시 여성폭력에 반대하는 연대 조직 구성에 관해 논의해왔다. 그 첫 번째 결과물이 2009년 3월 박물관 착공 행사의 일환으로 열었던 '전쟁과 여성인권 국제전'이었다. 네트워킹 과정에서 미국의 베트남 침략 당시의 여성폭력, 나치 시대의 여성에 대한 강제매춘, 콩고의 전시 폭력 등의 자료를 수집할 수 있었고, 이를 전시한 행사였다.

이러한 프로젝트를 지속적으로 기획·진행해 전쟁과여성인권박물관을 전쟁 중 여성폭력 문제를 근절하기 위한 실질적인 활동의 거점으로 행동하는 박물관으로 자리 잡게 하고자 한다.

5) 7년의 기다림, 성미산 자락에 박물관이 새 둥지를 틀다

2009년 '희망의 터다지기' 착공식 이후 건립이 지연되면서, 박물관 주춧돌 기금을 낸 피해자 대부분이 고인이 되는 상황에 이르렀다. 이대로 서울시의 결정만 기다릴 수는 없었다. 또한 박물관 건립에 뜻을 모아준 사람들도 더 이상 지체하지 말고 계획을 축소하거나 변경하는 것이 어떻겠느냐는 의견을 주기도 했다.

2011년 2월, 정대협은 정기총회에서 모금의 현실성을 참작해 서대문 독립 공원 부지에 박물관을 신축하는 안을 보류하고, 건물 매입과 리모델링을 통해 박물관을 만들기로 결의했다. 5개월 동안 부지를 물색한 끝에 서울시 마포구 성미산 자락에 위치한 2층 주택을 매입할 수 있었다. 그리고 곧바로 리모델링 작업과 자료 수집활동에 착수해 개관을 준비했다. 2012년 5월 5일 드디어 박물관이 개관했다.

정대협의 오랜 숙원사업인 '전쟁과여성인권박물관' 건립을 위한 기금을 마련하는 과정은 힘들었지만, 얻은 것 또한 많은 시간이었다. 일본군위안부 문제에 대한 여론을 새로운 방식으로 확산시키고, 더 많은 시민을 운동에 동참

시키는 기회가 되었다. 또한 위안부 여성이 겪었던 역사를 기억하고 교육하는 것이 왜 중요한지를 함께 토론하는 장을 넓힐 수 있었다.

정대협은 건립된 박물관을 통해서 전쟁에서 겪은 피해자의 경험과 일본군 위안부 문제 해결운동을 당사자들만의 '기억'이 아니라 공식적인 역사로 세우고, 미래 세대에게 평화와 인권 감수성을 가르치고자 한다.

길원옥 할머니는 다음과 같이 말했다.

전쟁과여성인권박물관이 지어지면 내가 죽은 다음에도 박물관 속에서 전하는 역사로, 운동으로 내가 살아 있을 수 있다는 것을 생각하며 위로받습니다. 그렇게 되면 우리의 아들딸들이 배울 수 있겠지요. 우리가 당한 것, 우리가 이루고자 노력했던 진실된 세상, 우리가 후세에 물려주고자 했던 미래. 여성들이 그런 일을 민간의 힘으로 추진하는 것을 보면서 저도 많이 배웠습니다. 우리들만의 문제가 아니라는 것, 여전히 우리와 같은 일들을 당하고 있는 여성들에게 우리가 힘을 줘야겠다는 생각을.

7. 국내외 추모비 및 기념비 설립과정과 의의

1) 국내 평화비(소녀상) 건립

2011년은 김학순 할머니가 반세기의 침묵을 깨고 자신이 일본군위안부였다는 공개증언을 한 해로부터 20년, 일본 법원에 소송을 걸고 일본 정부에 사죄와 배상 청구소송을 걸면서 일본 사회뿐만 아니라 국제사회에 큰 충격을 던졌을 때로부터 20년이 되는 해였다. 그런 한편 일본군위안부문제 해결을 위한 정기 수요시위가 제1,000차를 맞이하는 여러모로 의미 있는 해였다.

이에 정대협은 일본군위안부 피해자들이 겪은 역사와 정대협운동의 역사가 단순히 일부 사람의 '기억'에 머무르는 것이 아니라, 평화와 인권을 위한 교육과 공유의 공간으로 확장되고 나아가 평화를 염원하는 기념의 공간으로 전승되어야 한다는 결의를 다시 새기며 기념사업활동에 박차를 가했다. 그 일환으로 12월 14일 제1,000차 수요시위를 기념해 일본 대사관 앞 수요시위 장소를 평화로라 명명하고, 이곳에 '평화비'를 건립하기로 했다. 이를 시작으로 세계 각지에 위안부 추모비 건립 및 역사기록 사업을 추진하기로 했다.

이렇게 시작된 평화비 사업은 2011년 봄부터 모금과 제작 활동으로 본격화되었다. 포털사이트 다음의 아고라를 통한 온라인 모금과 수요시위 현장 모금을 통해 많은 시민이 뜻을 모아주었다. 각자의 공동체에서 마련한 성금을 보내오는 이들도 있었으며, 어떤 누리꾼은 일터에서 받은 특별성과금 전부를 평화비 건립을 위해 써달라며 쾌척했다. 국내뿐 아니라 해외에서도 평화비 건립을 위한 정성을 모았다.

평화비 제작은 김운성, 김서경 부부 작가가 맡아 약 9개월 간 정대협과 논의를 거쳐 진행했다. 일반 비석의 모양이 아닌 작은 의자에 걸터앉은, 앉은키가 약 120cm인 소녀의 모습을 형상화했다. 소녀는 일본군성노예로 희생당해

〈그림 1-7-12〉 제1,000차 일본군위안부 문제 해결을 위한 정기 수요시위를 맞이하여 일본 대사관 앞에 건립한 평화비

야 했던 피해자들의 연행 당시 모습을 묘사한 것으로 일본 대사관을 조용히 정면으로 응시하고 있다. 소녀의 한쪽 어깨 위에는 먼저 가신 피해자들과의 가교 역할을 상징하는 작은 새 한 마리가 앉아 있다. 바닥에 드리워진 그림자는 소녀가 아닌 할머니의 모습으로 새겨 진실과 정의 회복을 기다리며 자리를 지켜온 피해자들의 오랜 기다림의 시간을 나타냈다. 소녀의 옆에는 피해자들이 수요시위를 이어오며 몸을 의지할 작은 의자도 만들었다.

평화비 제막식까지의 과정은 순조롭지만은 않았다. 행정 절차부터 난항을 겪었다. 평화비 건립을 위해 일본 대사관이 속해 있는 종로구에 평화비 건립 허가를 요청했지만, 종로구청으로부터 도로 점용 허가를 받을 수 있는 대상 시설물이 아니라는 답변이 돌아왔다. 우회적 경로를 통해 건립을 허가할 수 있도록 협조하겠다는 구두 의사를 밝혔지만, 관련 정부 주무부처의 협의가 있어야만 최종 승인을 내줄 수 있다는 입장을 유지하며 명확한 허가를 내주

지 않았다. 이 과정에서 일본 정부의 반대가 표면화되고 언론의 관심도도 급격히 높아졌다. 종로구청은 평화비가 건립 허가 대상시설물이 아니라는 대외적인 입장만 반복했다. 결국 제1,000차 수요시위 직전까지 최종적인 건립 허가가 나오지 않았지만, 평화비를 세우는 것으로 암묵적 합의가 이루어졌다. 이후 평화비 건립 및 제막식에 대한 시민들의 관심과 애정이 이어지면서 종로구청은 국민적 감정을 고려해 철거할 의사가 없다는 입장을 밝혔다.

한편에서 일본 정부는 평화비가 일본 대사관 앞에 건립되는 것은 한일관계에 부정적인 영향을 줄 수 있다며 적절한 외교적 조치를 취해줄 것을 한국 정부에 요청했으며, 제막을 일주일도 남겨놓지 않은 상황에서 후지무라 오사무(藤村修) 관방장관은 직접 기자회견을 열어 일본군위안부 평화비 설치를 중단시켜 달라고 한국 정부에 요청했다. 한편, 일본 보수 언론들은 일본 대사관 앞에 반일 구조물을 설치하는 것은 비상식적이라며 연일 반대의 목소리를 높였다. 이러한 외부적인 압력에도 불구하고 2011년 12월 14일 제1,000차 일본군위안부문제 해결을 위한 정기수요시위에서 마침내 평화비가 모습을 드러내었다.

이후에도 한일정상회담에서 일본 수상이 나서 평화비 철거를 요청했고, 일본 우익이 찾아와 평화비에 말뚝을 묶는 등 일본의 반대 행동이 만만치 않았지만, 평화비를 바라보는 시민들의 마음은 뜨거웠다. 제막 다음 날부터 소녀상은 목도리와 털장갑, 털옷으로 따뜻하게 둘러졌고, 평화비 청소를 자청한 자원봉사모임까지 꾸려졌다. 평화비를 통해 일본군위안부 역사를 배우고 연대하기 위한 활동들은 지금까지 이어지고 있다.

정대협은 평화비를 통해 세계 곳곳에 일본군위안부 여성들의 이야기가 아픔을 넘어선 희망과 해방의 의미로, 전쟁과 여성폭력을 중단시키는 평화의 메시지로 전해질 수 있도록 평화비 건립활동을 진행하고 있다.

2) 일본 미야코지마에 추모비 건립

주한 일본 대사관 앞 평화로에 세워진 평화비에 앞서 일본 오키나와현에서 비행기로 한 시간 정도 떨어진 미야코지마 시 우에노노하라에 2008년 9월 7일 일본군위안부 추모비가 세워졌다.

아시아태평양전쟁 당시 미야코지마에는 비행장 건설 및 방위를 위해 3만 명의 일본군이 주둔해 있었으며, 전쟁 당시 미군 공습으로 인한 폭격과 아사 등으로 수많은 군인, 군속과 주민이 죽어나갔다. 조사 결과, 작은 섬인 미야코지마에만 위안소가 16곳 정도 있었던 것으로 밝혀졌다.

미야코지마의 위안부 추모비 건립은 요나하 히로토시(與那覇博敏)가 땅을 제공함으로써 가능했다. 미야코지마 주민으로 평생을 살아온 요나하는 자신이 아직 어렸던 아시아태평양전쟁 당시, 일본군위안부 여성들이 물을 길러 나왔다가 돌아가는 길에 나무 그늘에서 쉬며 자신에게 말을 걸어왔던 일 등을 기억하고 있었다. 그는 비참한 전쟁 상황과 위안부, 위안소의 존재를 후세에 전할 책임을 느꼈고, 자기 소유의 땅에 추모비를 세우고 싶은 바람이 있었다고 전했다.

2007년 정대협은 일본 연구자들 및 오키나와 여성단체들과 함께 추모비 건립 조사단을 꾸려 미야코지마의 위안소 관련 연구와 요나하와의 면담 등을 통해 추모비 건립을 위한 활동을 진행해나갔다. 이듬해 2월 '미야코지마에 일본군위안부 기념비를 세우는 모임'을 발족하고 한국과 일본에서 모금을 펼쳤다. 2008년 9월 요나하 씨가 무상으로 제공한 부지에 일본군위안부 추모비 제막을 실행했다.

추모비의 비문에는 당시 일본군위안부로 고통을 겪어야 했던 여성들의 출신지를 모두 망라한 12개국 언어로 '그녀들의 기억을 마음에 새겨 다음 세대에 맡깁니다'라는 글귀를 새겼다. 제막식 후 매년 9월 추모제가 열리고 있다.

3) 미국의 일본군위안부 기림비 건립

미야코지마의 추모비에 이어 2010년 10월에는 미국 뉴저지 팰러세이즈 파크 타운의 도서관 앞에 일본군위안부 희생자들을 기리는 역사적인 기림비가 세워졌다. 이 기림비는 2007년 미 하원에서 7월 30일 통과된 일본군위안부 사죄 요구 결의안의 의미를 계승하며 아직 잘못을 뉘우치지 않는 일본 정부에 다시 한 번 책임 이행을 요구하고, 이 같은 반인권적 전쟁범죄가 재발되지 않도록 미래 세대에 널리 교육되길 바라며 추진된 것이다. 기림비 건립에 미국 한인유권자센터가 상당한 노력을 쏟았으며, 이곳의 인턴 학생들이 2009년 지역 주민들 및 버겐카운티 의회와 행정부를 직접 찾아 청원운동을 벌였다. 이들의 노력과 정성 끝에 미국에서 최초로 일본군위안부 기림비를 건립하는 성과를 거둘 수 있었다. 2010년 4월 21일, 팰러세이즈 파크 시의회가 기림비 건립을 위한 시 도서관 부지를 제공하는 결의를 채택할 당시 버겐카운티 행정장은 "일본군위안부 사건은 흑인 노예제도, 나치의 홀로코스트, 아일랜드 대기근, 아르메니안 대학살 등과 함께 전 세계가 기억해야 할 잔혹한 전쟁범죄"라며 기림비의 중요성을 강조했다. 이후 뉴욕 롱아일랜드, LA 오렌지카운티 가든그로브, 뉴저지 버겐카운티 메모리얼 아일랜드 등 미국 각지에 일본군위안부 기림비가 세워졌다. 미국 하원 결의 채택 6주년이 되는 날인 2013년 7월 30일, 캘리포니아 글렌데일 시 중앙공원에는 주한 일본 대사관 앞 평화비와 같은 모습의 기림비가 세워졌다.

제2부

해외 정대협 관련 단체의 활동과 위안부 소송

제1장

일본 간토 지역의 여성 네트워크*

1990년대부터 전개되어온 위안부 문제해결운동을 일본과 한국 여성운동의 문맥에서 볼 경우, 일국주의적 구조에서 논의되는 경우가 많다. 그 경우 저마다 일본인 여성, 한국인 여성이 가담했던 사실만을 강조하기 때문에 재일조선인여성(이하 재일여성)[1]이 독자적인 역할을 하면서 운동에 관계되어왔던 점을 간과하기 쉽다.[2]

이 글에서는 이 운동에 재일여성들이 어떤 이념과 역할을 가지고 참가해왔는지에 대해서, 1990년대 주로 간토 지역에 거주한 재일여성들이 모여 결성한 '종군위안부 문제 우리여성 네트워크(이하 여성네트)'의 운동 경험을 중심으로 살펴보고자 한다.

저자는 여성네트 창립부터 관계해온 당사자로서 활동 내용을 되돌아보고자 한다. 여러 당사자에게서 들은 사항을 함께 고려함으로써 폭넓게 살펴보

---

*   이 글은 도쿄외국어대학 김부자 교수의 「在日朝鮮人女性と日本軍 '慰安婦' 問題解決運動: 1990年代のヨソンネットの運動經驗から」, ≪戰爭と性≫, 第28號(2009)를 수정한 것이다.

1   여기에서 재일 조선여성이란 주로 일본에 의한 조선식민지 비재산물로서 도항한자 또는 그 후세대 여성을 칭한다. 한국국적, 조선국적, 일본국적을 모두 포함한다.

2   물론 기타 아시아 국가들에서도 전개되어왔지만 주제에서 벗어나기 때문에 생략한다.

려 노력했으나, 당사자의 이야기이기 때문에 전체를 조망하지 못하는 한계가 있을 수 있다. 이 글은 운동 당사자 개인의 이야기라는 점을 인정하면서, 재일여성 운동사를 연구하는 객관적인 시각을 견지하고자 한다. 당시의 팸플릿 및 회보 등 문헌자료에 근거해 1945년 해방 후 재일여성의 운동 역사의 맥락에서 여성네트 활동을 평가하고자 하며, 운동에는 참가하지 않았지만 재일여성인 서옥귀(徐阿貴)가 시도한 여성네트의 사회학적인 분석을 참조했다.[3]

1. '늦게 온 여성들'에 의한 전후보상운동

우선, 간략하게 운동의 발단부터 돌아보자. 일본 정부에 대해서 전후보상을 요구하는 운동은 샌프란시스코조약에 의해서 주권을 회복한 1952년 전후부터 재일조선인 전 BC급 전범, 전 상이군인·군속 등에 의해서 시작되어 여러 피해자, 지원자에 의해 연속적으로 전개되어왔다.[4] 그러나 1990년대에 '늦게 온' 전후보상운동으로서 시작된 일본군위안부 문제 해결운동[5]은 지금까지의 전후보상운동과는 달리 '여성들'에 의해서 준비되고 전개되었다는 특징이 있다.

주지하는 바와 같이 운동의 계기가 되었던 것은 1990년 5월 노태우 당시 대통령의 방일을 즈음해 한국 여성단체가 '정신대' 문제의 진상 규명과 해결을

---

3 徐阿貴,「日朝鮮人女性による '下位の對抗的な公共圈' の形成－夜間中學 'および '從軍慰安婦' をめぐる運動事例から」(お茶の水女子大學大學院博士學位論文, 2007).

4 전후보상운동이란 일본에 의한 아시아 침략전쟁피해자가 일본 정부에 대해서(해당 정부에 대한 것도 포함) 사죄, 보상, 진상 규명, 현상복구 등을 요구한 운동을 말한다. 編集委員會 編,「ハンドブック戦後補償」,『ハンドブック戦後補償』(梨の木舍, 1992) 참조.

5 1987년에 민주화 선언 후 '민주화 길'을 내딛기 시작한 한국 사회에서는 위안부 문제 해결운동이 냉전의 종결 이후 본격적으로 시작된 '과거청산'의 선구적인 운동이라는 측면도 간과할 수 없다.

요구하는 성명을 발표한 것이었다. 그해 6월에 일본 국회에서 노동국장이 "(위안부를) 민간 업자가 군과 함께 해왔기 때문에 조사할 수 없다"고 답변해 일본군의 관여를 사실상 부정하자 위안부 관련 운동이 한국에서 본격화되었다. 이 과정에서 11월 16일 정대협이 결성되었다.

일본에서는 1970년에 일본 여성해방운동(Women's Liberation Movement) 진영의 문제제기, 센다 가고(千田夏光)의 『從軍慰安婦(종군위안부)』(1973), 김일면(金一勉)의 『天皇の軍隊と朝鮮人慰安婦(천황의 군대와 조선인 위안부)』(1979) 등 일련의 저작과 오카나와에 거주하는 위안부 피해자 배봉기 할머니를 다룬 다큐멘터리 영화 〈오카나와의 할머니〉와 가와다 후미코(川田文子)의 소설 『빨간 기와집』(1992), 아시아여성회 회보 ≪아시아와 여성해방≫ 등을 통해서 위안부 문제의 소재를 알렸으나 해결해야 할 운동 과제로는 간주되지 못했다. 이를 크게 전환시킨 것이 1987년 6월 항쟁을 통해 민주화를 쟁취한 한국 여성운동이었다. 1990년대 한국 여성운동이 위안부 문제에 대응한 것은 우연이 아니라 1970년대 이후에 민주화 운동과 함께 기생 매춘관광(기생관광)문제, 성폭력·성고문 사건에 대응해온 운동의 경험이 있었기 때문이다.

운동체는 구성되었지만 반세기 전의 전쟁과 성(性)이 얽힌 문제였기 때문에 '피해 당사자가 없는 운동'이라는 문제가 지속되었다. 거기에 획기적인 전환을 가져온 것이 1991년 8월 한국에서 김학순 할머니가 실명으로 신분을 밝히고 나섰던 사건이다. 김학순 할머니는 가명을 사용한 위안부 피해자 한 명과 전 군인·군속 피해자 및 그 유족과 함께 그해 12월에 일본 도쿄 지방법원에 일본 정부를 상대로 보상을 요구하며 제소했다.[6] 이때 도쿄와 오사카에서 김학순 할머니의 증언집회가 열렸고, 이는 위안부 문제가 일본에서 사회문제로 대두되는 계기가 되었다. 여기까지의 이야기는 위안부 문제에 관심이 있

---

6   아시아태평양전쟁 한국인희생자 보상청구사건을 말한다.

는 사람이라면 누구나 알고 있을 것이다.

2. 재일여성이라는 '운동 주체'의 등장

일본사회에 일본군위안부 문제나 해결운동이 확대되는 과정에서 재일여성이 중요한 역할을 했던 것은 그다지 알려지지 않았다. 오키나와에 살았던 피해자 배봉기 할머니를 최후까지 도왔던 사람은 나하(那霸)에 거주하는 재일여성 김현옥(金賢玉)이었다. 또한, 1990년 6월에 있었던 노동성 국장의 답변에 항의하기 위해 같은 해 10월에 한국 여성단체 5인이 일본을 방문해 일본정부에 항의하는 공개서한을 보냈는데, 이 활동에는 일본기독교협의회 여성위원회의 양영지(梁靈芝) 등이 함께했다. 그 직전인 10월 25일에서 27일에는, 오키나와 토카시키 섬에서 한교여연과 재일 대한기독교전국여성연합회 회원 30여 명이 '전 위안부 합동 추도식'을 거행하기도 했다.

주목해야 할 것은 이들 재일여성이 위안부 문제 해결운동의 적극적인 운동 주체였다는 점이다. 운동은 1980년대부터 이미 준비되기 시작했는데, 1990년 12월 한국에서 이 문제의 실마리를 만든 윤정옥 정대협 공동대표가 일본에서 일본인 여성과 재일여성 앞에서 위안부 문제에 관한 강연을 실시한 것이 계기가 되어 일본에서 위안부 문제에 대응하는 단체의 결성이 잇달았다.[7]

정대협과 재일여성을 연계했던 사람은 이화여자대학교에서 여성학을 전공하고 윤정옥 교수와 함께 정신대연구회 결성에 가담한 야마시타 영애(山下

---

7 예를 들면, 1991년 1월 '종군위안부 문제를 생각하는 모임'(야마자키 히로미, 니시노 루미코, 가와타 후미코)이 실태규명과 일본인 책임으로써 피해자에 대한 사죄, 보상 실현 등을 목적으로 결성되었다. 한편, 1990년 12월에 '일본 전후책임을 확실히 하는 모임'(우스키 게이코 등)이 한국의 아시아태평양전쟁 희생자유족회의 지원을 받아 결성되었다.

英愛)였다.[8] 일본에서는 야마시타를 포함한 '조선여성사독서회'[9]라는 재일여성 모임이 모체가 되어, 1990년 12월에는 도쿄에서 재일여성 17명이 '윤정옥 교수와 함께하는 재일동포여성회'를 결성했다. 강연에서 윤정옥 교수가 위안부 문제는 '가부장제 문제'라고 강조한 것에 신선한 충격을 받았던 재일 2, 3세대 여성들은[10] 독서회와는 별도로 윤정옥 교수가 ≪한겨레≫에 게재한 '정신대 취재기'를 번역했고, 재일여성이 이 문제를 어떻게 생각하는지를 주제로 좌담회나[11] 설문조사와 자료를 담은 팸플릿 '우리들은 잊지 못하는 조선인 종군위안부'를 제작해 발간하기도 했다. 이 팸플릿은 추가 인쇄를 거듭했다. 팸플릿 발간 멤버인 김영희는 ≪世界(세계)≫에 「忘れることが優しさか(잊어버린 것이 아름다운가)」를 써서 위안부 피해자를 침략전쟁, 식민지 지배, 여성차별의 피해자로서 분석하여 반향을 일으켰다.[12] 1991년 초 이후 위안부 문제에 관한 다양한 모임이 연달아 개최되면서, 그 동안 문제의식을 가지면서도 상식과 국적, 정치적 입장 등의 벽에 부딪혀 서로 만날 기회가 없었던 재일여성들이 한 자리에 모이게 되었다. '여성에서 여성으로'라는 네트워크가 시작되어, 같은 해 8월에는 "이야기를 털어놓자! '재일'여성의 내일을 향해: 윤정옥과 함께하는 조선인 종군위안부 문제"라는 주제로 합숙세미나를 가지기에 이르렀다. 합숙세미나를 포함한 아홉 차례의 준비모임을 거쳐 위안부 문제 해결을 바라는 재일여성 독자의 운동단체로서 1991년 11월에 간토 지역에서 여

---

8 야마시타 영애는 1998년까지 한국에 머물면서 한국 여성과 재일여성을 잇는 연결고리가 되어 주었다.

9 1984년에 결성되어 1992년까지 활동했다.

10 김영희(金英姬), 박윤남(朴潤南), 김훈자(金薰子), 김부자(金富子) 등.

11 양징자, 박화미(朴和美), 야마시타 영애 등이 참여했다.

12 팸플릿 제작에 관여한 김영희, 박윤남, 김훈자, 김부자에 더하여 윤정옥, 박화미, 양징자, 야마시타 영애는 후에 尹貞玉ほか, 『朝鮮人女性がみた'慰安婦問題'』(三一新書, 1992)를 출판했다.

성네트가 결성되었다.13 간사이 지역에서도 같은 시기에 황보강자(皇甫康子), 이화자(李和子) 등에 의해서 '조선인종군위안부 문제를 생각하는 모임'14이 결성되었다. 양쪽 회원 모두 그동안 국적, 민족 등을 중심으로 전개되어온 조직에 속하지 않았던 30~50대의 2, 3세대 무명 재일여성들이 주축이 되었다. 두 단체는 때때로 연계했는데, 김학순 할머니가 1991년 12월에 일본 정부를 상대로 보상을 요구하기 위해 도쿄 지방법원을 방문했을 때, 두 단체가 도쿄 및 오사카에서 각각 '김학순 증언집회'를 주최했다.

1991년 12월 9일에 여성네트가 개최한 '김학순 이야기를 듣는 모임'15에는 450명의 참가자가 회장을 가득 메웠고, 언론보도로 이어지는 등 위안부 문제가 일본에서 사회문제화되는 데 큰 역할을 했다.

이듬해 1992년 1월, 그동안 위안부 문제에 대한 일본군의 관여를 부인해온 일본 정부의 주장을 반박하는 공문서가 요시미 요시아키(吉見義明) 교수에 의해 발견, 보도되면서 일본 정부는 군의 관여를 인정했다. 이러한 사건 직후 여성네트와 재일한국민주여성회가 『從軍慰安婦110番─電話の向こうから歷史の聲が(종군위안부 110번: 전화 건너편에서 역사의 소리가)』(1992)를 발간했다.16 여기에는 추적조사를 포함한 240건의 정보가 포함되었는데, 이 과정에서 한국 국적의 재일여성이자 전 위안부인 송신도 할머니를 알게 되었다. 일본 정부를 상대로 송신도 할머니가 제소한 것을 계기로 1993년 4월 '재일 위안부재판을 지원하는 모임(이하 지원하는 모임)'이 결성되었다. 여기에는 주로 재일여성 2, 3세대와 일본 여성의 젊은 세대가 모여 최고재판까지 계속된 긴 싸움을

---

13 여성네트는 1998년 해산되었다.

14 이 모임은 현재도 활동을 지속하고 있다.

15 재일한국YMCA의 주최로 도쿄에서 열렸다.

16 從軍慰安婦110番編集委員會編, 『從軍慰安婦110番─電話の向こうから歷史の聲が』(明石書店, 1992).

담당했다.[17] 독특한 개성을 가진 송신도 할머니의 출현은 재일여성에게 많은 활력과 자극을 주었다. '지원하는 모임'의 회원은 후에 일부 승소한 획기적인 시모노세키 재판소 결정을 살려서 위안부 문제를 조기 해결하기 위해 만들어진 '시모노세키 판결을 살리는 모임'(전시성폭력피해소송지원단체 연락회) 등의 활동도 실시했다. 또한, 김영희는 '전후보상실현! Japan=Korea네트워크'에서도 활동하면서 여성네트가 해산한 후에도 김훈자와 함께 ≪한국전후보상속보≫를 번역해 발간했다. 이 속보는 7년간 발행되었다.

이러한 분위기 속에서 여성네트는 위안부 문제에 관한 강연활동을 열정적으로 전개한 것 외에 정대협, 한국정신대연구회가 출간한 피해자 증언집『강제연행된 조선인 위안부들』(1993)을 번역·출판했다. 또한 양징자·김훈자·박윤남·김부자는 고교생 역사부독본을 이미지화해 송신도의 삶과 역사를 포함한『もっと知りたい'慰安婦'問題(더욱 알고 싶은 위안부 문제)』(1995)를 출판했다. 이 책에 수록된 '위안소 지도'는 언론과 한국 '나눔의 집' 등에서도 사용되었다. 한편, 양징자·김훈자·박화미 등 어학 실력이 있는 회원들이 통역과 번역을 도맡아 운동에 공헌했다. 또한 '조선인 종군위안부 문제를 생각하는 모임'의 창작극 〈マタングッ私たちは忘れない 朝鮮人從軍慰安婦(우리들은 잊어버린 조선인종군위안부)〉[18]나 위안부 문제를 다룬 한국의 연극 〈소리 없는 만가〉가 상연되었다.[19] 양징자와 김부자는 일본의 전쟁책임자료센터 내의 위안부연구부모임에 들어가 요시미 요시아키와 하야시 히로부미(林博

---

17 회원이 중복되어 여성네트가 해산하기까지 '지원하는 모임'과 함께 행동하는 일도 적지 않았다. 양징자, 주수자, 이문자 등의 여성네트 회원이 '지원하는 모임'에서 활동했다. 또한, '지원하는 모임'은 在日の慰安婦裁判を支える會編, 『オレの心は負けていない―在日朝鮮人 '慰安婦' 宋神道のたたかい』(樹花舍, 2007)을 발간하기도 했다. 송신도 재판과 관련해서는 영화 〈내 마음은 지지 않는다〉(2007)에서 자세히 다뤄진 바 있다.

18 이 공연은 도쿄YMCA가 주최했다.

19 〈소리 없는 만가〉는 1993년, 도쿄와 오사카, 요코하마에서 상연되었다.

史)와 공동으로 『共同研究 日本軍慰安婦(공동연구 일본군위안부)』를 출판했다.

1993년 빈에서 열린 유엔세계인권회의에 박화미가 참가했고, 1995년 9월 베이징 세계여성대회에도 재일여성인 박훈남, 김부자, 항보강자 등이 일본인 여성 우에노 치즈코(上野千鶴子) 등과 함께 참가해 워크숍을 주재하기도 했다. 그 밖에도 한국을 비롯한 아시아 여성들과 크고 작은 행사나 선언활동을 하면서 위안부 문제를 국제사회로 확산하는 데에 기여했다.

또한 1998년 6월에는 재일여성이 함께 참여한 바우넷 재팬이 결성되었다. 바우넷 재팬은 위안부 문제에 대한 진상 규명과 사죄, 배상에 더해 책임자 처벌에 나서기 위해, 2000년 12월에 정대협 등 여섯 개 피해국과 국제실행위원회를 결성하고 2000년 법정을 도쿄에서 개정했다. 3일간의 법정심리에서는 준비과정에서 미리 작성한 법정 헌장에 기반을 두고 위안부 피해여성과 전 일본병사, 전문가 등의 증언 및 방대한 증거자료에 의거한 심리가 실시되었고, "히로히토 일왕에게 유죄, 일본 정부에 책임"이라는 획기적인 판결이 내려졌다.[20] 법정에서는 2000년 6월 남북정상회담 성공을 받아들여 남북공동 검사단이 결성되었으며, 한국과 북한, 중국을 포함한 해외 거주 피해자의 증언도 이어졌다. 이 과정에서 재일여성들은 각국에서 개최된 국제실행위원회에 참가하기도 했고,[21] 기소장 작성 등 법정 준비과정[22]이나 법정 당일 남북 대표단과 피해자 동행활동에 참가하기도 했다.[23]

한편, 출판·연구·문필활동이 1990년대 이후 활발하게 이루어진 것도 특

---

20 법정에 관해서는 VAWW-NET Japan, 『日本軍性奴隷制を裁く2000年女性國際戰犯法廷の記錄』(綠風出版, 2002) 전 6권 등 참조.

21 김부자와 송연옥이 참가했다.

22 김부자, 송연옥, 김영이 참가했다. 이들의 연구 성과는 『慰安婦戰時性暴力の實態Ⅰ: 日本軍制奴隷制を裁く2000年女性國際戰犯法廷の記錄 3』(綠風出版, 2000) 참조.

23 양영지가 동행활동에 함께했다.

징적이다. 윤정옥 교수와 함께 재일여성이 출판한 『朝鮮人女性がみた '慰安婦問題'(조선인 여성이 본 '위안부 문제')』(1992) 등을 시작으로 송연옥과 야마시타는 각각 위안부 제도의 토대가 되었던 식민지 조선의 공창 제도에 대한 연구를 개진, 관련 연구를 한 순간에 촉발시켰다.[24] 이후 송연옥은 식민지 조선의 여성연구에 가세해 재일한국인 여성 연구를 심도 있게 진행했다.[25] 야마시타는 한국 여성운동에 관한 여성학적인 고찰을 시행했다.[26] 김부자는 식민지 시기 조선의 초등 교육과 여성과의 관련에 대한 연구를 정리했다.[27] 박화미는 영어 실력을 살려서 페미니즘 관련 번역본을 출판했다.[28] 또한 이순애(李順愛)는 국민기금을 옹호하는 논의를 펼쳤으며,[29] 한국인 유학생인 윤명숙(尹明淑)은 위안부 문제에 관한 최초의 박사논문을 완성했다.[30] 서경식(徐京植)은 재일남성으로서는 예외적으로 위안부 문제 논쟁에 개입했다.[31] 심광자(沈光子), 이미자(李美子), 주수자(朱秀子), 김명미(金明美) 등 여성네트 회원은 재일여성 문예지 ≪鳳仙花(봉선화)≫에서 활발한 문필활동을 펼쳤고, 최근에는 박화미를 포함해 재일여성문학지 ≪地に舟をこげ(땅에 배를 젓다)≫ 등으로 집필의 장을 넓혔다. 신민자(慎民子) 등은 간토대지진 조선인학살에 관한

---

24 宋連玉, 「日本の植民地支配と國家的管理賣春」, ≪朝鮮史研究會論文集≫, No.32(1994); 山下英愛, 「朝鮮における公娼制度の實施」; 尹貞玉ほか, 『朝鮮人女性がみた '慰安婦問題'』(三一新書, 1992) 등.

25 宋連玉, 「朝鮮 '新女性'にみるジェンダー」, 三宅義子編, 『日本社會とジェンダー』(明石書店, 2001); 「在日'女性の戰後史」, ≪環≫, 第11號(藤原書店, 2002) 등.

26 山下英愛, 『ナショナリズムの狹間から: '慰安婦'問題へのもう一つの視座』(明石書店, 2008). 이 책은 한국에서 『내셔널리즘의 틈새의 틈새에서: 위안부 문제를 보는 또 하나의 시각』(도서출판 한울, 2012)로 번역·출간된 바 있다.

27 金富子, 『植民地期朝鮮の敎育とジェンダー』(世織書房, 2005).

28 Harriett Gilbert, 『性の女性史』, 朴和美, 椎野 信雄 譯(現代書館, 1995) 등.

29 李順愛, 「新たな連帶'への序奏」, ≪インパクション≫, 第107號(1998) 등.

30 尹明淑, 『日本の軍隊慰安所制度と朝鮮人軍隊慰安婦』(明石書店, 2003).

31 日本の戰爭責任資料センター編, 『ナショナリズムと '慰安婦'問題』(靑木書店, 1998) 등.

운동을 지속하고 있다. 이 같이 위안부 문제에 국한되지 않는 재일여성의 연구나 문필과 관련한 활동은 2000년대에 들어서도 지속적으로 확대되고 있다.

3. 운동이념과 운동론: 여성네트 경험으로부터

그럼 여성네트의 이러한 활동들은 재일운동, 재일여성운동의 맥락에서 어떻게 평가될 수 있을까.

해방 후 재일여성 조직은 조총련계의 '재일본조선민주여성동맹'과 국민계인 '대한부인회'로 크게 이분되어왔다. 전자는 강령에 명목적으로 '조선여성의 해방'을, 후자는 '현모양처'를 걸고 있지만, 모두 남성 중심적 민족단체를 지원하는 내조적 역할을 담당해왔다.[32] 거기에 민주화운동과 한국민주회복통일촉진국민회의(한민통)의 결성(이후 재일한국민주통일연합, 한통련) 등의 흐름 속에서 1986년에 '재일한국민주여성회'가 '한국의 민주화와 통일'과 '여성해방' 등을 걸고 결성되었지만, 남성 민족단체와 함께 걸어왔다는 점에서는 이전과 크게 다를 바 없었다. 즉, 재일여성운동은 냉전과 남북분단의 현실 속에서 총련, 재일본대한민국민단(민단), 한국민주민족통일해외연합(한민련)이라는 거대한 남성조직의 구조에 사로잡혀 민족적인 과제 수행을 최우선으로 하면서 운동전개에 있어서도 성별 역할 분업이 확실한 '조직' 중심의 운동이었다고도 말할 수 있다.

그러나 1990년대 여성네트 등 재일여성의 위안부 문제 해결운동에서는 이전과는 다른 모습이 나타난다. 첫째, 위안부 문제를 '식민지 지배 미청산, 민

---

32 金榮・金富子,「第二次世界大戰 (解放) 直後の在日朝鮮人女性運動」, 1993年度東京女性財團研究活動助成研究報告書; 宋連玉,「'在日'女性の戰後史」, 藤原書店編集部編,『歷史のなかの'在日'』(藤原書店, 2005) 참조.

족차별, 억압'이라는 민족의 관점과 '재일동포여성이 안고 있는 여러 가지 문제가 응축되어 있다'는 문제의식을 기반으로 '남성 중심의 가부장적 사회구조'가 낳은 '성차별'의 문제로 재조명한 것이다.[33] 반세기 동안이나 이 문제를 등한시해온 의식의 변화와 자각의 필요성이 제기되어 위안부 문제에 대한 '다각적인 시점과 대체'가 강조되었는데, 여기에는 1980년 이후 페미니즘의 영향이 반영된 것이라 볼 수 있다. 위안부 문제를 여성문제로 취급한 여성네트에서는 여러 차례 학습회를 열어 토론했지만, 회원마다 페미니즘에 대한 인식의 편차가 커서 그 결론이 분명하진 못했다. 여전히 민족문제로 다루어져야 한다는 회원도 적지 않았다.

이같이 위안부 문제에 대한 문제의식에는 차이가 있었지만, 누구도 무리하게 '민족차별이 성차별인가'에 일언화하려고 하지 않고 각자의 의견을 존중했다. 그러나 논의가 양자의 관계성을 논리적으로 정리하기까지 진전되지는 않았기 때문에 페미니즘적인 시각이 강한 회원에게는 여성네트가 민족주의적으로 보인 반면, 민족적인 시각이 강한 회원에게는 페미니즘이 강하다는 생각을 안겨주어 각각에게 부족함을 느끼게 하는 측면도 적지 않았던 것 같다.

둘째, 남북 대립을 전제로 하는 민족단체와는 달리, 남북 분단 상황과 서로 다른 국적을 뛰어넘어 하나의 문제를 해결하기 위한 활동을 하고자 했다는 점이다. 여성네트의 정식 명칭에 포함된 '우리여성'에 그 같은 이상이 내포되어 있다.

---

33 여성네트 발족 취지문(1991.11.3), "······ 식민지 지배 청산 없이 재생산된 민족차별과 억압, 나아가 남성 중심의 가부장적 사회구조 속에서 과거처럼 속박되어 있는 여성들. ······ 이러한 문제를 업신여긴 채 우리들의 해방은 있을 수 있을까요." 여성네트 팸플릿 수록; 金富子, 「慰安婦問題が問いかけるもの」, アジア太平洋資料センター」, 『日本を變える女たち(PARCブックレット 2)』(1995).

한국어인 '우리 여성'에는 일본에 거주하는 한국인·조선인동포 여성과 한국에서 온 유학생을 포괄하는 의미를, 네트워크에는 정치적 이념의 좌우를 연결을 소중히 하고 싶다는 생각을 담고 있다. 즉, 이 명칭은 위안부 문제의 해결이라는 하나의 과제를 향해 재일여성이 각각의 국적, 소속단체, 입장의 차이를 넘어서 개인의 자주성을 축으로 연대하고자 하는 의사를 나타내고 있다.[34]

셋째, 지금까지의 '조직' 중심, 남성 중심의 운동과는 달리 '각각의 정치적 신념을 인정하면서 위안부 문제의 진상 규명과 개인 해결이라는 공통의 목표를 향해서 완만히 연결할 것'[35]을 목표로 하며, '개인의 자주성'을 축으로 조직된 네트워크형의 운동이었다는 점이다. '네트워크' 형식은 남성조직에 흔히 있는 상의하달형의 운동론을 의식적으로 부정해, '대표'를 두지 않고 '스스로 생각하고 판단하여 책임을 진다'는 것을 강조한 것[36]으로, 회원의 독자성·자주성에 맡겨진 운영 형태를 지지했던 여성네트의 성격을 잘 보여준다.[37] 이러한 생각이 표출된 예가 바로 여성네트의 이미지로 채택된 '색동'이었다. 색동은 청, 주, 백, 흑(녹), 황의 다섯 빛깔로 음양 5행설과 관련된 민족의장에도 사용되는 조선민족의 상징적인 색깔인데, '여성네트는 색동 같다, 개성 있는 사람이 각각의 색을 가지고 화합하는 것이 아니라 조화되어 예쁘다'는 발언에서 착안해 사용하기 시작했고,[38] 단체의 봉투 등에도 공식적으로 사용했다.[39] 네트워크형 운동 형태는 ─ 과거 '베트남에 평화를! 시민연합'의 3원칙[40]이

---

34 無記名, 從軍慰安婦問題 (ウリー欠落している) ヨソンネットワーク, アクティブ・ウイメより, ≪ふぇみん≫, 號數不明(1991)으로 여겨짐.

35 朴和美, 「ヨソンネット各チームの仕事」, 『ヨソンネット年次報告』(1992). '우리 여성'에는 (유학생 포함) 일본에 거주하는 동포여성, '네트워크'에는 '개인과 개인의 회적 연대를 중시하고자' 하는 생각이, 일본어, 한국어, 영어를 섞은 이름에는 '재일의 실태'가 반영되어 있다.

36 沈光子, 「發刊のご挨拶」, ≪ヨソンネット・アルリム(お知らせ)≫, 創刊號(1992.2.29).

37 이 점은 정대협과도 차별성을 보여주는 지점이다.

38 愼民子, 「貴女はなに色ですか」, ≪ヨソンネット・アルリム(お知らせ)≫, 創刊號(1992.2.29).

나 1980년대 재일외국인에 대한 지문날인 거부운동에 개인적으로 참가했던 사례에서도 발견되지만 — 민족운동 등 남성 중심의 조직형 운동론에 대한 한계를 극복하고자 하는 회원들의 오랜 고민을 거쳐 선택된 것이었다.

이러한 개인 역량에 기댄 네트워크형 운동은 한국이나 일본 여성단체, 그밖의 전후보상운동과의 연대를 생산하는 '힘'이 되기도 했지만, 다른 한편으로는 단체의 운명을 개인의 자주성에 맡긴 결과 여성네트 운동의 공동화를 초래하는 약점이 되기도 했다. 이는 여성네트 해산의 결정적인 이유가 되었다.

넷째, 다양한 경험을 가진 재일여성들이 회원으로 참여했다는 점이다. 1970~1980년대 재일여성의 입장에서 한국 민주화운동을 지원했거나 정치범 구원운동, 학생운동과 민족운동단체에 참가한 경험을 가진 재일 2, 3세대 여성들 또는 여성단체에서 활동해온 여성 등 다양한 이력이 있는 여성이 많았다. 주부를 포함해 의사, 약사, 통·번역사, 대학원 재학 및 졸업생 등 고학력자도 적지 않았다. 시인이나 문필가, 사진작가도 있었다. 다채로운 인생 경험과 운동 경험을 가진 재일여성들이 자신의 일상에서 얻은 문제의식과 정보, 인맥을 토대로 개인의 이름으로 자주적인 운동을 전개할 수 있었다.

다섯째, 이 운동을 통해서 남북한의 여성과 운동단체들 사이에 직간접적인 인적 교류가 늘어나고 관계가 개선되었다는 점이다. 1970~1980년대에 조국평화통일위원회, 재일한국청년동맹 또는 재일한국학생동맹 등에 소속되어 있던 재일 한국인 여성은 한국의 민주화 운동과 여성노동운동, 기생관광 반대운동을 지원해왔다. 그중에서도 권인숙에 대한 부천경찰서 성고문 사건과 한국 여성에 의한 민주화운동, 여성운동에 큰 관심을 기울여, 팸플릿을 작성

---

39 이를 위해 회보 색을 매번 호마다 바꿨다.

40 베평련은 일본 1960년대를 대표하는 시민운동이었지만, '아무거나 좋으니깐 좋은 일을 해라', '행동을 제안하면 반드시 스스로 해라', '타인이 하는 일에 이러쿵저러쿵 불평하지 마라'를 3대 원칙으로 내세웠다.

하거나 연극을 상연해 일본 사회의 여론을 환기시키고자 했다. 일본 사회가 한국에 무관심했던 시기에 재일여성들은 독자적으로 또는 일본인 여성과 함께 운동을 전개해왔고, '얼굴이 보이지 않는' 한국, 일본, 재일여성들의 연대 운동은 이미 시작되고 있었다.

한국의 민주화 선언 이후, 1990년대에는 정대협과 조태위 등 한국과 북한, 일본, 재일여성의 연대는 '얼굴을 볼 수 있는' 것으로 전환, 확장되었다. 재일 여성들은 자신의 특수한 입장과 문제의식을 놓지 않으면서, 두 가지 이상의 언어를 사용할 수 있는 이점을 살려 일본인 여성과 연대하는 등 운동에 적극적으로 참여했다. 2000년 법정에서는 재일여성과 남북공동검사단이 함께 담당했던 남북공동기소장 작성 과정에서 한국에 대한 조사뿐만 아니라, 북한 위안부의 자취도 조사할 수 있었다.[41] 또한 민족이라는 틀에 얽매이지 않는 필리핀, 타이완 피해자 지원운동에 참가한 경우도 있었다. 기성 운동과 민족 구조, 국경의 경계를 처음에는 두려워했지만, 서서히 이를 극복하면서 재일 여성 각각이 자신의 판단으로 행동과 연대의 폭을 넓혀갔던 것이다.

1991년에 시작된 여성네트는 1996년경까지 왕성한 활동을 전개하다[42] 1998 년에 해산했다. 여성네트는 재일여성 전반에 호소하는 형태로 대중운동을 전개 했던 것은 아니다. 그러나 그것은 한계가 아니라 특징이다. 또한 여성네트에서 활동한 회원은 겨우 20명에도 미치지 못했지만, 그럼에도 현재에 이르기까지 재일 위안부재판을 지원하는 모임, 전후보상네트워크, 바우넷 재팬, 여성들의 전쟁과평화자료관(Women's Active Museum)에서 활발히 활동하고 있으며, 정대 협과 '나눔의 집' 등과의 연대, 2009년 2월에 결성된 '전쟁과여성인권박물관' 일

---

41 이 연구의 성과는 宋連玉·金榮 編, 『軍隊と性暴力: 朝鮮半島の20世紀』(東京現代史料 出版, 2010)로 일본에서 출간되었으며, 한국에서 송연옥·김영 엮음, 『군대와 성폭력: 한 반도 이야기』, 박해순 옮김(서울: 선인, 2012)로 번역, 출간되었다.

42 회보 ≪ヨソンネット·アルリム(여성네트·알림)≫은 제17호(1996.12.10)까지 발간했다.

본 건립위원회 등의 활동을 통해 위안부 문제 해결을 위한 활동과 연구를 지속하고 있다.

하지만 위안부 문제에 대한 '명확하고 분명한 형태'의 '사죄와 책임'은 이뤄지지 않고 있다. 또한, 재일여성의 관점에 구애된 표현활동과 운동도 별도로 계속되고 있다. 이러한 맥락에서 위안부 문제 해결운동의 시작 단계부터 의식적으로 진행해온 '탈식민지·과거청산'은 미완인 상태이다.

오히려 일본 사회에는 1990년대 후반부터 '새역모' 등으로 대표되는 역사수정주의가 대두하고, 2000년대에 들어서서는 그 변동인 만화 『혐(嫌)한류』가 등장했다. 자민당의 중추에는 역사수정주의자가 다수를 점해 위안부에 대한 기술이 중학교 역사교과서에서 2006년 일제히 삭제되었다. 이와 같이 일본 패전 그리고 조선해방 후 60년이 흐른 지금까지도 식민주의적이고 가부장적인 여성관은 여전히 계속되고 있다.

이러한 상황에서 재일여성의 입장과 관점에서 일본 사회와 재일동포 사회, 한국 사회에 위안부 문제에 대한 항변과 행동을 지속해왔던 여성네트 운동과 개개인의 활동의 의의를 다시 살펴보는 것은 충분히 의미 있는 일이 아닌가 싶다.

깔끔히 쓰지 못한 2000년대 운동에 관해서는 훗날을 기약하고 싶다.

제2장

일본 간사이 지역의 재일한국민주여성회*

1. 위안부 문제 해결운동의 출발점

재일한국민주여성회는 1986년 당시 군사독재 정권 아래에 있던 한국의 민주화와 남북통일을 위해 투쟁하는 가운데 설립되었다. 일본의 차별과 억압 속에 조선인이라는 것을 부정하는 것밖에는 살아갈 길을 찾을 수 없었던 재일조선인 동포들은 민족의 문화와 역사를 배우면서 바뀌어갔다. 이는 고통 속에서 찾아낸 빛이었고 민족적으로 살아가겠다는 신념이었다. 또한 분단국가이자 군사독재 국가로 아직 미국이나 일본의 지배에서 벗어나지 못한 조국의 현실을 어떻게 받아들여야 할지 고민하는 계기였다. 조국의 어려운 현실을 앞에 두고 여성으로서의 관점과 생각을 드러낼 수 있는 여유는 없었다. 1986년 재인한국민주여성회의 발족은 조국의 민주화와 통일을 여성의 입장에서 논하고 행동하는 운동을 목적으로 한다는 점에서 재일조선인 여성에게 획기적이고 역사적인 일이었다.

---

* 이 글은 방청자(일본군위안부 문제 해결 간사이네트워크 공동대표), 「特輯: '在日' 女性の視點」, ≪戰爭と性≫, 제28호(2009)에서 발표한 논고(일본어)를 수정한 것이다.

1989년, 필자는 윤정옥 교수가 ≪한겨레≫에 게재한 기사를 번역하고 강연록과 관련 자료를 모으는 작업에 착수했다. 이를 바탕으로 1991년 5월에는 자료집『隱蔽された歷史に今こそ光を! 朝鮮人從軍慰安婦(은폐된 역사에 지금 빛을! 조선인 종군위안부)』를 발간했다. 김학순 할머니가 실명을 공개하고 재판에 나선 것을 계기로 전후 50년 가까운 세월 동안 역사의 어둠 속에 숨겨져 있던 위안부 문제가 일본 사회에 충격을 던지며 주목을 받았고, 자료집은 날개 돋친 듯 팔려 재발행이 계속되었다.

1년 후인 1992년 5월에는 역사적 검증을 주제로 한 자료집 제2판『眞の謝罪と補償を求めて朝鮮人從軍慰安婦(진정한 사죄와 보상을 요구하는 조선인 종군위안부)』를, 이어서 제3판도 발행했다. 소모임이나 평화운동단체, 학교와 노동조합 등 다양한 곳을 방문하며, 활동 보고와 강연, 홍보활동을 전개하면서 위안부 문제는 일본의 전쟁범죄이자 청산해야 할 역사임을 고발했다. 이에 대해 우파언론과 지식인들은 '돈을 노리는 것이다', '사전에 계획된 행동(やらせ)'이라는 비방을 대대적으로 펼쳤고, 이름을 공개하고 나선 피해자들이 또 한 번 그들의 존엄에 상처를 입는 안타까운 일도 있었다.

1992년 2월 미야자와 수상의 방한을 계기로 위안부 문제 해결을 요구하는 한국의 목소리가 한층 높아졌다. 재일한국민주여성회는 1월부터 증언들을 모으고자 도쿄에 정보전화 '위안부 110'을 설치했고, 오사카에도 3월에 일본부인회의[현 아이(アイ)여성회의]와 함께 이틀에 걸쳐 정보전화를 개설했다. 이를 통해 수집한 많은 정보를 기초로 한일 여성이 힘을 합쳐 정보집을 발간하기도 했다.

1992년 10월 오키나와의 배봉기 할머니가 사망한 직후, 오사카에서 추도집회의 개최를 제안받아, 노동조합과 교직원조합, 해방동맹, 여성부 등의 지원으로 추모회를 추진했다. 당시 행사장에는 500명 정도의 인파가 몰렸다. 재일한국민주여성회의 한 회원이 추도의 춤을 췄고, 무대에 제단을 만들어 차 레대로 절을 하며 할머니의 명복을 빌었다. 종추월(宗秋月) 시인이 직접 쓴 추모시를 낭독했고, 가와다 후미코(川田文子)는 마음을 담은 메시지를 전달했다. 추도식이 진행될수록 회장에 참석한 사람들은 눈물을 흘렸다.

같은 해 12월에는 도쿄에서 개최된 '일본의 전후보상에 관한 국제공청회'에 참가해 남북의 위안부 피해자가 서로의 이름을 부르며 끌어안는 모습을 볼 수 있었다. 분단으로 인해 떨어져 살아온 피해자들의 만남이 이루어지는 역사적인 순간이었다.

2. 아시아연대회의에서 2000년 법정까지

재일한국민주여성회는 1993년에 개최된 제3회 '아시아의 평화와 여성의 역할' 심포지엄에 참석해 남북의 일본군위안부 피해자가 증언을 하는 모습을 지켜보며, 한국과 북한, 해외동포가 하나가 되어 위안부 문제를 해결해야 한다는 점을 절감했다. 하지만 당시의 극심한 냉전 분위기 속에서 동포들이 함께 행동하기까지는 난관이 많았다.

재일한국민주여성회는 반(反)국가단체로 규정된 재일한국민주통일연합(이하 한통련)의 회원단체라는 이유로 조국으로의 자유로운 왕래가 막혀 있었다. 한국에서 열리는 아시아연대회의에 참가하겠다는 의지는 불탔지만 상황이 여의치 않았다. 밑져야 본전이라는 마음으로 정대협에 아시아연대회의 참가 희망 명단을 보냈다. 하지만 뜻밖의 곳에서 참가의 가능성이 열렸다. 당시 재일한국민주여성회는 「국가보안법」 위반으로 복역 중이던 김삼석 남매의 구원운동에 연관되어 있었다. 김삼석의 아내 윤미향에게 격려의 편지를 보냈는데, 그녀가 편지를 보낸 사람이 아시아연대회의에 참가 의사를 표했다는 것을 한국 방문을 위한 임시 여권 취득에 도움을 준 것이다. 제3회 아시아연대회의에서 재일한국민주여성회는 분단으로 인해 차별받아왔던 재일동포의 현실을 서투른 한국어로 보고했고, 정대협의 전 공동대표인 정숙자 및 한명숙에게 격려의 말을 들었다.

일본으로 돌아와서는 오사카의 일본 시민운동 회원들과 함께 한국의 위안부 피해자를 초대해 증언집회를 계속해서 개최하는 한편, 각지의 학습회에서 강연과 홍보를 병행하는 등 바쁜 활동을 이어갔다.

1996년 4월에는 전 일본 자치단체 노동조합과 부락해방동맹의 협력을 얻어 유엔인권소위원회 여성폭력문제 특별보고관 쿠마라스와미의 권고를 환영하는 집회를 개최했다.

1994년 자민당, 사회당, 신생당 3당 연립에 의한 무라야마 정권이 탄생했고, 새로운 정권은 전후 50년 문제 프로젝트의 일환으로 '여성을 위한 아시아 평화 국민기금'의 설립을 발표했다. 이때부터 상황은 더욱 악화되어 위안부 문제 해결을 향한 길은 한층 더 험난해졌다. 시민운동과 노동운동 사이에 대립과 틈이 생기면서 이제까지처럼 큰 규모의 대응이 어려워진 것이다. 기금을 통해 문제가 해결되는 것이 아니라고 생각한 재일한국민주여성회는 계속해서 국가 차원에서 법적 책임을 인정하고, 사죄와 보상을 할 것을 요구하는 운동을 전개했다.

재일한국민주여성회는 2000년 법정 개최를 위해 일찍부터 간사이 지역에서 일본의 운동단체들과 연계해 집회와 강연회를 개최하면서 법정의 의의와 목적을 널리 알려왔다. 바자회 등을 통해 자금과 참가자를 모으고 법정이 개최될 도쿄로 가는 교통비를 보조하는 등 2000년 법정의 성공적인 개최를 위한 자원 동원을 계획적으로 전개했다. 일본 언론이 침묵하는 중에도 계속해서 법정의 내용을 회보와 학습회를 통해 알리고 강연도 계속했다. 이러한 활동은 2001년에 있었던 헤이그 판결 뒤에도 계속되었다. NHK의 프로그램 개찬사건[1] 후에는 NHK오사카 본사에 경위 확인에 대한 요청문을 제출하기도 했다.

3. 피해자 증언집회

2004년 전국동시증언집회는 젊은 청년들의 제안으로 시작되었다. 첫 번째 집회는 12월 4일 전국 각지에서 일제히 시작되었다. 이때 재일한국민주여성회는 오사카에서 길원옥 할머니를 초청해서 증언집회를 개최했다. 이것은 그해 여름 실행위원회를 세우고 위안부 피해자들을 맞을 준비와 교류를 진행해 왔기 때문에 가능한 것이었다.

다음 해에는 언제까지고 위안부 피해자들에게만 의지해 운동을 진행할 수는 없다는 의견이 제시되고 공감을 얻으면서 피해자의 힘에 의지하지 않는 기획, 즉 '전국동시기획'을 구상했다. 강연회와 전시회 개최, 비디오 상영 등 다양한 방법을 통해 위안부 문제를 '모두가 배우는' 자리를 만들고자 했다. 이때 청년들 사이에서 오사카에서도 수요시위를 하자는 제안이 나와, 1995년 10월부터 매월 첫 번째 수요일 저녁 7시부터 한 시간 동안 오사카 역 앞의 육교에서 수요시위를 열었다. 수요시위에서는 팸플릿을 나눠주거나 마이크를 들고 발언을 하기도 했으며, 자신의 생각이 담긴 플래카드를 들고 서 있기도 했다. 세계동시행동 등의 계획도 실행되었다.

제3회 전국동시증언집회 열린 2006년에는 이옥선 할머니를 초청했고, 증언집회 전날에는 오사카시립 대학교에서 학생들을 대상으로 강연회를 열기도 했다.

---

1 2000년 12월, NHK TV가 2000년 법정을 다룬 '전시 성폭력 문제'를 방송하면서 쇼와 '천황'에 대한 유죄 판결 내용을 삭제한 사건. 보도·편집 과정에 정치권이 개입되었는지 여부가 논란이 되었다.

이렇게 오사카 지역을 중심으로 운동이 펼쳐지는 가운데, 2006년에는 정대협의 제안으로 '여성이 함께 만드는 평화 기행: 전쟁을 초월한 평화를 위해 손을 잡자'가 진행되었다. 재일한국민주여성회는 일본의 운동단체들과 함께 한국 주재 일본 대사관 앞에서 열리는 수요시위를 주관하고 평화 기행에 참가해 뜨거운 교류를 계속했다. 이후 일본에서도 수요시위 참가자가 점차 늘어났고, 동시증언집회도 한층 열기가 더해졌다.

2007년, 다시 길원옥 할머니와 이막달 할머니를 초청했다. 이때 오사카와 다카라즈카에서 증언집회를 기획했고, 고난 대학교 안에서도 학생들을 중심으로 증언집회를 준비하고 개최했다. 할머니들은 상당히 바쁜 일정을 소화하면서 자신의 괴로운 경험을 선뜻 증언해주었다. 위안부 문제 해결의 필요성과 한국에서 시작되고 있었던 '전쟁과여성인권박물관' 건립을 위한 지원을 당당하게 요청하는 할머니들의 모습에 많은 사람이 감동을 받았다. 특히, 다카라즈카(寶塚)의 집회 준비에 연관되었던 시의회 의원들은 어떻게 해서든 위안부 피해자들의 외침에 부응하고 싶다는 의사를 밝혔고, 이는 2008년 3월 사상 첫 위안부 의견서 가결로 이어졌다.

4. 간사이 포럼과 간사이네트워크

증언집회와 수요시위를 함께하면서, 2007년에는 한국에서 개최된 제8회 아시아연대회의에도 간사이 지역의 동료들과 참가했다. 이 회의는 북한에서 홍선옥 조대위 위원장이, 일본에서는 조총련 여성동맹 대표도 참가하는 역사적인 모임이었다. 당시 회의에서는 미국 의회결의의 진행 상황이 주목되었으나, 얼마 지나지 않아 미 의회의 결의가 통과되었다. 이에 재일한국민주여성회는 미국에서 의회 결의를 채택시킨 애너벨 박(Annabel Park)과 앰네스티의

캐서린 베이버(Catherine Baber)를 게스트로 초청해 간사이 포럼을 개최하기 위해 전력을 다했다.

당시 정대협 자원활동가였던 양노자가 전담 스태프로 초청되었고, 피해자 증언에는 필리핀에서 필라 프리어스(Pilar F. Frias)가 참가해 증언을 해주었다. 간사이 포럼에는 600명이 참석했다. 애너벨은 의회 결의안 통과를 위한 풀뿌리 운동은 정말 힘들었다고 고백했다. 그는 당시의 가혹한 운동 상황과 승리했을 때의 기쁨을 떠올리며 눈물을 흘렸다. 이어 재일한국민주여성회가 어떻게 일본 정부를 움직여서 사죄와 보상을 받아낼 것인지에 대한 질의응답이 있었다.

간사이 포럼을 준비하는 중, 회원이었던 다카라즈카 시의회 의원들이 처음으로 '위안부 의견서'를 의회에 제안하는 것에 성공했다. 나아가 의견서의 가결을 위한 운동은 이제까지 각지에서 위안부 문제에 관련해왔던 사람들을 모아들이면서 더욱 폭넓게 시작되었다. 각지에서 학습회와 증언집회, 청원서명 운동, 의회에의 로비 활동이 전개되었다.

간사이 포럼이 끝난 후, 회원들은 그해 12월 도쿄에서 개최된 제9회 아시아 연대회의에 집결해 의견서 가결과 위안부 문제 해결을 위한 운동을 시작하기로 결의했다. 운동은 큰 물결을 이루며 성장해나갔다. 정보의 교환을 원활히 하고 사안별로 연계해야 할 필요성이 커짐에 따라, 2009년 간사이 각지에 산개되어 의견서 가결운동을 진행하던 활동가들이 한자리에 모였다. 이것이 계기가 되어 '일본군위안부 문제 간사이네트워크(이하 간사이네트워크)'가 구성되었다.

간사이네트워크는 정보 교환을 위한 조용한 모임이었지만, 2008년 11월 한국에서 개최된 위안부 피해자 강일출 할머니의 증언집회의 중심이 되기도 했다. 그런데 비슷한 시기에 결성된 '재일특권을 허용하지 않는 시민들의 모임'이 재일조선인과 위안부 문제 해결을 위한 운동에 대해 폭력적인 공격과 방해를 시작했다. 하지만 증언집회는 경찰과 회관 측의 무시무시한 경비 속에서도 많은 응원을 받으며 500명 이상이 참가하는 가운데 성공적으로 개최되었다.

그러나 이후에도 그들의 공격은 계속되었다. 특히 매월 첫 번째 수요일에 오사카 역 앞에서 개최되는 수요시위를 방해할 목적으로 육교를 점거하겠다고 협박했다. 또한 한국의 제900차 수요시위를 기념해 니시노미야에서 개최된 수요시위 때는 경찰관 앞에서 폭력을 행사해, 참가자 한 명이 전치 6주의 부상을 입는 사건이 일어났다. 이러한 어려운 상황에서 간사이네트워크는 위안부 문제의 해결을 위해 더욱 적극적인 행동을 개시했다.

5. 120만 명 서명운동과 전국행동 참가

2009년 여름, 정권 교체와 함께 위안부 문제의 조기 해결에 대한 낙관론이 제기되었다. '전시 성적 강제 피해자 문제 해결 촉진을 위한 법률안'을 2001년부터 여덟 번에 걸쳐 국회에 제출하는 데 중심 역할을 담당했던 민주당이 정권 여당이 되었기 때문이다. 하지만 상황은 더욱 악화되었고, 그러는 중에도 위안부 피해자의 부고가 계속해서 들려왔다.

재일한국민주여성회 회원들은 2009년 말부터 정부의 입법 해결을 요구하는 '120만 명 서명운동'에 돌입했다. 일본 인구의 1%를 서명 목표로 했다. 후에 정대협 역시 한국 인구의 1%인 '50만 명 서명운동'에 돌입했다. 그리고 2010년 2월에는 '위안부 문제 해결 전국 행동 2010'이 발족되었다. 위안부 문제가 제기된 지 20여 년 만에 처음으로 전국을 망라한 조직이 등장한 것이다. 각지에서 재판 지원과 서명운동, 영화 상영 등 다양한 방법으로 추진되어오던 운동이 전국 조직이 된 것은 의미가 크다.

정부의 사죄와 보상까지 앞으로 한 발짝, 우리들은 포기하지 않을 것이다.

피해자가 포기하지 않았는데 어떻게 포기할 수 있겠는가? 일본 대사관 앞에서 오늘도 소리치고 있는 목소리에 우리들은 힘을 얻고 용기를 얻는다.

제3장

미국 워싱턴정신대문제대책위원회[*]

　미주 지역에서의 위안부 문제 운동사는 무에서 유를 만들어온 인권의 역사라 할 수 있다. 1980년대까지만 해도 제2차 세계대전 당시 벌어진 일본군위안부 문제는 미주동포들에게는 생소한 것이었다. 하물며 위안부 문제에 관한 내용을 알고 있던 미국인이 과연 몇 명이나 있었을까?

　1992년 11월 워싱턴에서 황금주 할머니가 TV 생방송으로 소녀 시절의 일본군위안부 경험담을 쏟아놓은 사건은 일본군위안부 운동의 횃불을 밝히는 사건이 되었다. 이 사건은 그해의 추수감사절 이틀 전에 일어났다.

　뉴욕의 유엔본부에서 증언을 마친 황금주 할머니는 귀국길에 워싱턴에 들러 워싱턴 한인교회가 주최한 '증언과 기도의 밤'의 강단에 섰다. 할머니의 처참했던 평생을 이야기한 증언 내용은 방송사 폭스(Fox)를 통해 전국에 방영되었고, 이 방송은 폭탄이 터진 것처럼 미주 전역을 뒤흔들었다. 10대에 일본군에 끌려가서 성노예 생활을 하며 청춘을 짓밟힌 할머니의 이야기는 워싱턴의 이목을 집중시켰다. "내 청춘을 돌려 달라"던 황금주 할머니의 처절한 절규는 필자에게 큰 충격을 주었고, 평생 가슴에 남을 외침이었다.

---

[*]　이 글은 이동우 전 워싱턴정신대문제대책위원회 이사장이 작성했다.

황금주 할머니의 증언이 있은 지 2주일 후인 1992년 12월 12일, 미국 수도에 '워싱턴 정신대문제대책위원회(이하 정대위)'가 창설되었다. 워싱턴 지역의 동포단체장, 각 교회 대표, 언론인을 비롯해 일본군위안부 문제 해결에 뜻이 있는 동포들이 워싱턴 한인교회에 모여 정대위를 발족했다. 정대위는 대표의 기준을 '여성, 워싱턴 한인교회 교인, 가능하면 3개국 언어(영어, 한국어, 일어)에 능통한 사람'으로 정했고, 필자가 대표로 지명되어 선출되었다. 15년 후 미국의 하원에서 '제2차 세계대전 당시의 일본군위안부 결의안'이 통과되기까지 정대위 운동의 역사는 좌절과 도전을 반복했다. 이 글에서는 정대위의 주요 활동 내용을 정리하며 그 역사를 회고해보고자 한다.

1. 일본 정부에 대한 압력 행사

정대위 운동은 대표였던 필자의 집에 방 하나를 사무실로 두고 시작되었다. 정대위는 발족 3개월 후인 1993년 3월 1일, 일본 대사관 앞에서 대규모 시위를 펼침으로써 짓밟혔던 정의 회복을 위한 활동의 첫 테이프를 끊었다. 정대위는 중국계 인권단체와 손을 잡고 시위를 준비했다. 시위 당일에는 150여명의 워싱턴 시민이 모였다. 일본 정부의 만행을 규탄하고, 정식 사죄와 배상을 주장했다. 이는 일본군위안부문제와 관련해서는 미국에서 처음 진행된 시위였다. 흰색 치마와 저고리 차림의 한국 여성들이 영어와 한국어로 된 포스터와 피켓을 손에 들고 앞장섰다. 시위 참석자들은 큰소리로 "사죄하라", "Justice for Comfort Women(위안부에게 정의를)" 등의 구호를 외치거나 찬송가를 부르면서 두 시간 동안 엄숙한 분위기 속에 거리를 행진했다. 주미 일본 대사관 정문 앞에는 'How Many Korean Women Did You Kill After Sex'라고 적힌 대형 현수막을 두 시간 동안 걸어두었다. 미국 시민들에게 일본의 전쟁

범죄에 대한 인식을 환기시키고, 일본 정부에 미국에서도 위안부 문제를 거론하는 정대위가 결성되었음을 알리는 행동이었다.

3·1절 시위를 마치고, 1993년 4월 8일 정대위 대표단은 주미 일본 대사관을 방문했다. 일본 대사는 본국 출장 중이었기 때문에, 가와이 지카오(河相周夫) 정무공사를 만나 "(이번 방문은) 한국과 일본은 아시아에서 가장 가까운 우방 국가로 앞으로 우호관계를 성장시키기 위한 귀국의 협조를 당부하기 위한 뜻"임을 전했다. "귀 선열들의 과오로 얼룩진 양국의 역사를 하루바삐 해결하고 부끄럽지 않은 장래를 후손들에게 물려주어야 함"을 분명히 했다. 이에 대해 가와이 정무공사는 "하이(はい), 하이"만을 되풀이할 뿐이었다.

4월 23일에서 29일에는 일본 도쿄에서 열린 '아시아의 평화와 여성의 역할' 토론회에 참석했다. '일본군위안부 문제 고발'과 '과거 아시아 여성들이 당한 희생과 피해의 역사를 규명하지 않고서는 아시아의 평화는 존재할 수 없다'는 주제로 1주일 동안 진행된 열띤 토론회에서 많은 것을 배웠다. 기조연설을 한 일본 도이 다카코(土井多賀子) 전 사회당 당수는 "미국에 돌아가면 미국 정부를 움직여서 일본 정부에 압력을 가하는 일에 앞장서 주십시오", "일본 정부를 움직일 수 있는 길은 외압을 통해서만 가능합니다. 일본 정부는 내압에는 강하나 외압에는 몹시 약합니다. 그것도 미국의 압력이어야만 합니다"라고 말해 정대위의 의지를 더욱 강하게 만들었다. 그러나 당시 미국과 일본은 강한 우방국 관계였고, 한국은 겨우 군정을 벗어나 민정이 시작된 시기였다. '미국 정부를 움직이는 일'은 한국 정부도 해내기 어려운 일이었고, 정대위에게는 불가능한 일처럼 생각되었다.

정대위는 1993년 9월 24일 일본 호소가와 모리히로(細川護熙) 수상에게 보내는 호소문을 작성해 일본 대사관에 제출했고, 동시에 이를 《워싱턴 포스트》에 광고로 발표했다. 마침 그해 가을에 호소가와 수상이 뉴욕의 유엔본부에서 기조연설을 맡아 미국을 방문하는 일정이 잡혀 있었다. 워싱턴 근방에서 취합

한 8,000여 명의 서명서와 함께 호소가와 수상에게 보낸 편지에는 "일본 정부는 제2차 세계대전 당시 일본군위안부에게 입힌 참상을 역사에 밝히고, 정부 차원에서 정당한 배상과 공식 사과를 할 것"을 촉구하는 내용이 담겨 있었다. 그런데 뜻하지 않았던 기적이 일어났다. ≪워싱턴 포스트≫에 광고가 난 지 불과 며칠 지나지 않아 정대위의 호소문과 거의 동일한 내용으로 미 국회 하원의원 17명의 진정서가 발표된 것이다. 철통같이 닫혀 있던 위안부 문제 해결의 문이 열리는 듯했다.

2. 워싱턴 지역 재미한국인의 연대와 위안부 생존자 인터뷰

1994년 6월 워싱턴에 있는 백악관 앞에서, '워싱턴 지역 재미한국인 대회'라는 이름으로 대대적인 집회를 벌였다. 일왕이 클린턴 대통령을 예방차 워싱턴에 왔던 시점이었다. 미국 동부 지역의 한국계 · 중국계 미국인을 포함한 미국 시민 800여 명을 동원해 백악관 앞에서 위안부 문제의 정의로운 해결을 두 국가원수에게 건의하는 자리였다. 한국의 사물놀이패가 행진 대열의 선두로 나섰고, 백의 복장을 한 한인 여성들이 그 뒤를 따랐다. 다시 그 뒤를 수백 명의 시민이 뒤따라 백악관 앞 광장 일대를 점령했던 대행진이었다. 교통이 차단되고, 수십의 기마 경비대가 출동했던 집회였으니 정대위가 주관한 행사 중 최대 규모였다고 할 수 있을 것이다.

그날 백악관 앞 라파엘 광장에서 한국인의 뜻과 다짐을 한데 묶은 선언문을 선포했다. 그날의 다짐은 '정의 회복운동'의 승리를 위한 각오였다.

…… 여기에 가까운 이웃나라 일본 국왕의 미국 방문을 따뜻이 맞이할 수 없는 우리의 안타까움이 있다. 우리는 어두운 전쟁범죄의 부끄러움 없는 청산이 새

역사 창조의 지름길이며, 이 땅 위에 다시는 이 같은 범죄의 재현을 막는 길임을 믿는다. 일본 국왕의 용기 있고 과감한 과거 역사의 청산이 새로운 세계의 평화와 정의 구현에 공헌하는 길임을 확신한다. 워싱턴의 재미한국인은 일본의 왜곡된 역사가 바로 잡히고 전쟁범죄로 짓밟힌 피해자들의 눈물과 탄식에 싸매임을 받아 이 땅 위에 정의가 강같이 흐르는 그날이 올 때까지 우리의 뜻과 의지를 모아 이 일을 계속 추진해갈 것을 다짐한다.

1만여 명의 서명을 전달받은 클린턴 대통령은 후일에 "인류 인권회복 운동에 기여하는 정대위의 용기를 치하한다"는 서신을 보내오기도 했다.

미국의 국회의원들이 위안부 문제에 관심을 두기 시작한 것을 기회로 삼아, 정대위는 각계각층을 대상으로 다양한 활동을 기획했다. 위안부 문제를 이성적으로 판단할 근거가 되어줄 자료의 보급과 피해자들의 고통에 공감하게 하는 활동을 병행했다. 필자와 필자의 남편은 1993년 10월 한국으로 달려갔다. 이에 일본의 《마이니치》 특파원은 우리의 한국행 사진을 보도해 위안부 문제 해결을 위한 미국에서의 활동에 발동이 걸렸다는 요지의 기사를 보도하기도 했다.

한국에서 생존자 15명을 만나 그들의 증언을 녹화했다. 미국으로 돌아와 이를 홍보용 비디오로 제작하는 일에 뛰어들었다. 제작비를 고민하고 있을 때 워싱턴의 이창제 PD가 비디오 제작에 도움을 주겠다며 나섰다. 이 PD와 정대위 제작위원들은 여러 날 밤을 새우면서 비디오를 제작했다.

비디오 제작에 필요한 제2차 세계대전 중 일본군의 만행에 관한 역사자료는 당시 미국의 박물관 및 자료센터 등에서 미미하게나마 구할 수 있었다. 위안부 문제와 관련해 소수의 역사가들과 학자들이 쓴 저술 자료가 있기는 했지만, 대중적인 보급이 이루어지지 않은 상태였다. 희생자들의 살아 있는 증언을 담은 비디오로 그리고 생생한 사진 작품으로 위안부 문제를 알리고 많은 사람을 동원하는 일이 급선무라고 판단했다.

시청각 홍보를 염두에 두고 역사자료 사진 전시회를 열기를 갈망하면서 동분서주하던 중 미 감리교총회 사회부 담당관 제인 하비(Jane Harvey) 위원장을 만났다. 그에게 위안부 문제 사진 전시회를 열 수 있는 장소를 찾는 중이라고 말했더니, 감리교총회 사무실을 대관해주겠다고 제안해 왔다. 미 감리교총회 사회부 사무실은 미 국회 후문 앞에, 그리고 미 대법원 바로 옆에 위치하고 있어 일석삼조의 결실을 얻을 수 있는 최적의 장소였다.

정대위는 제2차 세계대전 50주년을 기리기 위해 1995년 4월 25일에서 5월 26일까지 한 달간 감리교총회 사회부 사무실에서 미주 지역에서의 첫 전시회를 개막했다. 전시를 연 건물에는 앨버트 고어(Albert Gore) 당시 부통령의 양친이 거주하고 있었고, 뉴트 깅리치(Newt Gingrich) 당시 하원 의장 및 많은 국회의원의 개인 사무실이 있었다. 이러한 이유로 국회의원이 수시로 드나들었고, 미국 전역에서 수학여행을 오는 학생들과 지방 유권자들로 항상 붐볐다.

전시 사진은 대형 패널 10여 장을 이어서 제작했다. '정신대'라고 적힌 팻말을 목에 걸고 있는 젊은 여성들, 위안소 앞에서 줄을 지어 기다리는 일본 병사들, 위안소 규율을 적은 게시판, 위안소 입장 할인권, 그리고 아시아 각 지역에 산재해 있던 위안소의 위치를 그린 지도로 로비를 채웠다. 아울러 전시장 로비에 텔레비전을 설치하고 희생자들의 증언을 담은 '정신대 비디오' 영상을 아침 8시에서 저녁 5시까지 방영했다.

각층의 지식인 및 정치인과 많은 언론인으로 꽉 채워진 개막식장에서 관중들을 향해 '정의 회복'을 외치던 조지타운 대학교 디나 셸턴(Dinah Shelton) 법학 교수의 청청하던 음성이 아직도 필자의 귓속을 쟁쟁하게 울리고 있다.

필자는 전시 기간 동안 거의 매일 전시장을 둘러보았다. 충격적인 사실을 생애 처음으로 접하고 바닥에 주저앉아 엉엉 울고 있던 여학생들의 모습은 16년이 지난 지금까지 잊힌 적이 없다. 특히 방명록에서 깅리치 의장의 서명을 발견한 일도 필자의 기억 속에 차곡차곡 간직되어 있다. 깅리치 의장의 서명이 후일에 정대위를 돕게 될 줄은 그때는 상상도 못 했던 일이다. 또한 전시회를 방문했던 학생들과 유권자들에 의해 위안부 문제가 각 지역으로 전해지리라고는 전혀 예상할 수 없었다.

3. 미주 전역 순회강연과 국제심포지엄 개최

'정신대 비디오'는 날개 돋친 듯 팔려 네 차례나 재판을 찍어야만 했다. 이어서 사진 전시회 신청이 여러 곳에서 들어오기 시작했다. 미국 전역으로 홍보가 되기 시작하면서 '일본군위안부 문제 전시회'는 전국으로 원정을 다녀야만 했다. 노스캐롤라이나 주 샬럿까지 단숨에 달려가 홍보활동을 벌이는가 하면, 펜실베이니아 주 필라델피아에 있는 자유박물관(Free Library)에서는 두 차례 사진 전시회를 주관하기도 했다. 전시회를 오가며 힘든 일도 많았다. 전시할 사진을 밴에 가득 싣고 워싱턴에서 필라델피아로 달릴 때는 사진 때문에 뒷좌석 창문을 닫지 못해 바람을 맞으며 밤길을 운전해야 했다. 또한 1995년 11월 뉴욕 유엔 세미나에서 전시를 마치고 밤길을 달려 귀가하던 날의 악천후도 기억에 남는다.

미국 전역의 대학교에서 위안부 문제 강연 청탁이 밀려오기 시작한 것도 바로 이 즈음이었다. 정대위 부회장을 맡고 있던 크리스토퍼 심프슨(Christopher Simpson) 아메리칸 대학교 교수와 함께 순방한 대학교만 해도 셀 수 없을 정도이다. 미시간 대학교를 두 차례 방문했고, 뉴욕 주 코넬 대학교, 캘리포니아 주 스탠퍼드 대학교, 테네시 주 밴더빌트 대학교를 포함해 워싱턴 주 시애틀 근방 벽촌의 대학교까지 다녔다. 버지니아 주, 메릴랜드 주와 볼티모어에서는 상주 강사로, 워싱턴 지역의 조지워싱턴 대학교, 조지타운 대학교, 아메리칸 대학교, 웨슬리 감리교 신학 대학교 등에서는 지정 강사나 다름없는 역할을 했다.

위안부 문제 홍보를 위한 순례는 미국을 벗어나 캐나다까지 뻗어나갔다. 캐나다 국회에 위안부 문제 상정을 호소하기 위한 캐나다 국회의원들과의 회담차 토론토를 거쳐 오타와까지 방문했다.

워싱턴에서는 하버드 대학교 산하의 건강 저널 세미나에서 위안부 문제의 역사적 배경과 일본 정부의 태도, 일본 시민의 반응과 국제사회의 관심 등에 관한 이야기를 전하고, '내가 만난 일본군위안부 희생자들'이라는 제목으로 강의를 했다. "나는 죽어서 다시 태어난다면, 또다시 여자로 태어나고 싶어요. 평범한 여자로 태어나서 꼭 시집을 한번 가고 싶어요. 시집가서 딸아이를 낳아 딸아이의 손을 잡고 시장에 같이 가보는 게 소원이에요. 거리에서 딸아이 손을 잡고 지나가는 엄마를 보면 억장이 무너지는 것 같아요"라는 생존자 김상희 할머니의 이야기를 전하면서 청중과 함께 눈물을 흘리기도 했다.

강연 끝에는 필자에게 "당신도 일본군위안부 희생자입니까?"라는 질문이 던져지곤 했다. 필자는 항상 같은 대답을 했다. "예, 나도 틀림없이 끌려갔을 거예요. 만일 전쟁이 2~3년만 더 지체되었다면, 내가 2~3년만 더 일찍 태어났었다면, 아마 오늘 희생자들 사이에 나도 틀림없이 끼어 있을 거예요"라고.

1996년 9월 30일에는 워싱턴 조지타운 대학교와 공동으로 '제2차 세계대전 당시의 위안부: 그 유산과 교훈(The Comfort Women of WWII: Legacy and Lessons)'이라는 주제로 국제심포지엄을 열었다. 이 심포지엄은 10월 2일까지 3일에 걸쳐 진행되었다. 학자들과 미국 각층의 지성인들이 모여 일본의 역사적인 만행을 국제사회에 고발했다. 열세 살에 일본군에 끌려가 굴욕적인 시간을 겪은 생존자의 증언도 있었다. 또한 가해국인 일본의 미키 무쓰코 전 수상 부인의 양심선언 강연과 여러 학자의 열띤 학술 논문 발표 등은 국제사회에 대두되기 시작한 위안부 문제에 새로운 방향을 제시했다.

이 심포지엄의 개최와 관련해 반드시 기록해야 할 사건이 하나 있었다. 주미 일본 대사관의 끈질긴 방해 공작이 그것이다. 제네바 유엔에서, 뉴욕 유엔에서, 미 국회에서, 일본의 로비활동은 때와 장소를 가리지 않았고 국제적으로도 이미 악명이 높았다. 하지만 학계에까지 추한 로비의 손길을 뻗친 것은 실로 놀라운 일이었다. 일본 정부는 심포지엄을 주최한 조지타운 대학교의 한 학장에게 압력을 가하면서 위안부 문제 심포지엄을 중지시킬 것을 끈질기게 강요했다. 국제회의를 주관했던 모두와 이를 지켜본 많은 관중에게 일본 로비활동의 심각성을 일깨워준 사건이었다.

4. 미 국회에서의 활동

위안부 문제를 들고 미 국회에 처음으로 입성한 것은 1997년 5월의 일이었다. 제2차 세계대전 당시 피해를 입은 중국과 필리핀 단체가 합동 기자회견을 준비하면서 정대위에게 위안부 문제 발표를 제안해 온 것이다.

그런데 기자회견 당일, 일리노이 주의 윌리엄 리핀스키(William O. Lipinski) 민주당 의원이 작성한 결의안 초안에 위안부 문제에 대한 언급이 빠져 있었다. 너무나 놀라고 당황한 필자는 리핀스키 의원의 보좌관을 만나 위안부 문제 초안을 작성해 결의안에 포함시킬 것을 제안했다. 이러한 노력 끝에 '리핀스키 결의안'[1]에 위안부 문제가 처음으로 정식 포함되었다. 1998년 7월 25일

---

1 리핀스키 결의안이라고 불리기도 하는 이 결의안은 일본군에 의해 강제동원되어 감금당한 채 성노예 생활을 강요당한 군 위안부 문제 외에도 난징대학살 사건, 731부대의 인체실험 사건, 1941년 일본군이 괌 점령 당시 저지른 학살행위, 미국군과 서민 포로에게 행해진 비인 간적인 학대 등 10여 가지의 항목을 전쟁범죄 행위로 열거하고 있다. 이 결의안은 "우리는 반세기 이상 동안 제2차 세계대전 중 군, 민간인, 전쟁포로에게 행한 일본의 치욕스러운 행위를 방조했다"고 지적하면서 "가장 중요한 사실은 이 희생자들이 일본으로부터 국가 차원

리핀스키 의원은 동료 의원 44명과 공동으로 제2차 세계대전 당시 일본군위안부 강제동원 등 일본이 저지른 모든 전쟁범죄 피해자에 대한 일본 정부의 공식 사죄 표명과 피해 배상을 요구하는 결의안을 하원에 제출했다.

1997년에는 리핀스키 의원의 보좌관에게 미 국회에서의 일본군위안부 전시회 개최를 제안받았다. 정대위는 큰 별을 잡은 듯 감격했다. 그리고 1년 동안 전시회를 성사시키기 위한 준비 작업에 온 힘과 정열을 쏟았다. 모든 준비가 끝나고 전시회를 열흘 남긴 시점에 문제가 발생했다. 국회전시관장의 허가가 나지 않았다는 소식이었다. 일본 정부가 끈질기게 관장을 괴롭히고 있어 관장이 허가를 거부하고 있다는 것이었다. 정대위는 깅리치 하원 의장에게 호소해 특별 승낙을 받고 겨우 시간에 맞추어 전시회를 개막할 수 있었다. 마침내 1998년 6월, 국회 내 캐넌회관에서 '제2차 세계대전의 일본군위안부: 부인할 수 없는 비극(Comfort Women of WWII: An Indisputable Tragedy)'이라는 이름으로 전시회가 개최될 수 있었다.

이 일본군위안부 전시회는 위안부 문제를 미 국회 안건 중 최우선 안건으로 올려놓는 결정적인 계기가 되었다. 일본의 끈질긴 로비 공세는 정대위의 행사에 먹칠을 하기 위한 작업인 듯했으나, 결과적으로는 정의 회복운동에 불을 지펴준 셈이었다. 이 전시회 이후로 정대위는 가장 바쁜 시기를 보냈다.

1998년 캐넌회관 전시회 기자회견을 계기로 민주당 출신 레인 에번스(Lane Evans) 하원 의원이 정대위와 손을 잡기 시작했다. 에번스 의원의 열정적인 노력으로 위안부 문제는 최초로 '의회 기록'에 입성했고, 마이크 혼다(Mike Honda)

의 공식적인 사과와 응당히 받았어야 할 배상을 아직도 받지 못하고 있는 일"이라고 명기하고 있다. 이어서 리핀스키 결의안은 "독일 정부는 전후 유대인 학살에 대하여 정식 사과를 했으나 일본은 똑같은 전범에의 사죄와 배상을 하기는커녕 이 책임을 회피함으로서 정반대의 결과를 초래하고 있다"고 지적하면서 피해자에 대한 배상과 공식 사죄를 일본 정부에 강력히 요구하고 있다.

의원은 2007년 7월 30일 일본군위안부 결의안 H.Res.121를 통과시키는 역사적인 결실을 이루었다.

5. '추모의 2000년: 존엄과 명예의 여성' 시상식 거행

정대위의 궁극적 목적은 가해국 일본의 정식 사죄와 배상, 그리고 피해자의 한을 풀어주는 것이다. 그래서 정대위는 일본군위안부 생존자들에게 '존엄과 명예의 여성상(賞)'을 시상하기로 했다. 시상식은 2000년 9월 20일, 미 국회 레이번회관에서 시상식이 거행되었다. 필리핀, 타이완, 한국의 생존자 열 명이 수상하기로 예정되어 있었으나, 여행 직전 병환으로 한 명이 시상식에 참여하지 못해 아홉 명에게만 상을 전했다. 정대위는 이들뿐만 아니라 이름도 없이 세상을 떠난 희생자의 영혼을 기리고자 강단 중앙에 노란색 장미 꽃다발을 놓고 애도했다.

인권시상식을 축하하기 위해 참석한 에번스 하원 의원, 미 법무부 엘리 로젠바움(Eli Rosenbaum) 특별수사국장, 낸시 루빈(Nancy Rubin) 미국 유엔 인권대사들의 연설은 한결같이 일본 정부의 정의로운 해결을 촉구하는 내용이었다. 뒤늦게 참석한 낸시 펠로시 의원과 할머니들이 서로 껴안고 회의장을 빙빙 돌며 흥겨워하던 광경은 인상적이었다.

2000년 인권시상식과 관련되었던 또 하나의 기적의 사건이 있었다. 워싱턴에 위치한 홀로코스트박물관(Holocaust Museum) 강단에서 '일본군위안부 희생자들 초청 간담회'가 열린 것이다. 박물관이 비유태계 행사에 대관을 허락한 것은 유례에 없던 일이었다. 이러한 성과는 정대위를 적극 후원해주던 로젠바움 국장이 있었기에 가능했던 것으로 보인다. 필자는 "인류의 역사가 지속하는 한 일본군위안부의 정의 회복은 반드시 이루어져야 한다"라고 외치던 그의 눈빛을 아직까지 잊지 못하고 있다. 그는 "세계에서 오로지 일본만이 제2차 세계대전 전쟁범죄문제 해결을 외면하고 있는 유일한 국가"라고 강조했다.

제4장

'미 국회 결의안 121'을 위한 운동
미 동부 지역을 중심으로*

1. 121결의안 통과의 의미

2007년 6월 26일과 7월 30일은 미국에 살고 있는 한인들의 정치력이 만들어낸 역사적인 날이다. 한인들의 힘이 미약한 텍사스와 콜로라도 지역의 의원들이 '121결의안'에 반대 의견을 내곤 했지만, 한인 밀집 지역인 동부와 서부 지역의 정치인들은 반대 의견을 내는 의원들이 나올 때마다 재미한인의 입장을 200% 이상 대변해주었다. 그들은 위안부 문제를 본인의 일로 여기고 있었다. 개리 애커먼(Garry Ackerman) 의원은 일본의 전쟁범죄를 나치의 유대인 학살에 비유했고, 조세프 크라울리(Joseph Crowley) 의원은 영국과 아일랜드 간 문제에 비유하면서 사과하지 않는 일본의 처사에 대단히 격분했다. 크라울리 의원은 외교분과위원회 표결 이후에 따로 성명서를 발표해 결의안 내용보다 한층 더 강한 어조로 일본의 사죄를 요구하기도 했다. 동아시아태평양 소위원장이자 미국령 사모아의회의 하원의원인 에니 팔레오마베가(Eni Faleomavaega)는 청문회부터 결의안이 통과되는 마지막 날까지 자신의 일보

---

* 이 글은 김동찬 뉴욕 한인유권자센터 사무총장이 작성했다.

다 관심을 가지고 위안부 결의안을 지지했다. 흑인계인 스콧 데이비드(Scott David) 의원은 자신이 속한 조지아 주가 한인들이 밀집한 지역이 아니었음에도 본인의 조상이 겪었던 고통을 생각하면서 "왜 그렇게도 사과하는 것이 힘든가?"라고 반문하며 결의안 통과에 힘을 실어주었다. 특히 동료 의원이 오랜 시간이 지난 사건에 대해 그들의 후손이 사과를 해야 하는지 물었을 때, 미국 정부와 의회는 그보다 훨씬 오래된 과거에 있었던 노예제도로 고통받았던 흑인에게 몇 번이고 공식적인 사과를 했다고 반박했다.

모든 여성 의원이 격앙된 목소리로 여성에 대한 인권유린에 분노했고, 공식적으로 사죄하지 않는 일본의 부도덕한 태도를 비난했다. 이렇듯 외교분과위원회의 의원들은 거침없이 일본의 비정직성을 성토했다. 캘리포니아 출신의 데이나 로라바커(Dana Rohrabarcher) 의원이 "우리가 할 일이 너무도 많은데, 왜 하필이면 한국과 일본의 문제를 이곳에서 논의해야 하는가"라고 의문을 표시하자, 톰 랜토스(Tom Lantos) 위원장은 단호한 목소리로 "인권의 문제는 모든 문제에서 가장 기본적인 문제이기에 우리는 반드시 위안부 문제를 제기하고, 이에 관여해야 한다"고 일침을 놓았다. 이와 같이 전 세계의 무수히 많은 인권의 문제 중 위안부 문제가 미국 의회에 상정되고 의원들 사이에 공분을 이끌어낼 수 있었던 것은 오로지 미국에 살고 있는 한인동포의 정치력이 있었기 때문이다.

121결의안의 통과는 미주 한인들이 유권자로서의 힘을 발휘해 이루어낸 첫 성과물이다. 2007년 1월 31일 혼다 의원이 결의안을 발의한 이후, 한인유권자센터(이하 유권자센터)는 2만 8,000여 명의 서명을 받았으며 미국 전역의 지역과 연대를 구축해 121전국연대(National Support for 121 Coalition)를 만들었다. 또한 전국적으로 확보한 서명 용지를 들고 의원 한 명 한 명을 설득해왔다. 그동안 열 차례의 워싱턴 D. C. 로비데이 활동을 벌였으며, 모금운동을 통해 ≪워싱턴 포스트≫에 한 차례(4.26), 의회 전문 일간지 ≪더 힐(The Hill)≫에 두 차례

(5.3, 5.22), 그리고 ≪롤 콜(Roll Call)≫에 한 차례(5.10) 전면 광고를 냈다. 121전국연대의 이러한 노력으로 하원의원 168명이 지지 서명을 했고, 6월 26일 하원 외교분과위원회를 통과한 후 7월 30일 하원 전체회의 만장일치 통과라는 놀라운 성과를 냈다.

이에 대해 ≪더 힐≫과 의회 내의 소식을 전하는 ≪넬슨 리포트(The Nelson Report)≫는 이번 일본군위안부 결의안을 통해 미국 사회의 1%도 되지 않는 한국인의 대의회 정치력은 쿠바, 타이완, 유대인에 이어 네 번째에 랭크될 만큼 성장했다고 평가했다. 결의안이 통과된 역사적 의의도 중요했지만, 이민 100년의 역사 속에 있는 미주 한인의 지혜와 노력으로 결의안이 상정되고 통과되었다는 것이 더욱 중요했다. 121결의안의 통과는 아무리 소수라고 할지라도 전략과 전술 그리고 결집된 힘을 발휘하면 커다란 성과를 만들어낼 수 있다는 것을 보여준 사건이라 할 수 있다.

2. 시기별 121결의안 활동

이미 10여 년 전부터 미 하원에서 일본군위안부 결의안을 통과시키기 위한 노력이 있어왔다. 유권자센터는 10년간 계속된 이어달리기의 마지막 주자로서 최선을 다했다.

막강한 로비자금과 능력을 가진 일본을 제압하고 결의안을 통과시키기 위해서는 무엇보다도 미국의 유권자라는 것을 무기로 이용할 수밖에 없었고, 이것이 우리가 가진 전략의 전부였다.

2006년 5월 말, 고이즈미 일본 수상이 미 의회 상하 양원에서 연설을 하기로 예정되어 있었다. 유권자센터는 당시 하원 외교분과위원회 위원장이었던 헨리 하이드(Henry Hyde) 의원에게 편지를 보내 고이즈미 수상의 연설에 반대해줄 것을 요청했다. 하이드 의원이 우리의 요청에 응한 것이었는지, 아니면 그의 독자적인 생각이었는지 알 수 없지만, 그는 데니스 해스터트(Dennis Hastert) 하원 의장[1]에게 '연설하는 것은 좋다. 그러나 심각한 문제가 있는 야스쿠니 신사참배를 하지 않는다'는 조건부 의견을 전달했고, 결국 고이즈미 수상의 연설은 취소되었다.[2] 유권자센터는 이 사건을 통해 적극적으로 노력한다면 의회를 움직일 수 있다는 교훈을 얻었다. 그리고 이후 유권자센터는 위안부 결의안을 통과시키기 위한 활동에 구체적으로 뛰어들었다. 결의안 통과를 위한 활동을 시기별로 살펴보면 다음과 같다.

〈표 2-4-1〉 121결의안 통과를 위한 시기별 활동 내용

날짜	내용
2006.9.12	· 759결의안, 109회기 연방하원 국제관계위원회 만장일치 통과 · 그러나 하원 본회의에 상정되지 못하고 폐기
2006.11	· 중간 선거에서 민주당 압승 · 109회기에 친일본 세력 중심의 공화당 의원이 포진한 하원 외교분과위원회에서 결의안이 만장일치로 통과했음에도 본회의에 상정되지 못한 원인과 민주당 지도층의 새로운 리더십에 대한 분석 시작 · 당선된 하원의원 전원에게 당선 축하 편지와 함께 759결의안 폐기 이후 보도된 일본의 ≪요미우리신문(讀賣新聞)≫의 사설을 영어로 번역해 상하원에 발송, 110회기에서 다시 결의안 상정을 요청 · 레인 에번스 의원의 후임으로 일리노이 주에서 당선된 의원을 접촉했으나 결의안을 계승할 의지가 없음을 확인 · 일본계 단체 '아시아폴리시포인트(Asia Policy Point)'에서 혼다 의원이 결의안 상정에 큰 관심이 있다는 것을 민디 코틀러(Mindy Kottler)를 통해 전달 · 공화당 중진으로 759결의안 공동 발의자였던 크리스토퍼 스미스 의원에게 협조 요청했지만 부정적 반응 · 혼다 의원이 상정을 하겠다는 의사를 밝혀 다시 스미스 의원에게 공동발의자로 나서줄 것을 요청하고 참여 의사를 확인

---

1 데니스 해스터트는 미국 의회 내에서 친일본적인 태도로 유명했다.

2 ≪연합뉴스≫(2006.5.31).

2007.1.31	· 혼다 의원 결의안 기습 상정(민주당 의원 5명, 공화당 의원 2명 공동 발의)
2007.2.1	· 오전 9시 20분, 하원 결의안 H.Res.121 번호 배정 · 결의안 통과 촉구 서명운동 시작 · 뉴욕과 뉴저지, 코네티컷 지역 하원의원들에게 서명용지 지참하여 방문, 지지 요청
2007.2.4	· 에니 팔레오마베가 의원 주도의 청문회 개최 결정(톰 랜토스 외교분과위원회 위원장은 팔레오마베가 의원이 미국령의 서사모아 출신이기 때문에 위안부 문제에 대해 정치적 판단을 배제하고 순수한 인권의 관점에서 결정할 것이라 생각했다고 지명 이유를 밝힘) · 아시아폴리시포인트와 함께 청문회를 개최하기로 결정
2007.2.7	· 혼다 의원이 2월 15일 외교분과위원회 회의실에서 위안부 피해자를 초청해 증언을 듣는 청문회를 개최한다고 발표 · 청문회의 효과의 극대화를 위해 서명운동에 박차를 가해서 1주일 만에 뉴욕과 뉴저지에서만 8,000여 명의 청원서명 확보
2007.2.15	· 청문회 개최 · 청문회에서 유권자센터는 8,000여 명의 서명지를 혼다 의원과 팔레오마베가 의원에게 전달. ABC방송, ≪워싱턴 포스트≫, ≪뉴욕 타임스≫에 피해자들의 증언 보도 · 네덜란드 출신의 오스트레일리아 피해자 얀 오혜른 할머니를 모시는 것이 전략적으로 중요하다고 판단해 뉴욕의 김영길 씨가 후원
2007.3.5	· ≪뉴욕 타임스≫에 사설 "위안부의 진실" 게재 · ≪로스앤젤레스 타임스≫에도 비슷한 내용의 사설 게재 · 미국의 주류 언론이 위안부 문제를 언급하기 시작한 여세를 몰아 유권자센터는 일본 극우파 언론과 정치인의 반응을 정리한 자료를 ≪뉴욕 타임스≫ 국제데스크에 전달 · 유권자센터 풀뿌리 운동에 총력 · 뉴욕과 뉴저지 지역에서 '121전국연대' 조직, 전국적인 연대 및 조직 건설 시작 · 워싱턴범대위와 연대하면서 로스앤젤레스에 범동포적인 추진연대 조직 · 중국과 인도, 필리핀 등 아시아 국가 간 커뮤니티 동원
2007.3.11	· 막강한 유대인 로비단체인 AIPAC 연례컨퍼런스 참가 · AIPAC 연례컨퍼런스에서 톰 랜토스 위원장을 만나 결의안에 대해 설명 · 외교분과위원회 엘리엇 엥겔 위원에게 그의 지역구인 뉴욕 브롱크스 지역에서 받은 서명부를 전달
2007.3.12	· 의원실 방문, 의원 7명의 지지 서명 확보 · 뉴욕한인추진연대의 첫 번째 로비활동
2007.3.21	· 지지 의원 54명 확보
2007.3.28	· ≪워싱턴 포스트≫ 사설 게재

	· 일본의 ≪요미우리≫, ≪산케이≫ 등 극우파 신문이 미국 언론의 기사에 대한 비난 기사 게재(미국 주류 언론에서 위안부 관련 기사를 보도할 때마다 아베 수상은 위안부 관련 사실 부인 및 책임 회피 발언을 함) · 운동에 탄력이 붙으면서 미국의 정치인을 자극하기 시작 · 결의안 지지를 서명한 의원의 숫자가 빠르게 증가 · 뉴욕한인추진연대는 서명운동, 모금운동을 진행하는 한편, 미 하원 의원들에게 편지 보내기, 팩스 보내기운동을 적극적으로 추진 · 전국 19개 지역에 결의안 추진연대 조직
2007.4.25	· 아베 수상 워싱턴 방문 · 이노우에 하와이 주 상원의원이 아베 수상을 공항에서 마중해서 의회까지 인도, 민주당과 공화당의 지도부와의 회의 주선. 아베 수상, 민주당 지도부에 결의안에 반대할 것을 종용 · 워싱턴범대위 백악관 앞에서 시위 진행 · 뉴욕과 워싱턴범대위 5만여 달러를 모금받아 ≪워싱턴포스트≫에 위안부 결의안 관련 전면 광고 게재 · 뉴욕추진연대 제4차 로비데이 활동, 100명의 지지 의원을 확보
2007.5.10	· 제5차 로비데이 · 뉴욕에서 로비를 펼친 결과, 혼다 의원이 요청한 120명의 지지 의원을 확보 · 처음으로 길거리 로비를 진행(의사당 근처에 거리에서 의원을 직접 만나는 로비 방식. 당일만 22명을 확보. '121 스트리트 로비'라는 별칭이 붙음) · 의회 전문지 ≪더 힐≫과 ≪롤 콜≫에 2회씩 전면광고 진행 · 데니스 헬핀(Dennis Helphine) 공화당 간사가 민주당과 결의안에 합의해 상정할 것이라는 내용을 한국 특파원에게 발설, 결국 5월 23일 상정 불발
2007.5.23	· 외교분과위원회 상정 무산 · 운동 소강 상태 · 121전국연대의 중국계단체 '전 지구적 연합(Global Alliance)'과 샌프란시스코 지역 일부 단체가 랜토스 위원장 사무실에서 개별적 시위 진행 계획, 유권자센터는 이를 저지
2007.6.7	· 어려운 시기를 타개하기 위해서 지지 서명 의원 목표를 정원의 절반인 220명으로 조정 · 제7차 로비데이, 143명의 의원을 확보 · 당일 혼다 의원을 만나 6월 외교분과위원회 처리에 관한 확답을 받음
2007.6.16	· 랜토스 위원장을 로스앤젤레스 한인동포 사회에 초청, 121전국연대와 만남 · 랜토스 위원장, 한인들에게 "평화 만들기와 인권 지키기의 결의안을 내준 것"에 대한 감사 인사 전달, 6월 26일 의결과 본회의 통과까지 책임을 지겠다는 내용으로 즉석 기자회견 개최
2007.6.5	· 위안부 결의안 수정에 관해서 혼다 의원과 논의 · 혼다 의원은 외교분과위원회에서 무리 없이 결의안을 통과시키기 위해서는 공화당 측의 의견을 수렴한 결의안 수정이 필요하다는 의견을 전하고,

	유권자센터의 동의를 구함 · 김동석 소장과 김동찬 사무총장, 박제진 유권자센터 담당 변호사가 긴급 회의를 진행, 혼다 의원과 논의 후 최종안 합의
2007.6.26	· 하원 외교분과위원회에서 랜토스 위원장이 롤콜 방식으로 진행할 것을 요청함에 따라 두 시간 동안의 찬반 격론 끝에 찬성 39명, 반대 2명으로 결의안이 외교분과위원회를 통과.
2007.6.28	· 한인 정치력이 미약한 중남부 지역 한인들에게 협조 편지 발송 · 종교기관들과 한인단체들에게 하원 의장, 민주당 원내 대표 그리고 각지역구의 해당 의원 리스트를 작성해 해당 지역에서 서명을 받고, 편지와 팩스 보내기운동을 전개해줄 것을 요청하는 편지를 총 600통 발송(많은 한인이 이에 응한 결과, 의회 내 해당 의원실의 팩스가 마비가 되었다는 후문이 있었음)
2007.7.29	· 막강한 일본의 로비를 피하기 위해서 미국의 의회(일정을 담당하는 의원은 민주당 원내대표인 스탠리 호이어)가 일요일 오후에 결의안 기습 상정 · 121전국연대의 대표들, 워싱턴으로 집결하기로 결정
2007.7.30	· 일본군위안부 결의안 H.Res.121 하원 본회의 만장일치로 통과. · 121전국연대 의원 레이번회관에 본부를 차리고 집결해 이용수 피해자 할머니와 함께 의회 표결장에 입장, 표결을 지켜보고 만장일치로 통과되는 역사적인 현장을 지킴

3. 결의안 통과를 위한 정치적 자원동원 과정

1) 의회에 대한 구체적인 분석

2006년 중간 선거에서 압승한 민주당의 리더십 변경에 대한 사전 정보를 수집하고 연구했다. 그리고 위안부 결의안을 상정할 의원을 발굴하고 초기 공동발의를 할 수 있는 중진급 양당 의원을 확보하고자 의원들이 참가하고 있는 각각의 위원회와 코커스(Caucus) 그리고 각 의원에 대한 인종별·민족별 과거 투표 경향까지 구체적인 분석을 실시했다.

특히 외교분과위원회 위원장으로 톰 랜토스와 공화당 간사 일리애나 로스레티넌(Ileana Ros-Lehtinen)에 대한 정보를 분석하고, 이들과 각 당의 핵심 지도자급 의원들과의 관계와 당 내에서의 지위, 소속 위원들의 지난 759결의안 당시의 지지 여부를 파악했다.

2) 미국의 주류 언론을 어떻게 움직일 것인가?

청문회를 좀 더 효과적으로 진행하기 위해서 한국 및 아시아권 피해자 이외의 피해자를 파악했고, 네덜란드계의 오스트레일리아 피해자인 얀 오혜른 할머니의 증언을 확보할 수 있었다. 이러한 성과로 그동안 수차례 이러한 행사가 있었음에도 침묵으로 일관하던 미국의 주류 언론인 ABC방송, ≪워싱턴포스트≫, ≪뉴욕 타임스≫ 등이 청문회를 집중 보도했다.

2007년 3월 5일 ≪뉴욕 타임스≫의 사설이 나오면서 일본의 정계, 학계, 언론계의 극우세력 간의 논쟁이 시작되었고, 곧이어 미국의 주류 언론이 가세해 두 나라 언론의 전면전으로 격화하기도 했다.

3) 풀뿌리 운동으로의 집중

121전국연대는 전 아시아계 단체들, 심지어는 일본계 단체까지 아우른 전국 조직의 웹사이트를 개설했다. 또한 하원 선거구 유권자의 서명을 받고 각 지역구의 워싱턴 사무소로 팩스를 보내는 한편, 지역 의원 사무실을 직접 방문했다. 이러한 결과를 바탕으로 뉴욕에서는 워싱턴 로비를 하고, 다시 로비의 결과를 지역에 알려서 지역 단위에서 행동이 이루어지도록 했다. 또한 지지를 선언한 의원들에게 감사 편지를 보내는 후속작업도 잊지 않았다.

4) 워싱턴 대의회 활동

유권자센터가 구축한 121전국연대는 총 10회에 달하는 워싱턴 로비데이 활동을 펼쳤다. 이러한 로비데이는 대체로 워싱턴범대위와 연대해 진행했다. 이 과정에서 유권자센터는 재미한인 2세 학생들에게 입법보좌관을 만나서 무슨 이야기를 어떻게 할 것인가를 훈련시키는 성과를 보이기도 했다.

로비데이는 지난 로비의 결과를 분석하고, 가능성이 있음에도 지지 서명을 하지 않은 의원들을 파악하여 각각의 사무소를 재방문해 그들의 반응을 살핀 후, 다시 워싱턴을 방문하는 이중의 압박 전술을 취했다. 또한 의원회관에서 의회로 가는 건널목을 지나는 의원들에게 유인물을 주고, 15초 정도 함께 걸으면서 결의안 지지를 호소하고 설득했다. 그 자리에서 구두로 지지 의사를 밝힌 의원의 이름과 출신 지역구에 대한 답변을 얻은 후, 뉴욕 사무실에서 기다리고 있던 스태프가 입법보좌관에게 결의안 지지 감사 편지를 팩스로 보내 '당신의 의원이 이 결의안을 지지한다'는 점을 즉각 알리고 확인하는 방법을 취해 큰 성과를 보았다. 이 방법으로 최소 50명 이상의 지지 의원을 확보했으며, 이를 두고 워싱턴에서 '121 스트리트 로비'라는 별명을 얻기도 했다. 또한 확실한 지지를 표명한 의원을 찾아가 결의안 지지의 가능성이 있는 동료 의원을 추천을 받은 후 지지 서명을 받기도 했다. 로비는 워싱턴에서만 진행된 것이 아니었다. 각각의 지역구와 워싱턴에서 동시에 혹은 시간차를 두고 진행해 의원 사무실에서 121결의안이 화제의 중심이 되도록 하는 데 중점을 두었다.

인권 관련 코커스(Human right Caucus), 한국 관련 코커스(Korea Caucus)에 참가하고 있는 의원들에 대해서는 각각의 내용에 따른 데이터화 작업을 실시하고, 그에 따른 편지 작성과 로비활동을 벌였다. 편지는 뉴욕의 유권자센터에서 직접 제작해 발송했다.

또한 일본의 신문 사설과 영문판 사설이 차이가 있다는 사실을 발견하고, 일본의 ≪요미우리신문≫이나 ≪산케이신문≫ 일어판 사설을 번역해 원본과 함께 의원들에게 발송하기도 했다.

5) 121결의안 로비의 원칙

로비활동에는 다음과 같은 원칙을 두었다.

첫째, 121결의안은 반일(反日)이 목적이 아니다. 미국의 동맹국인 일본의 과거사가 정리되지 않았고, 이 때문에 아시아태평양 지역에서 미국의 외교활동이 근본적인 한계를 가질 수밖에 없다는 점을 호소하는 것이다.

둘째, 결의안에서 다루는 문제는 철저히 인권의 문제라는 점을 강조한다. 일본이 역사를 부정·왜곡함으로써 과거의 반인도적 행위에 대해 책임지지 않으려고 하는 상황에서 미국이 일방적으로 일본을 지지할 경우, 일본의 침략으로 심각한 상처를 입었던 아시아태평양 지역의 국가에게 미국의 진심은 항상 의심을 받을 수밖에 없음을 알린다.

셋째, 흑인 정치인에게는 미국의 의회와 행정부가 노예제도에 대해 수백년이 지나서도 사과를 했던 것과 마찬가지로, 일본도 정부 차원에서 사죄하는 것이 필요함을 역설한다. 아일랜드 출신 정치인에게는 1845년 대기근 당시 수백만의 아일랜드 국민이 굶어죽거나 탈출을 하는 상황이 발생했을 때, 영국이 이를 외면했던 것을 영국 정부가 150년 만에 사죄한 사실을 상기시킨다. 유대인 정치인에게는 독일이 나치 시대에 저지른 참혹한 범죄에 대해 유대인에게 했던 사과를, 여성 정치인에게는 여성인권유린에 대해, 제2차 세계대전 당시 대일본군 전투에 직접 참가했거나 그 유족인 의원에게는 대일전쟁은 아시아태평양 지역의 평화를 위한 전쟁이었지만 여전히 일본이 과거사를 부정하고 자국 국민들에게 왜곡된 역사를 가르쳐 참전의 의미를 무색하게 만

든다는 점을 상기시킨다.

6) 121결의안 통과의 장애물

캘리포니아와 뉴욕, 뉴저지 지역의 121전국연대 단체는 큰 무리 없이 지역 단위 활동을 해냈지만, 다른 지역들은 내부적으로 확고한 집중을 이루지 못했다. 특히 결의안이 승리의 고지에 다다랐을 때는 그 주도권을 놓고 심한 대립을 하기도 했다. 이러한 상황으로 인해 뉴욕과 캘리포니아 지역을 제외하고는 모금활동이 제대로 진행되지 못해 열심히 활동을 하는 사람들이 많은 부담을 져야 했다. 한편, 뉴욕에서는 중요한 시기마다 지역의 활동가에게 격려문을 보내 내부의 단결과 결의안 통과 후 진행될 역사적 상황에 대한 비전을 제시하면서 내부 결속을 다지는 한편, 피로를 풀어나갔다.

특히 중국계 극단주의자들은 이 활동을 반일로 규정하고 자신들의 광고에 121전국연대의 이름을 사용했고, 전략적인 이해가 약한 일부 지역의 활동가들을 추동해 극단적인 반일을 선동했다. 또한 121전국연대에 소속되지 않은 일부 한인단체는 자체적으로 ≪뉴욕타임스≫에 광고를 하면서 인권 이슈를 벗어난 민족적·국가적인 대결을 조장했다.

이에 일본의 산케이와 같은 극우 언론이 이러한 내용과 한국의 언론들이 고민 없이 만들어낸 반일 기사를 영문으로 번역해 미 의회에 배포했고, 의회에서는 자칫 한국과 일본의 외교 분쟁으로 비화할 수 있는 위안부 문제에 미국이 관여를 해야 하는가를 두고 공화당을 중심으로 격한 논쟁이 벌어졌다.

또한 5월로 예정되었던 하원 외교분과위원회 상정이 불발되자 샌프란시스코의 일부 한인단체와 중국계단체가 외교분과위원회 랜토스 위원장의 사무실 앞에서 시위를 계획했다. 121전국연대는 로스앤젤레스에 사람을 파견해, 김동석 한인유권자센터 소장이 지역 평통 등의 관계자들을 설득하면서 시위를 잠재우고 위기를 넘기기도 했다. 뉴욕의 경우도 일부 단체가 결의안 추진이 한·미·일 삼각동맹을 해치는 친북적인 활동이라고 흑색선전을 하여 장애를 만들기도 했다.

이러한 장애와 위기 속에서 유권자센터는 지역의 활동가들에게 우리의 목표는 121결의안이 통과되는 것이며, 이것으로 반일 전선을 만들어서는 안 된다는 입장을 강력히 전달했으며, 언론에도 글을 보내 계속해서 121전국연대의 입장과 원칙을 강조했다.

7) 승리의 요건들

121결의안의 통과는 올바른 전략과 전술 그리고 소수임에도 힘의 결집이 이뤄짐으로써 가능했다.

유권자센터는 지난 10년 이상 지역의 정치력 신장을 위한 활동을 전개하면서 미국의 정치공학을 구체적으로 파악해왔으며, 연방의회에 대한 수많은 조사와 분석을 통해 미국의 정세에 대한 나름의 분석력을 확보했다. 또한 소수이면서 미국의 정치를 좌지우지하고 있는 유대인 정치조직인 미국이스라엘공동문제위원회(American Israel Public Affairs Committee: AIPAC)을 장기간 조사하고 연구해 그들의 대의회 로비활동의 전략과 전술을 익혔다.

여기에 유권자 등록과 선거참여활동을 전개하면서 터득한 풀뿌리 운동을 결합시켜 한인 사회의 결집과 타민족 사회와의 연대를 이루어내어 일본 정부와 로비스트들이 감히 흉내 낼 수 없는 풀뿌리 운동의 힘을 발휘할 수 있었다.

2006년 초에 유권자센터는 한국이 비자면제 프로그램에 가입하는 것이 한미 관계를 새롭게 다지는 계기이자, 미국의 한인 사회를 발전시킬 원동력이 될 것이라고 판단해 이와 관련한 대의회활동을 전개한 바 있다. 이 과정에서 미 의회와 정치인에 대한 구체적인 연구와 분석을 한 후, 뉴욕과 뉴저지의 연방 의원들을 만나는 등 의회활동 경험을 쌓아왔다. 또한 AIPAC 총회에 매번 참가해 유대인의 로비활동을 분석하고 자체적인 전략과 전술을 만들었다. 이러던 중 109회기 759결의안을 알게 되었고, 그때부터 759결의안 통과를 위해 달려들었다. 그 이전까지의 위안부 결의안은 한인들의 정치력과 무관하게 전개되어왔으며, 의원들을 설득할 수 있는 기본 동력을 만들지 못했다.

그러나 110회기의 121결의안 통과 과정에서 유권자센터가 보여준 모습은 109회기와는 전혀 달랐다. 우선 전국적인 121전국연대를 결성했고, 30만 달러에 달하는 후원금을 모아 ≪워싱턴 포스트≫와 의회 신문 등에 광고를 했으며, 10월에는 캘리포니아에서 전 세계의 피해자들과 함께 학술대회를 개최하기도 했다. 이와 같이 승리의 요건은 정치력 동원을 위한 구체적인 전략과 커뮤니티의 결집이었다.

결의안의 통과를 위해 노력한 정치인들의 눈에 한인 사회는 그 어떤 소수민족보다 잘 조직되고 훌륭한 전략과 전술을 세우며, 이를 집행할 능력과 자금을 동원할 수 있는 자신들의 중요한 파트너로 비쳐졌다.

유권자센터는 현재 미국 전역의 한인 유권자 및 각 지역 의원들의 의정활동에 대한 데이터베이스를 구축하고 있다. 한인 밀집 지역인 뉴욕과 뉴저지에 국한된 데이터베이스를 넘어서 미주 전체 한인유권자 데이터베이스를 구축한다는 것은 언제든지 의회를 대상으로 정교한 활동을 할 수 있는 가장 강력한 무기라는 것을 121결의안이 보여주었다.

제5장

'미 국회 결의안 121'을 위한 운동
미 서부 지역을 중심으로*

2007년 7월 30일, 마침내 미국 하원은 흔히 위안부 결의안이라 불리는 '미국 국회 121결의안'(이하 121결의안)을 만장일치로 통과시켰다. 캘리포니아 주출신 마이크 혼다 의원이 결의안을 상정한 1월 31일 이후 약 6개월 만이었으며, 민주당과 공화당 양당의 국회의원 167명이 공동 제안자로 참가할 만큼 큰 지지를 받은 국회 결의안이었다. 그러나 121결의안은 단순히 이 결의안에 참가한 미국 국회의원들 숫자로만 표현될 수 없는 깊은 함의를 지니고 있다. 121결의안이 통과되기까지 참여한 (찬성과 반대를 포함한) 다양한 목소리들, 그 과정을 주의 깊게 지켜본 다양한 시각들, 그리고 이 결의안의 통과로 촉발된 다양한 움직임들을 종합적으로 검토할 때에만, 121결의안의 사회적·정치적 함의가 좀 더 선명하게 드러난다.

121결의안이 제안된 이후, 미 전역에서 약 14개 지역 시민운동 조직이 꾸려졌으며, 이 시민 조직들은 재미한인동포들이 주를 이뤘다 하나 다양한 아시아계 및 남미와 유럽계 미국인들이 광범위하게 참여했고, 지역운동이 유기

---

* 이 글은 미국 하와이퍼시픽 대학교(Hawaii Pacific University) 신문방송학과 이종화 교수가 작성했다.

적으로 협력함으로써 전국적 네트워크를 형성했다. 이러한 전국적 네트워크 형성과 지역저 시민 활동이 지역의 '민의'로서 미국 국회의원들의 '양심'을 움직인 것이다. 다시 말하면, 비록 미국 국회가 그리고 미국 국회의원들이 일본군위안부 문제가 가지는 역사적·인권적 의미에 동참한 부분은 분명 의미 있는 일이지만, 그 의미 있는 일이 존재할 수 있게 만들어낸 시민운동의 성과를 같이 검토해볼 때만이 121결의안이 어떤 (혹은 어떻게) 사회적·정치적 의미를 가질 수 있는지 드러낼 수 있기 때문이다. 이 글은 먼저 121결의안의 내용을 이전의 위안부 관련 미국 국회 결의안들과 비교해보고, 미 서부 지역 활동을 중심으로 121결의안 통과를 위한 시민운동의 전개과정을 검토한 뒤에, 마지막으로 이 결의안이 가지는 사회적·정치적 함의를 같이 생각해보도록 하겠다.

1. 미국 국회 121결의안과 이전 국회 결의안들

7월 30일에 통과된 미국 국회 121결의안의 내용은 다음과 같다.[1]

미국 국회 121결의안(House Resolution 121)

일본 정부는 1930년부터 제2차 세계대전 동안, 아시아와 태평양 제도의 전시 점령지와 식민지에서, 일본 제국 군대를 위한 성노예를 주목적으로 정부 차원에서 어린 여성들을 착취하는, 세상에 '위안부'로 알려진 제도를 운영했다;

그 잔인성과 규모에 있어 역사적으로 유래가 없는, 일본 정부에 의한 강제 군

---

[1] http://www.govtrack.us/congress/bill.xpd?bill=hr110-121.

사 매춘으로서의 '위안부' 제도는, 집단 강간과 강제 유산 그리고 모욕과 성적 폭력을 통해 신체적 불구와 죽음 그리고 이후의 자살들을 일으킴으로써, 20세기 최대 규모의 인신매매 사례 중의 하나이다;

일본 학교에서 사용되는 일부 새 교과서가 '위안부'의 비극 및 다른 제2차 세계대전 중 일본이 저지른 전쟁범죄들의 비중을 줄이기 위해 시도하고 있다;

최근 일본 정부 및 민간의 관계자들은 피해자들이 겪은 끔찍한 경험에 대한 일본 정부의 진지한 사죄와 후회를 표현한 1993년 고노 요헤이 관방장관의 '위안부' 관련 담화를 희석시키거나 혹은 철회시키려 하고 있다;

일본 정부는 1921년의 여성 및 아동의 매매금지 국제조약을 비준했고, 무력분쟁이 여성에 미치는 특수한 영향에 관해 주목한 여성과 평화와 안전에 관한 2000년의 유엔안전보장이사회의 1325 결의안을 지지했다;

미 의회는 일본 정부가 인간 안보와 인권, 민주적 가치와 법치주의를 신장하고, 유엔 안전보장이사회 1325 결의안을 지지하는 노력 등을 인정한다;

미일 동맹은 미국의 아시아와 태평양의 안보 이해관계의 초석이며, 지역 안정과 번영의 근본이다;

비록 전후 전략적 지형이 변했음에도, 미일 동맹은 정치경제적 자유의 보존과 증진을 포함하는 아태지역의 핵심적 이해와 가치를 공유하고, 인권과 민주주의를 지지하며, 그리고 양국 국민과 국제사회의 번영 보장을 바탕으로 한다;

미 의회는 1995년 민간 아시아 여성기금을 설립한 일본 당국자 및 시민들의 열성적 노력과 온정을 인정한다;

아시아 여성기금은 위안부 여성들에 대한 배상에 추가하기 위해 일본 국민들로부터 570만 달러를 모금했다; 그리고

'위안부' 여성들에 대한 학대와 그들의 고통에 대한 배상을 목적으로 하는 프로그램들과 계획 등을 실천하기 위해, 정부가 시작하고 주로 정부가 재정적으로

지원한 민간 재단이었던 아시아 여성기금의 임기는 2007년 3월 31일 종결했으며, 그 재단은 해체되었다; 따라서, 지금에 있어,

미 의회는 다음과 같이 결의한다 –

(1) 일본 정부는, 1930년대부터 제2차 세계대전 동안, 제국 군대가 아시아와 태평양 제도의 식민지와 전쟁 점령지에서, '위안부'로 알려진, 어린 여성들을 성노예로 강압한 역사적 책임에 대해 분명하고 명백하게 공식적으로 인정, 사과하며, 그리고 수용해야 한다;

(2) 일본 정부는, 일본 수상이 공식적으로 공개 사과를 발표할 경우, 그 진실성과 이전 담화들의 처우에 관련해 재기된 의문들을 해소하도록 노력해야 한다;

(3) 일본 정부는, 일본 제국군대에 의한 '위안부' 여성들의 성노예화와 인신매매가 없었다는 어떠한 주장들에 대해서, 분명하고도 공개적으로 반박해야 한다; 그리고

(4) 일본 정부는, '위안부'에 관련된 국제사회의 권고 사항을 준수하며, 이 끔찍한 범죄에 대해 현재와 미래 세대들에게 교육시켜야 한다.

그러나 위의 최종안은 마이크 혼다 의원이 처음에 제안한 1월 31일의 초안과는 몇 가지 차이를 보인다. 마지막 결의안 (2)번 사항이 초안에는 "일본 정부는, 일본 수상이 공식적으로, 공식 사과를 공개 담화 형식으로 발표해야 한다"로 나타나 있다. 또한 최종안에는 초안에 없던 미일 동맹 확인 조항이 포함되었다("미일 동맹은 ……").

마이크 혼다 의원이 121결의안을 작성하긴 했지만, 121결의안이 미국 국회에서 처음으로 일본군위안부 문제를 다룬 결의안은 아니다. 일리노이 주 출신의 레인 에번스 의원은 2001년부터 지속적으로 미국 국회에 일본군위안부 문제와 관련한 국회 결의안을 제출해왔다. 2001년에는 '미 국회 195결의안'

(이하 195 결의안)을 제출해 27명의 공동 제안자를 확보했으며, 2003년에는 '미 국회 226결의안'(이하 226결의안)을 제안해 32명의 공동 제안자를 확보했고, 2005년에는 '미 국회 68 결의안'(이하 68결의안)을 제안해 15명의 공동 제안자를 확보한 바 있다. 또한, 2006년에는 '미 국회 759결의안'(이하 759결의안)을 제출해 58명의 공동 제안자를 확보했고, 비록 하원 본회의에 상정되지는 못했지만 미 하원 외교분과위원회에 상정되기도 했었다. 이 중 68, 226, 195 결의안은 기본적으로 같은 내용을 담고 있다.

미국 국회 759결의안의 전문을 먼저 살펴보자.[2]

미국 국회 759결의안(House Resolution 759)

미 의회는, 일본 정부가 1930년대부터 제2차 세계대전 동안, 아시아와 태평양 제도의 식민지 점령 시기에, 세상에 '위안부'로 알려진, 어린 여성들을 성노예와 기타 목적으로 이용한 데 대해 공식적으로 인정하고 책임을 수용해야 한다고 결의한다.

일본 정부는, 1930년대부터 제2차 세계대전 동안, 아시아와 태평양 제도의 식민지 점령 시기에, 성노예를 주목적으로, 세상에 '위안부'로 알려지게 된, 어린 여성들에 대한 예속 및 납치를 조직적으로 행했다;

'위안부'의 비극은 20세기 최대 규모의 인신매매 사례 중 하나이다;

일본 정부에 의해 공식적으로 조직되고 기획된 위안부 여성의 노예화는, 집단 강간, 강제 유산, 성폭력, 인신매매, 그리고 수많은 반인도적 범죄들을 포함한다;

위안부 여성들 중에는 적게는 13세의 어린 소녀들도 있었으며, 자기 자식들과 생이별한 여성들도 있었다;

2   http://www.govtrack.us/congress/bill.xpd?bill=hr109-759.

위안부 여성들은 자신들의 집에서 유괴되거나 혹은 사기에 의해 성노예로 유인되었다;

많은 위안부 여성들은 종전 후 결국 죽임을 당하거나 혹은 자살을 강요받았다;

'위안부'의 이용은 과거뿐 아니라 현재의 인권 문제이다;

그들의 끔찍했던 경험이 안겨준 치욕 때문에 많은 위안부 여성들은 그 시련을 숨기게 되었고, 최근에야 다른 많은 여성들이 그들의 경험을 드러냈다;

역사학자들은 당시에 많게는 20만 명의 여성들이 노예화되었고, 지금은 아주 소수의 생존자가 남아 있다고 결론 내리고 있다;

일본 정부는, 이전의 적대국들과 점령국들과의 전후배상을 협의하는 동안, 전쟁 범죄들에 관해서 충분히 공개하지 않았다;

일본 학교에서 이용되는 일부 교과서는 '위안부'의 비극과 다른 잔학 행위들을 축소하고 있으며, 제2차 세계대전 동안의 일본의 전쟁범죄를 왜곡하고 있다; 그리고

2005년 6월 최근까지도, 선출직과 임명직을 포함한 일본 정부 관계자들은 '위안부'라는 단어를 일본 교과서에서 삭제하는 것에 적극 찬성했다; 따라서, 지금에 있어,

미 의회는 다음과 같이 결의한다 –

(1) 일본 정부는, 1930년대부터 제2차 세계대전 동안 아시아와 태평양 제도의 식민지 점령 시기에, 세상에 '위안부'로 알려진, 어린 여성들을 성노예화한 데 대해 공식적으로 인정하고 그 책임을 수용해야 한다;

(2) 일본 정부는, 이 끔찍한 반인도적 범죄에 대해 현재와 미래의 세대들에게 교육시켜야 한다;

(3) 일본정부는, 위안부 여성들의 예속 및 노예화가 없었다는 주장에 대해, 공개적으로, 단호히, 그리고 반복적으로 반박하여야 한다;

(4) 일본 정부는, '위안부' 여성들에 관한 유엔과 국제사면위원회의 권고들을 따라야 한다.

먼저, 759결의안과 121결의안의 차이점을 비교해보자. 121결의안에는 759 결의안에는 없는 아래의 조항들이 포함되어 있다.

(1) 고노 요헤이 담화 명기

"최근 일본 정부 및 민간의 관계자들은 피해자들이 겪은 끔찍한 경험에 대한 일본 정부의 진지한 사죄와 후회를 표현한 1993년 고노 요헤이 관방장관의 '위안부' 관련 담화를 희석시키거나 혹은 철회시키려 하고 있다."

(2) 국제법적 규범 삽입

"일본 정부는 1921년의 여성 및 아동의 매매금지 국제조약을 비준했고, 무력분쟁이 여성에 미치는 특수한 영향에 관해 주목한 여성과 평화와 안전에 관한 2000년의 유엔안전보장이사회의 1325결의안을 지지했다."

(3) 일본의 국제법 준수 인정 추가

"미 의회는 일본 정부가 인간 안보와 인권, 민주적 가치와 법치주의를 신장하고, 유엔 안전보장이사회 1325결의안을 지지하는 노력 등을 인정한다."

(4) 미일 동맹 확인 추가

"미일 동맹은 미국의 아시아와 태평양의 안보 이해관계의 초석이며, 지역 안정과 번영의 근본이다. 비록 전후 전략적 지형이 변했음에도, 미일 동맹은 정치 경제적 자유의 보존과 증진을 포함하는 아태지역의 핵심적 이해와 가치를 공유하고, 인권과 민주주의를 지지하며, 그리고 양국 국민과 국제사회의 번영 보장을 바탕으로 한다."

(5) 아시아 여성기금 노력 인정 추가

"미 의회는 1995년 민간 아시아 여성기금을 설립한 일본 당국자 및 시민들의 열성적 노력과 온정을 인정한다. 아시아 여성기금은 위안부 여성들에 대한 배상에 추가하기 위해 일본 국민들로 부터 570만 달러를 모금했다. 그리고 '위안부' 여성들에 대한 학대와 그들의 고통에 대한 배상을 목적으로 하는 프로그램들과 계획 등을 실천하기 위해, 정부가 시작하고 주로 정부가 재정적으로 지원한 민간 재단이었던 아시아 여성기금의 임기는 2007년 3월 31일 종결했으며, 그 재단은 해체되었다."

또한 121결의안에는 759결의안의 다음 조항들이 삭제되었다.

(1) "위안부 여성들 중에는 적게는 13세의 어린 소녀들도 있었으며, 자기 자식들과 생이별한 여성들도 있었다."

(2) "위안부 여성들은 자신들의 집에서 유괴되거나 혹은 사기에 의해 성노예로 유인되었다."

(3) "'위안부'의 이용은 과거뿐 아니라 현재의 인권 문제이다."

(4) "그들의 끔찍했던 경험이 안겨준 치욕 때문에 많은 위안부 여성들은 그 시련을 숨기게 되었고, 최근에야 다른 많은 여성들이 그들의 경험을 드러냈다."

(5) "역사학자들은 당시에 많게는 20만 명의 여성들이 노예화되었고, 지금은 아주 소수의 생존자가 남아 있다고 결론 내리고 있다."

(6) "일본 정부는, 이전의 적대국들과 점령국들과의 전후배상을 협의하는 동안, 전쟁 범죄들에 관해서 충분히 공개하지 않았다."

(7) "2005년 6월 최근까지도, 선출직과 임명직을 포함한 일본 정부 관계자들은 '위안부'라는 단어를 일본 교과서에서 삭제하는 것에 적극 찬성했다"(이 부분은 121결의안에서 "고노 요헤이 담화 희석"으로 표현되어 있다).

(8) 또한 121결의안에는 국제사회의 권고사항을 준수할 것을 요구함에도, 교육의 의무에 반해, 법적 배상부분이 드러나 있지 않다.

레인 에번스 의원이 759결의안 이전에 제안한 미국 국회 68결의안, 226결의안, 그리고 195결의안은 기본적으로 같은 내용을 담고 있다. 그 전문을 살펴보자.[3]

미국 국회 결의안 68, 226 & 195(House Resolution 68, 226 & 195)
미 의회는, 일본 정부가 아시아의 식민지 점령기와 제2차 세계대전 동안, 세상에 '위안부'로 알려진, 어린 여성들을 성노예와 기타 목적으로 이용한 데 대해 분명하고 명백하게 공식적으로 사과해야 한다고 결의한다.
일본 정부는, 아시아의 식민지 점령기와 제2차 세계대전 동안 성노예를 주목적으로, 세상에 '위안부'로 알려지게 된, 어린 여성들에 대한 예속 및 납치를 조직적으로 행했다;
일본 정부에 의해 공식적으로 조직되고 기획된 위안부 여성의 노예화는, 집단 강간, 강제 유산, 성폭력, 인신 매매, 그리고 수많은 다른 반인도적 범죄들을 포함한다;
위안부 여성들 중에는 적게는 13세의 어린 소녀들도 있었으며, 자기 자식들과 생이별한 여성들도 있었다;
위안부 여성들은 자신들의 집에서 유괴되거나 혹은 사기에 의해 성노예로 유인되었다;

3 http://www.govtrack.us/congress/bill.xpd?bill=hc109-68; http://www.govtrack.us/congress/bill.xpd?bill=hc108-226; http://www.govtrack.us/congress/bill.xpd?bill=hc107-195.

많은 위안부 여성들은 종전 후 결국 죽임을 당하거나 혹은 자살을 강요받았다;

역사학자들은 당시에 많게는 20만 명의 여성들이 노예화되었고, 지금은 아주 소수의 생존자가 남아 있다고 결론 내리고 있다;

일본 정부는, 이전의 적대국들과 점령국들과의 전후배상을 협의하는 동안, 이러한 전쟁 범죄들에 관해 충분히 공개하지 않았으며, 더구나 1994년까지 공식적으로 인정하지도 않았다;

1993년의 국제사법위원회 조사에서 "이 여성들은 국제법이 정한 최대 허용 범위의 구제를 받을 자격이 있다"고 결론 내렸다;

일본 정부는 과거 위안부 여성들에게 정부 차원에서 배상을 하지 않고 있으며, 이 반인도적 범죄에 대해 정부의 책임을 인정하지 않고 있다;

유엔의 여성폭력에 관한 특별보고관은 민간기금에 의한 위안부 여성들에 대한 보상은 "일본 정부가 이 여성들의 상황에 대한 법적 책임을 부인하고 있음을 분명히 보여주고 있고, 또한 민간기금은 위안부 여성들이 공공의 국제법상 누릴 수 있는 법적 청구에 대한 정당화가 될 수 없다"고 말한 바 있다; 따라서, 지금에 있어,

미 국회(상하 양원을 포함한)는 다음과 같이 결의한다 -

(1) 일본 정부는, 제2차 세계대전중의 아시아와 태평양 제도의 식민지 점령시기에, 세상에 '위안부'로 알려진, 어린 여성들을 성노예화한 데 대해 분명하고 명백하게 공식적으로 사과해야 한다.

(2) 일본 정부는, 범죄 피해자들에게 즉시 배상해야 한다;

(3) 일본 정부는, 이 끔찍한 반인도적 범죄에 대해 미래의 세대들에게 교육시켜야 한다;

(4) 일본 정부는, 위안부 여성들의 예속 및 노예화가 없었다는 주장에 대해, 공개적으로 반박하여야 한다.

68, 226, 195 결의안과 759결의안과의 차이점들도 눈에 띤다. 먼저, 759결의안에는 68, 226, 195 결의안에 없던 몇 가지 항목이 추가되었다.

(1) "1930 시작 시점"이 명기되었고,

(2) 아시아를 포함해서 "태평양 제도"의 포함이 두드러지며,

(3) "사과"에서 "인정과 책임수용"으로 내용이 변환했고,

(4) 인신매매 부분 조항이 삽입되었으며("'위안부'의 비극은 20세기 최대 규모의 인신매매 사례 중의 하나이다."),

(5) 인권 문제 조항이 삽입되었고("'위안부'의 이용은 과거뿐 아니라 현재의 인권 문제이다."),

(6) 피해 여성들의 치욕과 침묵과 관련한 조항이 포함되고("그들의 끔찍했던 경험이 안겨준 치욕 때문에 많은 위안부 여성들은 그 시련을 숨기게 되었고, 최근에야 다른 많은 여성들이 그들의 경험을 드러냈다."),

(7) 교육/교과서 부분 첨가되었으며("일본 학교에서 이용되는 일부 교과서는 '위안부'의 비극과 다른 잔학 행위들을 축소하고 있으며, 제2차 세계대전 동안의 일본의 전쟁범죄를 왜곡하고 있다."; "2005년 6월 최근까지도, 선출직과 임명직을 포함한 일본 정부 관계자들은 '위안부'라는 단어를 일본 교과서에서 삭제하는 것에 적극 찬성했다."),

(8) 유엔과 국제 사면위원회 권고 사항 준수를 첨가했다("일본 정부는, '위안부' 여성들에 관한 유엔과 국제사면위원회의 권고들을 따라야 한다.")

또한 759결의안에는 이전 68, 226, 195 결의안의 몇 가지 조항들이 삭제되었다.

(1) "1994년의 공식 인정"과 관련한 부분이 삭제되었고("더구나 1994년까지

공식적으로 인정하지도 않았다."),

(2) "1993년의 국제사법위원회 결론" 언급이 삭제되었고("1993년의 국제사법 위원회 조사에서 '이 여성들은 국제법이 정한 최대 허용 범위의 구제를 받을 자격이 있다'고 결론 내렸다."),

(3) 정부 차원의 배상과 인정 부분을 삭제했고("일본 정부는 과거 위안부 여성들에게 정부 차원에서 배상을 하지 않고 있으며, 이 반인도적 범죄에 대해 정부의 책임을 인정하지 않고 있다."),

(4) 유엔 특별보고관의 민간기금 비판 부분을 삭제했고("유엔의 여성폭력에 관한 특별보고관은 민간기금에 의한 위안부 여성들에 대한 보상은 "일본 정부가 이 여성들의 상황에 대한 법적 책임을 부인하고 있음을 분명히 보여주고 있고, 또한 민간기금은 위안부 여성들이 공공의 국제법상 누릴 수 있는 법적 청구에 대한 정당화가 될 수 없다" 고 말한 바 있다."),

(5) 결의안 조항 중 "법적 배상 포함" 부분을 삭제했다("일본 정부는, 범죄 피해자들에게 즉시 배상해야 한다.")

레인 에번스 의원이 일본군위안부 관련 법안을 처음 제안한 국회 결의안은 2001년의 195결의안이었지만, 그 이전에도 일본군위안부 문제가 언급된 미 국회 결의안을 제출한 경험이 있다. 2000년에는 '미 국회 결의안 357'(이하 357결의안)을 제안해, 제2차 세계대전 중 자행된 일본의 전쟁범죄를 포괄적으로 명시하고, 일본 정부의 공식 사과와 배상을 요구했다. 그런데 이 357결의안은 사실 1997년에 윌리엄 리핀스키 의원이 제안했던 '미 국회 결의안 126'(이하 126결의안)과 내용이 동일하다. 두 결의안의 전문을 살펴보자.[4]

---

4   http://www.govtrack.us/congress/bill.xpd?bill=hc106-357; http://www.govtrack.us/congress/bill.xpd?bill=hc105-126.

미국 국회 결의안 357 & 126(House Resolution 357 & 126)

미 의회는, 제2차 세계대전 동안 일본 제국 군대에 의해 자행된 전쟁 범죄에 대해 결의한다.

제2차 세계대전 동안 일본 정부는 제네바 협정과 헤이그 협정을 계획적으로 무시하고 극악하게 위반했으며 잔학한 반인도적 범죄를 저질렀다;

제2차 세계대전 동안 태평양 지역에서 일본군에 의해 미국 군인 3만 3,587명과 미국 민간인 1만 3,966명이 나포되어 야만적인 포로수용소에 감금되었고, 음식과 의약품 그리고 기본적 생필품의 심각한 결핍을 강요받았다;

제2차 세계대전 동안 일본 군대의 포로가 된 많은 미국 군인과 민간인들은 강제 노동에 처해지거나, 굶어 죽거나 맞아 죽었으며, 참수형이나 총살형 혹은 즉결 처형에 처해졌다;

제2차 세계대전 말기에 일본 군대로부터 구출된 거의 대부분의 미국 군인과 민간인 포로들은, 영양실조와 결핍으로 인한 질병을 앓았으며, 전쟁 기간 동안의 경험으로 인해 만성 질환과, 심리적·정서적 외상, 그리고 경제적 고통을 겪었다;

제2차 세계대전 동안 독일 군대에 의해 잡힌 미국 포로들 중, 전쟁 포로 1.1%와 민간인 포로 3.5%가 감금 기간에 사망했으나, 일본 군대에 의해 잡힌 미국 포로들 중에는, 전쟁 포로 37.3%와 민간인 포로 11%가 감금 기간 동안 사망했다;

1941년 12월 8일, 일본 군대는 괌 섬을 폭격하고 침략했으며, 괌 섬이 1944년 7월 21일 미국 군대에 의해 해방될 때까지 점령했다;

제2차 세계대전 동안의 일본군의 괌 점령기에, 괌 사람들은 죽임을 당하거나, 참수되고, 강간 그리고 다른 폭력의 피해를 입었으며, 강제노동과 강제행군을 강요당하고 감금을 당했다;

만주에 있는 무크덴의 일본의 생화학전 부대에서는, 시로 이시이 박사의 지휘 아래, 생존한 전쟁 포로들을 상대로 전염병, 탄저병, 장티푸스, 콜레라 등 치명적

독극물을 감염시키는 실험을 행했다;

무크덴에 잡혀 있던 미국 포로 1,500명 중, 최소 260명이 감금된 첫 겨울에 사망했을 것으로 추정되며, 무크덴의 300여 생존자들 중 다수가 생화학 실험에 의해 신체적 질병으로 고통을 받았다고 주장했다;

"난징의 강간" 기간으로 알려져 있는, 1937년 12월에서 1938년 2월까지, 일본 군대는 중국의 난징을 침략했고, 야만적이고 체계적으로 30만 명 이상의 중국 남성과 여성, 그리고 어린이들을 살육하고 2만 명 이상의 여성들을 강간했다;

일본 군대는 제2차 세계대전 동안 수백만의 한국인을 노예화하고, 수십만의 여성들을 일본 군인들을 위한 성노예로 끌고 갔다;

스위스 제네바의 국제법률가들은, 제2차 세계대전 동안 일본 군대의 성노예로 강제된 여성들 (일본군에게 "위안부"로 알려져 있는) 개개인이 그들의 "극도의 고통과 괴로움"에 대한 보상으로 최소 4만 달러의 보상을 받을 자격이 있다고 결정했다;

독일 정부는 홀로코스트 피해자들에게 공식적으로 사과했고, 금전적 보상을 위해 최대한 노력했으며, 피해자들의 필요와 회복을 위해 최대한 노력했다; 그리고

이와는 반대로, 일본 정부는 그들이 제2차 세계대전 동안 자행했던 범죄들에 대해 충분히 인정하기를 거부해왔고, 그 피해자들에게 배상하는 것 역시 거부해왔다: 따라서, 지금에 있어;

미국 국회는 (상하 양원을 포함한) 다음과 같이 결의한다 −

(1) 일본 정부는, 제2차 세계대전 동안 일본 군대에 의해 자행된 전쟁 범죄들에 대해 분명하고도 명확하게 공식적으로 사과해야 한다; 그리고

(2) 일본 정부는, 미국 군인과 민간인 전쟁 포로들과, 1937년부터 1938년 2월까지의 "난징의 강간" 생존자들, 그리고 일본 군대에 "위안부"로 알려진 강제성노예 여성들을 포함한, 이 범죄 피해자들에게 즉시 배상하라.

위의 결의안들의 제안자와 제안 연도, 공동 제안자 수, 그리고 결의안 내용을 도표로 정리해보자.

〈표 2-5-1〉 121결의안 관련 내용 정리

미 국회 결의안	제안자	제안 연도	공동 제안자	결의안
미 국회 결의안 121	마이크 혼다	2007	167명	(1) 일본 정부는, 1930년대부터 제2차 세계대전 동안, 제국 군대가 아시아와 태평양 제도의 식민지와 전쟁 점령지에서, '위안부'로 알려진, 어린 여성들을 성노예로 강압한 역사적 책임에 대해 분명하고 명백하게 공식적으로 인정, 사과하고, 수용해야 한다; 그리고 (2) 일본 정부는, 일본 수상이 공식적으로 공개 사과를 발표할 경우, 그 진실성과 이전 담화의 처우에 관련해 제기되는 의문들을 해소하도록 노력해야 한다; 그리고 (3) 일본 정부는, 일본 제국 군대에 의한 '위안부' 여성들의 성노예화와 인신매매가 없었다는 어떠한 주장들에 대해서, 분명하고도 공개적으로 반박해야 한다; 그리고 (4) 일본 정부는, '위안부'에 관련된 국제사회의 권고 사항을 준수하며, 이 끔찍한 범죄에 대해 현재와 미래 세대들에게 교육시켜야 한다.
미 국회 결의안 759	레인 에번스	2006	58명	(1) 일본 정부는, 1930년대부터 제2차 세계대전 동안 아시아와 태평양 제도의 식민지 점령 시기에, 세상에 '위안부'로 알려진, 어린 여성들을 성노예화한 데 대해 공식적으로 인정하고 그 책임을 수용해야 한다.; (2) 일본 정부는, 이 끔찍한 반인도적 범죄에 대해 현재와 미래의 세대들에게 교육시켜야 한다; (3) 일본 정부는, 위안부 여성의 예속 및 노예화가 없었다는 주장에 대해 공개적으로, 단호히, 그리고 반복적으로 반박해야 한다. (4) 일본 정부는, '위안부' 여성들에 관한 유엔과 국제사면위원회의 권고들을 따라야 한다.
미 국회 결의안 68	레인 에번스	2005	15명	미 국회 결의안 195와 동일

미 국회 결의안 226	레인 에번스	2003	32명	미 국회 결의안 195와 동일
미 국회 결의안 195	레인 에번스	2001	27명	(1) 일본 정부는, 제2차 세계대전 중의 아시아와 태평양 제도의 식민지 점령시기에, 세상에 '위안부'로 알려진, 어린 여성들을 성노예화한 데 대해 분명하고 명백하게 공식적으로 사과해야 한다; (2) 일본 정부는, 범죄 피해자들에게 즉시 배상해야 한다; (3) 일본 정부는, 이 끔찍한 반인도적 범죄에 대해 미래 세대들에게 교육시켜야 한다; (4) 일본 정부는, 위안부 여성들의 예속 및 노예화가 없었다는 주장에 대해 공개적으로 반박해야 한다;
미 국회 결의안 357	레인 에번스	2000	46명	미 국회 결의안 126과 동일
미 국회 결의안 126	윌리엄 리핀스키	1997	78명	(1) 일본 정부는, 제2차 세계대전 동안 일본 군대에 의해 자행된 전쟁범죄들에 대해 분명하고도 명확하게 공식적으로 사과해야 한다; 그리고 (2) 일본 정부는, 미국 군인과 민간인 전쟁 포로들과, 1937년부터 1938년 2월까지의 "난징의 강간" 생존자들, 그리고 일본 군대에 "위안부"로 알려진 강제성노예여성을 포함한, 이 범죄의 피해자들에게 즉시 배상하라.

위에서 본 바와 같이 121결의안은 내용적 측면에서 이전 미국 국회 결의안들과 차이를 보인다. 이뿐만 아니라, 121결의안은 유례없이 폭넓은 공동제안자를 확보했고, 또한 하원 본회의에서 만장일치로 통과되었다. 어떻게 이런 결과가 나올 수 있었을까? 다음 절에서는 미 서부 지역의 시민 활동을 중심으로 121결의안의 통과를 위해 어떻게 시민운동이 펼쳤는지를 살펴보면서 그 해답을 찾아보도록 하겠다.

2. 121결의안을 위한 시민운동의 전개

121결의안이 마이크 혼다 의원에 의해 제안된 후, 이 결의안을 지지하기 위해 미국 전역에서 다양한 시민운동 조직이 생겨났다. 로스앤젤레스 지역은 2007년 3월부터 조직이 꾸려졌고, 4월부터 본격적인 활동에 들어갔다. 지역 시민들을 대상으로 121결의안을 홍보하고, 지지를 위한 서명을 받는 것과 동시에 자신들의 지역구 국회의원들을 대상으로 이 결의안에 공동 제안자로 참여해줄 것을 촉구하는 것을 1차 목표로 했다. 비록 미 국회의원들이 한 나라의 국회의원으로 미국 수도에 위치한 '민의의 전당'에서 활동을 하고 있다고 하나, 결국 그들 또한 지역민의 '민심'을 반영해야 하는 '지역구' 의원이기에, 지역 시민들의 적극적 의사 개진이 원칙적으로 아주 중요한 '민의'의 근본을 이룬다고 판단했기 때문이었다. 미 국회의원들을 설득해나가는 과정에서 시민 단체들이 직면한 중요한 과제 중의 하나는, 일본군위안부 문제가 지나간 (따라서 지금은 중요하지 않은) 과거의 문제이며, 한국과 일본의 정치적 문제이고 (따라서 미국이 관여할 문제가 아니며), 일본 정부는 충분히 사과하고 책임 있게 행동했다(따라서 더 이상 요구할 수 있는 사항이 없다)는 관점에 대한 반박 및 설득이었다. 이에 대해 시민단체들은 일본군위안부의 문제가 해결되지 않은 현재 진행형의 인권 문제이고, 일본 정부는 아직까지 공식 사과 및 책임 인정을 하지 않고 있으며, 오직 국제사회의 책임 있는 동참과 참여만이 일본 정부의 공식 사과와 재발 방지를 위한 노력을 촉구할 수 있으며, 이것은 또한 미래의 전쟁범죄를 막기 위한 공동의 노력이라고 설득했다.

지역구 주민들의 서명 용지를 복사해 미 국회의원들의 국회의사당 사무실 및 지역구 사무실을 방문했고, 전화와 편지 등을 통해 지속적으로 그들의 지지를 호소해나갔다. 특히 로스앤젤레스 지역은 한인동포들이 가장 밀집하여 생활하고 있고, 미국 이민 역사에서 깊은 역사적 · 문화적 · 정치적 뿌리를 내리고 있었기에, 이번 121결의안 통과에 폭발적인 잠재력과 가능성을 보여주었다. 121결의안이 통과되기까지 미 국회의원들의 공동 제안자 참여 과정을 월별로, 각각의 주와 비교해서 살펴보자.

〈표 2-5-2〉 121결의안 공동제안자의 월별 및 주별 분포도

(단위: 명)

State(주)	1월	2월	3월	4월	5월	6월	7월	Total
AL(앨라배마)				1				1
AS(아메리칸 사모아)						1		1
AZ(애리조나)			1			1		2
CA(캘리포니아)	2	6	10	4	8	3	2	35
CO(콜로라도)						1	1	2
CT(코네티컷)			1	2				3
DC(워싱턴 D. C.)			1					1
FL(플로리다)			1			2	4	7
GA(조지아)			1		2			3
GU(괌)	1							1
IA(아이오와)					2			2
IL(일리노이)	1	1	3	1	1		1	8
IN(인디애나)		1			1			2
KY(켄터키)						1		1
LA(루이지애나)			1					1
MA(매사추세츠)			3	1	2	1		7
MD(메릴랜드)			1	2	1		1	5
ME(메인)			2					2
MI(미시간)			1		1		1	3
MN(미네소타)			1		1		2	4
MO(미주리)					1			1
NC(노스캐롤라이나)						1	1	2
NH(뉴햄프셔)					1			1
NJ(뉴저지)	1	3	1		3	1		9
NM(뉴멕시코)					1			1

NY(뉴욕)		5	7	3	3	2		20
NV(네바다)			1		1			2
OH(오하이오)		1	1	1		2		5
OR(오리건)	1		1		1			3
PA(펜실베이니아)			5	1	2			8
PR(푸에르토리코)							1	1
RI(로드아일랜드)			1		1			2
TN(테네시)			1			1		2
TX(텍사스)			3		1	2	2	8
VA(버지니아)		2	1					3
WA(워싱턴)			2		2	2		6
WI(위스콘신)			1					1
WV(웨스트버지니아)						1		1
Total	6	19	52	16	36	22	16	167

참고로, 121결의안과 이전 결의안들의 공동 제안자들의 주별 분포를 같이 검토해보자.

〈표 2-5-3〉 일본군위안부 관련 미국 국회 결의안의 공동 제안자의 주별 분포도

(단위: 명)

State(주)	HR 126	HR 357	HR 195	HR 226	HR 68	HR 759	HR 121
AL(앨라배마)							1
AK(알래스카)	1						
AS(아메리칸 사모아)				1			1
AZ(애리조나)	1	1		1	1	2	2
CA(캘리포니아)	11	9	7	10	3	12	35
CO(콜로라도)	1						2
CT(코네티컷)				1			3
DC(위싱턴 D. C.)	1	1		1	1	1	1
FL(플로리다)	5	6				3	7

GA(조지아)			1			2	3
GU(괌)	1	1	1	1	1	1	1
HI(하와이)	2	2	2	1	1	2	
IA(아이오와)							2
IL(일리노이)	2	2	1	3		2	8
IN(인디애나)	1					1	2
KY(켄터키)							1
LA(루이지애나)						1	1
MA(매사추세츠)	4	1	2	2	2	3	7
MD(메릴랜드)	1	1				2	5
ME(메인)							2
MI(미시간)	2	2	1			1	3
MN(미네소타)	3		1	1		1	4
MO(미주리)	2	2					1
MS(미시시피)	1	1					
MT(몬태나)	1						
NC(노스캐롤라이나)	1						2
SC(사우스캐롤라이나)	1						
NH(뉴햄프셔)							1
NJ(뉴저지)	8	2	1			3	9
NM(뉴멕시코)	2						1
NY(뉴욕)	11	4	2	3	3	8	20
NV(네바다)						1	2
OH(오하이오)		1	2	2	1	1	5
OK(오클라호마)	1						
OR(오리건)	1	1		1			3
PA(펜실베이니아)	2	1	1		1	4	8
PR(푸에르토리코)							1
RI(로드아일랜드)							2
TN(테네시)	1						2
TX(텍사스)	7	6	1	1		2	8
UT(유타)	1	1					
VA(버지니아)			2	1		4	3

VT(버몬트)			1	1	1	1	
WA(워싱턴)	1	1	1	1			6
WI(위스콘신)	1						1
WV(웨스트버지니아)							1
Total	78	46	27	32	15	58	167

121결의안의 시민운동 전개 과정, 즉 지역구 시민들의 참여 확대와 '민심 반영'의 과정에서 몇 가지 중요한 '사건'들이 발생했다. 그리고 이 '사건'들은 지역 언론뿐 아니라, 미 전국 언론 그리고 세계 뉴스 매체의 관심을 끌기 시작함으로써 세계적인 이슈로 증폭되기 시작했다. 그 첫 번째가 2월 15일에 있었던 미 국회 청문회였다. 한국의 이용수 할머니와 김군자 할머니, 그리고 오스트레일리아의 얀 오혜른 할머니가 참석해, 일본군위안부제도의 만행을 육성으로 증언했다. 미 전역뿐 아니라, 세계의 매체들이 이 청문회를 대대적으로 보도했다. 그 상징성과 폭발력을 인정했기 때문일까? 당시 일본 수상이었던 아베 신조 수상은 "위안부 강제동원의 증거가 없고, 하원 결의안이 채택되더라도 일본 정부는 사죄할 의향이 없다"라며 위안부 문제 관련 사실을 부인했고, 이러한 아베 수상의 망언에 ≪뉴욕 타임스≫가 비판 사설을 3월 6일에 게재하고, ≪워싱턴 포스트≫가 3월 24일에 비판 사설을 게재함으로써, 121결의안은 본격적인 국제 정치 이슈로 떠오르기 시작했다.[5]

이에 대해 121결의안을 지지하는 미국 시민운동 단체들은 ≪워싱턴 포스트≫에 "위안부에 관한 진실"이라는 지면 광고를 4월 25에 전격 게재하고, ≪더 힐≫이라는 미국 국회 신문에 "'위안부' 여성들의 인권을 보장하라"라는 광고를 5월 22일에 게재하여, 미 국회의원들의 지지를 호소했다. 이에 반

---

5   조복래·김병수, "미 하원, 위안부결의안 '39 : 2' 압도적 다수로 채택", ≪한겨레≫, 2007년 6월 27일 자; "No Comfort," *New York Times*, March 6, 2007; "Shinzo Abe's Double Talk," *Washington Post*, March 24, 2007.

발한 일부 일본 정치인들은 6월 14일에 "사실"이라는 지면 광고를 ≪워싱턴 포스트≫에 게재했다. "사실"이라는 광고에는, 121결의안을 지지하는 미 시민운동 단체들이 게재한 "진실"은 "사실"이 아니라 "억측"이며, 위안부 여성들은 자발적으로 참여하여 많은 돈을 벌고 좋은 대우를 받았다고 주장하기 시작했다. 또한 이 "사실"이라는 광고에는, 1945년에 미군 또한 강간 예방을 위해 일본 정부에 위생적인 '위안소' 설치를 요구했다고 주장했다.

이러한 미국의 전국 여론전과 발맞추어, 로스앤젤레스 지역에서는 교회와 성당, 그리고 절 등을 포함한 한인 종교모임과, 동창회와 향우회, 그리고 다양한 시민단체의 참여가 늘어나기 시작했다. 특히 이들 단체의 자발적 참여 속에, 위에 언급된 신문지면 광고 게재를 위한 기금 마련 활동들이 확대되어갔다. 로스앤젤레스 지역에서만 총 8만 3,000달러 이상이 모금되어, 이 기금으로 매체에 광고 게재뿐 아니라 다양한 시민운동이 전개되기 시작했다. 중요한 부분은 캘리포니아 주에 미 국회의 중요 정치인들이 지역구를 두고 있음을 주목하고, 그들의 지역구에서 활발한 조직 활동을 전개해나갔다는 점이다. 특히 외교분과위원회 위원장으로 있던 톰 랜토스 의원과 하원 의장으로 있던 낸시 펠로시 의원이 샌프란시스코 지역에 연고를 두고 있었기 때문에, 이 지역에서 121결의안 지지를 위한 시민운동을 중점적으로 전개했다. 6월 중순경에는 톰 랜토스 의원을 로스앤젤레스에 초청해 121결의안 지지를 호소하는 자리를 마련했다. 이 과정에서 톰 랜토스 의원이 지역 한인들의 성원에 호응해, 전격적으로 국회 본회의 상정을 약속하는 성과를 거두기도 했다. 또한, 7월에는 이용수 할머니를 한국에서 초청해 로스앤젤레스와 샌프란시스코 지역에서 증언회 및 각종 매체와의 인터뷰를 가졌다.

이 시기에 미주 ≪중앙일보≫와 미주 ≪한국일보≫ 그리고 미주 한국 방송사 등, 한국 언론 매체들뿐 아니라, 캘리포니아의 주요 매체인 ≪로스앤젤레스 타임스(Los Angeles Times)≫와 ≪산호세 머큐리(San Jose Mercury)≫ 등도 일본군위안부 문제를 중요하게 다루었다. 특히, 샌프란시스코에서는 지역 여성단체들과 아시아계 단체들의 후원을 받으며 이용수 할머니가 샌프란시스코 시장과 면담을 가졌으며, 낸시 펠로시 의원의 지역구 사무실을 방문하기도 했다.

드디어 121결의안은 6월 26일에 하원 외교위원회에 상정되어 찬성 39 대 반대 2로 통과되고, 마침내 7월 31일에는 국회 본회의에 상정되어 이용수 할머니가 방청석에서 지켜보는 가운데 만장일치로 통과되었다.

3. 121결의안의 사회적 · 정치적 함의

이상에서 살펴본 바와 같이, 일본군위안부에 관한 미 의회의 결의안은 2001년 레인 에번스 의원이 195 결의안을 상정한 이후 많은 변화를 겪으면서, 2007년 121결의안으로 미 국회에서 통과되었다. 일본 정부에 대해, 일본군위안부라는 반인도적 전쟁범죄에 대한 공식적 사과와, 책임 인정, 그리고 교육에 대한 요구 등은 결의안 전반에 공통적으로 존재한다. 가장 두드러지는 차이는 다음과 같다. 121결의안에는 ① 초기 미 국회 결의안들(126, 357, 195, 226, & 68)에 나타나는 "배상 요구" 부분이 삭제되었고, ② 일본의 민간기금이 가지는 문제점에 대한 지적이 (195, 226, & 68에 나타나는) 삭제되고, 오히려 포괄적인 일본 사회의 보상 노력에 대한 인정으로 표현되어 있고, ③ 이전 결의안들(195, 226, 68, & 759)에 나타나는 일본 정부의 정보 공개 거부에 대한 지적이 삭제되어 있고, ④ 일본 정부의 포괄적인 국제법 준수와 미일 동맹이 가지는 중요성을 인정하는 부분이 새롭게 드러난다.

이러한 차이점과 변화의 과정이 보여주는 중요한 부분은, 인권의 문제와 (국회가 제정하는) 법의 문제가 결국 정치의 문제 속에 포함된 하나의 과정이자 결과물이라는 점이다. 121결의안은 이전의 미 국회 결의안들과 내용적 차이를 보일뿐 아니라, 결국 본회의 통과라는 결과를 만들어냈고, 이후에 네덜란드, 캐나다, 유럽연합 등으로 이어지는 세계 각국의 결의안을 이끌어내는 한 단초를 제공했다. 이 과정을 이끌어낸 핵심적 동력은 물론 생존자들의 끊임없는 진실과 정의에의 추구와 그 요구에 반응한 각국의 국회의원들의 양심이었지만, 정대협을 포함한 각국 시민단체들의 지속적인 노력과 헌신이 없었다면 이 문제는 진행될 수 없었을 것이다. 결국 인권의 보호와 법 집행의 의지는 깨어 있는 시민들의 정치력과 조직력만이 담보해낼 수 있다는 사회적·정치적 함의를 보여주었다.

미국 사회에서 일본군위안부 문제는 121결의안이 통과되고 나서 종료된 것이 아니라 여전히 진행 중이다. 121결의안이 통과된 후, 로스앤젤레스에 있는 캘리포니아 대학교 로스앤젤레스 캠퍼스에서 한국을 포함한 12개국의 시민단체들과 국제법학자, 인권변호사, 예술가 등이 참여한 일본군위안부 문제 해결을 위한 국제대회가 10월 3일부터 4일간 개최되었다. 이 국제대회에는 한국의 이막달 할머니, 심달연 할머니, 이용수 할머니, 그리고 필리핀의 아델라 바로키요 할머니가 참석해 증언했고, 121결의안의 작성자인 마이크 혼다 의원과 미 국회 청문회 때 사회를 맡았던 에니 팔레오마바에가 의원이 기조연설자로 참석했다. 이 국제대회는 10월 3일 로스앤젤레스에 있는 일본 영사관 앞에서 수요시위를 하는 것을 시작으로, 10월 4일 비정부단체 국제대회, 10월 5일 문화·학술 국제대회, 그리고 10월 6일 세계인권법률학회 순서로 진행되었으며, 일본군위안부 문제를 포함한 현재에도 진행 중인 무력분쟁 중의 여성에 대한 폭력 등을 비교 검토하고, 일본군위안부 문제 해결을 위한 종합적 검토와 앞으로의 전략 수립을 위해 다양한 의견을 나누었다. 이 국제대회의 이러한 종합적 구성과 의도는 다시 한 번 일본군위안부 문제를 포함한 인권 문제에 대한 사회적·정치적 함의를 보여준다. 왜냐하면 "지금까지 인권의 문제들이 법적인 관점에서 주로 다뤄졌다. 그러나 성공적인 인권운동은 관련 인권법적 틀의 존재 유무보다는 시민운동의 협조와 요구가 주된 동력이었다. 그리고 교육과 문화운동이 이러한 시민운동의 동력을 제공하기 때문이다."[6] 다시 말하면, 일본군위안부 문제를 포함한 반인도적 범죄들의 경우, 관련 법 규정이 없기 때문에 이 문제들이 해결되지 않았다기보다 그 범죄들에 대한 법 집행을 가능하게 하는 정치적 의지가 존재하느냐가 해결과 관련한 핵심이며, 이 정치적 의지는 성숙된 시민운동이 이끌어내어야 하는 사회 · 정치의 문제라는 점이다.

121결의안이 통과되던 날, 톰 랜토스 의원은 국회 발언을 통해, "어느 나라도 그들의 과거를 무시해버릴 수 없으며, 이번 결의안은 진실의 문제이고, 야만적 폭력에 희생된 피해자 여성들에게 치욕과 위협의 또 다른 폭력으로 침묵을 강요받은 그들의 목소리를 듣는 것이며, 다시는 세계의 다른 곳에서 이런 소름끼치는 일이 없게 하기 위해 이 결의안을 강력하게 지지한다"고 발언했다.[7] 그리고 121결의안이 통과된 직후 열린 기자회견장에서 이용수 할머니는 "미 국회 결의안은 시작일 뿐이다. 이제 일본 정부는 공식 사과하고, 법적으로 배상하라"고 주먹을 불끈 쥐었다. 이용수 할머니의 지적대로, 121결의안은 일본 정부의 공식 사과와 국제사회의 권고 사항을 이행하라는 일본군위안부 문제 해결을 위한 작지만 의미 있는 한걸음이지만 종착점은 결코 아니다. 분명한 점은, 이 121결의안이 가지는 실질적 의미는 아직까지 최종적으로 주어지지 않았으며, 앞으로 이어질 사회적 · 정치적 시민운동 속에서 만들어져 갈 것이라는 사실이다.

---

6 Lee, J. "The World Conference on Japanese Military Sexual Slavery: Globalizing the movement," In Drinkck, B. & C. Gross(Eds.), *Forced prostitution in times of war and peace: Sexual violence against women and girls*(Germany: Klein Verlag GmbH). p.304.

7 http://thomas.loc.gov/cgi-bin/query/C?r110:./temp/~r110Iolp1P.

제6장

독일동포와의 연대[*]

1. 재독한국여성모임과 국제연대소위원회

필자가 초창기부터 25년간 활동해온 재독한국여성모임은 회원의 대부분
이 1960~1970년대에 독일에 온 파독간호사로, 독일에 체재하면서 겪은 공통
의 문제점을 의식하고 해결하고자 1976년에 창립되었다. 1991년 일본군위안
부 문제가 사회에 알려졌을 때부터 한국의 정대협과 연대하면서 재독평화여
성회, 세계한민족여성네트워크 독일지역, 베를린일본여성회, 독일여성단체,
인권단체, 종교단체와 함께 독일을 비롯한 유럽 지역에 일본군위안부 문제를
알리고 문제 해결을 촉구하고자 노력해왔다.

1991년 김학순 할머니를 비롯해 일본군위안부로 끌려갔던 피해자 세 명이
50년의 침묵을 깨고 일본 정부를 상대로 소송을 제기했을 때, 재독한국여성모
임 회원들은 이 사실을 접하고 커다란 충격을 받았다. 재독한국여성모임 중
비교적 회원 수가 많고 활동이 활발하던 베를린지역모임을 중심으로 몇몇 회

---

[*]   이 글은 김진향 세계한민족여성네트워크 독일지역 대표(1991~2000년 부분 집필)와 한정로
      재독한국평화여성회 대표(2001~2010년 부분 집필)가 공동 작성했다.

원이 위안부 문제와 관련해 정대협과 연대하면서 독일에 이 문제를 알리고 여론화하기로 결정했다. 베를린의 재독한국여성모임은 1986년 일본 남성의 한국 기생관광 문제 세미나를 함께 주최했던 베를린일본여성회와 함께 소송을 제기한 피해자 할머니들의 요구 사항을 관철시키는 데 도움을 주기 위해 서명운동과 일본 정부에 편지 보내기 등의 운동을 펼쳤고, 독일어 자료집 『Gebt mir meine Würde zurück! Zwansprostitution im Asien-Pazifik-Krieg Japans (나의 존엄을 되돌려 달라! 일본의 아시아태평양전쟁 시의 위안부 문제)』를 독일여성재단의 후원으로 발간해서 문제의 진상을 알리는 홍보활동을 벌였다.

이러한 활동은 독일 내에서 큰 호응을 얻었으며, 여러 여성단체와 개인들이 연대 의사를 표명해왔다. 독일의 진보적 신문에서는 재독한국여성모임의 이런 활동을 소개하는 기사를 싣기도 했다. 특히 1993년에 베를린의 지역모임이 '전쟁과 강간'이란 제목으로 피해자들을 초청해서 국제회의를 개최했는데, 이것을 기점으로 하여 재독한국여성모임에서는 1994년 국제연대소위원회를 구성했다. 베를린, 뮌헨, 하이델베르크 등 세 지역에서 국제연대소위원회 회원 여섯 명이 일본군위안부 문제 해결을 위한 연대운동의 중심이 되었다. 국제연대소위원회는 2001년부터 활동이 침체되어 자연 해산되었다. 그러나 개인 차원의 관심은 계속되었다. 2001년부터 2004년까지는 독일의 한정로가 정대협의 전쟁과여성인권센터의 이사로 활동하며 국제연대 운동을 지속적으로 해왔다. 한편, 2006년 종전 60주년을 맞이해 세계 각지에서 동시에 진행된 제700차 수요시위를 준비하면서 재독한국여성모임, 세계한민족여성네트워크 베를린 지역, 베를린 일본여성회, 재독평화여성회 등 네 개 단체가 공동으로 '프로젝트 700'[1] 이라는 중요한 모임을 탄생시켰다.

---

1 2006년 3월 15일, 종전 60주년을 앞두고 정대협에서 주최한 일본군위안부 문제 해결을 위한 세계 연대 수요시위가 30여 개국에서 동시에 진행되었고, 베를린도 여기에 참여했다. 제700차 수요시위를 준비한 네 개의 독일의 여성단체가 이 시점을 계기로 '프로젝트 700' 모임을

다음에서는 재독한국여성모임과 국제연대소위원회를 중심으로 어떻게 위안부 문제 해결을 위한 연대운동을 펼쳐왔는지 연대별로 살펴보고자 한다.

2. 1990년대 재독동포들의 활동

1) 1991~1992년

재독한국여성모임은 김학순 할머니를 비롯한 세 명의 일본군위안부 할머니들이 50년간의 침묵을 깨고 일본 정부를 상대로 소송을 제기했을 때, 정대협과 연대하면서 일본군위안부 문제를 독일 사회에 알리고 여론화하기로 결정했다. 베를린의 지역모임에서는 베를린일본여성회와 함께 소송을 제기한 할머니들의 요구사항을 관철시키는 데 도움을 주기 위해 서명운동, 일본 정부에 편지보내기 운동, 강연회 등을 조직했고, 이 과정에서 많은 독일의 진보적인 여성단체와 개인의 연대가 있었다.

결성했으며, 지금까지 정대협과 함께 연대활동을 벌이고 있다. 이 단체는 베를린일본여성회, 재독한국평화여성회, 세계한민족여성네트워크 베를린, 재독한국여성모임으로 구성되어 있으며, 정대협과 연대행사를 필요로 할 때 만나서 토론을 진행한다. 특히 베를린일본여성회는 1986년 기생관광 세미나를 통해서 일을 함께 하게 되었는데 위안부 문제 해결을 위한 활동에 지금까지 적극적으로 참여하고 있다. 2009년부터 한독단체인 코리아협의회 일본군위안부 문제 대책위원회(AG-Trostfrauen)도 '프로젝트 700'모임에 연대단체로서 많은 기여를 하고 있다.

2) 1993년

'인간의 존엄, 여성의 존엄: 전쟁과 강간' 국제회의 개최

1993년 9월 일본의 아키히토(明仁) 일왕의 독일 방문에 즈음해 독일에서는 '일본 역사 400년' 등 일본 관련 행사가 많이 열렸다. 이 가운데 아시아태평양전쟁 당시 아시아 여성 20만여 명에게 가해진 일본군의 전쟁범죄를 고발하는 '인간의 존엄, 여성의 존엄: 전쟁과 강간' 국제회의가 재독한국여성모임, 베를린일본여성회의 주최로 베를린 문화회관에서 9월 10일에서 12일까지 열렸다. 이 국제회의에는 한국에서 윤정옥 정대협 공동대표를 비롯해 문필기 할머니, 지은희 정대협 기획위원장, 김용님 화가, 북한의 정송명 할머니와 종태위의 원정숙이 참석했고, 필리핀의 마리아 로사 루나 헨슨(Maria Rosa Luna Henson) 할머니와 넬리아 산초 릴라 필리피나 대표 등 증인 및 단체대표 총 14명이 한국과 북한, 필리핀, 네덜란드, 일본, 구유고슬라비아 등에서 참가했다. 이 국제회의에서는 일본군위안부 문제가 아시아태평양전쟁 중에 돌발적으로 일어난 범죄가 아니라 일본의 식민지 정책의 일환으로 국가기관에 의해 조직적·계획적으로 자행되었다는 점에서 더욱 비인간적이며 인간 존엄을 말살하는 중대한 범죄였음을 밝혀냈다. 이 회의는 독일과 유럽에 위안부 문제를 적극적으로 알린 최초의 행사였다.

이 행사의 의미는 또한 이런 일이 과거에 일어났던 사건으로 지나가는 것이 아니라, 구유고슬라비아에서 범해진 성폭력의 예가 보여주듯이 현재에도 계속되는 초역사적이고 전 세계적 문제라는 것을 인식하고자 한 데 있다. 또한 남북한이 나란히 국제무대에서 이 문제를 당당히 거론하고 의견을 상호 교환하는 것을 보여주었다는 점에서도 뜻 깊은 행사였다.

독일의 여러 재단과 여성단체, 교회가 관심을 보이며 재정적 후원을 아끼지 않은 이 행사는 베를린일본여성회와 독일 단체 및 개인과의 연대 가능성을 인식시켜준 행사로서 타 단체와 계속적인 활동을 해나갈 수 있도록 한 중요한 초석이 되었다.

9월 10일 행사 첫날 오전에는 기자회견이 있었으며, 주체 단체들의 인사말에 이어 각 참가 단체의 활동 소개 발표가 있었다. 이튿날인 11일에는 윤정옥 교수의 주제발표에 이어 한국에서 온 문필기 할머니의 발표가 있었다. 공부를 할 수 있다는 꼬임에 속아 중국까지 끌려가 하루에 30~40번 군인들을 상대해야 했으며, 돈벌이를 나섰다가 미얀마까지 끌려가 해방 후 간신히 도망쳐 나와서 신고하기 전까지 가족들에게 알리지 못한 채 결혼도 하지 못하고 온갖 병고를 치르면서 외롭게 살아온 북한의 정송명 할머니와 어린나이에 일본군에 의해 집단 강간을 당하고 그 후에 항일 게릴라를 돕다가 일본군에 잡혀 위안부로 끌려갔다는 필리핀의 헨슨 할머니는 증언을 하면서 울기 시작했고, 회의장은 무거운 침묵에 휩싸이기도 했다.

오후에 진행된 주제토론에서는 '여성-전쟁의 희생물-강간'을 다루었는데 베오그라드와 자그레브에서 참석한 여성단체 대표들이 구유고슬라비아 지역의 전쟁 참상을 보고했으며, 남성에 의해 저질러진 이 같은 전쟁범죄는 인간, 특히 여성의 존엄을 말살시키는 것이라고 호소하고, 모든 여성이 힘을 모아 투쟁할 수 있는 국제연대 차원의 네트워크가 필요하다고 강조했다.

행사의 마지막 날인 12일에는 '생존자들의 정신적·물질적인 생활 상태와 사회보장'에 대하여 다루었으며, 다른 분과에서는 여성에게 가해지는 전쟁 범죄에 투쟁하는 연대단체 구성을 논의했다. 무엇보다 감동적인 것은 남과 북의 피해자 할머니들이 국제무대에서 나란히 앉아 우리의 문제를 당당하게 거론하고 의견들을 교환하는 것이었다. 이렇게 자주 만날 수 있다면 통일도 요원한 것은 아니라고 생각했다.

문필기 할머니는 젊은 사람들에게 "어떤 일이 있어도 다시는 나라를 빼앗기지 말라. 그래서 자신과 같은 비극적인 희생자가 없도록 해달라"고 호소했다.

위안부 관련 독일어 소책자 발간

1993년 7월에 독일어 소책자 『gebt mir meine Wuerde zurueck! Zwangs-prostitution im Asien-Pazifik-Krieg Japans(나의 존엄을 되돌려 달라! 일본의 아시아태평양전쟁 시 위안부)』라는 제목으로 재독한국여성모임과 베를린일본여성회가 공동으로 첫 독일어 자료집을 발간했다. 이 소책자에는 아시아태평양전쟁의 역사적인 배경과 사회적인 배경, 김학순 할머니와 문옥주 할머니의 증언 및 소송 경과보고, 위안부 피해자들의 정신적·육체적 건강 상태, 피해자들의 요구 사항 등 일본군위안부 문제에 관한 자세한 내용이 담겨 있다. 이 소책자는 독일 사람들에게 일본군위안부 문제에 대한 진실을 알리고 홍보하는 데 큰 도움이 되었다.

3) 1994년

3월 8일 세계 여성의 날

독일의 녹색당과 베를린일본여성회 및 많은 베를린 여성이 참가해 위안부 문제를 슬로건으로 거리 행진을 했다. '일본 정부는 피해자 할머니들에게 공식 사죄하고 배상하라', '책임자 처벌', '진상 규명' 등의 플래카드와 피켓을 들고 풍물패와 함께 거리를 행진하며 시민들에게 유인물을 나누어 주었다.

베이징 세계여성대회 준비를 위한 유럽모임

독일 녹색당이 주최한 이 모임은 5월 2일에 프랑스 스트라스부르에서 열린 유럽의회에서 진행되었는데, 여기에 국제연대소위원회 회원 세 명이 참가했다. 이는 베이징 세계여성대회에 참가하는 유럽 비정부단체들과 상호 연락하며 연대의 장을 만들어보려는 목적에서 진행되었다.

이 모임에는 유럽 각 지역에서 초청된 단체 대표 및 개인 60여 명이 참석해 다양한 논의를 나누었으며, 자세한 내용은 다음과 같다. ① 국제적 차원에서의 베이징 세계여성대회 준비 과정, ② 유럽의회 여성 로비 및 중국과 티베트의 여성인권 문제, ③ 유럽의 평화와 무기 감축 정책, ④ 전환경제 속에 놓인 중부유럽과 동유럽의 여성인권 상황 등이었다.

하루라는 짧은 시간에 많은 문제를 다루었기 때문에 어수선한 분위기가 있었지만, 국제연대소위원회의 참가자들은 군 위안부 문제를 알리고 홍보물을 나누어 주며 일본 정부의 조속한 법적 해결을 위한 국제 연대를 호소할 수 있었다. 많은 여성이 이 문제에 관심을 보였으며, 분과토론에서 구유고슬라비아 지역 여성들의 전쟁과 성폭력 문제를 다룬 '스위스여성평화단체'와 정보를 교환하고 앞으로 서로 협력하며 연대운동을 벌일 것을 다짐했다.

일본의 유엔안전보장이사회 상임이사국 반대서명운동

베를린에서 개최된 유럽 망명문제 국제회의 장소에서 일본군위안부 관련 홍보 자료를 나누어 주고, 일본이 국제사회에서 참된 공헌을 하려면 유엔 안전보장이사회 상임이사국이 되기 위한 노력에 앞서 전쟁범죄를 청산해야 한다는 것을 강조했다. 또한 일본이 시급히 노력해야 할 것은 아시아태평양전쟁에서 저지른 온갖 범죄 행위의 진상을 스스로 밝히고, 전쟁 피해자에게 공식 사죄와 배상을 해야 한다는 내용을 전달했다. 이 서명운동에는 재독한국여성모임의 전 회원이 적극적으로 참여했으며, 이 서명운동은 베를린 공과대학교 식당에서 열렸던 베를린 한인회 송년회에서 계속되었다.

4) 1995년

무라야마 수상에게 편지 보내기운동

2월에 베를린지역모임에서 재독한국여성모임과 일본여성회의 이름으로 무라야마 수상에게 위안부 문제의 조속한 해결을 촉구하는 공개서한을 보냈다. 또한 독일 수상을 비롯해 국회의원들과 독일 및 유럽의 시민단체, 그리고 개인들에게 위안부 문제의 조속한 해결을 위해 무라야마 정권에 국제적인 압력을 행사해줄 것을 요청하는 편지 200여 통을 보냈다.

분단 50주년을 맞이해 독일 전역에서 개최된 '한국주간' 행사

한독단체인 코리아협의회(Korea-Verband)와 베를린일본여성회, 재독한국 여성모임의 공동 주최로 위안부 문제를 주제로 하는 세미나를 개최했다. 세계 문화의 집에서 위안부 문제에 대한 역사적 배경, 강제동원된 과정, 전쟁 중 위안소 내의 생활, 그리고 전쟁이 끝난 후 희생자들의 육체적 · 정신적 고통과 삶에 대한 자세한 보고가 있었다. 또한 한국과 독일에서의 활동사항에 대한 보고가 이어져, 정대협 창립 당시부터 지금까지의 활동사항, 유엔인권위원회에서의 국제활동, 홍보활동, 연대활동과 함께 재독한국여성모임 활동 내용이 보고되었다. 베를린일본여성회는 일본 정부의 입장과 배상 문제에 대해 논의했다. 동시통역으로 진행된 이날 회의는 참가자들의 진지한 토론으로 이어졌으며, 참석자들은 앞으로 적극적으로 연대할 것을 상호 약속했다.

동독일 방송과의 인터뷰

일본군위안부 문제에 대해 동독일 방송사(Ostdeutscher Rundfunk-Branden-burg TV: ORB)와 인터뷰를 가졌다. ORB의 기자 두 명은 독일 패전 50주년을 맞이해 나치 시대 수용소에서 자행되었던 위안부 문제를 다룬 다큐멘터리를 제작했다. 〈Das grosse Schweigen-Bordelle in Konzentrationslagern(거대한 침묵, 집단수용소 내의 위안부)〉라는 제목으로, 당시 집단수용소가 있던 장소를 찾아가 현장을 보도하고, 가해자로 볼 수 있는 수용소에서 일했던 사람들과 독일인 피해자 두 명을 취재한 것이었다.

다큐멘터리에 따르면, 1943년 독일 나치제국에서는 수용소에서 일하는 수용자들의 작업에 대한 보수 차원에서 큰 수용소마다 위안소를 두었는데, 1943년에서 1945년까지 3만 3,000명의 위안부가 있었다고 한다. 이 여성들은 나치정권에 적응하지 못해 반사회분자로 몰려 강제수용되었으며, 22~30세가량에 라벤스부르크의 수용소에 끌려가 하루에 약 25명의 남자들을 상대했음이 밝혀졌다.

인터뷰를 했던 피해자 중 한 명은 자신을 방송에 드러내려 하지 않았으며, 다른 한 명은 자신의 모습을 공개하고 아픈 기억을 되살려 당시의 상황을 자세히 설명했다. 그때 받은 정신적·육체적 고통이 이루 말할 수 없으며, 지금도 자신을 숨긴 채 가난하고 외롭게 살았다는 인터뷰이는 독일 정부로부터 어떤 배상도 받지 못했다고 밝혔다. 이와 관련해 ORB는 국제연대소위원회와 베를린일본여성회 두 명과 함께 일본군위안부 대책활동에 대한 인터뷰를 진행했다. 이 다큐멘터리는 독일 제1공영방송과 ORB에서 방영되었다.

다큐멘터리가 방영되던 날에는 독일의 역사학자, 증언을 한 피해자 및 많은 시민이 구동독 극장에 모여 위안부 문제에 관한 토론을 진행했다. 한 기자는 독일 정부는 스스로 위안부 문제를 밝히길 꺼렸고, 독일 여성단체들 역시 이 문제를 덮어두었지만, 한국에서는 여성운동가들이 나서 위안부 문제 해결을 위해 노력하고 있다며 찬사를 보냈다.

앰네스티 주최 '여성과 인간 권리의 침해' 참가

1995년 10월에는 국제앰네스티가 스위스 바젤에서 개최한 '여성과 인간 권리의 침해'에 재독한국여성모임에서 회원 두 명이 초청을 받아 참석했다. 보스니아전쟁 등에서 희생당한 여성들이 직접 그린 그림을 교회에 전시하고, 자선음악회를 개최하는 등 인권침해를 경험한 여성의 체험을 보고하는 행사로 4일간 계속되었다. 연단 토론에서는 여성에게 가해지는 폭력과 인권침해,

성폭력에 대한 법률가 및 남성의 입장이 논의되었고, 이 같은 여성 폭력을 방지할 수 있는 방안을 모색했다. 특히 위안부 문제와 관련해 김학순 할머니의 사례를 설명하며, 위안부의 역사적 배경 및 현재의 상황을 자세히 알리고 위안부 문제와 관련 홍보 소책자를 나누어 주었다.

5) 1996년

민주여성연합회 행사 참가

독일 여성들의 모임인 민주여성연합회(Demokratischer Frauenbund)의 연중행사 '여성의 존엄, 인간의 존엄'에 참여해 일본군위안부 문제에 대해 강연하고 활동 내용을 보고했다. 윤정모의 『에미 이름은 조쎈삐였다』(2005)의 독일어 번역본을 일부 읽고 책의 내용에 대해 토론했으며, 보스니아전쟁 중에 일어난 성폭행 및 전쟁범죄 문제에 대해서도 의견을 나누었다. 민주여성연합회에서는 앞으로 일본군위안부 문제 해결을 위한 연대를 약속했으며, 일본군위안부 증언집이 독일어로 출판되는 데 큰 기대를 걸고 있다고 밝히면서 판매에 도움을 줄 것을 약속했다.

증언집 독일어 번역 출간

1996년은 피해자의 증언집을 독일어로 번역하고 출판하는 준비로 매우 분주한 한 해였다. 정대협의 도움으로 번역·출판 계획이 세워진 1995년에는 재독한국여성모임과 베를린일본여성회가 공동으로 진행하면서 한국 외 타이완, 필리핀, 인도네시아 등 다른 지역 피해자의 증언도 포함시키기로 계획했다. 그러나 베를린일본여성회에서 함께할 수 없다고 알려옴으로써 번역본의 구상을 완전히 새로 해야 하는 문제가 발생했다. 결국 한국과 북한, 중국에 생존해 있는 일본군위안부 피해자들의 표본적인 증언을 번역해 편집하는 방향으로 의견이 수렴되었다. 이를 위해 정대협에서 출간한 증언집『강제로 끌려간 조선인 군위안부 1』과『중국으로 끌려간 조선인 군위안부』, 그리고 이도 다카시(伊藤孝司)의『이북에 생존해 계신 전 위안부들의 증언집』등의 증언집에서 15명의 증언을 발췌했다. 하이델베르크지역모임 회원들이 번역을 맡았고, 베를린지역모임에서는 재정과 출판사와의 교섭을 맡는 한편 증언집에 실을 할머니들의 사진 사용에 대해 이토 다카시의 허락을 구했다. 독일어판 증언집은『In die Prostitution gezwungen(강요당한 위안부: 조선 여성들은 기억한다, 일본의 아시아태평양 전쟁 당시 증인들의 진술)』이라는 제목으로, 같은 해 8월 세콜로 출판사에서 출간되었다.

번역 및 출판 사업은 '분배! 연대하는 하나의 세계를 위해(Umverteilen! Stiftung für eine solidarische Welt)' 여성분과의 후원을 받아 진행했다. 세콜로 출판사와의 계약에 따라 증언집 300부를 증정 받은 재독한국여성모임은 한국의 연대단체, 베를린일본여성회, 독일의 연대단체 및 재단과 개인들에게 앞으로의 지속적인 연대와 협력을 부탁하는 편지와 함께 증언집을 기증했다. 또한 독일의 신문사와 재독한인 신문사에 광고를 부탁하는 편지와 함께 증언집을 보내기도 했다. 증언집에 관한 보도는 ≪베를린 한인회지≫, ≪교포신문≫, ≪유럽신문≫ 등에 보도되었고, ≪코리아 포럼(Korea Forum)≫, ≪테르 드 팜므(Terre des Femmes)≫, ≪노이 도이치란트(Neues Deutschland)≫, ≪프랑크푸르트 알게마인 차이퉁(Frankfurter Allgemeine Zeitung)≫ 등의 잡지와 신문에 게재되었다. 재독한국여성모임의 각 지역모임에서도 행사 때마다 증언집을 판매하면서 홍보활동을 할 수 있었다. 언론을 통해 증언집이 알려지면서 재독 교민들과 독일 여성들이 전화나 우편으로 책을 주문하는 경우가 많았다. 책의 수익금은 한국과 북한의 피해자들에게 전해졌다.

1997년 '세계 기도의 날' 참가

1996년 가을부터 시작된 '세계 기도의 날' 행사 준비모임에 재독한국여성모임이 초청되었다. 재독한국여성모임은 이 자리에서 8월에 출간된 증언집 독일어판을 통해 참석자들에게 위안부 문제를 알리고 아시아태평양전쟁 당시 일본이 저지른 만행을 고발했다. 이 활동은 이듬해 3월까지 계속되었으며, 한국과 위안부 문제를 독일에 알리는 데 큰 역할을 했다.

2월에는 정대협이 개최한 '일본군위안부 문제의 해결을 위한 시민단체' 행사에 참가했다. 재독한국여성모임은 참가단체로 가입했고, 증언집 판매 및 성금 모집으로 모은 수익을 피해자들을 위해 정대협에 전달했다. 또한 ≪한겨레21≫과 '독일어로 외치는 할머니들을 위하여'라는 주제로 인터뷰를 가졌다.

뤼베크의 독일기독교여성회와의 연대

뤼베크의 기독교여성회(Lübeck e. V. Christliches Frauenwerk)는 한국 정대협을 방문한 후, 위안부 문제의 조속한 해결을 위해 전국적인 서명운동을 벌였다. 이 운동에 베를린일본여성회와 재독한국여성모임도 동참했다. 독일기독교여성회는 '세계 기도의 날' 행사에서 진행한 서명운동의 결과를 포함해 총 6만 6,000명의 서명을 공중받아 재독 일본 대사관과 독일 외무부에 이를 전했다. 또한 일본을 방문해 서명 결과를 하시모토 류타로(橋本龍太郎) 수상에게 직접 전달하고, 일본 국회에 위안부 문제의 조속한 해결과 국민기금 철회, 정부 차원의 배상을 촉구했다. 이들은 일본에서 기자회견을 진행했지만, 일반 신문에는 보도되지 않았고 교회 신문에만 보도되었다고 전했다. 그리고 재독한국여성모임의 적극적인 협력과 안내에 감사하다는 편지를 보내왔다. 한편, 국제연대소위원회는 일본여성회와 함께 변호사 클라인(Klein)을 만나 '미국의 전범자 입국 금지'와 관련된 자료를 전달하고, 독일에서도 이를 관철시킬 수 있는지의 가능성을 타진해보았다.

베를린의 '아시아태평양 주간' 행사

10월 3일 '50년 후 일본군위안부들: 일본 정부를 상대로 소송한다'라는 제목으로 재독한국여성모임과 일본여성회가 주최한 발표회가 있었다. 이 자리에 라틴아메리카, 아프리카, 아세아 국가에서 체류하며 연구 및 실습을 할 수 있는 ASA프로젝트를 통해 한국을 다녀온 레기나 뮐호이저(Regina Mülhäuser)의 강연이 있었다. 강연 전에 '일본군위안부 문제, 어디까지 진행되었나?'에 대한 간략한 보고와 이에 대한 토론이 있었다. 토론에서는 한국 정부의 소극적인 태도와 피해자들의 오랜 침묵이 위안부 문제 해결을 지연시킨 이유로 지적되었다. 또한 일본 정부가 자발적으로 사죄하고 배상할 가능성은 희박하기 때문에 법적 해결에 어려운 점이 많겠지만, 국제법에 근거해 제소하는 것이 효과적이라는 등의 이야기가 나왔다. 그러나 국제법에 따른 제소에는 가해자와 피해자에 관한 여러 항목의 서류 제출이 필요한데, 현실적으로 이를 준비하는 과정은 매우 어려울 것이라는 점이 지적되기도 했다.

6) 1998년

베를린영화제, 〈낮은 목소리〉 상영

변영주 감독의 〈낮은 목소리 1, 2〉가 2월 14일 개최된 베를린영화제에 상영되었다. 〈낮은 목소리 2: 습관된 슬픔〉 상영 후 마련된 예술아카데미에서 이 영화에 대한 공개 토론이 있었다. 국제연대소위원회에서 인사말과 일본군위안부 문제에 대해 간단히 발표한 후, 변영주 감독과 참석자들의 토론이 이어졌다. 변 감독은 "50년이나 지난 위안부 문제에 관심을 갖게 된 이유는, 이 문제가 현재와 연결되어 있기 때문이다. 아직도 한국 사회에서는 여성에 대한 폭력이 일어나고 있으므로 기록영화를 만들어 이 문제에 적극적으로 대처하고자 이번 영화를 만들었다"고 말했다. 〈낮은 목소리 1〉 상영 당시 극장은 만원을 이루었고, 대부분 고등학생이나 대학생 등의 젊은 세대가 주로 참석했다. 변 감독이 기증한 〈낮은 목소리 1, 2〉 비디오는 이후 독일의 교회 또는 여성단체에서 행사 때마다 중요한 홍보자료로 활용되었다.

7) 1999년

독일의 가족 · 여성 · 청소년부 크리스티네 베르크만(Christine Bergmann) 장관이 베를린 시청에서 주최하는 3월 8일 세계 여성의 날 행사에 초대되었다. 이날을 기회로 베를린여성네트워크와 함께 일본군위안부 관련 홍보물을 가족 · 여성 · 청소년부, 건강부, 법무부 장관과 여타 여성 단체에 나누어 주었다.

4월에는 구동독 지역의 여성들이 한 달에 한 번 만나는 '만남의 광장 커피숍'에 초대되어 위안부 관련 자료를 나누어 주고 독일어판 증언집을 소개했다.

10월에는 베를린여성네트워크의 주최로 각 프로젝트 단체의 모임이 있었다. 재독한국여성모임은 위안부와 관련한 독일어 번역 책자를 판매하고, 2000년 법정을 홍보했다. 이 자리에는 독일 정당 대표들도 참석했다. 또한 2년마다 쾰른에서 개최되는 '여성의 정치 참여를 위하여'라는 세미나에 참석해 위안부 문제와 2000년 법정에 대해 설명했다.

3. 2000년대 이후 재독동포들의 활동

1) 2000년

2000년은 재독한국여성모임 회원이 총동원되어 2000년 법정에 관한 홍보를 대대적으로 전개했다.

1월에는 베를린자유 대학교에서 일본여성회와 함께 일본군위안부에 관한 세미나를 열었다.

3월에는 2000년 법정을 홍보하고 후원하기 위해 '김학순 할머니 포스터에 지문 찍기'운동을 시작하고, 재정 마련을 위해 여러 독일 단체를 상대로 후원 신청의 가능성을 알아보았다. 또한 2000년 법정 지지 서명운동과 모금운동을 활발히 전개하고, 법정 참가단 모집을 추진했다. 한편, 쇤베르크 시청에서 '세계의 여성 이야기'라는 주제로 세계 각지의 여성단체와 개인이 '독일에서의 이민생활 경험'을 발표하는 세계 여성의 날 행사에 참가해 위안부 문제에 대해 발표했다. 2000년 법정을 통해 일본이 저지른 범죄에 대하여 일본 정부가 공식 사죄하고 배상하기를 촉구할 것이며, 이를 성사시키기 위해서는 국제적인 압력과 연대가 중요함을 역설했다. 이 자리에서 2000년 법정을 지지하는 사람들의 서명을 받고 김학순 할머니의 포스터에 지문을 찍는 행사를 진행했다. 이 모습을 KBS에서 한민족 기록영화의 한 부분으로 취재해가기도 했다.

6월에는 베를린 슈판다우의 루터 교회와 베를린 남쪽 지역 크로이츠베르크 오순절 카니발 문화축제, 베를린공과 대학교 한국 유학생 논문 발표회, 함부르크에서 개최된 세계가톨릭행사 등에 참가해 2000년 법정 지지 서명운동과 위안부 문제 홍보활동 및 김학순 할머니 포스터 지문 찍기 운동을 계속해 나갔다. 이러한 활동은 독일개신교연합회 독일서남선교회의 신문 ≪다룸(Darum)≫ 5월 호에 비교적 상세히 게재되었다.

7월에는 베를린 포츠담 광장에서 열린 소니센터(Sony-Center) 개장식에서 베를린노동교실과 함께 2000년 법정 지지 서명운동을 개최했다. 전범 당사국이며 가해국인 일본의 대표적인 다국적 기업인 소니센터의 호화로운 개장식과 대조를 이루었던 이 행사를 베를린 달렘 지역의 아사이신문 기자가 취재해 보도했다.

8월에는 '분배! 연대하는 하나의 세계를 위하여'의 베를린 재단 여성분과에서 한국의 일본군위안부 피해자 20여 명이 2000년 법정에 참가할 수 있는 교통비 약 6,700달러를 지원해주었다. 재독한국여성모임도 위안부 문제 관련 행사를 위해 약 750달러를 지원받았다.

독일 개신교연합회 독일서남선교회에서 9월에 김윤옥 정대협 공동대표를 초청해 베를린과 프랑크푸르트, 함부르크, 헤센, 본에서 위안부 문제와 2000년 법정에 대한 강연회를 열었다. 이 강연회는 일본여성회와 재독한국여성모임이 공동 주최했는데, 이 자리에서 김윤옥 정대협 공동대표는 '여성 전범 재판 2000 도쿄'라는 제목으로 강연을 진행했다. 그는 전시 여성폭력 반대를 전제로 하는 2000년 법정이 성 범죄의 역사를 끊는 중요한 계기가 되길 바란다는 강한 소망을 전했다. 프랑크푸르트 외국인 센터에서 개최하는 이 강연회에 가브리엘 미시보크스키(헤이그국제재판소와 2000년 법정 참관인), 바바라 모로(여성문제 영화제작가), 스잔 리프카(독일기독교연합회 여성위원회) 등의 인사가 참석했다. 김윤옥 대표는 지속적인 압력 행사에도 불구하고 일본 정부가 배상 거부로 일관하는 것을 보면서 시민과 여성의 힘으로 가해자를 재판할 필요성을 느꼈고, 이것이 2000년 법정의 탄생으로 이어졌다고 설명했다.

10월에는 브레멘에서 '인권과 발전을 위한 정보센터(biz)'가 개최한 미디어주간(Medienwoche)에 변영주 감독의 〈낮은 목소리 2〉를 상영함과 동시에 2000년 법정 지지 서명운동을 했다. 브레멘의 라디오 방송 브레멘2에서는 이와 관련한 기자회견과 인터뷰를 방영했다.

11월에는 베를린 문화원, 마인츠와 오펜바흐, 그리고 프랑크푸르트에서 김대실 감독의 영화 〈침묵의 소리〉를 상영하고 토론회를 열었다. 또한 재독한국여성모임, 일본여성회, 그리고 베를린여성네트워크가 함께 2000년 법정 참가와 지지를 바라는 편지를 독일 피셔(Fischer) 외무부 장관, 베르크만 가족부 장관과 도이블러 그멜린(Däubler-Gmelin) 법무부 장관 에게 보냈다. 이에 대한 응답으로 2000년 법정에 참관인을 보내겠다는 서한을 받았다.

11월 25일에서 12월 10일에 열리는 '세계 여성폭력 추방 주간'에는 정대협에서 제안한 바와 같이 동아시아 피해국의 운동단체와 함께 같은 시간에 수요시위를 열었다. 재독한국여성모임과 일본여성회는 11월 22일 베를린의 일본 대사관 앞에서 집회를 열었는데, 함부르크에서는 한국 종교단체 회원과 북독 개신교 여성모임, 헤센나사우 교회, 베를린의 연합교회 여성 신도들, 베를린자유 대학교 학생들이 참가했다. 정대협에서 보내온 수요시위 연대사를 읽는 것으로 시위를 시작했고, 이어서 각 단체의 성명서 낭독이 있었다. 시위 참석자들은 일본 정부의 위안부 만행을 규탄하고, 일본 정부의 공식 사죄와 배상을 촉구하는 구호를 외치며 공동 성명서를 일본 대사관에 전달했다.

재독한국여성모임과 메디카 몬디알레(Medica Mondiale), 베를린일본여성회가 공동으로 베를린에서 일본군위안부 문제와 관련하여 진보적인 신문사와 기자회견을 진행했고, 일본군위안부 문제의 미해결과 위안부 피해자의 명예 회복, 그리고 추후 전쟁과 강간을 방지하기 위한 2000년 법정의 의미를 전달했다.

12월에는 재독한국여성모임 국제연대소위원회 회원 네 명이 7일에서 12일까지 도쿄에서 개최된 2000년 법정에 참가했다. 여기에는 독일의 진보적인 신문사 타게스차이퉁(Tages Zeitung)의 스벤 한센(Sven Hansen), 메디카 몬디알레의 여성인권옹호가 베아테 치글러(Beate Ziegler), 나치 시대의 성폭력을 고발하고 책을 펴낸 크리스타 포(Christa Pau), 독일어로 일본군위안부 관련 책을 출간한 레기나 뮐호이저도 함께 참가했다.

2) 2001년

1월, 재독한국여성모임과 베를린일본여성회, 메디카 몬디알레는 2000년 법정 참관에 대한 의견서를 요청하는 편지를 관련 부서 장관들에게 보냈다. 이를 통해 독일의 인권위원회에서 위안부 문제를 유엔인권위원회에 안건으로 상정하겠다는 회답을 받았다.

3월에는 세계 여성의 날 행사의 일환으로 베를린 시청에서 열린 베를린여성 네트워크가 주최한 전시회에서 재독한국여성모임과 공동으로 2000년 법정 포스터와 자료들을 전시했다. 또한 독일여성단체 '용기 있는 베를린여성협회(Frauenverband Courage Berlin)'[2]의 10주년 기념행사에서는 2000년 법정 행사에 참가한 바 있는 정대협의 김혜원이 초청되어 위안부 문제에 관해서 발표하고 2000년 법정에 대해 상세히 보고했다. 베를린 선교사(Berliner Missiosnwerk) 교회에서 2000년 법정 관련 자료를 보여주고 법정에 대해 보고한 후 토론을 진행했다.

5월에는 베를린의 한국문화원에서 여성단체를 초대해 김대실 감독의 영화 〈침묵의 소리〉를 감상한 후 영화 내용에 대한 토론이 있었다.

6월에는 프랑크푸르트에서 열린 '세계 기독교의 날' 행사에 재독한국여성모임이 참석해 위안부 문제와 관련한 사진전시회 및 위안부 문제에 대해 강연을 진행했고, 영화 〈침묵의 소리〉를 상영했다. 많은 참석자가 "이제 위안부 문제는 다 아는 사실"이라고 말하면서, 지난 10여 년간 재독한국여성모임이 위안부 문제 해결을 위한 활동을 전개한 결과임을 인정했다.

2000년 법정 보고대회

3월에는 베를린 문화회관에서 '여성국제전범법정의 의미'라는 제목으로 2000년 법정 보고 대회가 있었다. 독일인 법정 참가자의 발표를 주목적으로 한 행사에서 연사로 타게스차이퉁의 스벤 한센 기자와 베아테 치글러, 크리스타 폴, 레기나 묄호이저가 참가했다.[3] 주제는 ① 남성 참석자로서 법정에서

---

2 Courage는 독일어로 '용기 있다'라는 의미이다. 독일어로 '쿠라제'라고 읽는다.
3 묄호이저는 2000년 법정에서의 인터뷰 내용과 일본군위안부 피해자들의 증언을 발표했고,

받은 인상, ② 여성의 권리와 인간의 권리는 동등한가, ③ 나치 시대에 운영된 위안소의 위안부와 일본군위안부 할머니들의 비교, ④ 2000년 법정이 성사되기까지의 과정과 법정에서 찍은 비디오 및 인터뷰 공개, ⑤ 위안부 피해자 할머니를 따라 2000년 법정까지 등이었고, 주제발표가 끝나고 참가자들과 많은 토론이 있었다. 법정의 판결에도 불구하고 아직까지 피해자 배상이 따르지 않으므로 독일인의 관심과 연대가 계속되어야 한다는 것이 강조되었다. 이 행사에 참가한 정대협의 김혜원은 "정대협 발족 10년에 이르러 2000년 법정을 성사시키면서 정대협은 자신감을 가질 수 있었다. 이번 행사를 통해서 독일의 단체와 개인이 연대사업을 구상하는 것과 종교·정치·사회적인 단체가 모여 국제위원회를 조직하고 번역과 통역에 도움을 주는 것과 문제 해결을 위한 법률적인 방안을 모색하고 추진하는 것이 필요하다"고 역설했다.

2000년 법정 최종판결

헤이그에서 열린 2000년 법정 최종 판결에 재독한국여성모임이 참가해 피해자들의 그림들을 전시했으며 독일의 한인신문과 독일주간지에서 헤이그 최종판결을 보도했다. 독일의 인권위원회에서는 유엔인권위원회에 제2차 세계대전 당시 일본군 위안부 문제를 안건으로 상정했으나 효과가 없었다. 독

수석검사였던 커크 맥도널드는 판결문을 발표했다. 타게스차이퉁의 남성 기자인 한센은 "국제사회에서 강대국 역할을 하는 일본의 과거 청산 자세가 미흡하다. 일본은 유엔이사국의 자격을 갖추지 못했다. 법정을 통해 피해자들이 성범죄의 희생자일 뿐만 아니라 사회적 무관심과 외면으로 인한 희생자들이었다는 것이 확인되었다"는 내용의 의견을 발표했다. 치글러는 "구유고슬라비아 연방과 르완다에서의 범죄가 유엔인권위원회와 헤이그 국제사법재판소에서 다뤄질 수 있도록 하는 데 유럽이 중요한 역할을 하고 있다, 위안부 문제는 국제법으로 처벌할 수 있다, 앞으로는 국제사법재판소에서 국가 차원의 성범죄를 처벌의 대상으로 삼도록 정치적인 압력을 행사해야 한다"는 의견을 발표했다. 폴은 전쟁 시 성폭력이 군인들의 성욕에 의해 어쩔 수 없이 발생하는 것이라는 통념을 반박하면서, 성폭력은 남성이 권력을 휘두르는 도구라고 주장했다.

일은 인류에게 행한 과거의 범죄를 뉘우치고 솔직히 인정하고 사죄와 배상을 했으나 일본이 저지른 전쟁범죄의 해결에 나서는 데는 미온적이었다.

3) 2002년

베를린여성네트워크(Berliner Frauen Netzwerke)는 연중행사에서 베를린훔볼트 대학교의 헬가 피히트(Helga Picht)와 함께 위안부 문제와 2000년 법정에 대해 토론하는 시간을 가졌다.

또한 쇤베르크 시청에서 개최된 베를린의 여성단체 연대모임에도 참가해 2000년 법정 그림전시회를 열고 2주일간 위안부 문제를 알렸다.

독일여성단체들인 '용기 있는 베를린여성협회', 베를린여성네트워크, 세계연대연맹(Solidarität Internationale)과는 해당 단체가 주최하는 행사 때마다 위안부 문제 프로그램을 항상 포함하여, 위안부 문제 발표 및 영화 〈내 청춘을 돌려다오〉 상영을 통해 홍보활동을 지속적으로 진행했다.

매주 월요일 오후 6시, 베를린 알렉산더 광장 앞에서는 실업자들이 주최하는 사회적으로 공정한 대우를 요구하는 월요시위(Montagsdemonstration)가 열린다. 월요시위에서는 단체나 개인의 억울한 사례를 발표하고 현 정부의 부당함을 비판하면서 정당한 조치를 요구하고 시민들에게 연대를 호소한다. 위안부 문제를 월요시위의 안건으로 제시해 일본 정부의 조속한 해결을 위한 국제연대를 호소하고 그림전시회를 개최했다. 월요시위를 마치고 베를린 시내를 한 시간 동안 행진하며, 일본군위안부 문제를 알렸다.

그 외에도 베를린 알렉산더 광장의 만국시계 아래에서 베를린여성네트워크, 세계연대연맹, 용기 있는 베를린여성협회와 마르크스-레닌 관련 단체가 주최하는 '평화와 인간적인 미래를 위한 여성들' 행사에 참가해 위안부 문제에 대해 발표하고, 관련 포스터 및 그림을 전시했다.

3월 세계 여성의 날에는 노이쾰른 시청 앞에서 용기 있는 베를린여성협회와 민주사회당, 그 외 많은 여성단체가 함께 시가를 행진하며 일본군위안부에 대한 홍보물을 나누어 주고 위안부 문제에 대해 발언을 하기도 했다.

또한 김대실 감독의 영화 〈침묵의 소리〉를 독일 여러 지역에서 상영하고, 교민들과 전쟁과 성폭력을 주제로 토론하는 자리를 마련했다.

4) 2003년

6월에 동베를린 헬레스도르프 영화관에서 필자는 용기 있는 베를린여성협회의 후원으로 영화 〈내 청춘을 돌려다오〉를 상영했다. 영화를 본 청중들은 아시아태평양전쟁 당시 아시아 여성들에게 가해진 폭력과 비참한 역사에 경악을 금치 못했다. 위안부의 존재 자체를 전혀 모르던 사람이 대부분이었다. 이들은 영화를 보고난 후 한국 역사에 많은 관심을 보였다. 베를린 교민과 2세를 위해 베를린 독일문화원에서도 같은 영화를 상영했다.

5) 2004년

세계 여성의 날 기념행사 참가

3월 8일 세계 여성의 날을 맞아 베를린에 있는 터키문화원에서는 이주민의 인권 문제에 대한 토론회를 개최했다. 한국은 위안부 문제에 대해 발표한 후, 위안부 피해자들을 그린 그림을 전시했다.

3월 26일에서 28일에는 프랑크푸르트에서 열린 세계여성인권 전시회 및 영화상영회에도 참가해 일본군위안부 문제를 독일 사회에 알리는 자리를 마련했다. 발표를 통해 위안부 문제를 자세히 설명했고, 영화 상영 후에는 질의응답을 진행해 독일 시민과 소통하는 기회를 만들었다. 참가자들은 정대협이 일본 정부에 요구하는 항목들이 적혀 있는 피켓 위에 서명을 하며 위안부 문제의 조속한 해결을 지지하는 마음을 표현하기도 했다.

제600차 수요시위 기념행사

용기 있는 베를린여성협회의 후원으로 제600차 수요시위를 기념하는 행사가 베를린 주재 일본 대사관 앞에서 개최되었다. 독일개신교연합회 독일서남선교회, 베를린일본여성회, 세계한민족여성네트워크 베를린, 재독한국여성모임, 베를린간호협회, 한인회, 한인교회, 조국통일 범민족연합 유럽 지역 본부, 베를린선교사 교회, 베를린 뉴메스(Nümmes) 음악단 등이 참가했으며, 위안부 문제의 조속한 해결을 촉구하는 공동성명을 발표했다. 독일음악단 뉴멘스는 '여성이 세계를 뭉치게 연결하고 같이 싸운다'는 내용의 노래를 부르며, 시위에 흥을 돋우었다. 공동성명서는 고이즈미 수상에게 전달되도록 일본 대사관에 제출했다.

'전시와 평화 시의 강제매춘' 국제행사

6월 베를린자유 대학교에서 정대협의 '전쟁과여성인권센터' 주최로 '전시와 평화 시의 강제매춘'이라는 국제행사가 개최되었다.[4] 한국 정대협의 신혜수, 김명혜, 윤미향이 대표로 참여했고, 독일에서는 베를린자유 대학교 성 문제 연구소의 바바라 드링크(Barbara Drinck) 교수, 세계연대연맹, 용기 있는 베를린여성협회 등이 후원했다. 행사 직전 기자회견이 진행되었다. 본 행사 1부에서는 정대협의 윤미향, 신혜수, 김명혜가 차례로 '14년간의 피해자 명예회복을 위한 운동', '국제법의 성과', '피해자들에 대한 개인의 경험담과 위안

---

4 강연문은 베를린자유 대학교 인터넷신문 ≪커렐-네트(querelles-net)≫에 게재되었다(www.
querelles-net.de/forum/forum13-1.shtml과 www.querelles-net.de/forum/forum13/tagungs
dokumentation.pdf 참조).

부 문제'를 발표했고, 이어서 한국의 피해자 사례를 자세히 설명했다. 이후 영화 〈끝나지 않은 법정〉 상영이 있었다.

2부에서는 독일의 마리온 뵈커(Marion Böker) 여성인권과 젠더상담소 소장, 셀민 칼리스칸(Selmin Caliskan) 메디카 몬디알레 대표, 크리스티나 폴(Christina Paul) 함부르크 대학교 연구소 소장, 니베디타 파라사드(Nivedita Prasad), 바베트 로너(Babette Rohner) '여성의 집' 상담소 소장 등이 독일을 포함한 유럽에서 벌어지고 있는 강제매춘의 현실과 보스니아 및 코소보 등 무력분쟁 상황에서 자행되는 여성폭력 문제, 나치 시대의 소녀 및 여성들에 대한 강제매춘 등에 대해 발표했다.

강연자들의 발표가 끝나고 분과토론이 이어졌다. 이날 강연에 참가한 청중들은 과거의 성범죄를 저지른 가해자를 처벌하지 않았기 때문에 아직도 여성들에 대한 범죄가 지속되고 있다는 점을 확인했다. 특히 구동독에서 온 대학생들은 이 문제를 처음 접했다면서 많은 관심을 보였다. 이 행사는 독일 언론 ≪노이에 도이칠란트(Neues Deutschland)≫과 ≪커렐-네트≫, 한국의 연합통신에 보도되었다.

정대협 대표들의 강연은 함부르크와 프랑크푸르트에서도 이어졌는데, 함부르크에서는 여성인권학자 뮐호이저, 프랑크푸르트에서는 헤센나사우 교회의 뮌처(Münzer)가 담당해 행사를 추진했다.

세계여성학대회 참석

10월 29일에서 31일까지 하인리히 하이네 뒤셀도르프 대학교에서 '분노한, 상냥하게, 세계 미래지향적인(Zornig, zärtlich, zukunftweisend-weltweit)'라는 주제로 제6차 세계여성학대회가 개최되었다. 20개국에서 참석한 여성 대표들과 관계자들이 다양한 주제로 발표와 토론을 진행했다. 한국은 재독한국여성모임이 대회 기간 중 일본군위안부에 관한 사진과 그림을 전시하고, 영화

〈내 청춘을 돌려다오〉를 상영했다. 또한 일본 정부의 국제기구 권고 이행을 촉구하는 국제연대 서명운동을 펼쳤다.

6) 2005년

베를린국제영화제에서 영화 〈내 청춘을 돌려다오〉 상영

2월에 개최된 베를린국제영화제 포럼부문에서 일제강점기 일본군에 의한 남북한 성노예 피해자문제를 다룬 한원상 감독의 다큐멘터리 〈내 청춘을 돌려다오〉가 특별상영되었다. 영화제를 통해 동아시아의 과거사 분쟁, 일본의 역사 왜곡, NHK의 일본군위안부 프로그램 축소 논란 등이 이슈가 되면서 일본군성노예문제에 대한 관심이 커졌다. 특히 전쟁 당시 위안부들을 찍은 사진 속의 임신한 여성과 생존자인 북한의 박영심 할머니가 소개된 포스터가 주목을 받았다. 일본군위안부 문제를 한국과 북한의 피해자를 중심으로 다룬 이 다큐멘터리는 반세기가 넘은 지금까지 해결되지 않은 위안부 문제를 독일, 미국, 유럽 등 국제사회에서 여론화하는 데 적지 않은 기여를 했다. 이날 상영에는 교민들과 외국인 관람객 100여 명이 자리를 함께해 시종일관 숨을 죽인 채 다큐멘터리를 관람했다.

종전 60주년 수요시위 개최

8월 10일 베를린 주재 일본 대사관 앞에서 제2차 세계대전 종전 60주년을 맞이해 재독한국평화여성회 주최, 용기 있는 베를린여성연합과 베를린일본여성회 후원으로 일본군위안부 피해자의 명예 회복과 일본 정부의 공식 사죄 및 배상을 요구하는 수요시위가 벌어졌다. 이 시위는 정대협의 제안으로 9개국의 30여 개 도시에서 동시에 개최되었다. 이날 독일에서는 종교단체와 여성단체를 포함한 12개의 시민단체가 참가했다. 고인이 된 피해자들을 위한 묵념을 한 후, 각 단체의 연대사 및 정대협의 연대사, 할머니들의 연대사를 발표했다. 그리고 피해자들을 위한 특별법 개정과 고이즈미 수상에게 사죄와 배상을 요구하는 내용을 담은 성명서를 낭독했다. 이 성명서는 독일개신교협의회 독일서남선교회, 미션21, 헤센나사우 교회, 기독교 피노푸르트 교구 교회, 베를린선교사 교회, 독일인 대학생과 시민이 작성한 편지들과 공동으로 일본 대사관에 제출했다.

일본의 과거 청산 요구 국제연대협의회

9월 22일에서 23일에 평양에서 개최된 일본의 과거청산요구 국제연대협의회 제3차 회의에 독일의 드링크 교수와 필자가 초대되어 참가했다. 회의에는 북한대표단을 비롯해 한국, 중국, 타이완, 일본, 네덜란드, 미국에서 참가해 아직도 해결되지 않는 원폭 피해자문제, 강제연행 희생자문제, 유골 반환문제 등에 대해 발표했고, 독일에서의 일본군위안부 운동사와 독일의 과거청산 문제에 대한 발표도 이어졌다.

7) 2006년

제700차 수요시위 연대집회

3월 15일 베를린의 중심지이며 전쟁의 상징인 카이저 빌헬름 교회 앞에서 제700차 수요시위를 개최했다. 재독한국여성모임, 재독한국평화여성회, 세계한민족여성네트워크 베를린, 베를린일본여성회 등 네 개 단체가 속한 '프로젝트 700'이 행사를 주최했다. 고인이 된 위안부 피해자들에 대한 묵념이 있은 후, 제700차 집회에 대한 설명과 더불어 위안부 문제 현황에 대한 각 단체 대표의 발언과 함부르크에서 참석한 여성인권옹호가 뮐호이저의 발언이 있었다.

이날 집회에는 〈하늘의 별 하나의 값이 얼마인가?(Was kostet wohl ein Sternenhimmel?)〉라는 제목으로 위안부 문제를 성매매 문제와 연결한 연극배우 정옥희의 공연이 있었다. 공연 후 풍물패가 광장을 울리면서 시민들의 호기심을 끌었고, 시위대는 베를린 시가를 지나 일본 대사관까지 행진하면서 홍보물을 나누어 주고 일본 정부의 조속한 문제 해결을 촉구했다.

일본 대사관 앞에서 30분가량 집회를 한 후, 헤센나사우 교회의 우르줄라 그로스(Ursula Gros)가 제700차 수요시위 연대사를 낭독했다. 그리고 '피해자들이 받은 상처는 인간으로서 이 세상에서 있을 수 없는 혹독한 범죄의 결과로, 일본은 전쟁 당시 여성폭력의 피해자들이 명예 회복을 통해 정의를 경험할 수 있도록 해야 하며, 수요시위에 동감하며 지지를 보낸다'라는 내용이 담긴 공동성명서를 일본 대사관에 전달했다.

헤센 주 랑엔 시의 교회 교인들은 수요기도회에 모여서 한국의 일본군위안부 할머니들의 제700차 수요시위에 연대하는 기도회를 개최했다. 이 행사는 미야고 나카무라(Miyago Nakamura) 기자의 취재로 일본 공산당신문 ≪나카하타(Nakahata)≫에 보도되었다.

위안부 관련 책 출판

11월 말에는 『Erzwungene Prostitution in Kriegs-und Friedenszeiten: Sexuelle Gewalt gegen Frauen und Mädchen(전시와 평화 시의 강제매춘: 여성과 소녀에 대한 성폭력)』의 독일어판이 출간되었다.

베를린자유 대학교의 드링크 교수와 필자가 편집한 이 책에는 한국과 북한, 일본, 독일 저자들의 글이 함께 실렸으며, 독일 클라이네 출판사에서 발행했다. 베를린자유 대학교와 주독 한국 영사관 및 한국문화원, 삼성 독일지부, 대우 독일지부, 독일의 종교단체에서는 재정적 지원을 해주었다. 이 책의 제1부에서는 제2차 세계대전 당시 독일이 운영했던 강제수용소의 사창가와 강제매춘, 동유럽과 아프리카에서 여성들에게 가해진 조직적인 전시 성폭력 및 강제매춘에 대한 논의를 다루고 있다. 또한 제2부에서는 한국과 중국, 동남아시아의 일본군위안부 여성의 실상을 조직적 성폭력이라는 관점에서 해부하고 있다. 1년 후에 이 책은 영어로 번역되어 발행되었다. 이 책의 독일어판과 영어판은 독일 라벤스부르크 나치수용소박물관 도서관에 진열되어 역사의 진실을 세계에 퍼트리는 역할을 하고 있다. 이외에 한국국제교류재단에서 우리 역사를 심층적으로 연구하기 위한 목적으로 각 세계의 대학 도서관, 일반 도서관, 연구소 및 문화예술단체에 이 책을 배포했다.

8) 2007년

미국의 일본군위안부 문제 결의안 통과 과정과 유사하게 이를 위한 활동이 유럽에서도 진행되었다. 필자는 독일 여성 중에 이 문제에 관심을 보인 유럽의회 안게리카 베아(Angelika Beer) 의원과 그녀의 보좌관(Adjutant) 알리 알-나사니(Ali Al-Nasani)와 함께 결의안을 공동으로 제출할 의원을 모으기로 했다. 앰네스티 홍콩지부 아이리스 챙(Iris Chang), 앰네스티 런던지부의 카타리나 바라크로프(Katherine Barraclough)에게 연락을 취해 브뤼셀에서 유럽의회 의원들과 만나 의논할 것을 제안했고, 9월 19일 이들의 만남이 성사되었다. 이후 유럽의회에서 결의안이 통과될 수 있도록 앰네스티와 긴밀히 협력했다.

앰네스티 유럽본부와 나사니 보좌관은 유럽 의회 위안부 결의안 통과를 추진할 더 많은 유럽 의원을 발굴하는 한편, 결의안 작성 및 안건 상정과 관련 질문의 제출, 유럽 의회 의원을 대상으로 한 로비활동도 펼쳐나갔다.

11월에는 앰네스티와 재독한국평화여성회의 후원으로 '민주주의의 집(Haus der Demokratie)'에서 유럽의회에서 결의안을 통과시키도록 로비활동을 벌였다. 이날 한국의 윤미향 정대협 대표와 길원옥 할머니, 필리핀의 메넨 카스티요(Menen Castillo) 할머니, 네덜란드의 엘렌 판 더 플뢰그(Ellen van der Plög) 할머니의 증언이 있었다. 베를린에 있는 일본 방송국에서는 이 행사의 취지를 소개하고, 앰네스티 총무인 나사니를 인터뷰하여 방영했다. 뒤이어 앰네스티 독일지부 레나테 뮐러-볼러만(Renate Müller-Wollermann), 정대협의 윤미향 대표, 길원옥 할머니는 독일연방의회 의원들과 만나서 결의안 통과를 위한 로비활동에 힘써주기를 호소했다. 이후 국제앰네스티와 유럽 의회 의원은 함께 결의안을 작성해 유럽 의회 안건으로 상정했으며, 유럽 의회에서도 미국의 결의안 내용과 비슷한 결의안이 통과되는 성과를 낳았다. 이것은 한국의 시민단체뿐 아니라 국제앰네스티와 독일의 재독한국여성모임, 베를린일본여성회, 재독한국평화여성회 등 여러 비정부단체가 함께 노력한 결과였다.

9) 2009년

세계 여성 폭력 추방 주간 행사 참석

베를린 크로이츠베르크에서 아호이 문화기획이 주최한 '해방된 여성의 밤' 행사가 11월 25일에 있었다. 이 행사에서는 여성에 대한 억압과 폭력에 대해 각 나라의 대표가 그 상황을 보고하고, 관련 발표와 단상토론, 질의응답이 있었다. 단상토론에서는 베트남전쟁 당시 한국 군인이 현지 여성들에게 가한 성폭력 범죄와 그것이 현재까지 미치는 결과에 관한 보고가 있었고, 일본군 위안부 피해자를 기리기 위해 오키나와 근처에 추모비를 세우는 문제에 대한 토론과 대화가 이어졌다.

토론에서 나온 의견은, 첫째, 남성 중심적 사회에서 성적 강압을 비롯한 모든 차원에서 여성에게 노예와 다름없는 삶이 강요되어왔고, 둘째, 전시 혹은 식민지 상황에서 일본군에 의해 자행된 성노예제 역시 이러한 문화의 결과라고 볼 수 있다는 것이었다.

10) 2010년

제900차 세계연대수요시위

위안부 문제 해결을 위해 서울 주재 일본 대사관 앞에서 정대협이 주최하는 수요시위가 1월 13일로 제900차를 맞이했다. 베를린에서도 한국협의회가 이를 기념하기 위해 연대 수요시위를 개최했다. 이날 시위에는 피해국인 타이완과 중국의 단체뿐 아니라 독일인 다수가 참가했고, 가해국인 일본 단체도 연대했다.

위안부 문제 해결을 촉구하는 50만 명 서명캠페인

위안부 문제의 역사적 인정과 정부 차원의 공식 사죄 관련 입법을 이행할 것을 일본 국회에 촉구하는 서명운동이 독일에서 진행되었다. 이에 많은 사람이 관심을 보였다. 특히 3월에는 베를린의 마르틴 그로피우스 영화관에서는 일본 여성 히사코 구와하라(久子桑原)가 나치 시절 여성잡지에 나타난 여성의 전쟁 부역에 관한 강연을 했는데, 이를 계기로 영화관 로비에서 서명운동을 벌일 수 있었다.

또한 세계 여성의 날 행사의 일환으로 첼렌도르프 구청에서 열린 행사에서는 구청 여성국의 협조를 받아 서명운동을 진행했다. 이날 테르 드 팜프도 서명운동을 도와주었다. 이외에도 베를린의 쾨페니크 시립극장에서 열린 세계 여성의 날 행사와 크로이츠베르크 지역 나흐바하우스 이주민 여성의 간담회, 베를린 전 구청에서 행사하는 '뉴욕 세계인권대회 참가 보고' 행사장에서도 서명운동을 진행했다.

'프로젝트700'은 매해 8월 중순에 베를린 카이저 빌헬름 교회 앞에서 수요 침묵시위를 진행하고 있다.

제7장

일본과 미국에서의 위안부 소송*

1. 일본에서 진행된 법정투쟁

정대협이 설립되기 이전부터 일본 법정에서는 강제동원 등 전쟁·식민지 피해문제에 대한 소송이 제기되어왔다. 이는 아시아태평양전쟁 희생자유족회(이하 유족회)를 비롯한 국내 시민단체가 다카키 겐이치 변호사와 같은 일본인들의 도움을 받아 피해 보상을 요구한 법정운동이었다. 이 소송운동은 일본군위안부 문제가 사회적으로 크게 주목을 받으면서 새로운 계기를 맞았다. 일본군위안부 문제가 중요한 피해 보상 요구의 하나로 포함되기 시작한 것이다.

---

* 이 글은 양징자(재일조선인 위안부 재판을 지원하는 모임)와 한우성(재미언론인), 양지혜(재미변호사)가 공동으로 작성했다. 이 글의 제2절은 한우성, 「끝나지 않은 전쟁: 미국에서 진행중인 '일본군위안부' 및 징용 소송에 관한 보고서」, ≪당대비평≫, 제13호(2000)의 기록을 토대로 재구성된 것이다. 2001년 이후의 기록은 양지혜 변호사(전 재미한인변호사협회장)가 작성했다.

1) 충격적인 김학순 할머니의 제소

1991년 12월 6일, 하얀 한복을 입고 도쿄 지방법원으로 들어가는 김학순 할머니의 모습은 세상을 놀라게 했다. '아시아태평양전쟁 한국인희생자 보상 청구소송(이하 유족회소송)'은 당초 위안부 피해자 두 명을 포함한 34명이 제소할 예정이었다. 위안부 피해자 원고 두 명은 원고 A와 원고 B로 기재하고, 본명도 얼굴도 밝히지 않기로 되어 있었다. 그런데 제소 직전에 김학순 할머니는 이름과 얼굴을 드러내고 일본이 저지른 범죄에 대한 산증인으로 나섰다.

1992년 4월, 위안부 피해자 여섯 명이 추가로 제소해 유족회소송의 일본군 위안부 원고는 모두 아홉 명이 되었다.[1] 2차 소송에 추가된 원고 여섯 명은 이귀분, 노청자, 문옥주, 가네다 기미코(金田君子), 심미자, 원고 C(익명)였다.

그 후 한국인 위안부 피해자 세 명(하순녀, 박두리, 이순덕)과 근로정신대 피해자 일곱 명을 원고로 하는 시모노세키 재판(1991.12.6), 필리핀인 46명을 원고로 하는 필리핀 재판(1993.4.2), 재일한국인 한 명을 원고로 하는 송신도 재판(1993.4.5)이 열렸고, 2001년까지 〈표 2-7-1〉과 같이 모두 열 개의 재판이 진행되었다. 1993년까지 제소된 초기 재판들이 크게 주목을 받으면서 관련 소송이 연이어 제소될 수 있었다.

2) 획기적인 시모노세키 판결

일본군위안부 재판의 첫 판결은 1998년 4월 27일 야마구치 지방법원 시모노세키 지부에서 나왔다. 시모노세키 재판 1심 판결이었다. '일부 승소'(근로정신대 원고는 패소)였다. 이 판결의 결론, 즉 함께 제소한 근로정신대 피해자

---

1   이후에 한 명이 원고단에서 이탈해 총 여덟 명이 되었다.

<표 2-7-1> 일본군 성폭력 피해자 재판 제소 날짜 및 원고 수

	소송 명칭	약칭	제소 연월일	위안부 원고 수 (명)
1	아시아태평양전쟁 한국인 희생자 보상청구소송	유족회 재판	1991.12.6(1차) 1992.4(2차)	3[32]* 6**
2	부산종군위안부·여자근로 정신대 공식 사죄 등 청구 사건	시모노세키 재판	1992.2.25(1차) 1993.2.13(2차) 1994.3.14(3차)	2[2] 1[4] [1]
3	필리핀 '종군위안부' 국가보 상 청구사건	필리핀 재판	1993.4.2(1차) 1993.9.20(2차)	18 28
4	재일한국인 전 종군위안부 사죄·보상 청구사건	송신도 재판	1993.4.5	1
5	네덜란드인 전 포로·민간 억류자 손해 배상 청구사건	네덜란드재판	1994.1.25	1[7]
6	중국인 위안부 손해 배상 청구소송	중국인 1차 소송	1995.8.7	4
7	중국인 위안부 손해 배상 청구소송 2차 소송	중국인 2차 소송	1996.2.23	2***
8	산시 성 성폭력 피해자 손 해 배상 등 청구사건	산시 성 재판	1998.10.30	10****
9	타이완의 전 위안부 사죄청구·손해 배상 소송	타이완 재판	1999.7.14	9
10	하이난 섬 전시성폭력 피해 배상 청구소송	하이난 섬 재판	2001.7.16	8

* [ ] 안의 숫자는 군인, 군속, 근로정신대 등 함께 제소한 기타 원고 수이다.
** 원고 중 1인이 이탈해 '시모노세키 재판' 원고가 된 관계로 최종적으로 위안부 원고는 8인이 되 었다.
*** 다른 재판에서는 원고가 2차, 3차로 늘어도 1차와 함께 심의했으나 중국 소송에서는 1차 원 고와 2차 원고가 각각 별개 재판소에서 따로 심의가 이루어져 판결도 따로 나왔기 때문에 각 각 하나의 소송으로 헤아린다.
**** 제소 당시부터 유족이 1인 포함되어 있었다.

들에 대한 배상은 인정하지 않은 점, 승소한 일본군위안부 피해자에 대해서 도 피해가 발생한 당시의 불법행위를 인정하지 않은 점, 배상액이 위안부 원 고 1인당 30만 엔이라는 소액이었다는 점 때문에 판결 직후 일부에서 비판이 나오기도 했다. 배상을 인정받지 못한 근로정신대 원고들과 배상액 30만 엔

이라는 판결을 들은 위안부 원고들이 눈물과 분노를 보인 것은 당연한 일이
었다.

그러나 이 판결은 일본군위안부 재판을 비롯한 전후보상 재판의 첫 승소
판결이라는 의미가 있다. 원고의 승소를 담보할 국내법이 없는 상황에서 판
사들이 원고 승소를 이끌어내기 위해 어렵게 논리를 생각해냈다는 점에서도
양심적이며 획기적인 판결이라는 평가를 받았다.

일본의 법체계에서는 국제법과 헌법이 국내법보다 우위를 차지한다. 그러
나 실제로 법원에서 심리할 때, 원고를 구제할 구체적인 국내법이 없으면 아
무리 국제법 위반을 입증한다 하더라도 승소하기가 어려운 것이 일본의 현실
이었다. 따라서 위안부 재판뿐만 아니라 모든 전후보상 재판에서 국내법 위반
여부를 기준으로 판결한다. 이들 재판에서 근거가 되는 국내법은 민법의 불
법행위와 「국가배상법」이다. 그런데 「국가배상법」은 전후에 만들어진 법이
기 때문에 전쟁 중의 불법행위에 대해서는 소급해서 적용할 수는 없다는 이
유로 배척되어왔다. 전쟁 중에 존재했던 민법에 비추어서 불법행위였다고 주
장하면 당시에 '국가무답책'[2]이 있었다는 이유로 다시 배척되었다.

그런데 시모노세키 지부 판사들은 전후에 제정된 「국가배상법」을 적용해
서 "국회의원이 배상 입법을 해야 할 의무를 불법적으로 게을렀음으로 인하여
발생한 정신적 손해 배상"이 필요하다고 판결했다. 판사들이 일본군위안부 피
해자의 증언을 듣고, 문제의 심각성을 이해했기 때문에 가능한 일이었다.

판결은 "원고들의 육체적·정신적 고통은 극히 가혹한 것이었으며 귀국 후
에도 그 치욕 때문에 고통을 받아왔고 지금도 심신에 치유될 수 없는 고뇌를
안고 있다"는 점을 언급하고, "종군위안부 제도는 철저한 여성 차별, 민족 차

---

2 공무원이 공권력 행사에 의해 시민에게 손해를 끼쳐도 국가는 배상책임을 지지 않는다는 법
   리이다.

별 사상의 표출이며, 여성 인격의 존엄을 근본적으로 침해하고 민족의 긍지를 짓밟는 것이었으며, 결코 과거의 문제가 아니라 현재에서도 극복해야 할 근원적인 인권 문제"라고 지적했다. 그리고 당시 일본제국과 동일성을 가진 현재 일본국이 피해자의 피해가 더는 중대되지 않도록 배려하고 보장할 법적 작위(作爲) 의무를 지녔음에도 불구하고, "피고(일본국)는 종군위안부 제도의 존재를 알고 있었음에도 일본국 헌법 제정 후에도 오랜 세월에 걸쳐 위 작위 의무를 다하지 않고 여성들을 방치함으로써 고통을 증대시켰으며, 부작위는 그 자체가 또한 이 여성들의 인격의 존엄을 해치는 새로운 침해 행위가 되었다"고 단죄했다. 이와 같은 인식에 입각해서 시모노세키 지부 재판관들은 "종군위안부 제도는 소위 나치의 만행에 준하는 중대한 인권침해였으며, 위안부가 된 많은 여성의 피해를 방치한 것 또한 새로운 중대한 인권침해를 초래한다는 점을 고려한다면, 늦어도 내각관방장관 담화가 발표된 1993년 8월 4일 이후에 조속히 위안부 원고들의 손해를 회복하기 위한 특별한 배상 입법을 해야 할 일본국 헌법상의 의무"가 있었다는 이유로「국가배상법」위반을 판시한 것이다.

3) '시모노세키 판결을 살리는 모임'의 결성과 입법운동

1998년 6월 20일 일본에서 위안부재판을 지원하는 운동단체와 변호인단이 함께 하는 심포지엄이 열렸다. 이날 '시모노세키 판결을 살리는 모임: 일본군 성폭력 피해자 재판 지원 연락회'를 결정했다. '시모노세키 판결을 살리는 모임'은 그동안 각기 진행해온 재판지원운동을 지원하면서 동시에 입법운동을 추진하는 것을 목적으로 한 협의체였다. 이 협의체는 '일본군 성폭력 피해자 재판'이라는 포괄적인 용어를 사용하고, 식민지였던 조선과 타이완에서 일본군이 만든 제도적인 위안소로 끌려가 위안부가 되기를 강요당한 여성들과 점령지에서 파견부대에 의해 성폭력을 당한 현지 여성들의 피해를 다루었다.

각 재판을 담당하는 변호인단도 '전 위안부의 보상 입법을 요구하는 변호단 협의회'를 발족하고, 시모노세키 판결을 살리는 모임의 요청을 받아 '전시 성적 강제피해자 보상 요강'을 작성하고 1999년 7월에 1차 안을, 2000년 3월에 2차 안을 발표했다.

또 시모노세키 판결을 통해 입법부작위를 지적받은 국회의원들도 위안부 관련 보상 입법을 위한 법안 작성에 나섰다. 2000년 4월에 민주당이 이 법안을 참의원에 제출했고, 그 후 일본공산당, 사민당이 각각 유사한 법안을 제출했다. 2001년 3월에는 야당 3당의 법안을 하나로 해서 다시 참의원에 제출했다. 야당 3당이 공동으로 제출한 법률안은 '전시 성적 강제 피해자 문제의 해결 촉진을 위한 법률안(이하 촉진법안)'이다. 촉진법안은 2002년 7월에 참의원 내각위원회에서 심의되었다. 일본군위안부 문제가 일본 국회에서 본격적으로 심의된 첫 순간이었다. 일본 미야기 현에 거주하는 송신도 할머니가 방청자로서 참석한 가운데, 법안 제출자인 오카자키 도미코(岡崎ㅏㅊ子) 참의원 의원이 송신도 할머니의 진술서를 대독했다. 그 순간 방청석뿐만 아니라 위원석에 앉아 있던 자민당 의원들까지 눈물을 닦는 광경이 벌어졌다. 같은 해 12월에는 두 번째 심의가 이루어졌다. 여당의 추천을 받은 요코타 요조(横田洋三) 당시 주오 대학교 교수와 야당의 추천을 받은 도쓰카 에쓰로(戶塚悅郎) 당시 고베 대학교 대학원 조교수가 참고인으로 나서 일본군위안부 문제가 국제법 위반이었다는 사실을 국회에서 밝히는 성과를 내었다.

4) 패소 확정

시모노세키 재판의 1심 판결은 2001년 3월 29일 히로시마 고등법원에서 항소기각되고, 2003년 3월 25일에는 최고재판소 제3소법정에서 상고기각 결정

을 받았다. 일본군 성폭력 피해자 재판 중 처음이자 유일한 승소 판결을 쟁취했던 시모노세키 재판이 결국 최초로 패소가 확정된 재판이 되어버린 것이다.

1998년 1월 「민사소송법」 개정으로 일본의 재판제도는 사실상 3심제가 아닌 2심제가 되었다는 비판이 나오는 상황에서, 일본군 성폭력 피해자 재판도 갑작스럽게 상고기각, 패소 확정이라는 통고를 받게 된 것이다.

한편, '재일조선인 위안부 재판을 지원하는 모임(송신도 재판 지원회)'이 지원한 재판도 같은 결과가 나왔다. 식민지 조선에서 위안부로 끌려갔던 송신도 할머니의 최고재판소 상고도 거의 비슷한 시기에 이루어졌다. 3월 28일 최고재판소 제2소법정은 우려한 대로 송신도 재판에 대해 "본건 상고를 기각한다. 본건을 상고심으로서 수리하지 않는다"라는 단 두 문장만으로 상고기각 결정을 내렸다. 같은 해 말에는 '필리핀 재판', 2010년 3월 2일에는 마지막 재판인 '하이난 섬 재판'이 상고기각되어 일본군위안부 피해자 재판은 모두 패소가 확정되었다.

5) 사실 인정

1991년 12월의 유족회 재판 제소에서 2010년 3월의 하이난 섬 재판 상고기각까지 약 20년 동안 진행되었던 일본군 성폭력 피해자 재판은 모두 패소했다. 그러나 얻은 성과도 많았다. 무엇보다 변론이 열릴 때마다 재판 방청, 보고집회, 서명운동 등을 통해 위안부 문제에 대한 여론을 환기하는 중요한 계기를 만들었다. 법정투쟁은 일본군위안부 문제 해결을 위한 운동을 계속할 수 있게 한 큰 힘이었다.

판결 내용에서도 성과를 얻었다. 특히 구체적인 피해 배경과 원고들의 개별적인 피해에 대한 사실 인정은 큰 성과라 할 수 있다. 원고의 피해 사실의 배경이 된 위안소 제도 또는 일본군에 의한 성폭력 사실에 대해서는 "군위안부의 모집은 일본군 당국의 요청을 받은 경영자가 알선업자에게 의뢰해 이 일을 진행했는데, 전쟁이 확대되면서 군위안부 확보의 필요성이 커져 업자들은 감언이설 또는 사기나 협박으로 피해자들의 의사에 반해서 모집하는 경우가 많았다. 또 관헌(官憲)이 가담하는 사례도 있었다",[3] "일본군이 점령한 지역에서는 일본 군인에 의한 강간 사건을 방지하는 등의 목적으로 위안소가 설치되고, 일본군 관리하에 여성들을 두고 일본군 장병과 군속들에게 성적 봉사를 강요했다. …… 일본군 구성원의 중국인에 대한 가혹행위가 이루어지기도 했다. 이러한 상황에서 일본군 구성원이 주둔지 주변에 사는 중국인 여성(소녀를 포함)을 강제적으로 납치하고 연행해 강간하고 감금 상태에서 연일 강간을 감행하는 행위, 소위 위안부 상태로 두는 사건이 있었다"[4]는 사실을 확인했다.

---

3 유족회 재판의 고등법원 판결 내용이다.
4 중국인 1차 소송 고등법원 판결 내용이다.

또 원고들의 개별 피해 사실에 대해서 열 건 중 여덟 건을 인정했다. 특히 중국인 2차 소송에서는 현재까지 계속되는 원고들의 정신적 후유증을 외상 후 스트레스 장애라고 인정하는 등 위안부 피해가 지금까지 계속되는 문제임을 인정하는 판결도 있었다. 일본 내에서 아직까지 위안부 관련 사실을 부정하는 우익의 책동이 계속되고 있는 현실에서, 사법부가 일본군위안부 제도와 개별 원고들의 피해 사실을 인정한 것의 의미는 크다고 할 수 있다.

반면 필리핀 재판과 타이완 재판은 지방법원과 고등법원 판결에서 끝까지 개별적인 사실 인정을 받지 못했다. 필리핀 재판 원고들은 2003년 12월 25일, 최고재판소 기각 결정을 통고받았다. 1993년에 제소했을 때 46명이었던 원고들 중 이미 12명이 세상을 떠난 상태에서 내려진 일본 사법부의 마지막 결론은 "본건 상고를 기각한다. 본건을 상고심으로서 수리하지 않는다"는 단 두 문장이었다. 지방법원과 고등법원에서 언급되지 않았던 사실관계는 사법부에 의해 인정되지 않은 채 판결이 확정되어버린 것이다.[5]

2003년 12월 28일 ≪마닐라 타임스(Manila Times)≫는 필라 프리어스 할머니의 말을 인용해 다음과 같이 보도했다.

> 뉴스를 듣고 가슴이 찢어질 듯한 심정이었다. 지금까지 10년 이상 해온 투쟁은 도대체 무엇이었는지 너무 허무하다. 나를 능욕한 일본 군인을 찾아 복수하고 싶은 마음은 지금도 변함이 없다. 열다섯 살에 피해를 입은 후 시간이 흘러도 마음의 상처는 더더욱 깊어질 뿐이었는데 이번 최고재판소 결정에 의해 그 상처가 더 깊어졌다. 배상은 못하더라도 최소한 우리 증언을 듣고 피해자라고 사실 인정만이라도 해주기를 바랐는데.

---

5 지방법원 판결은 시모노세키 재판을 제외하고 모두 도쿄지방법원(시모노세키 재판은 야마구치 지방법원 시모노세키 지부), 고등법원 판결은 시모노세키 재판을 제외하고 모두 도쿄고등법원(시모노세키 재판은 히로시마 고등법원).

또한 개별 사실뿐만이 아니라 배경 사실조차 인정받지 못한 타이완 재판 원고들도 고등법원 판결 후에 연 기자회견에서 "우리가 일본군의 피해자라는 사실만이라도 인정해줘야 했다"라고 말하며 눈물을 흘렸다.

6) 부언 판결

시모노세키 판결처럼 분명하게 입법부작위를 지적하지는 않았지만, 입법 해결의 필요성에 언급한 부언 판결도 나왔다. 2003년 4월 24일 도쿄 지방법 원이 내린 산시 성 재판 판결이다. 이 판결은 원고들의 청구를 기각했으나 "입법부 및 행정부에서 그 피해 구제를 위해 새로 입법적·행정적 조치를 취 하는 것은 충분히 가능하다"며 "본건 소송을 비롯해 소위 전후보상 문제가 사 법적인 해결과는 따로 피해자들에게 직접 또는 간접적으로 위로하는 방향에 서 해결되는 것이 바람직하다"고 부언했다. 이것은 일본군 성폭력 피해자 재 판에서 나온 첫 부언 판결이었다. 사법부의 책임을 회피하는 자세라고도 할 수 있지만, 원고들이 겪은 피해의 심각성을 알게 된 재판부가 피해 회복의 당 위성을 일부 인정한 것이다. 판결은 사실 인정 부분에서 "일본 군인에 의한 강간 등의 행위는 …… 현저하게 상식을 일탈한 비열한 만행"이었다고 규정 하고, "피해자 원고들이 입은 정신적 피해는 한없이 심대"하며 "심적 외상 후 스트레스 장애 또는 정신적인 가혹 상태에 빠져 그와 같은 상태에서 벗어날 수 없는 것도 쉽게 확인할 수 있다"고 언급했다.

2. 미국에서 진행된 소송

1) 위안부 피해자 집단소송의 시작

재미동포 및 한국인들이 미국에서 벌인 일본군위안부 소송은 2000년에 들어와 본격적으로 전개되었다. 1999년부터 시작된 징용 소송이 위안부 소송으로 확산되었던 것이다.

2000년 9월 18일 한국인 위안부 피해자 여섯 명, 중국인 피해자 네 명, 타이완인 피해자 네 명, 필리핀인 피해자 한 명이 워싱턴 D. C.에 있는 연방지방법원에 일본 정부를 상대로 집단소송을 제기했다. 징용 소송이 일본 회사를 상대로 제기된 데 비해 위안부 소송은 직접 일본 정부를 상대로 제기되었다. 로스앤젤레스 법률 팀은 위안부 문제가 징용 문제와는 성격이 다르다는 점을 고려해서 '선 일본 정부, 후 일본 회사'라는 전략을 세웠다.

미국에서 진행된 위안부 소송은 민사법정에서 집단소송 형태로 진행되었다. 집단소송은 미국의 독특한 제도로, 힘없는 다수의 피해자를 보호할 수 있다는 뛰어난 장점이 있다. 비슷한 피해를 입어 같은 처지에 있는 다수의 피해자를 대신해 소수의 피해자가 소송을 제기해 승소하면, 그 열매를 같은 처지에 처한 다른 피해자들과 함께 나눌 수 있는 것이다.

당시 미국 법정에 제출된 소장을 보면, 국제법, 미국법, 원피고 국적국의 국내법이 모두 동원된 것을 알 수 있다. 그러나 실제 소송은 일단 미국의 연방법에 의존해 제기되었다. 위안부 소송과 관련한 연방법 가운데 가장 중요한 것은 「외국인 불법행위 피해자를 위한 배상청구법(Alien Tort Claims Act: ATCA)」이다. 이 법은 1700년대 후반에 미국의 독립운동을 도왔던 영국인들이 미국이 독립한 후에 영국으로 돌아가 영국 정부에 의해 박해를 받을 경우, 미국 정부가 개입할 여지를 만들기 위해 계획적으로 제정한 법이었다. "국제법을 위반하는 범죄의 피해자가 미국 국민이 아니더라도 미국 법정에 재판 관할권이 있음을 인정한다"는 것이 그 요지이다.

ATCA와 함께 고려해야 할 법이 「외국 주권 면책 특권법」(이하 FSIA)이다. "외국 정부나 국가원수의 공식적인 통치행위는 ATCA의 적용에서 제외된다"는 것이 요지이다. 하지만 FSIA에서는 정부의 상행위는 공식적인 통치행위로 인정하지 않는다. 이 같은 ATCA와 FSIA의 관계와 FSIA의 예외조항은 위안부 소송에서 대단히 중요했다. 원고 측 변호인단이 일본 정부를 피고로 삼을 수 있는 가장 중요한 법적 근거가 되었던 것이다. 원고 측 변호인단의 논리는 간략하게 말하면, "일본 정부는 일본군위안부 제도를 운영함으로써 경제적 이익을 취했다. '군표'와 같은 것이 증거이다. 이 같은 행위는 상행위로서 FSIA의 적용 대상이 아니다"라는 것이었다.

소송에서 원고들은 다음과 같은 내용을 요구했다.[6] ① 일본 정부가 국제 조약과 관습법을 위반했음을 선언할 것, ② 외국인 자격으로 미국에서 청구할 수 있는 ATCA와 '강제 성매매 및 강간 금지 조약'을 일본 정부가 위반했음을 선언할 것, ③ 일본 정부가 자국 군대를 위한 강간 캠프 및 위안부에 관련된 모든 문서 또는 다른 기록물을 즉시 이용 가능케 하도록 지시할 것, ④ 일본 정부의 불법행위로부터 일어난 일에 대한 보상 및 처벌, 손해 배상을 원고 개인 및 집단에 해줄 것, ⑤ 배심원 재판이 가능한 모든 문제에 대해 배심원에

---

6 소송에서 위안부 피해자들은 "일본의 식민지였던 자신의 집에서 끌려가 일본이 미리 세워둔 계획에 따라 강제로 성노예가 되어 반복적으로 강간, 잔혹한 처우, 고문 및 구타를 견뎠다. 그러나 일본으로부터 그 고난에 대한 배상을 전혀 받지 못한" 여성들을 대신해서 일본 정부를 상대로 소송을 제기했다고 주장했다. 원고 측 변호인단은 일본이 "전쟁범죄와 인도에 반한 죄를 저지르고, 이를 위해 공모하고 확대하고 그와 같은 범죄를 저지른 다른 이들을 돕고 부추겼으며 …… 민간인 여성들을 그 지배하에 노예로 만들었다"고 강조했다. 이 집단소송에 따르면 "1932년부터 1945년까지 성노예 시스템을 세우고 유지한 일본 정부의 행위는 국제법의 공리법을 위반했으므로 주권 면제라고 방어할 대상이 아니다"라고 강조했다.

의한 재판을 할 것 등이었다.

2) 소송의 전개

2001년 3월 5일, 원고들은 미합중국 법률 제28호 「FSIA」 제1602조~제1611조에 의거해 일본이 위안부 운영 등의 불법행위에 대해 주권 면제를 누리지 못한다고 요구하면서 판결 선언을 해줄 것을 청구했다. 이틀 뒤인 3월 7일, 일본은 원고 측의 소송에 대응해 '일본이 주권 면책 특권을 누리며, 정치적 문제 원칙이 이 소송의 기각을 법적으로 지시한다'고 주장하면서 기각을 청구했다.

2001년 4월 27일, 미국 법무부는 미합중국의 입장표명서를 제출하면서 "일본의 주권 면제 규정과 제2차 세계대전 종전 시 미국이 일본을 비롯한 일부 국가와 함께 만든 것으로 원고의 청구를 사법심사의 대상에서 배제하는 국제의무조항에 의거해서 미국 컬럼비아 특별구 지방법원은 원고의 주장에 대해 관할권이 없다"고 주장했다. 원고들은 즉각 미합중국의 입장에 반대했다.

2001년 5월 7일, 원고들은 일본의 기각 청구를 반대하면서 일본의 행위가 FSIA의 예외조항인 상업적 활동에 해당한다고 주장했다. 그리고 윤간, 고문 또는 인도에 반하는 다른 범죄를 금지하는 국제적 기준에 비추어볼 때도 공리법을 위반한 일본의 행위가 「FSIA」의 묵시적 포기를 구성한다고 강조했다. 2001년 6월 1일 피고가 답변을 했고, 2001년 8월 1일 지방법원이 원고의 판결 청구 및 피고의 각하 청구에 관한 구술 변론을 청취했다.

2001년 10월 4일, 헨리 케네디(Henry H. Kennedy) 판사가 일본의 각하 청구를 허가하고, 이 소송을 기각하면서 다음과 같이 판시했다.

이 법정이 거의 반세기가 지난 일을 다시 논의하기 위한 적절한 장이 아니라는 점에는 의문의 여지가 없다. 제2차 세계대전 후 일본과 이루어진 협정 및 조약이 정부 대 정부 차원에서 협상된 것처럼 위안부 문제도 정부 사이에서 직접 다루어져야 한다. 최근 나치 체제하의 피해자를 위한 배상에 대해서 여러 지방법원이 이와 같은 결론을 내렸다. 이 사례들이 위안부의 그것과는 약간 다른 맥락에서 일어나기는 했지만 결과는 동일했다. 그러므로 법정은 비록 일본이 주권면제특권을 누리지 못한다 해도 원고의 청구는 사법심사하기 어려운 것으로 기각되어야 함을 결정한다.

다음 날인 10월 5일 원고들은 지방법원의 결정에 항소했다. 2003년 6월 27일 컬럼비아 특별구 미국 항소법원은 지방법원의 판결을 재확인하며 항소를 기각했다. 그리고 다음과 같은 판결을 덧붙였다.

우리는 세 가지만 판결한다. ①「FSIA」의 상업적 활동 예외는 테이트 서한(Tate Letter)이 발효된 시점인 1952년 5월 19일 이전에 일어난 사건들 ― 이 사건과 같은 ― 에는 소급 적용되지 않는다. ② 1951년의 조약(샌프란시스코 평화조약)은 일본이 제2차 세계대전 중의 행위에 대해 일본 법정에서 소송을 당하지 않을 것이라는 확실한 기대를 만들었다. 그리고 ③ 공리법 위반은 「FSIA」의 주권 면책 특권의 묵시적 포기를 구성하지 않는다. 우리가 항소인들의 곤경에 유감을 많이 가지더라도 미국 법정은 이 사건을 심리할 권한이 없다. 따라서 이 사건을 기각한 지방법원의 판결을 재확인한다.

원고들은 2003년 11월 24일 미국 대법원에 상고했다. 2004년 6월 14일 미국 대법원은 항소법원에 이 사건을 다시 고려하라고 명령했다. FSIA의 적용 가능성을 시사하며 판결을 받은 최근의 다른 사건이 참작되었다. 2차 검토를 마친 항소법원은 2005년 6월 28일 일본의 주장을 재확인하며 이 사건의 기각을 재확인했다. 원고들은 다시 미국대법원에 상고했으나 대법원은 재검토를 거절했다. 소송의 기각은 2006년 8월 24일 확정되었다.

3) 소송의 의미

한국, 미국, 중국의 양식 있는 법조계, 학계와 NGO 등이 이 소송을 위해 힘을 합쳤으며, 정대협 또한 예외가 아니었다. 원고 측의 바람은 일본 정부 및 기업의 공식적 사과와 정당한 배상이었다. 일본의 전쟁범죄에 대한 과거 청산이 소송 당사자들에게, 나아가 동아시아에, 궁극적으로 인류 전체에 주는 선물이 무엇인지는 유사한 전철을 밟았던 독일과 프랑스의 경우를 보면 쉽게 알 수 있다.7

정대협과 해외동포 사회의 위안부 문제 해결을 위한 소송 운동의 목표는 역사적 · 사법적 · 배상적 정의의 회복이었다. 이 소송의 과정은 정의의 회복이 개인의 인권이 존중되는 평화로운 세계로 가기 위한 필수 조건임을 알리는 계기가 되었다.

---

7 독일은 과거 나치 독일이 프랑스 국민을 박해한 문제에 대해 1960년 프랑스와 조약을 체결하고 프랑스에 배상금을 지급했다. 약 20년 후 프랑스가 강제징집자 등에 대한 추가 배상을 요구하자, 독일은 '독일-프랑스 이해 증진 명목으로' 1981년 다시 조약을 맺고 프랑스에 추가 배상금을 지급했다. 이에 대해 주 로스앤젤레스 프랑스 총영사관 첸 공보관은 다음과 같이 평가했다. "독일은 과거를 깨끗이 청산하겠다는 의지를 보였고, 프랑스는 이 같은 독일의 의지를 받아들여 과거를 깨끗이 용서했다. 이 같은 사과와 용서 위에 오늘날 탄탄한 양국 관계가 있는 것이다."

참고문헌

〈국문〉

김병수 · 조복래. 2007.6.27. "미 하원, 위안부 결의안 '39:2' 압도적 다수로 채택". ≪한겨레≫.

국사편찬위원회. 1997. 「일제의 민족말살정책」. 『중학교 국사(하)』. 서울: 교육과학기술부.

길버트, 해리엇(Harriet Gilbert). 1995. 『성의 여성사』. 박화미 외 옮김. 서울: 현대서관.

도쿄 심포지엄 실행위원회 엮음. 1993. 『제4회 아시아 평화와 여성의 역할 도쿄 심포지엄 보고집』. 제4회 아시아 평화와 여성의 역할 도쿄 심포지엄.

박원순. 2001. 「2000년 동경역사여성법정 참가기: 지연된 정의를 구하여」. ≪역사비평≫. 제54호.

서울토론회 준비위원회 엮음. 1992. 『서울토론회 보고집: 평화와 통일을 위한 따스한 자매애』.

아시아 평화와 여성의 역할 실행위원회 엮음. 1991. 『국제 심포지엄 아시아 평화와 여성의 역할 제1회 보고집』. 국제 심포지엄 아시아 평화와 여성의 역할(1991.5.31~6.2).

_____. 1992. 『국제 심포지엄 아시아 평화와 여성의 역할 제3회 보고집』. 국제 심포지엄 아시아 평화와 여성의 역할(1992.9.1~6).

윤영애. 1993. 「정신대문제 해결운동에 관한 역사적 고찰과 전망」. 이우정선생고희기념논문집 편찬위원회. 『여성 · 평화 · 생명: 이우정선생 고희기념논문』. 서울: 經世院.

의병문제연구소 엮음. 1977. 『분노의 계절 :암울한 시대를 맨몸으로 산 애국열사 · 학병 · 강제징용자 · 여자정신대의 수기』. 서울: 훈복문화사.

이우정. 1993. 『여성 · 평화 · 생명』. 서울: 경세원.

장완익. 2001. 「2000년 일본군 성노예전범여성국제법정에서 남북공동기소장이 갖는 의의」. 『일본군위안부 문제에 대한 법적해결의 전망』. 서울: 풀빛.

정진성. 2004. 『일본군 성노예제』. 서울: 서울대학교 출판부.

한국교회여성연합회.1985. 「제16회 정기총회 보고서」. 한국교회여성연합회.

_____.1989. 「제18회 정기총회 보고서」. 한국교회여성연합회.

_____.1992. 『한국교회여성연합회 25년사』. 서울: 한국교회여성연합회.

한국정신대문제대책협의회. 1991. 『정신대문제 자료집1』.

_____. 1992. 『정신대 자료집2(수정증보)』.

_____. 1994.4.11. ≪정신대문제대책활동소식≫, 제5호, 3면.

_____. 2000.6.12. 「2000년 법정 기소장 공동작성 제안 및 자료 협조에 관한 건」. 문서번호 2000-67호.

≪동아일보≫. 1990.10.18.

≪마이니치신문(每日新聞)≫. 1994.2.8.

≪조선일보≫. 1988.5.25.

≪한겨레≫. 1990.1.4. "집단 투신한 절벽은 '자살의 명소'로".

_____. 1990.1.12. "폭격에 떨며 하루 1백 명까지 상대".

_____. 1990.1.19. "빨래·탄약 운반 … 밤이면 위안부 '본업'".

_____. 1990.1.24. "히로뽕, 주먹밥 먹여 '위안' 강요".

〈일문〉

金富子. 1995. 「慰安婦問題が問いかけるもの, アジア太平洋資料センター」. 『日本を變える女たち(PARCブックレット 2)』.

_____. 2009. 在日朝鮮人女性と日本軍 '慰安婦' 問題解決運動: 1990年代のヨソンネットの運動經驗から」. ≪戰爭と性≫, 第28號.

金富子・宋連玉編. 2000. 『慰安婦戰時性暴力の實態Ⅰ：日本軍制奴隷制を裁く2000年女性國際戰犯法廷の記錄 3』. 綠風出版.

金榮・金富子. 1993. 「第二次世界大戰 (解放) 直後の在日朝鮮人女性運動」. 1993年度東京女性財團研究活動助成研究報告書.

徐阿貴. 2007. 「日朝鮮人女性による '下位の對抗的な公共圈'の形成－夜間中學 'および '從軍慰安婦'をめぐる運動事例から」. お茶の水女子大學大學院博士學位論文.

宋連玉. 2005. 「'在日' 女性の戰後史」, 藤原書店編集部編, 『歷史のなかの '在日'』. 藤原書.

無記名. 1991. ≪ふぇみん≫, 號數不明.

朴和美. 1992. 「ヨソンネット各チームの仕事」. 『ヨソンネット年次報告』.

慎民子. 1992.2.29. 「貴女はなに色ですか」, ≪ヨソンネット・アルリム(お知らせ)≫, 創刊號.

沈光子. 1992.2.29. 「發刊のご挨拶」. ≪ヨソンネット・アルリム(お知らせ)≫. 創刊號.

編集委員會編. 1992. 「ハンドブック戰後補償」. 『ハンドブック戰後補償』. 梨の木舍.

VAWW-NET Japan. 2002. 『日本軍性奴隷制を裁く2000年女性國際戰犯法廷の記錄』. 綠風出版.

〈영문〉

Dolgopol, Ustinia and Snehal Paranjape. 1994. *Comfort Women: an Unfinished ordeal: Report of a Mission*. Geneva: International Commission of Jurists.

Evans, Lane. 2000. "H.Con.Res. 357." retrieved from http://www.govtrack.us/congress/bill.xpd?bi-ll=hc106-357

_____. 2003. "H.Con.Res. 226." retrieved from http://www.govtrack.us/congress/bill.xpd?bil=hc1 08-226

_____. 2001. "H.Con.Res. 195." retrieved from http://www.govtrack.us/congress/bill.xpd?bill=hc1 07-195

_____. 2005. "H.Con.Res. 68." retrieved from http://www.govtrack.us/congress/bill.xpd?bill=hc1 09-68

_____. 2006. "H.Res. 759." retrieved from http://www.govtrack.us/congress/bill.xpd?bill=hr109-759

Honda, Mike. 2007. "H.Res. 121." retrieved from http://www.govtrack.us/congress/bill.xpd?bill=hr 110-121

Lee, J. 2007. "The World Conference on Japanese Military Sexual Slavery: Globalizing the movement." in B. Drinkck, & C. Gross (Eds.). *Forced prostitution in times of war and peace: Sexual violence against women and girls*. Germany: Klein Verlag GmbH. pp. 302~304.

Lipinski, William. 1997. "H.Con.Res. 126." retrieved from http://www.govtrack.us/congress/bill.xpd?bill=hc105-126

New York Times. 2007.3.6. "No Comfort."

Washington Post. 2007.3.24. "Shinzo Abe's Double Talk."

〈영상자료〉

안해룡. 2007. 〈나의 마음은 지지 않았다〉.

産經ニュース. 2009.8.25.

한국정신대문제대책협의회 교육 비디오. 2006. 〈지울 수 없는 역사〉.

〈웹문서〉

http://thomas.loc.gov/cgi-bin/query/C?r110:./temp/~r110Iolp1P

http://www.querelles-net.de/forum/forum13-1.shtml

http://www.querelles-net.de/forum/forum13/tagungsdokumentation.pdf

부록

연도	공동대표 및 실행위원
1992	공동대표 윤정옥 이효재 박순금 실행위원 강성혜 김신실 김혜원 신혜수 안상님 오종례 유소림 유춘자 　　　　　윤영애 이미경 정진성
1993	공동대표 윤정옥 이효재 박순금 실행위원 강성혜 김경희 김경희 김신실 김혜원 신혜수 안상님 오종례 　　　　　유춘자 윤문자 윤순녀 윤영애 이미경 정숙자 정진성 지은희 　　　　　혜진
1994	공동대표 이효재 윤정옥 김희원 실행위원 김신실 김경희 지은희 신혜수 이미경 김혜원 윤순녀 정진성 　　　　　윤문자
1995	공동대표 이효재, 윤정옥, 김희원 실행위원 권희순 김경희 김신실 김혜원 송경자 신혜수 야마시타 영애 　　　　　윤순녀 이미경 정진성 지은희 윤미향
1996	공동대표 이효재 윤정옥 성봉희 실행위원 권희순 김경란 김경희 김신실 김혜원 신혜수 야마시타 영애 　　　　　윤문자 윤순녀 이미경 정진성 지은희 윤미향
1997	공동대표 이효재, 윤정옥, 성봉희 실행위원 지은희 신혜수 김신실 김혜원 정숙자 윤순녀 윤문자 정진성 　　　　　이경숙 송경자 이경실 김경란 야마시타 영애 윤미향 조미리 　　　　　정영순 한국염
1998	공동대표 윤정옥, 이효재, 김윤옥 실행위원 고혜정 김묘주 김신실 김혜원 신혜수 윤순녀 이경숙 이경실 　　　　　정숙자 정진성 조미리 지은희 한국염 양미강
1999	공동대표 윤정옥 김윤옥 지은희 실행위원 김신실 김혜원 신혜수 정숙자 정진성 한국염 윤순녀 강혜숙 　　　　　신영숙 양미강
2000	공동대표 윤정옥 김윤옥 지은희 실행위원 김신실 김혜원 신혜수 윤순녀 정숙자 정진성 강혜숙 한국염 　　　　　신영숙 유춘자 정태효 최만자 지은희 양미강
2001	공동대표 김윤옥 지은희 정진성 실행위원 고혜정 김신실 신혜수 윤순녀 정태효 조시현 최만자 한국염 　　　　　양미강

2002	공동대표	김윤옥 이경숙
	실행위원	권희순 김신실 박찬운 신혜수 윤순녀 정태효 한국염 윤미향
2003	공동대표	신혜수 이경숙
	실행위원	강혜정 권희순 김신실 윤순녀 정태효 한국염 지선미 윤미향
2004	공동대표	신혜수 정숙자 권희순
	실행위원	강혜정 김명혜 김신영 윤순녀 정태효 한우섭 한국염 윤미향
2005	공동대표	신혜수 윤순녀
	실행위원	강혜정 김명혜 김선실 정태효 조윤희 한우섭 한국염 윤미향
2006	공동대표	신혜수 윤순녀 한국염
	실행위원	강혜정 김선실 김인숙 조윤희 최옥순 한우섭 정태효 윤미향
2007	공동대표	윤미향 윤순녀 한국염
	실행위원	강혜정 김선실 김은경 이경희 조윤희 최옥순 정태효 강주혜
2008	공동대표	윤미향 한국염
	실행위원	강혜정 곽미숙 김선실 이경희 정태효 최옥순 조윤희 강주혜
2009	공동대표	윤미향 한국염
	실행위원	강혜정 곽미숙 김선실 손미희 정태효 조윤희 강주혜
2010	공동대표	윤미향 한국염
	실행위원	강혜정 김선실 김은경 김해선 박해순 손미희 정태효 조윤희 강주혜
2011	공동대표	윤미향 한국염
	실행위원	강혜정 김선실 김은경 박해순 손미희 정태효 조윤희 김동희
2012	공동대표	윤미향 한국염
	실행위원	강혜정 김선실 김은경 이지영 손미희 정태효 조윤희 김어심 김동희

1988	
2.12~21	윤정옥, 김혜원, 김신실 3인이 '정신대 발자취를 따라' 답사 팀을 꾸려 후쿠오카 및 오키나와 답사
4.21~23	한국교회여성연합회 주최 국제세미나 '여성과 관광문화'에서 윤정옥이 '정신대 발자취를 따라' 답사 보고
5.22	한국교회여성연합회, 로스앤젤레스 교육 공영방송국 KQED-TV에서 제작한 TV프로그램 〈전쟁 속의 세계〉의 정신대 관련 발언에 대해 항의문 발송
7.20	한국교회여성연합회 교회와사회위원회 산하에 정신대연구위원회를 설치
1989	
1.7	한국여성단체연합, 히로히토 일왕의 사망에 대한 조문 사절단 파견 반대시위 진행 및 정신대 문제에 대한 사죄를 요구하는 성명서 발표
1990	
1.	《한겨레》에 윤정옥의 '정신대 취재기'가 4회에 걸쳐 연재
5.18	노태우 대통령 방일 앞두고 한국교회여성연합회와 전국여대생대표자협의회, 한국 여성단체연합이 연명으로 일본 정부에 대해 정신대 문제의 진상 규명과 사죄를 요구하는 성명서 발표
5.25	노태우대통령 방일 당시, 한국 외무부 장관이 강제연행자의 명부 작성에 일본 정부가 협력해줄 것을 요청
6.6	일본 참의원 예산위원회에서 모토오카 쇼지 사회당 의원이 위안부에 관한 조사를 일본 정부에 요청. 이에 노동성 시미즈 쓰타오 노동성 직업안정국장이 "위안부는 민간의 업자가 군을 따라 함께 데리고 다녔다", "실정 조사는 할 수 없다"고 답변
7.10	정신대연구회 결성
7.14	또하나의문화가 주최한 〈정신대 해원굿〉을 수유리 아카데미에서 상연
7.31	부산여성경제인연합회와 지역사회여성연합의 주최로 광복 45주년 기념행사 '일제에게 빼앗긴 한국의 딸들, 정신대의 참상과 그 후' 개최
10.17	한국여성단체연합, 한국교회여성연합회 등 37개 여성단체가 일본과 한국 양 정부에 공개서한을 송부, 일본 대사관을 방문해 직접 서한 전달
10.27	오키나와 도카시키 섬에서 열린 '아시아태평양전쟁 희생자 합동위령제' 참가
10.29	일본 참의원 의원회관에서 국회의원과 '종군위안부 문제 간담회' 진행. 외무

	성을 방문해 공개서한 전달
11.16	37개 여성단체와 개인을 회원으로 하는 정대협 결성
12.1~8	일본 도쿄에서 재일한국인 및 재일조선인 여성을 중심으로 윤정옥 정대협 공동대표와 대화 모임 진행
12.19	일본 정부에 '공개서한에 대한 답변 최촉장' 송부
1991	
1.8	'가이후 수상 방한에 즈음해 정신대 문제에 대한 여성계의 입장을 밝힌다' 성명서 발표. 탑골공원에서 종로1가까지 가두시위 진행
3.5	일본 노동성이 한국인 강제연행자 명부(총 9만여 명)를 한국 정부에 제출
3.26	공개서한에 대한 두 번째 최촉장을 일본 정부에 송부
4.1	일본 참의원 예산위원회에서 모토오카 쇼지 의원이 공개서한의 여섯 가지 요구 항목에 대해 회답을 요구. 이에 대해 야노 사쿠타로(矢野作太郎) 외무성 아시아국장은 "조사했으나 단서가 될 만한 자료가 없다"고 답변. 실태조사의 결과에 대해 와카바야시 유키노리(若林之矩) 노동성 직업안정국장은 "당시 정부는 전혀 관여하지 않았기 때문에 이 이상의 상황을 파악할 수 없다"고 답변
4.24	서울의 일본 대사관에서 정대협 공동대표를 불러 "조사했으나 증거가 발견되지 않으므로 사죄 등은 일절 할 수 없다", "보상문제는 일한조약으로 이미 해결되었다"고 설명
5.18	일본 오사카에서 '조선인 종군위안부 문제를 생각하는 모임' 발족
5.28	서울 종로 기독교회관에서 '정신대 문제를 생각하는 강연회' 개최. 가이후 수상 앞으로 공개서한 송부
5.31~6.2	한국, 북한, 일본의 여성 대표가 참가하는 심포지엄 개최. 일본 도쿄에서 열린 '제1차 아시아의 평화와 여성의 역할'에 참석
7.18	정대협, 한국 국회에 정신대 문제에 관한 여섯 가지 청구사항 실현을 위해 한국 정부의 협력을 요청하는 청원서 제출(23일 청원서와 관련한 기자회견 개최)
7.22	김학순 할머니(당시 67세) 정대협 사무실 방문
8.14	일본군위안부 김학순 할머니가 한국에서 최초로 본인이 위안부였음을 밝히는 기자회견 개최
9.18	한국교회여성연합회 사무실에서 '정신대 신고전화' 개통식
9.29	한국 국회 및 정부기관에 정신대실태조사대책위원회의 구성을 요구하는 공문서 발송
10.18	오키나와에서 전 일본군위안부 배봉기 할머니 사망(사망추정일, 10.15 저녁)

10.19	부산여성의전화 사무실에 정신대 신고전화 개설
11.3	일본 도쿄에서 재일한국들과 조선인 여성들이 '종군위안부 문제 우리어성 네트워크' 결성
11.26	서울에서 '제2차 아시아의 평화와 여성의 역할 심포지엄' 개최
12.2	대구에 사는 문옥주 할머니(당시 67세) 신고
12.6	김학순 할머니 등 세 명의 전 일본군위안부와 군인·군속 피해자 및 그 유족 32명이 일본 정부를 상대로 제소(아시아태평양전쟁 한국인희생자 보상청구 사건)
12.6	일본 가토 관방장관 "정부가 관여했다고 하는 자료는 발견할 수 없다", "일본 정부가 정신대 문제에 대처하는 것은 어렵다"고 발언
12.9	일본 도쿄에서 '종군위안부 문제 우리어성네트워크'의 주최로 '김학순 할머니의 증언을 듣는 모임' 개최
12.11	정대협, 가토 관방장관의 발언에 대해 항의하는 공개서한을 일본 대사관에 전달
12.13	한국 정기국회에서 '정신대 문제 해결을 위한 청원서'를 외무통일위원회에서 검토, 윤정옥 정대협 공동대표와 일본군위안부 할머니가 증언자로 참석
1992	
1.8	일본 대사관 앞에서 일본군위안부 문제해결을 위한 정기수요시위 시작
1.10	일본 방위청 방위연구소 도서실에서 일본군이 위안소 설치 및 통제 등에 관여한 사실을 증명하는 자료가 발견된 사실이 ≪아사히신문(朝日新聞)≫에 보도
1.13	일본 가토 관방장관, "당시의 군의 관여는 부정할 수 없다"는 담화 발표
1.14	도쿄에서 12개 여성단체가 '종군위안부 문제 행동네트워크' 발족, 미야자와 수상 방한에 즈음해 대일 정부 행동 요청
1.17	방한한 미야자와 수상이 노태우 대통령에게 위안부 문제에 대해 개인적인 사죄 전달. 정대협, 미야자와 수상 방한과 관련한 기자회견 개최
2.1~29	유엔인권위원회 위안부 문제 상정을 위해 이효재 정대협 대표가 뉴욕과 워싱턴을 방문해 홍보활동 전개
2.1	유엔인권위원회에서 국제교육개발(International Educational Development)이 일본군위안부는 성노예이자 인도에 대한 죄의 피해자임을 호소하며 일본 정부에 개인 배상을 요구
2.25	한국 정부, 전국의 시청과 구청에 일본군위안부 피해자 센터를 설치하고 피해신고와 증언을 받음
2.28~3.7	한국교회여성연합회 회원 28명과 일본군위안부 피해자 두 명이 일본 현지

	에서 '종군위안부 발자취를 찾아서'라는 제목으로 집회 개최
2.29	정대협에 들어온 '정신대' 신고 건수(1992.2.29 기준)는 일본군위안부 70명 (생존자 41명), 근로정신대 90명(생존자 70명), 기타 40명
3.7	한국여성단체연합 주최 '세계 여성의 해' 행사에서 김학순 할머니 '올해의 여성상' 수상
3.17	'유엔인권위원회에 정신대 문제 상정보고' 기자회견 개최
4.13	일본군위안부 피해자 여섯 명이 '아시아태평양전쟁 한국인희생자 보상청구 사건' 재판 추가 제소
4.22	서울에서 '정신대 문제와 한일 정부의 책임' 공청회 개최
5.7	유엔인권위원회 산하 현대형 노예제 실무회의에서 여성 인신매매 반대연합 (Coalition against Trafficking in Women)과 국제노예폐지연맹(International Abolitionist Federation)이 공동제안자로서 위안부 문제를 제기
6.1	'아시아태평양전쟁 한국인희생자 보상청구사건' 재판 제1회 공판
6.5	정대협, '일본 유엔평화유지군 강행 통과에 대한 우리의 입장' 발표
6.7	서울에서 아시아태평양전쟁희생자유족회 · 정대협 주최 '아시아태평양전쟁 희생자의 증언을 듣는 모임' 개최 한국 민주당이 일본 사회당에 합동조사단 결성을 제안
7.3	외무부, '정신대' 피해신고 건수 발표: 총 390건 중 근로정신대 235건, 위안 부 155건(이 중 74명이 일본군위안부로 확인)
7.6	일본 정부의 1차 진상조사 결과(127건의 자료), 일본 정부의 직접 관여를 공 식 인정했으나 강제연행을 입증하는 자료는 없다고 발표
7.20	정대협 사무실 아현동 여성사회교육원으로 이전
7.21	'일본의 군국주의 부활 저지와 전후책임을 확실히 하는 연대회의' 발족
8.8~26	유엔인권소위원회에 참가
8.10~11	서울에서 제1회 아시아연대회의 개최, 한국, 필리핀, 타이완, 타이, 홍콩, 일 본 등 6개국 참가
8.30	정대협 성명 '일본 정부의 종군위안부 생활원호기금 창설 방안에 대한 우리 의 입장' 발표
9.1~5	북한 평양에서 열린 제3차 아시아의 평화와 여성의 역할 토론회 참가. 정신 대 문제에 대한 남북공동대응을 위한 실행위원회 구성
9.28	역사학자, 법률가 중심의 '일본문제대책연구협의회' 발족
10.13	'일본 정부의 적십자사 통한 종군위안부 생활부조기금 창설안에 대한 정대 협 입장'을 일본 정부와 한국 정부에 보내는 공개서한 발표
10.31	정대협 사무실 종로5가 기독교회관 802호로 이전

11.4	정신대 진상 규명과 배상 촉구 운동 모금을 위한 양말 팔기 운동 전개
11.16	정대협 사무실 현판식
12.1	'정신대할머니 생활기금모금 국민운동본부(이하 국민운동본부)' 발족, 일본 도쿄에서 위안부 문제 등에 관한 국제공청회 개최
12.11~12	유엔인권소위원회 배상문제 특별보고관 테오 반 보벤 초청 세미나
12.23	제50차 수요시위를 정신대 만행 진상 규명 촉구 범시민 대회로 개최, 일본 대사관에서 종로2가 탑골공원까지 행진
1993	
2.4~10	필리핀과 타이완 방문. 아시아 지역의 위안부 문제 실태와 대책활동 상황을 교환
2.14~28	제46차 유엔인권위원회 참석
2.26	미국 워싱턴에서 전미여성연맹(National Organization for Woman: NOW)이 주최한 세계 보스니아 여성 강간에 대한 항의시위 참가
3.1	탑골공원에서 '일본의 전쟁범죄 진상 규명과 군국주의 부활 저지를 위한 3·1 국제연대집회' 개최
3.13	김영삼 대통령, "일본 정부에 물질적 요구 않겠다" 발언
3.15	'종군위안부 문제에 대한 김영삼 대통령의 3월 13일자 지시에 대한 우리의 입장' 성명서 발표
3.25~29	6월 비엔나 세계인권회의를 위한 방콕 아시아 지역 준비회의 참석
3.30	'일본 정부의 전 종군위안부 증언 청취를 위한 한국 방문 계획에 대한 우리의 입장' 성명서 발표
4.3~25	한두레 〈소리 없는 만가〉 공연
4.23~29	일본 도쿄에서 제4차 아시아의 평화와 여성의 역할 토론회 개최
4.27~5.2	국제법률가위원회 변호사 두 명 방한, 위안부 문제에 관한 조사 실시
4.	북한의 종군위안부 및 아시아태평양전쟁 희생자보상문제대책위원회 주최로 북한 위안부 피해자에 대한 면회와 조사 진행 재일동포 일본군위안부 송신도 할머니, 마리아 로자 핸슨 등 필리핀 출신 일본군위안부 피해자들이 도쿄 지방법원에 제소
5.22	국민운동본부, 명동성당 앞에서 '거리문화 한마당' 행사 개최
5.22~29	유엔인권소위원회 산하 현대형 노예제 실무회의 참석
6.9~23	비엔나 세계인권회의 참석
6.11	한국 정부, 「일제하 일본군위안부에 대한 생활안정지원법」 공포(8월부터 전 위안부에게 지원금 및 생활비 지급)

6.25	국민운동본부, '정신대 할머니 돕기 문화의 밤' 행사 개최
7.5	'강제종군위안부 문제에 대한 국제법적 접근' 공청회 개최
7.15	정대협과 미국, 필리핀, 타이완, 인도네시아, 네덜란드, 일본의 시민단체가 연명으로 '일본의 유엔 안전보장이사회 상임이사국 가입을 반대하는 아시아연대 성명서' 발표
7.26	강제종군위안부 피해자 '일본 정부 강제종군위안부 증언 청취단 방한을 반대한다' 성명 발표
7.26	국민운동본부에서 위안부 피해자들에게 기금 250만 원씩 전달. 피해자 20명이 증언 청취를 반대하는 입장을 성명서로 발표
7.26~28	일본 정부, 아시아태평양전쟁희생자유족회의 협력으로 일본군위안부피해자 증언 청취
7.29	일본의 전쟁책임자료센터 대표 방한, '일본 정부의 증언 청취에 대한 일본의 전쟁책임자료센터의 입장과 강제성 입증 가능한 자료 및 새로운 자료 발굴에 대한 설명' 기자회견 개최
8.2~13	유엔인권소위원회 참석
8.4	일본 정부, 제2차 위안부에 관한 조사결과 발표. 일본 정부는 처음으로 구일본군의 위안소 설치 및 운영과 위안부 이송에 관한 직·간접적인 관여를 시인하는 고노 관방장관 담화를 발표
8.4	'일본 정부의 강제종군위안부 문제 제2차 조사발표에 대한 우리의 입장' 성명 발표
8.9	김영삼 대통령에게 '강제종군위안부 문제 외교 현안으로서의 종결'이라는 제목의 '정부 입장에 대한 질의' 송부
8.9~10	일본 도쿄에서 일본의 전쟁책임자료센터와 공동으로 위안부 문제 한일합동 연구회 개최
8.11	광복 48주년 8·15기념 전범국 일본 규탄 집회 참석
8.25	유엔소위원회 참석. 현대형 노예제 실무회의 권고를 지지하는 결의 및 전시 노예제 문제 특별보고관 린다 차베즈를 임명하는 결의가 채택
9.5	방한 중인 일본 사회당 위원장에게 '요망서'를 전달
9.8~17	독일 베를린에서 열린 재독한국여성모임·베를린일본여성회 주최, '인간의 존엄, 여성의 존엄: 전쟁과 강간' 참석
10.1	호소가와 수상에게 보내는 워싱턴정신대문제대책위원회의 공개서한을 ≪워싱턴 포스트≫에 광고로 게재
10.8	일본 정부, 군인·군속 관련 자료(일본군위안부10인 포함) 한국 정부에 제공
10.21~25	일본 도쿄에서 제2차 아시아연대회의 개최. '일본군위안부' 용어를 사용하

	기로 결의
10.25	한두레 〈소리 없는 만가〉의 일본 순회공연 시작
11.7~8	평양국제토론회에 이효재, 윤정옥 정대협 대표 참가
12.18~19	정대협 주최, 제2차 한일 합동연구회 개최
12.23	위안부 문제 해결을 위한 정기수요시위 제100차 개최. 탑골공원까지 거리행진
12.25	일본군위안부와 전 '여자 근로정신대원' 10명이 야마구치 지방재판소 시모노세키 지부에 제소(시모노세키 재판)
1994	
1.20	제5차 오카야마 반차별 평화국제포럼 참가 뉴욕에서 여성차별철폐위원회가 개최되어 위안부 문제 논의
2.6	책임자 처벌을 위한 고소 · 고발장 제출 관련 기자회견 개최
2.7	일본 도쿄 지방검찰에 위안부 문제 책임자 처벌을 위한 고소 · 고발장 제출. 관련 기자회견 및 수령 거부 보고집회 개최
2.14~26	유엔인권위원회 참석. 의제17에서 한국과 북한 정부 및 각국 NGO의 책임자 처벌을 요구를 제기. 모든 여성에 대한 폭력의 원인, 결과, 해결책까지 제시하는 '여성폭력문제 특별보고관'을 임명하기로 결정. 이후 라디카 쿠마라스와미가 특별보고관으로 임명
5.4	일본 나가노 시케노(永野茂門) 법무상의 망언, 정대협 성명 발표
5.9	현대형 노예제 실무회의에서 책임자 처벌문제 및 국제 중재 방식에 의한 해결을 제시. 이 실무회의에서 유엔인권소위원회 불처벌문제 특별보고관 루이스 주아네(Louis Joinet)에게 정보를 보내고 연구를 요청할 것과 국제 중재에 의한 해결을 권고
6.2	일본 도쿄에서 열린 국제상설중재재판소(PCA) 제소를 위한 한일회의 참석
6.10~24	일왕의 미국 방문에 즈음한 전쟁범죄 규탄, 정신대 진상 폭로 궐기대회(워싱턴, 뉴욕, 보스턴 집회) 참가
6.13	자카르타에서 세계여성회의 준비를 위한 '여성의 발전에 관한 아시아태평양 지역 회의' 개최. 이 회의에서 조직적 강간 등 전쟁 중 여성폭력의 가해자 처벌을 제안할 것을 결정
7.18	일본 40여 개 단체, 아시아교류기금 반대 성명 발표
7.20	일본 수상 방한에 즈음해 청와대 앞에서 김영삼 대통령과 면담을 요구하며 시위
7.23	무라야마 수상 방한 규탄시위
8.3~17	유엔인권소위원회에서 린다 차베즈 위원에게 1995년 8월 인권소위원회에

	전쟁 중 조직적 강간, 성노예 및 유사 노예제에 관한 보고서를 제출할 것을 결의. 위안부 문제를 포함한 전시노예제에 관한 예비 연구를 하도록 요청하는 결의가 채택
8.13	일본의 각 신문에 '민간기금에 의한 위로금 지급' 구상 보도
8.22	전 위안부 및 지원단체 35개, '민간모금 구상 철회와 피해자 개인에 대한 사죄와 보상을 요구하는 공동성명' 발표
8.29	일본 정부의 민간 위로기금안에 대한 공청회 개최
8.31	일본 무라야마 수상, 평화 우호 교류 계획 및 민간 위로기금안에 관한 담화 발표
9.2	국제법률가위원회, 위안부 문제에 관한 권고안 발표.
9.15	일본 도쿄에서 '국제중재재판을 성공시켜 개인 배상을 실현하는 연락회' 창립집회 개최.
9.16~17	일본 민간 위로금 반대 기자회견 및 집회 개최
10.15~23	미 미네소타 주 '일본군에 의한 성노예제와 오늘날의 함의(Military Sexual Slavery by Japan and its Implications for Today)' 증언집회 참가
11.3	정대협 사무실, 장충동 '여성 평화의 집'에서 서대문 기독교사회문제연구원 건물로 이전
11.16	일본의 유엔 안전보장이사회 상임이사국 가입 반대 가두 서명운동
11.22	국제법률가위원회 위안부 문제 최종보고서 발표, 위안부 피해자에게는 개인보상 청구권이 있다고 보고 일본 정부에 이와 관련한 행정기관의 설치 및 입법 조치를 포함해 PCA 권고에 응할 것을 권고
11.28	정대협 · PCA 한일변호인단 주최, '위안부 문제의 국제법적 해결을 위하여' 세미나 개최
12.7	일본 여당, 전후 50주년 프로젝트 팀 산하 '종군위안부 등 소위원회' 중간보고 발표. 3여당의 합의 접수. 정부는 개인보상이 아닌 민간기금 구상을 진행하기로 결정
1995	
1.11	김수환 추기경, 무라야마 일본 수상에게 위안부 문제의 조속한 해결을 촉구하는 서한을 보냄. 유엔인권소위원회 여성폭력문제 특별보고관 쿠마라스와미의 예비보고서가 공표
1.20~28	중국 우한 지역 일본군위안부 피해자 초청 관련 중국 방문
1.24	미국 케네디인권센터에 위안부 문제 관련 서한 발송
1.27	제48차 유엔인권위원회에 참석. 여성폭력문제 특별보고관 쿠마라스와미가 조사를 위해 한국과 일본 등 관계국을 방문하도록 요청. 쿠마라스와미의 예

	비보고서를 환영하는 결의 채택. 일본변호사연합회가 '종군위안부 문제에 관한 제언' 채택
2.9	강제노동조약 위안부 문제에 관한 토론회 개최
2.27~3.1	서울에서 제3차 아시아연대회의 '전후 50년 위안부 문제는 왜 해결되지 않았는가' 개최. 민간 위로금 거부 결의
3.21~29	여성지위위원회 참석. 이 회의에서 베이징 세계여성대회 행동강령 147f에 해당하는 "성적 노예제의 피해자에 대해 배상하고 가해자를 소추해야 함"이라는 구절을 포함하는 베이징 세계여성대회 최종문서의 원안 채택
3.24~27	필리핀 아시아여성인권협의회(Asian Women's Human rights council: AWHRC)와 정대협이 공동주최로 '법률전문가들이 본 군 성노예제 생존자에 대한 전후보상 문제(International Panel of Legal Experts on Post-war Compensation for Survivors of Military Sexual Slavery)' 포럼 개최
3.	한국노동조합총연맹, ILO이사회에 '일본군위안부에 대한 처우는 강제노동조약 제29조를 위반임을 조사해줄 것'을 요청하는 서한 제출
4.	현대형 노예제 실무회의에 참석
4.22	기록영화제작소 보임이 제작한 영화 〈낮은 목소리〉 시사회
5.3	국민기금 반대 시위가 진행되어 국회 내 위안부 문제 연구 모임 등 10여 명의 국회의원이 참가
5.23~27	유엔인권소위원회 전시노예제문제 특별보고관 린다 차베즈가 위안부 문제와 관련해 필리핀(5.19~22), 한국(5.23~27), 일본(5.27~31)을 방문 조사
6.14	일본 정부, 법적 배상을 회피하는 민간 차원의 위로 기금의 발기인 발표(7월 발족)
6.30	광복 50주년기념사업위원회 주최, 대한국제법학회·한국정신대연구회 주관 '청산하지 못한 일제시기의 문제' 심포지엄 개최
7.2~4	일본 도쿄에서 열린 국제법률가위원회 주최 국제세미나 '전시노예제: 일본군위안부·강제노동에 관하여' 참석
7.6~18	'일본 전후 50년 보상 실현을 위한 실행위원회' 주최로 개최된 일본 정부의 민간기금 철회와 개인보상 실현을 위한 마쓰야마, 고치, 히로시마, 야마구치, 니하마 집회 참석
7.11	일본 정부의 요시키 미네(美根慶樹) 일본 내각 외정심의관과 면담. 민간 위로금에 대한 반대 입장 전달
7.18~22	유엔인권위원회 여성폭력문제 특별보고관 쿠마라스와미가 한국을 공식 방문해 위안부 문제에 관한 조사 실시
7.19	일본, '여성을 위한 아시아 평화 국민기금(이하 국민기금)' 발족. 한국 정대협 등 국내외 43개 단체, 국민기금 발족 반대성명 발표

8.7	광복 50주년을 맞이하면서 서울중앙병원을 비롯한 아산재단 산하의 전국 아홉 개 병원에서 위안부 피해자를 대상으로 무료 진료 시작(1차 진료 시, 19명 중 아홉 명이 매독보균자로 진단)
8.9	일본의 국민기금에 대한 한국 정부의 미온적 태도에 대해 외무부 항의 방문
8.14	8·15 50주년 민족공동행사로 '일본군위안부 사죄와 배상 촉구를 위한 여성 한마당' 개최
9.22	정대협, 서울지방변호사회 주최 제3회 시민인권상 수상
9.	베이징 세계여성대회 참석. 최종문서 행동강령에 진상 규명과 범죄자 소추 및 피해자에게의 보상이 명기된 147e와 f가 채택
10.23~24	일본 도쿄에서 열린 국제법률가위원회 주최 세미나 참석
11.	일본 오사카 영어특수학교 교사노조(OFSET)에서 ILO 전문가위원회에 위안 부 문제 의견 제출
12.3~4	일본 도쿄에서 개최된 국민기금 반대 국제회의 참석
12.5~11	나가사키, 후쿠오카, 사가 증언집회 참석
1996	
1.	일본 참의원 모토오카 쇼지 의원, 위안부 문제 조사를 위해 방한
1.24	위안부 문제해결을 위한 정기수요시위 제200차 진행, 유엔 특별보고관의 보 고서를 즉각적으로 수용할 것을 강력하게 요구
1.30	일본 오사카에서 열린 '우리는 침묵하지 않으련다' 집회 참가
2.6	쿠마라스와미의 '군사적 성노예제'에 관한 보고서가 공표. 부속문서로 위안 부 문제가 다루어짐
2.28	제77주년 3·1절 기념 및 정대협 5주년 토론회 개최
2.29	ILO 전문가위원회 보고서에 처음으로 "일본군위안부 제도는 일본 정부가 가 입하고 비준의 의무가 있는 강제노동금지규약(ILO Convention 제29조)에 위 반한 것이므로 일본 정부는 적절한 임금과 보상을 해야 한다"는 보고서 제출
3.20	서울·마닐라·타이베이 시장, 일본 정부에 피해 배상 촉구서한 발송
3.27~30	필리핀 마닐라에서 제4차 아시아연대회의 '국민기금이 왜 위안부 문제의 해 결책이 아닌가?' 개최
3.27~4.19	제52차 유엔인권위원회 참석. 세계 50개 여성단체 및 인권단체와 '여성폭력 문제 특별보고관의 보고서를 지지하는 국제연합' 결성
4.10	유엔인권위원회에서 쿠마라스와미 특별보고관이 여성에 대한 폭력에 관한 보고서를 구두로 보고
4.19	유엔인권위원회는 일본 정부의 거절에도 불구하고 쿠마라스와미 보고서를 공인하는 결의를 채택. 유엔인권위원회 고등판무관에서 일본의 유엔 안전

	보장이사회 상임이사국 가입에 반대하는 3만 5,000명의 서명 전달
4.23	제52차 유엔인권위원회 참석 보고회 및 기자회견 개최
5.29	하시모토 일본 수상에게 1995년 7월에 발표된 국민기금 철회를 요구하는 항의서한을 일본 대사관에 전달
6.13	유엔인권위원회 여성폭력문제 특별보고관의 보고서를 지지하는 국제연대와 함께 도요타 불매운동 실시. 서울과 필리핀 마닐라, 미국 뉴욕 · 뉴저지 · 워싱턴, 타이완, 네덜란드, 일본 등에서 동시 개최, 정대협은 서울 강남에서 도요타 매장 앞에서 진행
6.	일본 모토오카 쇼지 의원 등 참의원 24명이 국회에 '전시 성적 강제피해자 문제 조사회 설치법 안'을 제출 ILO 총회에서 노동자그룹에서 위안부 문제가 주요 안건으로 선택되지 못함. 일본 정부가 적절한 대책을 마련하지 않으면 다음 해에는 다루도록 하겠다는 논의가 이루어짐
6.17~26	유엔인권소위원회 현대형 노예제 실무회의 참석. 결의문에 1995년 유엔인권소위원회에서 결의한 '국민기금을 포함한 일본 정부의 정책이 이 문제의 해결을 위한 유익한 절차의 하나로 볼 것을 제안한다'는 내용을 철회하고, 일본 정부에서 유엔 및 전문기관과의 협력 요구 및 위안부 문제 해결을 위한 일본 국회의원의 입법 활동을 환영한다는 내용 포함
7.11~8.18	일본 전국 각지에서 '피해자와 함께하는 국민기금 반대 집회' 개최. 정대협과 할머니들이 순회 집회(도쿄, 오사카, 가가와, 후쿠시마, 나가노, 야마나, 구마모토, 가고시마, 미야자키, 휴가, 노베오카, 후쿠오카, 이와테, 기타카미, 나라, 오카야마, 시마네, 히로시마, 이즈미, 센다이, 아키타, 가나자와, 후쿠이, 다카야마, 니가타, 나가오카, 조에쓰, 마쓰야마, 도쿠시마, 고치, 우와지마, 니하마, 미에, 고베, 나고야 등)
8.	일본 국민기금 설명단이 한국, 타이완, 필리핀을 방문. 정대협과 타이완의 타이베이부녀구원기금회 등 피해자 지원단체는 면회 거부
8.5~30	유엔인권소위원회 참석. 쿠마라스와미 보고서에 주목하며, 일본 정부에 위안부 문제를 다루기 위한 행정적 심사위원회 설치 및 유엔 및 전문기관에 협력할 것 등을 요구하는 내용을 보고서에 포함할 것 요청
8.24	서울에서 열린 제2차 동아시아 NGO여성 포럼(8.22~24)에서 '동아시아 여성포럼 위안부 문제에 대한 결의문'채택. 일본 정부에 국민기금 철회와 쿠마라스와미 권고 이행 촉구
9.22	일본 도쿄에서 일본 전쟁책임자료센터가 주최한 '성노예 피해에 의한 정신적 외상으로부터의 회복의 길을 찾는다' 국제세미나 참석
10.4	한국인 피해자 29명, 일본 하시모토 수상과 일본 국민기금 이사장 앞으로 '우리들은 일본 정부가 직접 배상할 것을 원합니다'라는 내용의 항의편지 발송

402

10.18	'강제연행 당한 위안부 문제 해결을 위한 시민연대' 발족. 국내모금 캠페인 시작
10.22	타이완 입법원에서 위안부 문제에 관한 초당파 의원을 위한 공청회가 개최
10.28	일본 정부 외무성 아시아 지역 정책과장과 면담에서 국민기금은 국가 배상과 별개이며, 일본 정부는 국가 배상을 절대 하지 않겠다고 주장
11.	한국노총에서 ILO 전문가위원회에 일본군 위안부 관련 자료 발송
12.3	미국 사법성, 제2차 세계대전 당시 731부대와 위안부 정책에 관여한 일본인 전범 16명에 대한 입국 금지 조치 발표
1997	
1.11	일본 국민기금, 한국인 피해자 일곱 명에게 위로금 200만 엔 및 의료복지금 300만 엔과 하시모토 수상의 사과 편지 전달
1.13	한국 유종하 외무부 장관, 일본 민주당과의 회의에서 위안부에 대한 개인 배상이 필요하다는 의향 표명
1.15	김영삼 대통령, 일본 외상과의 면담에서 국민기금 지급에 대해 유감 표시
2.12	위안부 피해자 할머니들 국민기금 반대하는 서명과 편지 외무부에 전달
2.27	위안부 문제 해결을 위한 시민연대 주최, '정신대 운동 어디까지 왔나: 일본 전범 입국금지 우리도 하자' 국제세미나개최
3.1	위안부 문제 해결을 위한 시민연대, 서울 시내 서명운동 및 모금운동, 독립공원에서 정신대 할머니 온겨레 돕기 모금공연 〈대지의 눈물〉 개최
3.4	ILO 전문가위원회 연차보고서에서 1996년에 이어 위안부 문제 수록. 강제노동조약 위반을 재차 강조하고 구체적인 위반 사항을 자세히 기록. 피해자의 기대에 부응하는 데 필요한 조치를 요구
3.5~9	북아일랜드에서 열린 '남성, 여성과 전쟁' 세미나 참석
3.25	중국 거주 정재수, 이금순 할머니 영구 귀국
3.30~4.6	제53차 유엔인권위원회 참석. 의제9에서 정대협을 비롯한 한국, 북한, 중국, 국제법률가협회는 일본 정부에 위안부 문제가 범죄임을 인정할 것과 법적 사죄, 배상 등을 요구하는 국제여론을 따를 것을 강력하게 요구
4.2	시모노세키 재판 야마구치 지방재판소 시모노세키 지부가 일본국에 대해 위안부 세 명에게 각각 30만 엔의 배상금을 지급할 것을 판결
4.22~23	일본 국민기금 반대를 위해 아시아 연대 차원 대응책 마련을 위해 타이완 집회 참가
4.30	법무부에 일본 국민기금 측 우스키 게이코의 출입국 금지요청 공문 발송
5.2~4	일본 기후 현 변호사연합회 주최 증언집회 참가

5.6	미국 워싱턴정신대대책위원회 주최로 '제2차 세계대전 당시 일본의 전쟁범죄에 대한 정당한 해결을 촉구하는 공청회 및 기자회견' 개최
5.28	강제연행 당한 위안부 문제의 해결을 위한 시민연대 해산식(총 5억 6,000여만 원 모금)
6.3~18	ILO 총회 참가. 강제노동조약 위반 관련 안건이 노동자그룹에서 논란이 되어 결국 주요 안건에 포함되지 못함
6.23	일본 국민기금 수령 피해자 7인, 국민고충처리위원회에 정대협 고소
6.30	일본 문부성이 위안부 문제를 서술한 교과서에서 해당 내용을 삭제할 것을 발표. 이에 정대협 항의 성명 발표
7.3	일본변호사협회는 일본의 국민기금 활동이 타이완에서 위안부 피해자, 정부 당국, 제 정당의 지지를 얻지 못하고 있는 상황에 비추어 일본 정부는 피해자에게 사죄 및 배상을 위해 조속히 입법 해결을 해야 한다고 제안
7.7~14	미 장로교여전도회 총회 초청으로 집회 참석
7.11	외무부 산하 사단법인 등록
7.18	하시모토 수상과 하라 분베이 국민기금 이사장 앞으로 국민기금 반대하는 내용의 편지 발송
7.23~28	일본 오카야마, 돗토리, 마쓰에 증언집회 참석
7.26~28	일본에서 열린 '용서 못한다, 국민기금' 집회 참석
7.25	미 하원 리펀스키 의원을 중심으로 16명의 국회의원이 제2차 세계대전 당시 일본 정부의 전쟁범죄를 규탄하는 결의안 상정을 발표
8.10~24	유엔인권소위원회의 게이 맥두걸 특별보고서 내용 공개. 위안부 문제에 관해 책임자 처벌, 위안부에 대한 손해 배상 등을 일본 정부에 권고
8.11	정신대 할머니 지키기 제2차 모금 시작(8.11~10.10). 문화방송, 한국일보, 동아일보와 함께 모금활동 개시. 거리모금뿐 아니라 ARS모금을 진행해 4억 7,000여만 원 모금
8.28~31	타이완 일본군위안부 할머니 모금 집회 참석
10.8	일본 국민기금 수령 의사를 표명한 피해자 여섯 명이 수요시위에 참석해 국민기금 반대 입장 표명
10.31~11.2	일본 '전쟁과 여성에 대한 폭력' 국제회의 참석
11.18	한국 국회, 일본 전범의 출입국 금지를 위한 「출입국관리법」 개정안 의결
12.	타이완 정부가 정부에 신고한 타이완인 일본군위안부 12명에게 200만 엔을 입찰 지급하고, 국가 보상을 바라는 피해자들에게 지원 시작
12.3~6	후쿠오카 시 쓰쿠시여학원대학 교직원 주최 증언집회 참석
12.11	홍순관 〈대지의 눈물〉 100회 기념공연 개최

12.16	최초 증언자 김학순 할머니 별세
1998	
1.23	일본 도쿄에서 열린 '전후보상 재판의 현황과 금후의 과제' 집회 참석
1.26~29	일본 도쿄에서 열린 '아시아태평양 인권심포지엄' 참석
2.18	위안부 문제 해결을 위한 제300차 정기수요시위 개최
2.24	전범 나카소네 야스히로(中曾根康弘)의 김대중 대통령 취임식 참가 반대시위
3.2~6	유엔여성지위위원회에 참석. 정대협 주최의 위안부 문제 워크숍을 뉴욕에서 개최, 주제별·지역별 NGO 분과회의에서 낸 성명서에 위안부 문제 반영
4.5~10	제4차 유엔인권위원회 참석. ASCENT와 여성국제평화자유연맹(Women's International League for Peace and Freedom: WILPE) 공동주관으로 '전쟁과 무력분쟁 아래의 여성에 대한 폭력(Violence against Women in War and Armed Conflict)' 포럼 개최
4.15~17	서울에서 제5차 아시아연대회의 '이제, 일본 정부의 배상으로 해결을!' 개최, 2000년 일본군 성노예전범 국제법정(이하 2000년 법정)을 열기로 결의
4.20	제5차 아시아연대회의 도쿄 보고집회 참석
4.21	위안부 문제의 조기 해결을 요구하는 국제포럼 참석
4.21	한국 정부 국무회의에서 정부 차원에서 피해자 개인에게 정대협의 모금을 포함해 지원금 3,800만 원을 지급할 것을 의결. 정대협, 기자회견을 통해 한국 정부의 '일본 정부에 먼저 배상을 요구하지 않는다'라는 입장에 유감의 뜻 발표
4.27	일본 사법부 사상 최초로 야마구치 지방법원 시모노세키 지부가 한국인 일본군위안부 피해자 세 명의 손해 배상을 인정하고 국가에 위자료 지불을 명령하는 판결을 내림
5.7	한국 정부, 피해자들에게 정부 지원금 3,150만 원 지급. 정대협의 2차 모금 410만 8,000원은 별도 지급
6.27	시모노세키 재판 평석회 개최
6.1~10	ILO 총회 참석. 한국노총 대표가 일본군위안부에 대해 발언
6.3~10	워싱턴성내위 초청 미국 의회 캠페인 활동 진행. 에번스 의원, 리퍼스기 의원과 '일본전범입국금지법' 원안 논의
6.6~7	2000년 법정 준비를 위한 도쿄 심포지엄 참석
7.	민주노총 이름으로 ILO 전문가위원회에 의견서 제출
7.28~30	조선인 강제연행 진상조사단 초청으로 일본 도쿄에서 열린 '일본의 전시하에서의 강제연행에 관한 도쿄 심포지엄' 참가
8.10~20	유엔인권소위원회 참석. 정대협 주최로 '무력갈등 아래에서의 여성인권' 포

럼 개최. '전시 상황에서의 조직적 강간, 성노예 및 그와 유사한 형태' 특별 보고관 게이 맥두걸이 위안부 문제는 명백한 국제법 위반이라는 법적 근거를 규명하며, 일본 정부의 법적 배상 책임 및 책임자 처벌을 골자로 하는 보고서 채택

8.21~28	몽골 울란바토르에서 개최된 여성NGO대회 참석
9.16~17	유엔인권선언 50주년 기념 '아시아의 여성의 인권: 무력갈등과 성폭력' 세미나 개최
9.18~19	김대중 대통령 방일에 따른 제1차 한일연대집회 참석(일본 도쿄, 오사카)
9.30	김대중 대통령 방일에 따른 제1차 한일연대 결의대회 개최
10.7	김대중 대통령, 일본의 월간잡지 ≪세카이(世界)≫와의 인터뷰에서 일본의 국민기금 반대 입장 표명
10.7~10	김대중 대통령 방일에 따른 제2차 한일연대집회 참석(일본 도쿄, 오사카)
10.8~12	위안부 문제해결을 위한 한국, 북한, 일본이 베이징 3자회담 개최. 위안부 문제만을 이슈로 집중적으로 토론한 첫 회의. 일본 정부, 유엔인권위원회에 보내는 공동합의문 처음으로 채택
11.	ILO 전문가위원회에 정식으로 위안부 문제가 접수되어 논의
12.7	2000년 법정을 위한 한국위원회 발족
12.30	1998 돌아가신 할머니들을 위한 추모회 개최

1999	
2.	필리핀 하원, 유엔인권소위원회가 위안부 문제 해결을 위해 일본 국회가 촉구하는 보상법을 제정하도록 결의 채택
2.26	윤정옥 공동대표, 제3회 만해상 평화상 수상
3.	ILO 전문가위원회 보고서에 수록되어 네 가지 사항 제기: ① 일본 정부의 군위안부 강제동원 및 성적 착취는 명백한 강제노동금지규약 위반임, ② 국민기금은 피해자가 원하는 배상의 형태가 아님, ③ 일본 정부의 피해자 배상이 시간을 다투는 매우 시급한 사안임, ④ 강제징용 노동자 문제에 대해서도 일본 정부의 적절한 피해 배상 권고
3.17	오부치 게이조(小淵惠三) 수상의 방한을 앞두고 미일 신가이드라인 통과 등 일본의 군국주의 부활을 규탄하는 집회 개최
3.20	일본 오부치 수상 방한에 따른 한일시민연대 결의대회 개최
4.1~10	유엔인권위원회 참석. 전쟁 중 여성폭력에 대한 인식을 확인하고 결의안에 일본군위안부 문제가 포함될 수 있도록 로비활동 전개
4.	일본의 전후 처리의 입법을 구하는 법률가·지식인 모임과 위안부 문제의 입법 해결을 구하는 모임이 '전시 성적 강제 피해자에 대한 국가배상법 요망

	제안' 발표
5.11~15	제100회 헤이그 세계평화회의에 참가. '여성이 평화의 길로 인도한다'라는 주제로 국제우화회(International Fellowship of Reconciliation: IFOR), ASCENT, 평화를 만드는 여성회의 공동주관으로 개최
6.1~7	제87차 ILO 총회 참석. ILO 기준적용위원회에서 위안부 문제를 회의록에 공식 기록
6.4~5	유엔인권소위원회 특별보고관 게이 맥두걸 초청 국제심포지엄 개최
6.9	ILO 총회 활동 보고 기자회견 개최
6.	미국 캘리포니아 주 혼다 의원 결의안 채택. 일본군위안부 피해자에 대한 일본 정부의 공식 사죄와 즉각적 배상 촉구
6.16	영화 〈숨결〉 시사회
8.10~16	제51차 유엔인권소위원회 참석. 강제연행 진상조사단, 여성 지위를 위한 NGO상임위원회와 함께 '무력갈등 상황의 관행적 성노예제와 성노예제 취급과 오늘날의 문제' 포럼 개최(8.13). 무력분쟁 상황에서 벌어진 성폭력에 대한 개인의 보상청구권과 국가의 책임은 평화조약 및 양국 간 협정에서 소멸하지 않는다는 결의 채택
8.25~26	한일 '전쟁과 여성인권' 워크숍 개최
9.27	2000년 법정 학생법정 준비위원회 발족식
10.1~2	2000년 법정 도쿄 국제실행위원회 참석
10.11~15	1999년 세계NGO대회 참가 및 위안부 문제 해결운동과 2000년 법정 포럼 개최
10.20	오부치 일본 수상과 김종필 한국 총리의 제주도 회담에 즈음한 연대집회 개최
11.8~24	초청 증언행사 참가
12.1	제387차 정기수요시위는 일본 대사관의 이전에 따라 광화문 네거리 소공원으로 옮겨 진행
12.11~12	일본 오사카에서 열린 국제시민포럼 참석
12.12	일본 도쿄에서 열린 '2000년 법정과 현재의 무력갈등하의 여성폭력' 국제심포지엄 참석
12.22	1999 돌아가신 할머니 추모회 개최
2000	
1.	홍콩 의회가 위안부 문제를 포함한 일본군에 의한 전쟁 피해자에게 사죄와 보상을 바라는 대일 결의 채택
1.15	일본 전 일본군위안부의 보상 입법을 고려하는 변호단과의 간담회 개최

3.1	위안부 문제해결을 위한 제400차 정기수요시위 개최.
4.8~11	유엔인권위원회 참석. IFOR, 일본우화회(Japan Fellowship Of Reconciliation: JFOR), AWHRC, 릴라 필리피나, 북한이 위안부 관련 발언
4.27	시모노세키 재판 2주년을 즈음해 변호인단협의회의 위안부 배상 법안에 관한 정대협 환영 입장 전달
4.28~29	2000년 법정 학생법정 개최
5.22	일본 도쿄에서 열린 아시아 오키나와 평화축제 참가
5.29	일본 모리 요시로(森喜朗) 수상 방한에 즈음한 '일제 과거청산과 독도주권 수호를 위한 결의대회' 진행
6.1~10	1995년에 개최된 베이징 세계여성대회의 5년차 모니터링 행사인 '베이징+5 대회', 유엔특별총회, 2000년 법정 국제자문단회의 참석(미국 뉴욕)
6.23	미국 내 군위안부 관련 재판에 관한 한미변호인단 모임 개최
7.28	2000년 마닐라 국제회의에서 2000년 법정 남북공동기소장 작성 합의
8.6~12	제52차 유엔인권소위원회 참석. NGO설명회(8.9) '전쟁 중 여성인권의 침해: 보호와 해결' 개최. 의제6 현대형 노예제 실무회의(8.10)에서 게이 맥두걸 특별보고관의 보고서 환영 및 일본 정부의 국제기구 권고 불이행 규탄 입장 발표
8.	유엔인권소위원회 맥두걸 특별보고관, 일본에 거듭 위안부 문제의 조기 해결을 권고, 유엔인권소위원회에서 맥두걸의 보고에 관한 환영 결의 채택
8.25~26	서울에서 제2회 한일 대학생 '전쟁과 여성인권' 워크숍 개최
8.31~9.2	제1회 일본군위안부 할머니와 함께하는 인권캠프 개최
9.14	2000년 법정 타이완 국제실행위원회에서 북한과 남북공동기소장 원칙 및 과정 협의
9.20	워싱턴정대위 주최, '추모의 2000년: 존엄과 명예의 여성(Year 2000 Remembrance: Women of Dignity and Honor)' 시상식 참가. 한국의 김은례, 문필기, 김상희, 이용수, 황금주, 김순덕 할머니 수상
9.27	일본 문부성의 역사교과서 개정에 따른 공동성명서 발표
9.~12.	2000년 법정 개최 성사를 기원하는 전국 릴레이 수요시위(서울, 광주, 대구, 부산, 창원, 제주, 전주, 대전, 수원)와 지역 문화제(전주, 대구, 인천, 진주, 창원, 제주), 학생법정(서울대, 조선대, 부산대, 창원대, 동아대, 경희대), 학생문화제(한국해양대, 원광대, 서원대, 한신대, 전주대, 서울대) 개최. 독일과 미국, 일본에서 해외캠페인 개최
10.9	일본의 역사교과서 개악에 따른 성명서 발표 및 긴급 한일 관련 단체 간담회 개최

10.25	2000년 법정 '후원의 밤' 개최
10.30	일본 민주당・사민당・공산당, '전시 성적 강제 피해자 문제의 해결의 추진에 대한 법률안', '전시에 걸친 성적 강제에 대한 문제의 해결에 관한 법률안' 제출
11.16	정대협 10주년 기념 심포지엄 개최
11.17	2000년 법정 성사를 위한 서울종합문화제 개최
11.19	일본군위안부 관련 보상 입법안 통과를 위한 일본 국회 방문
11.29	2000년 법정 성사를 기원하는 아시아연대시위 개최
12.7~12	일본 도쿄에서 2000년 법정 개최, 히로히토 일왕에 대한 유죄 판결
12.27	2000 돌아가신 할머니들을 위한 추모회 및 2000년 법정 보고회 개최
2001	
2.22~23	한국에서 2000년 법정 최종판결을 위한 국제실행위원회 개최
3.5~15	3・8 유엔여성대회 참석
3.12	미들테네시주립 대학교 증언집회 참가
3.21	일본의 민주당, 사민당, 공산당 참의원이 '전시 성적 강제 피해자 문제의 해결의 추진에 대한 법률안' 단일안 상정
3.	영국 하원 의회, 일본군위안부 피해자의 일본 정부 소송 지지 결의 채택
4.6~13	유엔인권위원회 참석. 교과서와 위안부 문제 관련 NGO 발언 및 포럼 개최
4.24	'일제 강점하 강제동원 피해에 관한 진상 규명 특별법' 관련 국회 공청회 개최
4.25~5.2	일본 도쿄에서 열린 일본 역사교과서 개악 규탄 집회 참가
5.10	한국 국회의원, 도쿄에서 '새로운 교과서를 만드는 회' 교과서 출판 금지 소송 제기
5.30	증언집 제4집 『기억으로 다시 쓰는 역사』 출간
6.4~11	제89차 ILO 총회 참가. 노동자그룹에서 만장일치로 위안부 문제를 안건으로 상정할 것을 채택했으나, 일본 정부의 강력한 로비로 인해 사용자그룹에서 반대 의사 표명, 결국 총회 안건 상정 무산
6.9~11	일본 노쿄에서 열린 역사왜곡 교과서 아시아 연대 긴급집회 참가
7.21	정대협 병설 전쟁과여성인권센터 발족
7.23	일본군위안부 피해자의 미국 소송에 대한 한・미 연대시위
7.27~8.16	유엔인권소위원회 참석. 역사교과서와 위안부 문제에 대한 결의안 채택
8.13	8・15 특별공연 〈할머니 힘내세요, 우리가 있잖아요〉 개최
8.15	8・15 56주년 기념 및 위안부 문제 해결을 위한 제472차 정기수요시위와 고

	이즈미 일본 수상의 공식 야스쿠니 신사참배 규탄 및 군국주의 부활 저지를 위한 한일연대시위 개최
8.30~9.2	제2회 일본군위안부 할머니와 함께하는 인권캠프 개최
9.16	중국 헤이룽강 성 거주 박옥선 할머니 영구 귀국
9.22~23	2000년 법정 최종판결 공동대표단회의 개최.
10.5	한일여성 공동역사교재편찬을 위한 제1회 공개심포지엄 개최, 공동역사교재편찬사업 실시
10.12	'일제 강점하 강제동원 피해 진상 규명 등에 관한 특별법' 발의를 위한 기자회견 개최
10.15	군국주의 부활, 일본교과서 역사왜곡, 신사참배 규탄 범국민대회 개최
11.2~18	미국 워싱턴 등 동부 지역 여섯 개 대학교 증언집회 참가
12.3~4	네덜란드 헤이그에서 열린 2000년 법정 최종판결 참가
12.12~17	일본 아시아포럼 초청 증언집회 참가
12.14~15	홍콩 일본 식민지 시대 피해자 증언포럼 참가
12.26	2001 돌아가신 할머니들을 위한 추모회 및 2000년 법정 최종판결. 법정 총서 발간 출판기념회 개최. 『일본군위안부 문제의 책임을 묻는다』와 『위안부 문제의 대한 법적 해결의 전망』, 『강제로 끌려간 조선인 군위안부들 5』 등 출간
2002	
2.21	일본 국민기금의 한국 피해자에 대한 지급 기한 및 사업 연장 대한 정대협 입장 발표
3.13	일본군위안부 문제 해결을 위한 제500차 수요시위 개최
3.14	각 언론사에 일본의 국민기금 광고 거부 협조 요청
3.	ILO 전문가위원회, 위안부 문제가 포함된 보고서 채택
3.1~15	미 중부 지역 네 개 대학교 순회 증언집회 참가
3.20	위안부 문제 해결 없는 고이즈미 수상 방한 반대 집회 개최
4.4~13	유엔인권위원회 참석. 정의와 책임 패널 주최로 '전쟁 중 여성폭력' 개최. 유엔인권위원회 쿠마라스와미 특별보고관의 마지막 보고서 채택
4.5	일본 도쿄에서 열린 국민기금 관련 '일본군 성노예제 문제는 '국민기금'으로는 해결하지 않았다' 집회 참석
5.3~4	일본의 과거사 청산을 요구하는 평양국제심포지엄 참석, 일본의 과거청산을 요구하는 국제연대협의회 발족합의, 남·북·해외 공동성명 채택
5.10~14	일본 도쿄에서 열린 2000년 법정 판결실현을 위한 국제연대회의 참석

5.13~19	'숨겨진 진실: 2002년 위안부 여성(Hidden the Truth : 2002 Comfort Women)' 미국 플로리다 증언집회 참가
6.4~8	제90차 ILO 총회 참석
6.14~15	일본 오사카 오테몬가쿠인 대학교에서 제2회 한일여성 공동역사교재 편찬 국제심포지엄 개최
6.24~28	'전시 성적 강제 피해자문제 해결 촉진을 위한 법률안' 국회 심의 촉구 도쿄 대회 참가
7.13	일본 외무장관 방한 반대시위 개최
7.22~26	'전시 성적 강제 피해자문제 해결 촉진을 위한 법률안' 일본 국회 심의 참관을 위해 일본 도쿄 방문. 7월 23일 일본 참의원 내각회의에서 법안 심의
8.8~15	유엔인권소위원회 참가
9.2	타이완 유엔 인종 차별 철폐 세계회의에 한명숙 여성부 장관 참가, 남북한 정부 대표가 위안부 문제 제기
9.9	'전시 성적 강제 피해자문제 해결 촉진을 위한 법률안' 통과를 위한 활동. 일본 참의원 의원 및 활동가의 방한. 위안부 문제 해결을 위한 한일 국회의원 및 법률인 간담회 개최
9.26~28	제3회 일본군위안부 할머니와 함께하는 인권캠프 개최
10.11	'한일 역사교과서를 통해 바라본 전쟁과 여성' 심포지엄 개최
10.31	제3회 한일여성 공동역사교재 편찬 국제심포지엄 개최
11.14	미 브라운 대학교에서 열린 증언집회 참가
12.11	한국 국회가 「일제하 일본군위안부 피해자에 대한 생활지원안정법」을 「일제하 일본군위안부 피해자에 대한 생활안정 지원 및 기념사업 등에 관한 법률」로 개정
12.28	2002 돌아가신 일본군위안부 할머니들을 위한 추모회 개최
12.28~1.10	일본군위안부 피해자 증언 사진 및 미디어 전시회 '침묵의 소리' 개최
2003	
2.8~12	'전시 성적 강제 피해자문제 해결을 위한 촉진 법률안' 제출한 참의원 방한. 오카자키 도미코 의원 수요시위 참가. 법률안의 입법 상황 보고
2.15	2·15 국제공동반전평화 대행진과 미선이·효순이 문제 해결을 위한 촛불시위에 참여하는 일본군위안부 관련 제 단체 입장 성명서 발표 및 이라크전쟁 파병반대를 위한 반전평화의 날 행사 참가
2.22~3.5	미국 동부 지역 순회 증언집회 참가
2.24	고이즈미 일본 수상 방한에 따른 '올바른 한일 공조를 촉구하는 시민단체 결의대회' 개최

3.11	'일본군위안부 피해자에게 사죄 및 배상하라는 유엔의 권고를 공식 거부한 일본 정부를 규탄한다' 성명서 발표
3.15	전국 자원활동가 네트워크를 위한 워크숍 개최
3.19~23	캐나다에서 열린 '인도에 반하는 죄 방지 회의(Conference on Preventing Crime Against Humanity)'에서 초청해 증언집회 참가
3.21	미국의 대 이라크 침략전쟁을 규탄하는 성명서 발표
3.25	일본 최고재판소, 시모노세키 재판 각하 결정
3.26	중국 거주 하상숙 할머니, 백넘데기 할머니 영구 귀국
3.28	한국의 이라크 파병을 반대하는 '전쟁 반대 파병 반대' 집회 참석
4.4~6	일본 도쿄에서 열린 ILO 관련 국제심포지엄 참석
4.4~12	유엔인권위원회회의 참석
4.17	ILO 국제심포지엄 '일본군 성노예·강제노동 피해자 문제 해결과 ILO의 역할' 개최
4.23~24	서울에서 제6차 아시아연대회의 '국제기구 권고와 2000년 법정 판결 실현을 위하여!' 개최
5.13	한일협정 관련 문서 공개를 촉구하는 기자회견 및 규탄대회 개최
5.24	평화와 군축을 위한 세계여성대회 참석
5.28	노무현 대통령 방일을 앞두고 대통령께 보내는 일본군위안부 피해자·시민 사회단체의 연대공개서한 전달을 위한 기자회견 개최
6.2~08	제91차 ILO 총회 참석
6.4	올바른 과거청산을 촉구하는 시민사회단체 기자회견 및 연대집회 개최
6.9	노무현 대통령의 과거사 해결 의지 없는 방일외교 규탄시위 개최
6.	미국 의회, 일본군위안부 피해자에 대한 일본 정부의 공식 사죄와 배상을 골자로 하는 상·하원 공동결의안 제출
6.14~16	일본 와세다 대학교에서 제4차 한일여성 공동역사교재 편찬 국제심포지엄 개최
7.4~8	일본 누마즈와 시즈오카에서 증언집회 개최 및 촉진법안 제정 촉구 집회 참석
7.10	유엔여성차별철폐위원회 최종권고문에 위안부 문제에 대한 일본 정부의 책임 인정 권고, 결의문 채택
7.13~16	타이완의 전 일본군위안부 루만메이(盧滿妹)와 천핀(陳品)의 한국 방문 및 수요시위 참가
8.6~9	일본 도쿄에서 일본군위안부 할머니들의 8·15 맞이 방일 집회 개최

10.9~12	제4회 일본군위안부 할머니와 함께하는 인권캠프 개최
10.16	정대협 조직 확대 개편을 위한 정책간담회 개최
10.31	제5차 한일여성 공동역사교재 편찬 국제심포지엄 개최
11.11	이라크전쟁 파병 반대 집회 참가
11.22~23	한·중·일 국제심포지엄 '동아시아 역사공동체: 한·중·일 3국의 역사인식의 공유를 위해' 참석
12.18	일본군위안부 명예와 인권의 전당 사업 점화식 개최
12.20	정대협 쉼터 '우리 집' 개설
2004	
1.2	일본 고이즈미 수상 신사참배 규탄시위 및 성명서 발표
2.13	위안부 누드 프로젝트 중단을 촉구하는 '일본군위안부 피해 여성을 또다시 성의 상품화로 올리는 상업주의에 분노한다' 성명서 발표. 네띠앙엔터테인먼트의 위안부 화보집 가처분 신청 제출
3.17	위안부 문제 해결을 위한 제600차 국제연대 수요시위 '끈기 있게 전쟁 반대! 멈추지 않는 평화 울림' 개최(7개국, 14지역)
3.28~29	한일여성공동역사교재 편찬을 위한 비공개 심포지엄 개최
4.1~8	제60차 유엔인권위원회 참가. 의제12 여성폭력 문제 논의에서 NGO 발언 및 로비활동
4.7	중국 상하이 거주 박우득 할머니 귀국
5.20~23	일본의 과거 청산을 요구하는 국제연대협의회 서울대회 개최. 일본군위안부 피해자 이상옥 할머니가 분단 이후 처음으로 방한
5.24	이라크전쟁 파병 반대 기자회견 참석
5.28	증언집 제6집 『역사를 만드는 이야기』 발간
5.30~6.7	제92차 ILO 총회 참석. 기준적용위원회에 안건 상정 실패
6.8~13	독일 함부르크, 프랑크푸르트, 베를린 순회집회 참가
6.18	자위대 창설 50주년 기념행사 저지 연대집회 참석
6.19	일본군위안부 경상도 지역 해원진혼굿 참석
6.19~20	일본 교토에서 열린 제6차 한일여성 공동역사교재 편찬 국제심포지엄 참가
6.24	이라크전쟁 파병 반대 여성단체 기자회견 참석
6.30	타이 방콕에서 열린 아시아태평양NGO포럼 베이징+10회의 참가
8.12~14	해방59주년 전쟁·여성·인권 영화 상영회 및 평화 한마당 '평화평화평화' 개최

9.1	위민인블랙(Women in Black) 후쿠오카와 '빨리 만들자 위안부 문제 해결법 네트워크 후쿠오카' 주관, 간토대지진 추모 및 수요연대시위 개최
10	일본의 유엔 안전보장이사회 상임이사국 진출 반대 100만인 국제연대 서명 운동 전개
10.7~9	제5회 일본군위안부 할머니와 함께하는 인권캠프 개최
10.16	필리핀 할머니 중 유일하게 국민기금을 거부한 토마사 디오노 살리노그 (Tomasa Dioso Salinog, 애칭: 로라마싱) 할머니 한국 방문
10.22	국회 외교통상통일위원회의 국정감사에 길원옥 할머니 증인으로 출석. 한국 정부에게 위안부 문제의 적극적 해결을 촉구하는 기자회견 개최. 외교통상통일위원회 소속 국회의원 전원 만장일치로 일본군위안부 피해자의 명예와 인권회복을 위한 역사관 건립을 위한 결의안 채택, 국회 본회 상정
11.18	'성매매 없는 사회 만들기 시민연대' 발대식 참가
11.24	마산 천주교 정의평화위원회, 할머니 추모제 및 추모 미사 개최
11.29~30	여성과 소녀에 대한 폭력을 근절하기 위한 전 지구적 운동(A Movement to end violence against women and girls: V-Day) 캠페인 준비 기획 회의 참가. 2006년 '일본군위안부 피해자에게 정의를' 글로벌 V-Day 캠페인 전개하기로 결정
12.11	유엔인권위원회 여성폭력문제 특별보고관에게 일본군위안부 피해의 아픔을 호소하는 진정서 제출
12.16	'전쟁과여성인권박물관' 건립위원회 발족식 개최
12.27~29	2004 돌아가신 일본군위안부 할머니를 위한 추모제 및 사진전 개최
12.30	위안부 문제 해결을 위한 교육자료(CD) 제작
2005	
1.18	해방 60주년 '일본군위안부에게 정의를 글로벌' 캠페인 발대식 개최
1.28	일본군위안부 관련 전국 네트워크 수련회 개최
2.12~14	일본 도쿄에서 제7차 아시아연대회의 '전후 60주년의 위안부 문제해결운동: 가해국 일본의 책임을 묻다' 개최
2.16	일본 국민기금의 비도덕성 폭로와 법적 배상을 촉구하는 기자회견 개최
2.20	민주노동당 주최, '해방 60주년 일제 과거사청산과 위안부 문제 해결을 위한 지신밟기' 개최
2.27	유엔여성지위위원회 베이징+10 참석, V-Day 주최 일본군위안부 캠페인 발대식 참가
3.14~19	한국노총과 민주노총 대표, ILO 사무총장에게 100만인 서명 전달 및 ILO 이사회 로비활동 전개

3.14~22	국제앰네스티 조사관 한국 조사활동 전개
3.18	일본 독도 침략 규탄과 철저한 과거 청산 촉구 기자회견 참가
3.19~24	미국 애틀랜타 지역 증언집회 참가
3.30	위안부 문제 해결을 위한 제61차 유엔인권위원회 참석 및 국제연대 서명 전달 기자회견 개최
4.4~9	제61차 유엔인권위원회 참석. 루이즈 아버(Louise Arbour) 유엔인권위원회 고등판무관에게 국제연대 서명운동에 참가한 20만 명의 서명 전달(4.6). 국제NGO포럼 '전쟁 중 여성에 대한 폭력(Violence against Women in War)' 개최. 본회의 NGO발언을 통해 일본 국민기금의 모순과 부도덕성을 공개, 국민기금이 아닌 일본 정부의 법적 배상과 책임을 요구
4.18	위안부 문제 해결을 위한 국회 여성의원 기자회견 참가
5.25	국제자유노동조합연맹 여성위원회, 위안부 문제에 관한 결의안 채택
5.27~29	제6회 일본군위안부 할머니와 함께하는 인권캠프 및 전라도 지역 일본군위안부 피해자를 위한 해원진혼굿 개최
5.29~6.3	제93차 ILO 총회 참석. 노동자그룹에서 노동자그룹과 사용자그룹 간의 논의가 아닌 특별제안(Special Proposal)방식으로 기준적용위원회 본회의에서 위안부 문제를 논의할 것을 제안
6.3~4	스위스 베른과 프라이부르크 지역 강연회 개최
7.19~24	유엔 갈등분쟁예방 국제회의 참석 및 코피 아난(Kofi Annan) 유엔 사무총장에게 국제연대 서명전달(7.22)
7.31	일본의 '여성들의 전쟁과 평화 자료관' 개관 및 기념 심포지엄 참가
8.3	야스쿠니 신사 20만 참배운동 규탄 기자회견 참석
8.10	해방 60주년 일본군위안부 문제 해결을 위한 세계 연대의 날 서울 집회 개최(한국에서는 수원, 춘천, 부산, 울산, 진주, 광주, 전주에서, 해외에서는 미국과 독일, 스위스, 일본, 타이완, 네덜란드, 필리핀, 캐나다, 벨기에 등 10개국 31개 도시에서 참가)
8.11~13	일본 도쿄에서 일본 정부에 국제연대 서명전달 및 방일 집회 개최
8.26	한국 정부에게 '1965년 한일협정에 포함하지 않은 위안부 문제에 대한 대일배상 청구권 협상을 촉구한다' 성명서 발표
10.27~30	국제앰네스티, 일본군위안부 보고서 발표 기자회견(한국에서도 동시 기자회견 진행) 및 타이 방콕에서 열린 '개발도상국 여성의 권리를 위한 연합회(Assosiation Women's Rights in Development: AWID)'포럼 참가
10.31	정대협 창립 15주년 기념 정책토론회 개최
11.3	일본 평화헌법 개악에 반대하는 한일 시민사회단체 기자회견 참석

11.4	천주교 마산교구 정의평화위원회 주관, '제2회 일본군위안부 추모제' 참석
11.25	『여성의 눈으로 본 한일 근현대사』 출간
11.28~30	일본군위안부 명예와 인권을 위한 국회 전시회 '상처, 껴안음, 희망: 해방 60주년을 보내며' 개최
12.5	정대협 발족 15주년 '후원의 밤' 개최
12.9~10	일본군위안부 관련 단체 전국 활동가 수련회 개최
12.19	전쟁과여성인권박물관 건립기금 마련을 위한 '점프' 특별공연 개최
12.26~28	2005 돌아가신 일본군위안부 피해자를 위한 추모전 및 정대협 15주년 기억전 '할머니, 저희가 하겠습니다. 편안히 잠드소서' 개최
12.28	2005 돌아가신 일본군위안부 피해자를 위한 추모회 개최
2006	
1.27~29	일본 구마모토(熊本) 교사 교육세미나 증언집회 참가
1.31~2.5	미국 센트럴워싱턴 대학교 증언집회 참가
2.16~25	미국 V-Day 주최, 'Stop, 여성폭력!: 일본군위안부에게 정의를' 캠페인 참가
2.28	서울시 공원과에서 박물관 건립부지 사용 승인 신청 허가
3.1~3	제7회 일본군위안부 할머니와 함께하는 인권캠프 개최
3.2	갈등분쟁예방 동북아 금강산 회의 참가
3.15	제700차 정기수요시위 '여성폭력 중단, 일본군위안부 피해자에게 정의를!' 세계동시연대집회(8개국, 14개 도시) 개최. 외교통상부까지 행진한 후, 항의 방문 및 면담 진행
4.11	여성폭력 추방 공동행동 선포식 참가
4.19	외교통상부의 위안부 문제 입장에 대한 피해자 입장 발표 기자회견 개최
4.20~24	오키나와 자료수집 및 위안소 관련 조사활동
5.3	일본 평화헌법 제정일을 맞아 평화헌법 개악저지 성명서 발표
5.23	야스쿠니 신사참배 반대공동행동 한국위원회 결성대회 참가
5.24	일본 야3당의 '위안부 강제연행 조사국 설치법안 제출을 환영하며, 일본 국회의 조속한 입법을 촉구한다' 성명서 발표
6.22	한일협정체결일 41주년을 맞이해 한국 정부의 적극적인 대일 외교정책을 촉구하는 기자회견 및 국가인권위원회에 진정서 제출
7.5	일본군위안부 피해자들의 헌법소원심판청구 기자회견 개최
7.18	서울시 도시공원위원회에서 전쟁과여성인권박물관 부지 심의 통과
8.4~14	앰네스티 오스트레일리아지부와 '일본군위안부 피해자에게 정의를' 캠페인

	개최
8.9	해방 61주년 위안부 문제 해결을 위한 제721차 세계연대수요시위 개최(9개국, 15개 도시)
8.13~16	야스쿠니 신사참배 반대공동행동 일본 주최, 8월 촛불행동 도쿄집회 참가
8.26	ILO 아태 지역 총회에 방한한 소마비아 사무총장 면담
8.29	ILO 아태 지역 총회를 맞이하며, 일본 정부에 위안부 문제 해결을 촉구하고 ILO의 적극적인 개입과 지원을 요구하는 기자회견 개최
8.27	황해도 굿 보전 전수회, 인천 지역 일본군위안부 희생자를 위한 해원진혼굿 개최
9.14	미 하원의 일본군위안부 결의안 채택 환영 및 일본 정부에 수용을 촉구하는 기자회견 개최
9.16	민족민주 여성 열사 · 희생자 합동추모회 참가
9.28	'역사와 전쟁 그리고 여성' 국제심포지엄 개최
10.9	아베 일본 수상 방한과 한일 정상회담에 따른 기자회견 개최
10.19	전쟁과여성인권박물관 부지 확정 및 건립 설명회 개최
11.22	헌법재판소에 헌법소원심판청구 재판의 공개 심리를 요청하는 서명 제출
11.28~12.4	독일 베를린, 괴팅겐, 프랑크푸르트에서 캠페인 전개
12.13	미국 110대 하원 의장 낸시 펠로시 의원에게 위안부 문제 해결을 촉구하는 할머니들의 공개서한 발송
12.14	정대협운동사 사진집 『희망으로 쓰는 역사』 발간
12.26~28	위안부 문제해결을 위한 국제 네트워크 활동가 워크숍 개최
12.27	2006 돌아가신 일본군위안부 희생자 추모회 개최
2007	
1.24	전쟁과여성인권박물관 2007 시민모금 캠페인 발대식 개최
2.12	미 하원 일본군위안부 결의안 상정 및 청문회 참석을 위한 방미활동 기자회견 개최
2.13~18	미 하원 외교분과위원회 아시아태평양소위원회 주최, 일본군위안부 결의안 관련 청문회 참석
2.22	제265회 임시국회 외교통상통일위원회 전체회의에 길원옥, 김순악, 이옥선 할머니 참고인으로 참석
3.1	열린우리당 소속 국회의원, 전쟁과여성인권박물관 건립위원으로 전원 참여
3.4~8	오스트레일리아 3 · 8 세계 여성의 날 캠페인, '일본군위안부 피해자에게 정의를!' 참석

3.15	헌법재판소에 헌법소원심판 청구재판의 공개심리를 요청하는 서명 제출
3.21	제753차 수요시위 및 일본 정부의 일본군위안부 강제동원 부인에 대한 범시민단체 규탄집회 개최
3.24~4.1	미국 노스캐롤라이나 지역 대학 증언집회 및 캠페인 활동
4.5	외신기자클럽 초청, 위안부 문제에 대한 기자회견
4.24~5.1	미국 하원 결의안 채택을 위한 미국 캠페인 활동
4.27~30	박물관 건립 홍보를 위한 일본 오사카 캠페인 활동
5.10~13	일본 오키나와 미야코 섬 증언 조사 활동
5.19~21	서울에서 제8차 아시아연대회의 개최
5.26	고 정서운 할머니 추모비 제막식 참가
5.30	일본의 헌법9조 개정 기도 규탄 기자회견 개최
6.15	스톤워크 코리아2007 임진각 추모제 참가
6.21	위안부 문제 해결을 위한 세계대회 기자회견 개최
6.23	수원평화한마당 '우리 마을에 평화가 와요' 개최
6.26	미국 하원 외교분과위원회 일본군위안부 결의안(H.Res.121) 통과
6.27	일본군위안부 결의안 통과를 환영하는 연대 기자회견 개최
7.9~8.8	미국 하원 본회의 결의안 상정을 위한 미국 캠페인 활동
7.16	일본 바우넷 재팬 10주년 심포지엄 참가
7.30	미국 하원 본회의에서 일본군위안부 결의안(H.Res.121) 만장일치 통과
7.31	미국 하원 본회의에서 일본군위안부 결의안(H.Res.121) 채택 기자회견 개최
8.6~19	위안부 문제해결을 위한 세계공동행동주간 캠페인 활동
8.8	제773차 정기수요시위 및 세계공동행동주간 캠페인 선포식 개최
8.13~16	'세계연대행동주간: 일본군위안부 피해자에게 정의를!' 희망전시회 개최
8.15	세계연대행동의 날 특별집회 개최(10개국, 13개 도시)
8.25	재일 위안부 송신도 할머니의 법정투쟁을 다룬 다큐멘터리 〈나의 마음은 지지 않았다〉 일본 상영회 참가
9.28	정대협 결성 17주년 정책토론회 개최
10.2~9	미국 로스앤젤레스에서 열린 위안부 문제 해결을 위한 세계대회 참가
10.13	2007 여성민족 · 민주열사 및 희생자 추모제 참가
10.31~11.15	네덜란드, 벨기에, 독일, 영국에서 유럽 의회의 일본군위안부 결의안 채택을 위한 유럽 캠페인 활동

11.4	일본 기독교단 주최, 전후보상을 요구하는 '역사를 지우지 않는다: 위안부 문제의 현재와 우리의 책임' 집회 참가
11.17~20	오사카 지역 전쟁과여성인권박물관 홍보 캠페인 활동
11.18~12.4	캐나다 의회 결의안 채택을 위한 캠페인 활동
11.20	네덜란드 의회 위안부 결의안 채택
11.25	정대협 창립 17주년 '후원의 밤' 개최
11.26	혼다 의원 방한 기자회견 및 관련 단체 좌담회 개최
11.28	캐나다 연방의회 일본 정부의 공식 사죄를 요구하는 동의안 만장일치 채택
12.13	유럽 의회 일본군위안부 결의안 채택
12.14	유럽 의회 결의안 채택을 환영하는 기자회견 개최
12.26	2007 돌아가신 할머니들을 위한 추모회 개최
12.27~28	2007 국제 활동가 워크숍 개최
2008	
1.25	유엔인권이사회에 일본에 대한 국가별 인권상황 정기검토 보고서인 'UPR (Universal Periodic Review: UPR) NGO 보고서' 송부.
2.13	위안부 문제 해결을 위한 제800차 정기수요시위 개최
2.18~21	독립영화협회 주최, 영화관 인디스페이스에서 제800차 수요시위 특별기획전 진행
3.5	3·8 세계 여성의 날 기념 세계연대집회 개최(7개국, 11개 도시)
3.8	정대협 수요시위, 3·8 세계 여성의 날 '올해 여성운동상' 수상
3.14	천주교 정의평화위원회 주관 박물관 건립기금 모금을 위한 공연 〈나비〉 개최
3.25	일본 효고 현 다카라즈카 시의회 일본군위안부 관련 청원서 채택
4.23	한국의 유엔인권이사회의 UPR에 대한 토론회 참석
5.5~16	유엔인권이사회의 일본 UPR 보고서 채택을 위한 제네바 현지활동
5.28~6.13	한국노총과 민주노총, 제97차 ILO 총회 참가. 노동자그룹 대표 모두발언에서 일본 사례에 위안부 문제 포함
6.8~12	일본 시의회 결의안 채택을 위한 도쿄 집회 참석
6.10	일본 참의원 의원 35명 발의로 '전시 성적 강제 피해자문제 해결 촉진을 위한 법률안'의 여덟 번째 제출
6.13	유엔인권이사회 위안부 문제에 대한 각국 질의 및 권고를 담은 최종보고서 채택
6.20~2	일본 오사카, 사카이, 다카라즈카, 이바라키에서 일본 지방의회의 위안부

	결의안 채택을 위한 캠페인 개최
6.21	일본 오사카에서 전쟁과여성인권박물관 건립기금 마련을 위한 이정미 콘서트 개최
8.12~18	오스트레일리아 의회 위안부 관련 결의안 채택 캠페인 및 8·15 연대집회 개최
8.13	해방 63주년 위안부 문제 해결을 위한 세계연대의 날 개최(8개국, 11개 도시)
9.6	일본 아카시(明石)에서 위안부 강연 집회 개최
9.7	일본 오키나와 미야코 섬 일본군위안부 추모비 제막식 개최
9.27	여성민족·민주열사 및 희생자 추모제 개최
10.1~6	일본의 과거사청산을 요구하는 국제연대협의회 네덜란드 회의 참석
10.8~11	제2회 역사NGO 세계대회 참석
10.13~31	유엔인권위원회, 시민적·정치적 권리에 관한 국제규약 심사에서 위안부 문제 해결 권고하는 보고서 채택
10.16	'기지촌: 국가, 군대 그리고 책임' 심포지엄 개최
10.17~20	일본 '헌법 9조련' 페스티벌 참가
10.17	전쟁과여성인권박물관 사업 실시 계획 인가 통보 및 인가증 교부
10.27	한국 국회, '일본군위안부 피해자 명예 회복을 위한 공식 사죄 및 배상 촉구 결의안'을 제278회 제4차 본회의에서 가결
11.2~11	영국, 독일, 벨기에 등 유럽 의회 결의안 채택을 위한 캠페인 활동
11.3	광복회의 전쟁과여성인권박물관 건축 허가 철회를 위한 기자회견에 대응하는 긴급 기자회견 개최
11.11	타이완 입법원, 일본군위안부 결의안 채택
11.12~15	북한 평양에서 열린 일본의 역사왜곡 및 독도영유권 주장에 대한 남북토론회 참가
11.22~26	일본 도쿄에서 제9차 아시아연대회의 개최
12.7	정대협 창립 18주년 '후원의 밤' 개최
12.10	『역사와 책임』 출판기념회 및 서평토론회 개최
12.26	할머니와 함께하는 2008년 송년회 및 할머니 작품 전시회 개최
12.31	2008 돌아가신 할머니 추모회 개최
2009	
2.7	전쟁과여성인권박물관 일본건립위원회 발족 집회 참가
2.26	'진실과 미래, 국치100년사업공동추진위원회' 발기인대회 참가

2.29	일본 도쿄에서 전쟁과여성인권박물관 건립 모금을 위한 이정미 콘서트 개최
3.3	오스트레일리아 스트라스필드 시의회 일본군위안부 결의안 채택
3.5	일본의 입법 제정을 요청하는 서한을 일본 민주당 및 당수, 내각위원회에 발송
3.8	전쟁과여성인권박물관 '희망의 터 다지기' 행사 개최
3.28	제4차 간토 조선인 학살 진상 규명을 위한 국제 심포지엄 참가
4.3	위안부 문제 해결을 위한 헌법소원심판청구 설명회 개최
4.7	헌법소원심판청구의 공개변론 피해자 진술을 청원하는 기자회견 개최
4.9	헌법재판소 헌법소원심판청구 공개변론
4.24~26	일본 오사카, 아카가사키, 효고, 호쿠세쓰 등에서 일본 시의회 결의안 채택을 위한 캠페인 활동 전개
4.25	'진실과 미래, 국치100년사업공동추진위원회' 창립대회 개최
5.8	어버이날 맞이 '일본군위안부 할머니와 기지촌 할머니와의 특별한 만남' 행사 개최
5.30	정대협 사무실, 서대문 기독교사회문제연구원에서 종로5가로 이전
7.20~8.7	유엔여성차별철폐위원회 제44차 회기, 위안부 문제 해결 권고 보고서 채택
7.24	한국 시의회 처음으로 대구 시의회에서 위안부 문제 해결을 촉구하는 결의안 채택
7.26~8.1	미 의회 결의안 채택 2주년을 맞이해 미국 워싱턴에서 캠페인 개최
8.10~15	오스트레일리아 의회 결의안 채택을 위한 캠페인 및 세계연대행동을 위한 캠페인 개최
8.12	해방 64주년 세계연대집회 개최(7개국, 12개 도시)
9.6~7	일본 미야코 섬 아리랑 추모비 1주년 기념행사 참석
9.12~16	독일 의회 결의안 채택을 위한 캠페인 개최
9.16	'전시 성적 강제 피해자문제 해결 촉진을 위한 법률안'의 실현 및 위안부 문제의 적극적 해결을 요구하는 요청서를 일본 민주당과 사회민주당, 국민신당에 송부
9.22	국제앰네스티 아이린 칸 사무총장이 일본 하토야마 유키오(鳩山由紀夫) 수상에게 위안부 문제의 사죄와 배상을 요구하는 공개서한 발송
9.22~24	한국의 민주당, 민주노동당, 진보신당, 한나라당, 일본 하토야마 정권에 위안부 문제 적극 해결과 입법 해결을 요청하는 서신 송부
9.25	미 하원 혼다 의원과 팔레오마베가 의원에게 일본의 새 정권 및 의회에 위안부 문제 해결 요청서 전달을 제안하는 서한 발송

9.30	주한 일본 대사관에 하토야마 총리 방한에 즈음해 면담 요청 및 공개서한 일본 대사관에 전달
10.8	일본 하토야마 수상 방한에 즈음한 식민지 피해 당사자 및 관련단체 공동기자회견 참석
10.8	일본 하토야마 연립정권에서의 위안부 문제 대응을 위한 정책간담회 개최
10.27~30	일본 도쿄에서 진행된 위안부 문제 입법화 실현을 위한 일본의회 및 원내집회 참석
10.30~31	일본 여성회의 2009 사카이 집회 참석
11.7~9	일본 도쿄에서 열린 일본군위안부 전문가 전국회의 참석
11.20~21	일본군위안부 관련 단체 전국네트워크 워크숍 개최
11.22	국제앰네스티 사무총장과 할머니와의 만남 행사 개최
12.6	정대협 창립 19주년 기념 '후원의 밤' 개최
12.30	2009 돌아가신 할머니를 위한 추모회 개최
2010	
1.13	일본군위안부 문제 해결을 위한 제900차 정기수요시위 개최. 일본군위안부 문제의 입법 해결을 촉구하는 50만 명 서명 캠페인 활동 선포
2.10	오카다 일본 외무장관의 방한과 한일외교장관회담을 앞두고 일본군위안부 문제의 해결을 요구하는 기자회견 개최
3.10	전국여성연대, 민주노동당, 정대협 공동으로 일본군위안부 문제 해결 촉구 전국 의회 결의안 채택을 위한 기자회견 개최
3.30	일본군위안부 문제 해결을 위한 국회의원모임(이하 의원모임) 발족
4.7	'일본군위안부 문제 해결을 위한 남북여성토론회' 성사를 촉구하는 기자회견 개최
4.21	전쟁과여성인권박물관 건립을 위한 2010년 1만인 건립위원 참여 캠페인 발대식 개최
5.4	'일본군위안부 문제 해결을 위한 남북여성토론회' 개최 무산에 대한 남북공동성명서 발표 기지촌여성인권연대와 평택햇살사회복지회와 공동으로 '어버이날 행사' 개최
5.12~17	일본군위안부 입법 해결을 위한 도쿄 원내집회 및 일본 국회의원 면담활동
6.7	유엔인권이사회, 일본군위안부 문제에 대한 일본 정부의 배상책임 강조. 라시다 만주 여성폭력문제 특별보고관의 「여성폭력에 대한 배상」 보고서 발표 오바마 미국 대통령에게 일본군위안부 피해자 명의로 '미국 하원 결의 채택 3주년, 위안부 문제 반드시 해결되도록 관심과 역할 요청' 서한 발송

6.16	'간 나오토(菅直人) 내각 출범을 맞이하여 진정한 일본군위안부 문제 해결을!' 간 나오토 수상에게 보내는 요청서를 일본 대사관에 전달
6.22	일본 전후보상 관련 법안에 대한 간담회 개최
7.31~8.1	일본 후쿠오카에서 열린 일본군위안부 문제 해결 전국행동 회의 참석
8.5~10	독일 '피스 페스티벌' 행사 참석 및 캠페인 활동
8.11	강제병합 100년, 광복 65주년, 세계연대행동의 날 및 제930차 정기수요시위 개최
8.25	강제병합 100년, 일본군위안부 문제 해결을 촉구하는 100인 선언 발표 기자회견 개최
8.27	일본군 위안부 문제의 입법 해결을 요구하는 국회의원 서명전달에 대한 기자회견 개최
11.17	제944차 정기수요시위, 정대협 20주년 기념 수요시위로 개최 일본의 조선학교 고교무상화 즉시적용 촉구를 위한 여성단체 기자회견 개최
11.18	정대협 창립 20주년 기념 국제심포지엄 '2010년, 일본군위안부 문제를 말한다' 개최
11.24	한국 50만 시민, 국제연대 및 국회의원 서명전달을 위한 선언식
11.25~26	일본군위안부 문제 입법 해결을 촉구하는 서명전달 및 일본 국회 원내집회
12.9~18	'용기! 김학순 아시아태평양 화해위원회' 주최 독일캠페인 참가
12.12	정대협 창립 20주년 회원의 날 및 '후원의 밤' 개최
12.29	제950차 정기수요시위 개최 및 2010년 돌아가신 할머니 추모회 개최
2011	
1.17	태양상조와 정대협, 일본군위안부 피해자 장례지원 협약식 이행
1.27	국회 토론회 '한일 군사협정과 한일관계 전망' 참석
2.14~28	전국 기초광역의회 '일본군위안부 문제 해결 촉구 결의' 채택 의뢰 공문 발송
3.14	부산 정의평화위원회 주최 '세상에서 가장 아름다운 미사' 행사 개최
3.18	동일본 대지진 희생자를 위한 모금활동 전개
4.8~13	아이쿱생협 주최, 서울국제여성영화제에서 전쟁과여성인권박물관 건립기금 마련을 위한 홍보부스 활동
4.8	전쟁과여성인권박물관 건립기금 관련 국회 여성가족위원회 소속 의원 보좌관 면담
4.10	명동성당 앞에서 전쟁과여성인권박물관 건립기금 캠페인 개최
4.13	한국여장로회 2011년 총회, 전쟁과여성인권박물관 건립기금 전달식

4.18	일본 동북부 지진 성금 및 송신도 할머니 모금 성금 전달식
5.2	아름다운 가게 헌책방(동숭점) 일본군위안부 전시회 개최
5.14	공정무역의 날 행사, 전쟁과여성인권박물관 홍보 캠페인 개최
5.27	서울대에서 '동아시아 진실·정의·평화를 위한 시민사회의 대응' 국제학술회의 개최
6.3	선뮤지엄에서 일본군위안부 피해자를 위한 추모제 개최
7.6	일본군위안부 문제 해결을 위한 제977차 정기수요시위 및 평화비 건립을 위한 희망릴레이 발대식 개최
7.21	전쟁과여성인권박물관 성미산 부지 공개 및 제10차 아시아연대회의 개최를 알리는 기자회견
8.1	전쟁과여성인권박물관 설계공모 관련 현장 설명회 개최
8.9~17	타이 거주 노수복 할머니의 한국 방문
8.10	아이쿱생협 주관, 일본군위안부 문제 해결을 위한 제982차 정기수요시위 및 세계연대집회 개최
8.12~15	제10차 일본군위안부 문제 해결을 위한 아시아연대회의 개최
8.12~17	일본 거주 송신도 할머니의 한국 방문
8.12	전쟁과여성인권박물관 리모델링 설계 및 시공 관련 심사
8.25	전쟁과여성인권박물관 현상 설계 당선작 및 참여작 시상식 및 집담회
8.31	외교통상부 앞에서 일본군위안부 문제에 대한 행정부작위 위헌소원 판결에 따른 기자회견 개최
9.16	정대협 교육관에서 헌법재판소 위헌 판결 후속조치를 위한 간담회 개최.
10.6	외교통상부 앞에서 한일 외교장관 회담에 즈음해 일본군위안부 문제와 일제 과거사 청산을 촉구하는 기자회견 개최
10.19	광화문 삼거리 광화문 현판 앞에서 일본 수상 방한과 한일 정상회담을 앞두고 일본군위안부 문제 해결을 촉구하는 시민행동 전개
10.29	전북 군산 일대에서 여성폭력필드워크 개최
11.3	중앙대학교 성 평등 문화제 '전쟁과 여성인권 관련 캠페인' 개최
11.4	국제학술회의 '한일회담 공개문서와 식민주의 청산문제' 참석 한국교회여성연합회, 전쟁과여성인권박물관 건립기금 전달식
12.1	조선학교 고교무상화 기자회견 참석
12.6	쉼터 우리 집에 희망 승합차 기증식
12.11	2011년 정대협 창립 21주년 '후원의 밤' 개최

12.11~14	평화기행 개최
12.12	제1,000차 수요시위 미국 연대활동
12.14	일본군위안부 문제 해결을 위한 제1,000차 정기 수요시위 개최, 일본군위안부 할머니들의 수요시위 제1,000차 기념 전시회 개최
12.16	한일공동심포지엄 '동아시아 미군기지 문제와 여성인권' 참석
12.17	일본 미국성폭력연구회 미군기지 투어 활동
12.22	'일본군위안부 헌법재판소 결정의 의미 및 향후 대응방안 모색' 토론회 개최
12.28	2011년 돌아가신 할머니 추모회 및 정대협 주관으로 일본군위안부 문제 해결을 위한 제1,002차 정기 수요시위 개최
2012	
1.15	전쟁과여성인권박물관 건립기금 마련을 위한 한국여자프로농구 올스타전 행사 참석
1.25	기지촌여성인권연대(준) 워크숍 참석
1.26	전쟁과여성인권박물관 착공식 개최
2.15	헌법재판소 위헌 판결 이후 5개월, 일본군위안부 문제에 대한 헌법재판소 판결의 조속한 이행을 촉구하는 기자회견 개최
2.17	'일본군위안부 문제와 미래지향적 한일관계' 국제학술회의 참가
2.23	한국노총 공기업연맹 대의원대회, 박물관 건립기금 전달식
3.8	정대협 교육관에서 일본 정부의 법적 배상을 촉구하고 전쟁 피해 여성들을 위한 후원의 뜻을 알리는 일본군위안부 피해자들의 기자회견 개최
3.28	성명서 '노다 수상의 망언에 대한 우리의 입장' 일본 대사관에 전달
4.18	한·중·일 정상회담을 앞두고 일본군위안부 피해자들의 명예와 인권 회복을 위한 한국 정부의 적극적인 외교활동을 요청하는 기자회견 개최 및 청와대 외교안보 수석비서관 면담 및 요청서 전달
5.4	전쟁과여성인권박물관 개관 기념 국제심포지엄 개최
5.5	전쟁과여성인권박물관 개관식
5.10~11	일본 대사관 앞, '한중일 정상회담을 앞두고 일본 정부의 뻔뻔한 작태를 규탄하는 1인 시위' 개최
6.15	전쟁과여성인권박물관 건립위원회 해단식 개최
7.1	서울시 여성대상 수상, 시상식 참석 '일본군위안부 피해자에게 정의를' 수원캠페인 개최
7.7~8	한일민간TF워크숍 개최
7.13	제19대 민주당 여성의원들과의 간담회

7.21~8.3	미 하원 결의안 추진 5주년 맞이 미국 캠페인 진행
8.15	일본군위안부 문제 해결을 위한 제1035차 정기 수요시위 및 세계연대집회 개최
8.25	아바즈(AVAAZ) 서명 '위안부 할머니에게는 정의가 없는가' 개시
9.6	헌법재판소 판결 1주년, 일본군위안부 문제 해결 심포지엄 개최
9.9	'일본군위안부 피해자에게 정의를. 전주캠페인 개최
9.21~25	도쿄와 오사카에서 일본 연대활동 진행
10.6~7	정대협 친구들과 함께하는 1박2일 캠프 개최
10.10	'일본군위안부 문제, 어떻게 풀 것인가?' 심포지엄 참석
10.13	'일본군위안부 피해자에게 정의를' 광주캠페인 개최
10.14	'일본군위안부 피해자에게 정의를' 대전캠페인 개최
10.19	광복절 67주년 대통령 후보 한일관계 검증 공개질의서 기자회견 참석
10.22~11.5	유엔인권이사회 UPR 관련 활동
1.27~30	한일여성활동가 기행 개최
10.30	전쟁과여성인권박물관 및 나비기금 마련을 위한 〈제1회 이화나비콘서트〉 참석
11.5	쉼터 '평화의 우리 집' 개소식
11.27~30	일본군위안부 문제 해결 히로시마네트워크 평화 기행 개최
12.2	정대협 22주년 기념식 및 후원의 밤 행사 '나비 날다' 개최
12.8~10	타이완에서 개최한 제11차 아시아연대회의 참석
12.14	평화비 제막 1주년 행사 참석
12.26	정대협 주관, 일본군위안부 문제 해결을 위한 제1054차 정기 수요시위 및 돌아가신 일본군위안부 할머니 추모회 개최

횟수	날짜	주관 단체
1차 수요시위	1992.1.8	한국정신대문제대책협의회
2차 수요시위	1992.1.15	한국정신대문제대책협의회
3차 수요시위	1992.1.22	한국정신대문제대책협의회
4차 수요시위	1992.1.29	한국정신대문제대책협의회
5차 수요시위	1992.2.12	한국여성단체연합
6차 수요시위	1992.2.19	한국교회여성연합회
7차 수요시위	1992.2.26	정신대연구회
8차 수요시위	1992.3.4	한국정신대문제대책협의회
9차 수요시위	1992.3.11	이화민주동우회, 숙명민주동문회
10차 수요시위	1992.3.18	한국여성단체연합
11차 수요시위	1992.3.25	한국교회여성연합회
12차 수요시위	1992.4.1	정신대연구회
13차 수요시위	1992.4.8	한국여성단체연합
14차 수요시위	1992.4.15	한국교회여성연합회
15차 수요시위	1992.4.22	정신대연구회
16차 수요시위	1992.4.29	이화민주동우회
17차 수요시위	1992.5.6	한국여성단체연합
18차 수요시위	1992.5.13	기독여민회
19차 수요시위	1992.5.20	정신대연구회
20차 수요시위	1992.5.27	한국정신대문제대책협의회
21차 수요시위	1992.6.3	한국정신대문제대책협의회
22차 수요시위	1992.6.10	한국정신대문제대책협의회
23차 수요시위	1992.6.17	한국정신대문제대책협의회
24차 수요시위	1992.6.24	한국정신대문제대책협의회
25차 수요시위	1992.7.1	한국정신대문제대책협의회
26차 수요시위	1992.7.8	한국정신대문제대책협의회
27차 수요시위	1992.7.15	한국정신대문제대책협의회
28차 수요시위	1992.7.22	한국정신대문제대책협의회
29차 수요시위	1992.7.29	한국정신대문제대책협의회
30차 수요시위	1992.8.5	반핵평화운동연합, 이화민주동우회
31차 수요시위	1992.8.12	한국정신대문제대책협의회
32차 수요시위	1992.8.19	한국교회여성연합회
33차 수요시위	1992.8.26	정신대연구회
34차 수요시위	1992.9.2	반핵평화운동연합, 이화민주동우회
35차 수요시위	1992.9.9	한국정신대문제대책협의회
36차 수요시위	1992.9.16	한국정신대문제대책협의회
37차 수요시위	1992.9.23	한국정신대문제대책협의회
38차 수요시위	1992.9.30	한국정신대문제대책협의회
39차 수요시위	1992.10.7	이화민주동우회
40차 수요시위	1992.10.14	한국정신대문제대책협의회
41차 수요시위	1992.10.21	한국정신대문제대책협의회
42차 수요시위	1992.10.28	한국정신대문제대책협의회

43차 수요시위	1992.11.4	한국정신대문제대책협의회
44차 수요시위	1992.11.11	한국정신대문제대책협의회
45차 수요시위	1992.11.18	한국정신대문제대책협의회
46차 수요시위	1992.11.25	한국정신대문제대책협의회
47차 수요시위	1992.12.2	정신대할머니생활기금모금국민운동본부
48차 수요시위	1992.12.9	한국정신대문제대책협의회
49차 수요시위	1992.12.16	한국정신대문제대책협의회
50차 수요시위	1992.12.23	한국정신대문제대책협의회
51차 수요시위	1992.12.30	한국정신대문제대책협의회
52차 수요시위	1993.1.6	반핵평화운동연합
53차 수요시위	1993.1.13	한국여성단체연합
54차 수요시위	1993.1.20	한국교회여성연합회
55차 수요시위	1993.1.27	한국기독교청년협의회, 한국기독학생회총연맹
56차 수요시위	1993.2.3	한국민주청년단체협의회
57차 수요시위	1993.2.10	한국정신대문제대책협의회
58차 수요시위	1993.2.17	전국목회자정의평화실천협의회
59차 수요시위	1993.2.24	기독여민회, 한국기독교교회협의회 여성위원회, 한국여신학자협의회
60차 수요시위	1993.3.3	한국기독교장로회여신도회전국연합회
61차 수요시위	1993.3.10	한국목회자정신대대책협의회
62차 수요시위	1993.3.17	불교인권위원회
63차 수요시위	1993.3.24	이화민주동우회
64차 수요시위	1993.3.31	경제정의실천시민연합
65차 수요시위	1993.4.7	여대생대표자협의회
66차 수요시위	1993.4.14	한국여성민우회
67차 수요시위	1993.4.21	참교육을 위한 전국학부모회
68차 수요시위	1993.4.28	전국교직원노동조합
69차 수요시위	1993.5.12	한국여성의전화
70차 수요시위	1993.5.19	새세상을여는천주교여성공동체
71차 수요시위	1993.5.26	사월혁명연구소
72차 수요시위	1993.6.2	한국기독교교회협의회 서울지역 인권위원회
73차 수요시위	1993.6.9	한국성폭력상담소
74차 수요시위	1993.6.16	민주주의민족통일전국연합
75차 수요시위	1993.6.23	사회선교를 위한 복음청년들
76차 수요시위	1993.6.30	한국기독교학생회총연맹
77차 수요시위	1993.7.7	이화민주동우회
78차 수요시위	1993.7.14	새로운평화운동단체준비위원회
79차 수요시위	1993.7.21	불교인권위원회
80차 수요시위	1993.7.28	한국교회여성연합회
81차 수요시위	1993.8.4	봉천놀이마당
82차 수요시위	1993.8.11	한국정신대문제대책협의회
83차 수요시위	1993.8.18	여성교회, 아시아여성신학교육원
84차 수요시위	1993.8.25	정신대연구회
85차 수요시위	1993.9.1	한국정신대문제대책협의회
86차 수요시위	1993.9.8	한국기독교교회협의회 여성위원회
87차 수요시위	1993.9.15	한국여신학자협의회, 기독교여성평화연구원
88차 수요시위	1993.9.22	한국여성단체연합
89차 수요시위	1993.10.6	한국여성의전화
90차 수요시위	1993.10.13	여대생대표자협의회

91차 수요시위	1993.10.20	한국여성민우회
92차 수요시위	1993.10.27	한국정신대문제대책협의회
93차 수요시위	1993.11.3	민주화를 위한 전국교수협의회
94차 수요시위	1993.11.10	독립유공자협회 순국선열유족회
95차 수요시위	1993.11.17	새세상을 여는 천주교여성공동체
96차 수요시위	1993.11.24	놀이패 한두레
97차 수요시위	1993.12.1	기독여민회
98차 수요시위	1993.12.8	기장, 예장 여교역자협의회
99차 수요시위	1993.12.15	정신대연구회
100차 수요시위	1993.12.22	한국정신대문제대책협의회
101차 수요시위	1993.12.29	한국정신대문제대책협의회
102차 수요시위	1994.1.12	기독여민회
103차 수요시위	1994.1.19	한국여성민우회
104차 수요시위	1994.1.26	정신대연구회
105차 수요시위	1994.2.2	한국기독교사회운동연합,전국목회자정의평화실천협의회, 한국기독교청년협의회, 기독교도시빈민선교협의회, 기독노동자총연맹
106차 수요시위	1994.2.16	기독여민회
107차 수요시위	1994.2.23	한국여신학자협의회
108차 수요시위	1994.3.2	이화민주동우회
109차 수요시위	1994.3.9	한국기독학생총연맹
110차 수요시위	1994.3.16	한국교회여성연합회
111차 수요시위	1994.3.23	한국정신대문제대책협의회
112차 수요시위	1994.3.30	한국정신대문제대책협의회
113차 수요시위	1994.4.6	한국정신대문제대책협의회
114차 수요시위	1994.4.13	한국정신대문제대책협의회
115차 수요시위	1994.4.20	한국정신대문제대책협의회
116차 수요시위	1994.4.27	한국정신대문제대책협의회
117차 수요시위	1994.5.4	한국여성단체연합
118차 수요시위	1994.5.11	여성교회, 아시아여성신학교육원
119차 수요시위	1994.5.25	한국기독청년협의회
120차 수요시위	1994.6.1	불교인권위원회
121차 수요시위	1994.6.8	민주주의민족통일전국연합
122차 수요시위	1994.6.15	한국여성의전화연합
123차 수요시위	1994.6.22	한국기독교장로회여신도회전국연합회
124차 수요시위	1994.6.29	새세상을여는천주교여성공동체
125차 수요시위	1994.7.6	한국민주청년단체협의회, 민주주의민족통일전국연합
126차 수요시위	1994.7.13	한국정신대문제대책협의회
127차 수요시위	1994.7.20	기록영화제작소 보임
128차 수요시위	1994.7.27	한국기독교교회협의회 여성위원회
129차 수요시위	1994.8.3	대한변호사협회
130차 수요시위	1994.8.10	한국정신대문제대책협의회
131차 수요시위	1994.8.17	한국여성민우회
132차 수요시위	1994.8.24	한국성폭력상담소
133차 수요시위	1994.8.31	한국정신대문제대책협의회
134차 수요시위	1994.9.7	한국여신학자협의회
135차 수요시위	1994.9.14	한국교회여성연합회
136차 수요시위	1994.9.28	한국정신대문제대책협의회
137차 수요시위	1994.10.5	한국여성단체연합

138차 수요시위	1994.10.12	한국기독교장로회 여교역자협의회
139차 수요시위	1994.10.19	기독여민회
140차 수요시위	1994.10.26	한국기독교교회협의회 인권위원회
141차 수요시위	1994.11.2	한국정신대문제대책협의회
142차 수요시위	1994.11.9	한국정신대문제대책협의회
143차 수요시위	1994.11.16	여성교회, 아시아여성신학교육원
144차 수요시위	1994.11.23	한국정신대문제대책협의회
145차 수요시위	1994.11.30	한국정신대문제대책협의회
146차 수요시위	1994.12.7	한국정신대문제대책협의회
147차 수요시위	1994.12.14	새세상을여는천주교여성공동체
148차 수요시위	1994.12.21	한국정신대문제대책협의회
149차 수요시위	1994.12.28	한국정신대문제대책협의회
150차 수요시위	1995.1.11	정신대연구회
151차 수요시위	1995.1.18	한국정신대문제대책협의회
152차 수요시위	1995.1.25	한국정신대문제대책협의회
153차 수요시위	1995.2.15	한국민주청년단체협의회
154차 수요시위	1995.2.22	기독여민회
155차 수요시위	1995.3.1	한국정신대문제대책협의회
156차 수요시위	1995.3.8	새세상을여는천주교여성공동체
157차 수요시위	1995.3.15	이화민주동우회
158차 수요시위	1995.3.22	경제정의실천시민연합
159차 수요시위	1995.3.29	민주주의민족통일전국연합
160차 수요시위	1995.4.12	한국기독교교회협의회 여성위원회
161차 수요시위	1995.4.19	참교육을위한전국학부모회 서울지부
162차 수요시위	1995.4.26	한국기독청년협의회
163차 수요시위	1995.5.3	대한민국국회의원
164차 수요시위	1995.5.10	기장여신도회 전국연합회, 기장 여교역자회
165차 수요시위	1995.5.17	한국여성의전화
166차 수요시위	1995.5.24	한국여성단체연합
167차 수요시위	1995.5.31	한국여신학자협의회
168차 수요시위	1995.6.7	놀이패 한두레
169차 수요시위	1995.6.14	한국정신대문제대책협의회
170차 수요시위	1995.6.21	여성교회, 아시아여성신학교육원
171차 수요시위	1995.6.28	한국기독학생회총연맹
172차 수요시위	1995.7.5	한국교회여성연합회
173차 수요시위	1995.7.12	한국성폭력상담소
174차 수요시위	1995.7.19	한국정신대문제대책협의회
175차 수요시위	1995.7.26	새세상을여는천주교여성공동체
176차 수요시위	1995.8.2	정신대연구회
177차 수요시위	1995.8.9	한국여성의전화연합
178차 수요시위	1995.8.16	전국여대생대표자협의회
179차 수요시위	1995.8.23	한국정신대문제대책협의회
180차 수요시위	1995.8.30	한국정신대문제대책협의회
181차 수요시위	1995.9.6	한국기독교교회협의회 여성위원회
182차 수요시위	1995.9.13	한국정신대문제대책협의회
183차 수요시위	1995.9.20	여성교회, 아시아여성신학교육원
184차 수요시위	1995.9.27	이화민주동우회
185차 수요시위	1995.10.4	한국기독교교회협의회 인권위원회
186차 수요시위	1995.10.11	한국여성민우회

187차 수요시위	1995.10.18	기독여민회
188차 수요시위	1995.10.25	한국기독교장로회여신도회전국연합회
189차 수요시위	1995.11.1	한국정신대문제대책협의회
190차 수요시위	1995.11.8	한국정신대문제대책협의회
191차 수요시위	1995.11.15	한국교회여성연합회, 한국여신학자협의회
192차 수요시위	1995.11.22	한국정신대문제대책협의회
193차 수요시위	1995.11.29	한국정신대문제대책협의회
194차 수요시위	1995.12.6	한국정신대문제대책협의회
195차 수요시위	1995.12.13	한국정신대문제대책협의회
196차 수요시위	1995.12.20	한국정신대문제대책협의회
197차 수요시위	1995.12.27	서울지역 여대생대표자협의회
198차 수요시위	1996.1.10	한국여성단체연합
199차 수요시위	1996.1.17	정신대연구회
200차 수요시위	1996.1.24	한국정신대문제대책협의회
201차 수요시위	1996.1.31	한국여성민우회
202차 수요시위	1996.2.7	한국정신대문제대책협의회
203차 수요시위	1996.2.14	한국기독학생회총연맹
204차 수요시위	1996.2.21	한국정신대문제대책협의회
205차 수요시위	1996.2.28	한국정신대문제대책협의회
206차 수요시위	1996.3.6	한국정신대문제대책협의회
207차 수요시위	1996.3.13	통일맞이 칠천만겨레모임
208차 수요시위	1996.3.20	한국정신대문제대책협의회
209차 수요시위	1996.3.27	한국여신학자협의회
210차 수요시위	1996.4.3	한국기독교장로회여신도회전국연합회
211차 수요시위	1996.4.10	한국정신대문제대책협의회
212차 수요시위	1996.4.17	한국정신대문제대책협의회
213차 수요시위	1996.4.24	한국정신대문제대책협의회
214차 수요시위	1996.5.1	한국정신대문제대책협의회
215차 수요시위	1996.5.8	놀이패 한두레
216차 수요시위	1996.5.15	한국정신대문제대책협의회
217차 수요시위	1996.5.22	한국정신대문제대책협의회
218차 수요시위	1996.5.29	전국여대생대표자협의회 2기
219차 수요시위	1996.6.5	한국정신대문제대책협의회
220차 수요시위	1996.6.12	한국정신대문제대책협의회
221차 수요시위	1996.6.19	한국정신대문제대책협의회
222차 수요시위	1996.6.26	한국정신대문제대책협의회
223차 수요시위	1996.7.3	한국정신대문제대책협의회
224차 수요시위	1996.7.10	한국정신대문제대책협의회
225차 수요시위	1996.7.17	한국정신대문제대책협의회
226차 수요시위	1996.7.24	한국정신대문제대책협의회
227차 수요시위	1996.7.31	한국정신대문제대책협의회
228차 수요시위	1996.8.7	한국정신대문제대책협의회
229차 수요시위	1996.8.14	한국정신대문제대책협의회
230차 수요시위	1996.8.21	한국정신대문제대책협의회
231차 수요시위	1996.8.28	한국정신대문제대책협의회
232차 수요시위	1996.9.4	한국정신대문제대책협의회
233차 수요시위	1996.9.18	한국기독교교회협의회 여성위원회
234차 수요시위	1996.9.25	전국여대생대표자협의회
235차 수요시위	1996.10.2	한국여성단체연합

236차 수요시위	1996.10.9	이화민주동우회
237차 수요시위	1996.10.16	한국기독교장로회여교역자협의회
238차 수요시위	1996.10.23	한국여신학자협의회
239차 수요시위	1996.10.30	한국정신대문제대책협의회
240차 수요시위	1996.11.6	한국정신대문제대책협의회
241차 수요시위	1996.11.13	한국정신대문제대책협의회
242차 수요시위	1996.11.20	한국정신대문제대책협의회
243차 수요시위	1996.11.27	한국정신대문제대책협의회
244차 수요시위	1996.12.4	한국정신대문제대책협의회
245차 수요시위	1996.12.11	한국정신대문제대책협의회
246차 수요시위	1996.12.18	한국정신대문제대책협의회
247차 수요시위	1997.1.8	새세상을여는천주교여성공동체
248차 수요시위	1997.1.15	한국정신대연구소
249차 수요시위	1997.1.22	한국기독교교회협의회 여성위원회
250차 수요시위	1997.1.29	한국민주청년단체협의회
251차 수요시위	1997.2.5	경제정의실천연합
252차 수요시위	1997.2.12	한국기독교장로회여교역자협의회
253차 수요시위	1997.2.19	한국기독학생총연맹
254차 수요시위	1997.2.26	한국여성민우회
255차 수요시위	1997.3.5	기장여신도회 전국연합회
256차 수요시위	1997.3.12	들꽃모임
257차 수요시위	1997.3.19	한국여성단체연합
258차 수요시위	1997.3.26	한국여성의전화
259차 수요시위	1997.4.2	놀이패 한두레
260차 수요시위	1997.4.9	여성교회, 아시아여성신학연구원
261차 수요시위	1997.4.16	한국정신대문제대책협의회
262차 수요시위	1997.4.23	서울지역여대생대표자협의회
263차 수요시위	1997.4.30	민주주의민족통일전국연합
264차 수요시위	1997.5.7	한국정신대문제대책협의회
265차 수요시위	1997.5.14	한국정신대문제대책협의회
266차 수요시위	1997.5.28	한국여성불교연합회
267차 수요시위	1997.6.4	한국성폭력상담소
268차 수요시위	1997.6.11	이화민주동우회
269차 수요시위	1997.6.18	한국정신대문제대책협의회
270차 수요시위	1997.6.25	한국정신대문제대책협의회
271차 수요시위	1997.7.2	한국정신대문제대책협의회
272차 수요시위	1997.7.9	새세상을여는천주교여성공동체
273차 수요시위	1997.7.16	한국정신대문제대책협의회
274차 수요시위	1997.7.23	한국정신대문제대책협의회
275차 수요시위	1997.7.30	한국정신대문제대책협의회
276차 수요시위	1997.8.6	한국정신대문제대책협의회
277차 수요시위	1997.8.13	한국정신대문제대책협의회
278차 수요시위	1997.8.20	한국정신대문제대책협의회
279차 수요시위	1997.9.3	한국기독청년협의회
280차 수요시위	1997.9.10	한국정신대문제대책협의회
281차 수요시위	1997.9.24	여성교회, 아시아여성신학교육원
282차 수요시위	1997.10.1	한국정신대문제대책협의회
283차 수요시위	1997.10.8	한국정신대문제대책협의회
284차 수요시위	1997.10.15	한국정신대문제대책협의회

285차 수요시위	1997.10.22	한국정신대문제대책협의회
286차 수요시위	1997.10.29	한국정신대문제대책협의회
287차 수요시위	1997.11.5	한국정신대문제대책협의회
288차 수요시위	1997.11.12	한국정신대문제대책협의회
289차 수요시위	1997.11.19	한국정신대문제대책협의회
290차 수요시위	1997.11.26	한국정신대문제대책협의회
291차 수요시위	1997.12.3	한국정신대문제대책협의회
292차 수요시위	1997.12.10	한국정신대문제대책협의회
293차 수요시위	1997.12.17	놀이패 한두레
294차 수요시위	1997.12.24	한국정신대문제대책협의회
295차 수요시위	1998.1.7	이화여대 여성위원회
296차 수요시위	1998.1.14	새세상을여는천주교여성공동체
297차 수요시위	1998.1.21	봉황라이온스 354D지구
298차 수요시위	1998.2.4	한국정신대문제대책협의회
299차 수요시위	1998.2.11	한국외국어대학교 왕산 총여학생회
300차 수요시위	1998.2.18	한국정신대문제대책협의회
301차 수요시위	1998.2.25	한국기독교교회협의회 여성위원회
302차 수요시위	1998.3.4	한국정신대문제대책협의회
303차 수요시위	1998.3.11	건국대학교 학생들
304차 수요시위	1998.3.18	여성교회, 아시아여성신학교육원
305차 수요시위	1998.3.25	한국여성민우회
306차 수요시위	1998.4.1	한국정신대문제대책협의회
307차 수요시위	1998.4.8	한국정신대문제대책협의회
308차 수요시위	1998.4.15	한국정신대문제대책협의회
309차 수요시위	1998.4.22	한국정신대문제대책협의회
310차 수요시위	1998.4.29	한국정신대문제대책협의회
311차 수요시위	1998.5.6	한국정신대문제대책협의회
312차 수요시위	1998.5.13	한국정신대문제대책협의회
313차 수요시위	1998.5.20	한국정신대문제대책협의회
314차 수요시위	1998.5.27	경제정의실천시민연합
315차 수요시위	1998.6.3	놀이패 한두레
316차 수요시위	1998.6.10	한국성폭력상담소
317차 수요시위	1998.6.17	한국여성불교연합회
318차 수요시위	1998.6.24	전국교직원노동조합
319차 수요시위	1998.7.1	한국정신대연구소
320차 수요시위	1998.7.8	한국기독교장로회여신도회전국연합회
321차 수요시위	1998.7.15	기록영화제작소 보임
322차 수요시위	1998.7.22	나눔의 집
323차 수요시위	1998.7.29	이화여대 3대 여성위원회
324차 수요시위	1998.8.5	한국정신대문제대책협의회 활동가
325차 수요시위	1998.8.12	장상연합회
326차 수요시위	1998.8.19	한국교회여성연합회
327차 수요시위	1998.8.26	봉황라이온스 354D지구 20지역
328차 수요시위	1998.9.2	여성교회, 아시아여성신학교육원
329차 수요시위	1998.9.9	한국정신대문제대책협의회
330차 수요시위	1998.9.16	한국정신대문제대책협의회
331차 수요시위	1998.9.30	새세상을여는천주교여성공동체
332차 수요시위	1998.10.7	참여연대
333차 수요시위	1998.10.14	ZONTA 서울제5클럽

334차 수요시위	1998.10.21	전국교직원노동조합
335차 수요시위	1998.10.28	한국여성의전화연합
336차 수요시위	1998.11.4	한국여성민우회
337차 수요시위	1998.11.11	한국정신대문제대책협의회
338차 수요시위	1998.11.18	한국기독청년협의회
339차 수요시위	1998.11.25	한국정신대문제대책협의회
340차 수요시위	1998.12.2	한국정신대문제대책협의회
341차 수요시위	1998.12.9	한국대학원생대표자협의회
342차 수요시위	1998.12.16	한국여성불교연합회 중앙본부
343차 수요시위	1998.12.30	한국정신대문제대책협의회
344차 수요시위	1999.1.6	겨레지킴이
345차 수요시위	1999.1.13	한국정신대연구소
346차 수요시위	1999.1.20	관악여성모임연대
347차 수요시위	1999.1.27	이화여자대학교 여성위원회
348차 수요시위	1999.2.3	한국기독학생회총연맹
349차 수요시위	1999.2.10	한국교회여성연합회
350차 수요시위	1999.2.24	한국정신대문제대책협의회
351차 수요시위	1999.3.3	한국정신대문제대책협의회
352차 수요시위	1999.3.10	한국정신대문제대책협의회
353차 수요시위	1999.3.17	한국한국천주교여자수도회 장상연합회
354차 수요시위	1999.3.24	한국기독교교회협의회 여성위원회
355차 수요시위	1999.3.31	전국민주노동조합총연맹
356차 수요시위	1999.4.7	한국기독교장로회여신도회전국연합회
357차 수요시위	1999.4.14	한국여성단체연합
358차 수요시위	1999.4.21	여성교회, 아시아기독교여성문화연구원
359차 수요시위	1999.4.28	한국여성의전화연합
360차 수요시위	1999.5.12	한국노동조합총연맹
361차 수요시위	1999.5.19	한국기독청년협의회
362차 수요시위	1999.5.26	한국정신대문제대책협의회
363차 수요시위	1999.6.2	한국여성민우회
364차 수요시위	1999.6.9	이화민주동우회
365차 수요시위	1999.6.16	한국성폭력상담소
366차 수요시위	1999.6.23	한국여신학자협의회
367차 수요시위	1999.6.30	한국기독교장로회여교역자회
368차 수요시위	1999.7.7	기독여민회
369차 수요시위	1999.7.14	한국정신대문제대책협의회
370차 수요시위	1999.7.21	한국정신대문제대책협의회
371차 수요시위	1999.7.28	한국정신대연구소
372차 수요시위	1999.8.4	이화여대 여성위원회
373차 수요시위	1999.8.11	한국정신대문제대책협의회
374차 수요시위	1999.8.18	한국정신대문제대책협의회 자원봉사자모임
375차 수요시위	1999.8.25	홍익대학교 KUSA, 여성주의 게릴라 '딴짓'
376차 수요시위	1999.9.1	한국정신대문제대책협의회
377차 수요시위	1999.9.8	한국정신대문제대책협의회
378차 수요시위	1999.9.22	한국여신학자협의회
379차 수요시위	1999.9.29	한국여성의전화연합
380차 수요시위	1999.10.6	한국정신대문제대책협의회
381차 수요시위	1999.10.13	전국교직원노동조합
382차 수요시위	1999.10.20	정신대할머니와함께하는 대구시민모임

383차 수요시위	1999.10.27	한국여성민우회
384차 수요시위	1999.11.10	한국교회여성연합회
385차 수요시위	1999.11.17	기록영화제작소 보임
386차 수요시위	1999.11.24	한국정신대문제대책협의회
387차 수요시위	1999.12.1	한국정신대문제대책협의회
388차 수요시위	1999.12.8	한국정신대문제대책협의회
389차 수요시위	1999.12.15	ZONTA
390차 수요시위	1999.12.22	한국정신대문제대책협의회
391차 수요시위	1999.12.29	한국정신대문제대책협의회
392차 수요시위	2000.1.5	2000년 법정 학생법정 준비위원회
393차 수요시위	2000.1.12	한국정신대문제대책협의회 자원봉사자모임
394차 수요시위	2000.1.19	전국교직원노동조합
395차 수요시위	2000.1.26	고등학생 연합동아리 푸른벗
396차 수요시위	2000.2.2	이화여대여성위원회
397차 수요시위	2000.2.9	한국정신대연구소
398차 수요시위	2000.2.16	나우누리 통신동아리 miz
399차 수요시위	2000.2.23	나눔의 집
400차 수요시위	2000.3.1	한국정신대문제대책협의회
401차 수요시위	2000.3.8	정신대할머니와함께하는 대구시민모임
402차 수요시위	2000.3.15	경제정의실천시민연합
403차 수요시위	2000.3.22	한국노동조합총연맹 여성국
404차 수요시위	2000.3.29	한국교회여성연합회
405차 수요시위	2000.4.12	한국정신대문제대책협의회
406차 수요시위	2000.4.19	기독여민회
407차 수요시위	2000.4.26	한국기독교장로회여신도회전국연합회
408차 수요시위	2000.5.3	한국여성단체연합
409차 수요시위	2000.5.10	한국여성의전화연합
410차 수요시위	2000.5.17	새세상을여는천주교여성공동체
411차 수요시위	2000.5.24	한국기독교교회협의회 여성위원회
412차 수요시위	2000.5.31	기록영화제작소 보임
413차 수요시위	2000.6.7	한국성폭력상담소
414차 수요시위	2000.6.14	한국여성민우회
415차 수요시위	2000.6.21	이화민주동우회
416차 수요시위	2000.6.28	한국정신대문제대책협의회
417차 수요시위	2000.7.5	한국정신대연구소
418차 수요시위	2000.7.12	이화여대 여성위원회
419차 수요시위	2000.7.19	서울지역 여대생대표자협의회
420차 수요시위	2000.7.26	민족문제연구소
421차 수요시위	2000.8.2	전국교직원노동조합
422차 수요시위	2000.8.9	한국정신대문제대책협의회
423차 수요시위	2000.8.16	한국대학생불교연합
424차 수요시위	2000.8.23	마을수준교육과정연구소
425차 수요시위	2000.8.30	기록영화제작소 보임
426차 수요시위	2000.9.6	새세상을여는천주교여성공동체
427차 수요시위	2000.9.20	경제정의실천시민연합
428차 수요시위	2000.9.27	한국교회여성연합회
429차 수요시위	2000.10.4	정신대할머니와함께하는대구시민모임
430차 수요시위	2000.10.11	한국노동조합총연맹 여성국
431차 수요시위	2000.10.18	한국기독교교회협의회 여성위원회

432차 수요시위	2000.10.25	한국여성의전화연합
433차 수요시위	2000.11.1	한국여성민우회
434차 수요시위	2000.11.8	한국여신학자협의회, 평화를 만드는여성회
435차 수요시위	2000.11.15	한국정신대문제대책협의회
436차 수요시위	2000.11.22	여성교회, 아시아여성신학교육원
437차 수요시위	2000.11.29	한국정신대문제대책협의회
438차 수요시위	2000.12.6	한국정신대문제대책협의회
439차 수요시위	2000.12.13	한국기독교장로회여교역자회
440차 수요시위	2000.12.20	한국여성단체연합
441차 수요시위	2000.12.27	한국여성의전화연합
442차 수요시위	2001.1.3	2000년 법정 한국측 검사단
443차 수요시위	2001.1.10	한국정신대문제대책협의회
444차 수요시위	2001.1.17	한살림
445차 수요시위	2001.1.31	한국정신대연구소
446차 수요시위	2001.2.7	한국정신대문제대책협의회
447차 수요시위	2001.2.14	남성초등학교 6학년 2반
448차 수요시위	2001.2.21	나눔의 모임
449차 수요시위	2001.2.28	새세상을여는천주교여성공동체
450차 수요시위	2001.3.7	한국기독교장로회여교역자회
451차 수요시위	2001.3.14	여성과 인권연구회
452차 수요시위	2001.3.21	전국교직원노동조합
453차 수요시위	2001.3.28	ZONTA
454차 수요시위	2001.4.4	한국정신대문제대책협의회
455차 수요시위	2001.4.11	한국기독교교회협의회 여성위원회
456차 수요시위	2001.4.18	기독여민회
457차 수요시위	2001.4.25	한국기독교장로회여신도회전국연합회
458차 수요시위	2001.5.2	한국여성의전화연합
459차 수요시위	2001.5.9	경제정의실천시민연합
460차 수요시위	2001.5.16	한국여성단체연합
461차 수요시위	2001.5.23	한국정신대문제대책협의회
462차 수요시위	2001.5.30	한국노총 국제국
463차 수요시위	2001.6.13	이화민주동우회
464차 수요시위	2001.6.20	한국여성민우회
465차 수요시위	2001.6.27	한국여신학자협의회, 평화를 만드는여성회
466차 수요시위	2001.7.4	가락중학교
467차 수요시위	2001.7.11	과소비추방범국민운동본부
468차 수요시위	2001.7.18	한국정신대문제대책협의회
469차 수요시위	2001.7.25	민족문제연구소
470차 수요시위	2001.8.1	전국여대생대표자협의회
471차 수요시위	2001.8.8	한국정신대문제대책협의회
472차 수요시위	2001.8.15	한국정신대문제대책협의회
473차 수요시위	2001.8.22	새세상을여는천주교여성공동체
474차 수요시위	2001.8.29	한국정신대문제대책협의회
475차 수요시위	2001.9.5	평화시민연대
476차 수요시위	2001.9.12	한국교회여성연합회
477차 수요시위	2001.9.19	경제정의실천시민연합
478차 수요시위	2001.9.26	정신대할머니와함께하는 대구시민모임
479차 수요시위	2001.10.10	독도수호대
480차 수요시위	2001.10.17	한신대학교 국제학부

481차 수요시위	2001.10.24	한국정신대문제대책협의회
482차 수요시위	2001.10.31	한국여성민우회
483차 수요시위	2001.11.7	한국정신대문제대책협의회
484차 수요시위	2001.11.14	한국여신학자협의회, 평화를만드는 여성회
485차 수요시위	2001.11.21	한국정신대문제대책협의회
486차 수요시위	2001.11.28	기장여교역자회
487차 수요시위	2001.12.5	한국여성단체연합
488차 수요시위	2001.12.12	한국노동조합총연맹 국제국
489차 수요시위	2001.12.19	한국여성의전화연합
490차 수요시위	2001.12.26	한국정신대문제대책협의회
491차 수요시위	2002.1.2	말벗 재가자원봉사자모임
492차 수요시위	2002.1.9	태평양전쟁피해자보상추진협의회
493차 수요시위	2002.1.16	한국정신대문제대책협의회
494차 수요시위	2002.1.23	한국정신대문제대책협의회
495차 수요시위	2002.1.30	한국정신대문제대책협의회
496차 수요시위	2002.2.6	전국민주노동조합총연맹 여성국
497차 수요시위	2002.2.20	한국정신대문제대책협의회
498차 수요시위	2002.2.27	새세상을여는천주교여성공동체
499차 수요시위	2002.3.6	한국노동조합총연맹 통일대외협력국
500차 수요시위	2002.3.13	한국정신대문제대책협의회
501차 수요시위	2002.3.20	한국정신대문제대책협의회
502차 수요시위	2002.3.27	한국정신대문제대책협의회
503차 수요시위	2002.4.3	한국정신대문제대책협의회
504차 수요시위	2002.4.10	한국여성의전화연합
505차 수요시위	2002.4.17	한국기독교교회협의회 여성위원회
506차 수요시위	2002.4.24	한살림
507차 수요시위	2002.5.1	한국기독교장로회여신도회 전국연합회
508차 수요시위	2002.5.8	기독여민회
509차 수요시위	2002.5.15	한국교회여성연합회
510차 수요시위	2002.5.22	한국기독교장로회여교역자회
511차 수요시위	2002.5.29	한국여신학자협의회, 평화를만드는여성회
512차 수요시위	2002.6.5	한국여성단체연합
513차 수요시위	2002.6.12	한국여성민우회
514차 수요시위	2002.6.19	나눔의 집
515차 수요시위	2002.6.26	한국노동조합총연맹 통일대외협력국
516차 수요시위	2002.7.3	한국정신대문제대책협의회
517차 수요시위	2002.7.10	한국기독교교회협의회 인권위원회
518차 수요시위	2002.7.24	한국정신대문제대책협의회
519차 수요시위	2002.7.31	한국정신대문제대책협의회
520차 수요시위	2002.8.7	한국정신대문제대책협의회
521차 수요시위	2002.8.14	한국정신대문제대책협의회
522차 수요시위	2002.8.21	한국여신학자협의회
523차 수요시위	2002.8.28	한국정신대연구소
524차 수요시위	2002.9.4	한국정신대문제대책협의회
525차 수요시위	2002.9.11	한국정신대문제대책협의회
526차 수요시위	2002.9.18	한국정신대문제대책협의회
527차 수요시위	2002.9.25	새세상을여는천주교여성공동체
528차 수요시위	2002.10.2	한국정신대문제대책협의회
529차 수요시위	2002.10.9	한국정신대문제대책협의회

530차 수요시위	2002.10.16	이화민주동우회
531차 수요시위	2002.10.23	한국정신대문제대책협의회
532차 수요시위	2002.10.30	한국기독교교회협의회 여성위원회
533차 수요시위	2002.11.6	여성해방연대
534차 수요시위	2002.11.13	나눔의 집
535차 수요시위	2002.11.20	한국여성의전화연합
536차 수요시위	2002.11.27	서울여대 여성연구소
537차 수요시위	2002.12.4	한국기독교장로회여교역자협의회
538차 수요시위	2002.12.11	한국정신대문제대책협의회
539차 수요시위	2002.12.18	한국정신대문제대책협의회 증언팀
540차 수요시위	2003.1.8	한국정신대문제대책협의회
541차 수요시위	2003.1.15	한국정신대문제대책협의회
542차 수요시위	2003.1.22	독도수호대
543차 수요시위	2003.1.29	한국정신대문제대책협의회
544차 수요시위	2003.2.5	한국정신대문제대책협의회
545차 수요시위	2003.2.12	말벗재가자원봉사자
546차 수요시위	2003.2.19	여성교회
547차 수요시위	2003.2.26	한국여성의전화연합
548차 수요시위	2003.3.5	대한여한의사회
549차 수요시위	2003.3.12	한국정신대문제대책협의회
550차 수요시위	2003.3.19	한국정신대연구소
551차 수요시위	2003.3.26	한국정신대문제대책협의회
552차 수요시위	2003.4.2	한국정신대문제대책협의회
553차 수요시위	2003.4.9	한국여성단체연합
554차 수요시위	2003.4.16	한국노총, 민주노총
555차 수요시위	2003.4.23	한국기독교교회협의회 여성위원회
556차 수요시위	2003.4.30	기장여신도회 전국연합회
557차 수요시위	2003.5.7	기독여민회
558차 수요시위	2003.5.14	여성해방연대
559차 수요시위	2003.5.21	나눔의 집 역사관
560차 수요시위	2003.5.28	한국여신학자협의회
561차 수요시위	2003.6.4	새세상을여는천주교여성공동체
562차 수요시위	2003.6.11	이화민주동우회
563차 수요시위	2003.6.18	한국정신대문제대책협의회
564차 수요시위	2003.6.25	동덕여대 여성연구소, 여성학과
565차 수요시위	2003.7.2	경기민주언론연합
566차 수요시위	2003.7.9	한국정신대문제대책협의회
567차 수요시위	2003.7.16	전국여대생대표자협의회
568차 수요시위	2003.7.23	한국여성의전화연합
569차 수요시위	2003.7.30	새천년민주당 구로갑지구당
570차 수요시위	2003.8.6	한국정신대문제대책협의회
571차 수요시위	2003.8.13	한국정신대문제대책협의회
572차 수요시위	2003.8.20	매원감리교회
573차 수요시위	2003.8.27	한국정신대문제대책협의회
574차 수요시위	2003.9.3	한국정신대문제대책협의회
575차 수요시위	2003.9.17	한국천주교여자수도회 장상연합회
576차 수요시위	2003.9.24	한살림
577차 수요시위	2003.10.1	정동제일감리교회 젊은이교회
578차 수요시위	2003.10.8	한국정신대문제대책협의회

579차 수요시위	2003.10.15	한국정신대문제대책협의회
580차 수요시위	2003.10.22	일본교과서바로잡기운동본부
581차 수요시위	2003.10.29	경희대학교총여학생회
582차 수요시위	2003.11.5	새세상을여는천주교여성공동체
583차 수요시위	2003.11.12	한국정신대문제대책협의회 ETC
584차 수요시위	2003.11.19	이화민주동우회
585차 수요시위	2003.11.26	한국여성민우회
586차 수요시위	2003.12.3	한국교회여성연합회
587차 수요시위	2003.12.10	평화를 만드는 여성회
588차 수요시위	2003.12.17	수원지역 목회자 모임
589차 수요시위	2003.12.24	한국정신대문제대책협의회
590차 수요시위	2003.12.31	한국정신대문제대책협의회
591차 수요시위	2004.1.7	한국정신대문제대책협의회
592차 수요시위	2004.1.14	한국정신대문제대책협의회
593차 수요시위	2004.1.21	정동제일교회 청년부
594차 수요시위	2004.2.4	일본군위안부피해자
595차 수요시위	2004.2.11	한국정신대문제대책협의회
596차 수요시위	2004.2.18	한국정신대문제대책협의회
597차 수요시위	2004.2.25	한국여성의전화연합
598차 수요시위	2004.3.3	한국정신대문제대책협의회
599차 수요시위	2004.3.10	한국정신대문제대책협의회
600차 수요시위	2004.3.17	한국정신대문제대책협의회
601차 수요시위	2004.3.24	한국정신대문제대책협의회
602차 수요시위	2004.3.31	한국정신대문제대책협의회
603차 수요시위	2004.4.7	한국정신대문제대책협의회
604차 수요시위	2004.4.14	한국정신대문제대책협의회
605차 수요시위	2004.4.21	한국교회여성연합회
606차 수요시위	2004.4.28	기장여신도회 전국연합회
607차 수요시위	2004.5.12	기독여민회
608차 수요시위	2004.5.19	한국여성단체연합
609차 수요시위	2004.6.2	한국성폭력상담소
610차 수요시위	2004.6.9	일본교과서바로잡기운동본부
611차 수요시위	2004.6.16	ZONTA
612차 수요시위	2004.6.23	태평양전쟁피해자보상추진협의회
613차 수요시위	2004.6.30	새세상을여는천주교여성공동체
614차 수요시위	2004.7.7	한국기독교교회협의회 여성위원회
615차 수요시위	2004.7.14	한국여신학자협의회
616차 수요시위	2004.7.21	한국여성의전화연합
617차 수요시위	2004.7.28	놀이패 한두레
618차 수요시위	2004.8.4	전국여대생대표자협의회
619차 수요시위	2004.8.11	한국정신대문제대책협의회
620차 수요시위	2004.8.18	한살림 서울생활협동조합
621차 수요시위	2004.8.25	이화민주동우회
622차 수요시위	2004.9.1	민주노동당 여성위원회
623차 수요시위	2004.9.8	한국정신대문제대책협의회
624차 수요시위	2004.9.15	한국노동조합총연맹
625차 수요시위	2004.9.22	전국민주노동조합총연맹
626차 수요시위	2004.10.6	한국천주교여자수도회 장상연합회
627차 수요시위	2004.10.13	여성예술문화기획

628차 수요시위	2004.10.20	한국여신학자협의회
629차 수요시위	2004.10.27	한국여성단체연합
630차 수요시위	2004.11.3	한국정신대문제대책협의회
631차 수요시위	2004.11.10	한국기독교장로회여교역자협의회
632차 수요시위	2004.11.17	평화를만드는여성회
633차 수요시위	2004.11.24	한국노동조합총연맹
634차 수요시위	2004.12.1	일본 하나회
635차 수요시위	2004.12.8	반미여성회
636차 수요시위	2004.12.15	한국정신대문제대책협의회
637차 수요시위	2004.12.22	한국정신대문제대책협의회
638차 수요시위	2004.12.29	한국정신대문제대책협의회
639차 수요시위	2005.1.5	태평양전쟁피해자보상추진협의회
640차 수요시위	2005.1.12	한국정신대문제대책협의회
641차 수요시위	2005.1.19	한국정신대문제대책협의회
642차 수요시위	2005.1.26	한국여성민우회
643차 수요시위	2005.2.2	한국정신대문제대책협의회
644차 수요시위	2005.2.16	경기민주언론시민연합
645차 수요시위	2005.2.23	인천연대
646차 수요시위	2005.3.2	통일연대여성위원회
647차 수요시위	2005.3.9	한국정신대문제대책협의회
648차 수요시위	2005.3.16	한국정신대문제대책협의회
649차 수요시위	2005.3.23	극단 아리랑
650차 수요시위	2005.3.30	한국여신학자협의회
651차 수요시위	2005.4.6	서울여성의전화
652차 수요시위	2005.4.13	한국정신대문제대책협의회
653차 수요시위	2005.4.20	한국여성의전화연합
654차 수요시위	2005.4.27	한국기독교장로회여신도회전국연합회
655차 수요시위	2005.5.4	일본 부락해방모임
656차 수요시위	2005.5.11	기독여민회
657차 수요시위	2005.5.18	한국여성단체연합
658차 수요시위	2005.5.25	황해도굿보전전수회
659차 수요시위	2005.6.1	한국교회여성연합회
660차 수요시위	2005.6.8	한국정신대문제대책협의회
661차 수요시위	2005.6.15	국제연대협의회 서울위원회
662차 수요시위	2005.6.22	새세상을여는천주교여성공동체
663차 수요시위	2005.6.29	평화를만드는여성회
664차 수요시위	2005.7.6	한국여성단체연합
665차 수요시위	2005.7.13	전국여대생대표자협의회
666차 수요시위	2005.7.20	이화민주동우회
667차 수요시위	2005.7.27	원폭 피해자 및 원폭2세 환우문제 해결을 위한 공동대책위원회
668차 수요시위	2005.8.3	국민대학교 교육학과
669차 수요시위	2005.8.10	한국정신대문제대책협의회
670차 수요시위	2005.8.17	한국정신대문제대책협의회
671차 수요시위	2005.8.24	한국정신대문제대책협의회
672차 수요시위	2005.8.31	민주노동당 여성위원회
673차 수요시위	2005.9.7	한국정신대문제대책협의회
674차 수요시위	2005.9.14	한살림 서울
675차 수요시위	2005.9.21	민주화운동기념사업회

676차 수요시위	2005.9.28	한국여신학자협의회
677차 수요시위	2005.10.5	한국성폭력상담소
678차 수요시위	2005.10.12	경기 민주언론시민연합
679차 수요시위	2005.10.19	한국정신대문제대책협의회
680차 수요시위	2005.10.26	한국정신대문제대책협의회
681차 수요시위	2005.11.2	이화민주동우회
682차 수요시위	2005.11.9	한국정신대문제대책협의회
683차 수요시위	2005.11.16	한국여성의전화연합
684차 수요시위	2005.11.23	한국정신대문제대책협의회
685차 수요시위	2005.11.30	한국교회여성연합회
686차 수요시위	2005.12.7	한국천주교여자수도회 장상연합회
687차 수요시위	2005.12.14	한국기독교교회협의회 여성위원회
688차 수요시위	2005.12.21	한국정신대문제대책협의회
689차 수요시위	2005.12.28	한국정신대문제대책협의회
690차 수요시위	2006.1.4	태평양전쟁피해자보상추진협의회
691차 수요시위	2006.1.11	한국여성민우회
692차 수요시위	2006.1.18	한국정신대문제대책협의회
693차 수요시위	2006.1.25	한국여성의전화연합
694차 수요시위	2006.2.1	한국정신대문제대책협의회
695차 수요시위	2006.2.8	한국노동조합총연맹
696차 수요시위	2006.2.15	민족문제연구소 경기남부지부
697차 수요시위	2006.2.22	반미여성회
698차 수요시위	2006.3.1	한국정신대문제대책협의회
699차 수요시위	2006.3.8	통일연대여성위원회
700차 수요시위	2006.3.15	한국정신대문제대책협의회
701차 수요시위	2006.3.22	서울여성의전화
702차 수요시위	2006.3.29	한국정신대문제대책협의회 자원봉사자
703차 수요시위	2006.4.5	새세상을여는천주교여성공동체
704차 수요시위	2006.4.12	기독여민회
705차 수요시위	2006.4.19	태평양전쟁피해자보상추진협의회
706차 수요시위	2006.4.26	한국기독교장로회여신도회 전국연합회
707차 수요시위	2006.5.3	평화를만드는여성회
708차 수요시위	2006.5.10	경인교대·안양사랑청년회
709차 수요시위	2006.5.17	한국정신대문제대책협의회
710차 수요시위	2006.5.24	반미여성회
711차 수요시위	2006.5.31	서강대 여성학강의 수강생
712차 수요시위	2006.6.7	재일한국민주여성회
713차 수요시위	2006.6.14	한국정신대문제대책협의회
714차 수요시위	2006.6.21	한국교회여성연합회
715차 수요시위	2006.6.28	한국천주교여자수도회 장상연합회
716차 수요시위	2006.7.5	서울여성의전화 성폭력상담센터
717차 수요시위	2006.7.12	전국여대생대표자협의회
718차 수요시위	2006.7.19	안산민중연대, 안양군포의왕 통일연대, 민주노동당민족화합운동연합,안산통일포럼,평화만들기
719차 수요시위	2006.7.26	이화민주동우회
720차 수요시위	2006.8.2	일본 부락해방인권연구소, 반차별부회
721차 수요시위	2006.8.9	한국정신대문제대책협의회
722차 수요시위	2006.8.16	지구촌동포연대
723차 수요시위	2006.8.23	한국민주통일연합 '진짜코리아 투어'

724차 수요시위	2006.8.30	한살림 서울
725차 수요시위	2006.9.6	강제동원시민연대
726차 수요시위	2006.9.13	한국정신대문제대책협의회
727차 수요시위	2006.9.20	한국정신대문제대책협의회
728차 수요시위	2006.9.27	인천여성민우회
729차 수요시위	2006.10.4	한국정신대문제대책협의회
730차 수요시위	2006.10.11	한국정신대문제대책협의회
731차 수요시위	2006.10.18	이화민주동우회
732차 수요시위	2006.10.25	한국여성단체연합
733차 수요시위	2006.11.1	민주노동당 여성위원회
734차 수요시위	2006.11.8	한국교회여성연합회
735차 수요시위	2006.11.15	부천시민연합여성회
736차 수요시위	2006.11.22	한국성폭력상담소
737차 수요시위	2006.11.29	동북여성민우회
738차 수요시위	2006.12.6	한국정신대문제대책협의회
739차 수요시위	2006.12.13	한국여성의전화연합
740차 수요시위	2006.12.20	한국기독청년협의회
741차 수요시위	2006.12.27	한국정신대문제대책협의회
742차 수요시위	2007.1.3	태평양전쟁피해자보상추진협의회
743차 수요시위	2007.1.10	한국정신대문제대책협의회
744차 수요시위	2007.1.17	한국정신대문제대책협의회
745차 수요시위	2007.1.24	한국정신대문제대책협의회
746차 수요시위	2007.1.31	한국정신대문제대책협의회
747차 수요시위	2007.2.7	경기민주언론시민연합, 민족문제연구소 경기남부지부, 수원시민신문
748차 수요시위	2007.2.14	구 조선총독부 서이면사무소 시민위원회
749차 수요시위	2007.2.21	한국정신대문제대책협의회
750차 수요시위	2007.2.28	한국정신대문제대책협의회
751차 수요시위	2007.3.7	한국정신대문제대책협의회
752차 수요시위	2007.3.14	평화를만드는여성회
753차 수요시위	2007.3.21	한국정신대문제대책협의회
754차 수요시위	2007.3.28	재일동포인권선교협의회
755차 수요시위	2007.4.4	노틀담수녀회
756차 수요시위	2007.4.11	서울여성의전화
757차 수요시위	2007.4.18	한국민속극연구소
758차 수요시위	2007.4.25	한국성폭력상담소
759차 수요시위	2007.5.2	열린우리당 서울시당 여성위원회
760차 수요시위	2007.5.9	기독여민회
761차 수요시위	2007.5.16	고 정서운 할머니 추모위원회
762차 수요시위	2007.5.23	인천여성민우회
763차 수요시위	2007.5.30	아름다운재단
764차 수요시위	2007.6.6	한국정신대문제대책협의회
765차 수요시위	2007.6.13	한국여성민우회
766차 수요시위	2007.6.20	한국교회여성연합회
767차 수요시위	2007.6.27	한국기독교교회협의회 양성평등위원회
768차 수요시위	2007.7.4	한국정신대문제대책협의회
769차 수요시위	2007.7.11	민주노동당 서울시당
770차 수요시위	2007.7.18	한국정신대문제대책협의회
771차 수요시위	2007.7.25	평화와통일을여는사람들

772차 수요시위	2007.8.1	전국여대생대표자협의회
773차 수요시위	2007.8.8	한국정신대문제대책협의회
774차 수요시위	2007.8.15	한국정신대문제대책협의회
775차 수요시위	2007.8.22	일본 극단 수요일
776차 수요시위	2007.8.29	새세상을여는천주교여성공동체
777차 수요시위	2007.9.5	한국정신대문제대책협의회
778차 수요시위	2007.9.12	민주노동당 여성위원회
779차 수요시위	2007.9.19	인천여성민우회
780차 수요시위	2007.9.26	한국정신대문제대책협의회
781차 수요시위	2007.10.3	동북여성민우회
782차 수요시위	2007.10.10	서울여성의전화
783차 수요시위	2007.10.17	한국정신대문제대책협의회
784차 수요시위	2007.10.24	일본 재일동포 1세 사랑방 우리서당
785차 수요시위	2007.10.31	한국여성단체연합
786차 수요시위	2007.11.7	이화민주동우회
787차 수요시위	2007.11.14	평화를만드는여성회
788차 수요시위	2007.11.21	한국여성민우회
789차 수요시위	2007.11.28	부천시민연합 여성회
790차 수요시위	2007.12.5	한국여성의전화연합
791차 수요시위	2007.12.12	한살림 서울
792차 수요시위	2007.12.19	한국정신대문제대책협의회
793차 수요시위	2007.12.26	한국정신대문제대책협의회
794차 수요시위	2008.1.2	한국정신대문제대책협의회
795차 수요시위	2008.1.9	한국정신대문제대책협의회
796차 수요시위	2008.1.16	태평양전쟁피해자보상추진협의회
797차 수요시위	2008.1.23	한국정신대문제대책협의회
798차 수요시위	2008.1.30	양서고등학교 햇담
799차 수요시위	2008.2.6	한국정신대문제대책협의회
800차 수요시위	2008.2.13	한국정신대문제대책협의회
801차 수요시위	2008.2.20	반미여성회
802차 수요시위	2008.2.27	한국기독청년협의회
803차 수요시위	2008.3.5	한국정신대문제대책협의회
804차 수요시위	2008.3.12	경기 민주언론시민연합
805차 수요시위	2008.3.19	한국기독교교회협의회 양성평등위원회
806차 수요시위	2008.3.26	서울여성의전화
807차 수요시위	2008.4.2	한국성폭력상담소
808차 수요시위	2008.4.9	목회자정신대대책협의회
809차 수요시위	2008.4.16	평화를만드는여성회
810차 수요시위	2008.4.23	인천여성민우회
811차 수요시위	2008.4.30	한국기독교장로회여신도회 전국연합회
812차 수요시위	2008.5.7	한국천주교여자수도회 장상연합회
813차 수요시위	2008.5.14	일본국 헌법9조를 세계로 미래로 연락회
814차 수요시위	2008.5.21	한국여성단체연합
815차 수요시위	2008.5.28	반미여성회
816차 수요시위	2008.6.4	한국교회여성연합회
817차 수요시위	2008.6.11	한국정신대문제대책협의회
818차 수요시위	2008.6.18	기독여민회
819차 수요시위	2008.6.25	이화민주동우회
820차 수요시위	2008.7.2	서울여성의전화

821차 수요시위	2008.7.9	상명대학교 만화 · 영상학과
822차 수요시위	2008.7.16	한국여성의전화연합
823차 수요시위	2008.7.23	일본 극단 수요일
824차 수요시위	2008.7.30	새세상을여는천주교여성공동체
825차 수요시위	2008.8.6	일본군위안부피해자돕기 고등학교 연합회
826차 수요시위	2008.8.13	한국정신대문제대책협의회
827차 수요시위	2008.8.20	한살림 서울
828차 수요시위	2008.8.27	민족문제연구소, 태평양전쟁피해자보상추진협의회
829차 수요시위	2008.9.3	한국여성의전화연합
830차 수요시위	2008.9.10	한국정신대문제대책협의회
831차 수요시위	2008.9.17	한국정신대문제대책협의회
832차 수요시위	2008.9.24	한국정신대문제대책협의회
833차 수요시위	2008.10.1	부천시민연합여성회
834차 수요시위	2008.10.8	한국여성민우회
835차 수요시위	2008.10.15	한국여성단체연합
836차 수요시위	2008.10.22	한국정신대문제대책협의회
837차 수요시위	2008.10.29	한국정신대문제대책협의회
838차 수요시위	2008.11.5	인천여성민우회
839차 수요시위	2008.11.12	반미여성회
840차 수요시위	2008.11.19	평화를만드는여성회
841차 수요시위	2008.11.26	한국정신대문제대책협의회
842차 수요시위	2008.12.3	여성교회
843차 수요시위	2008.12.10	전국여성연대
844차 수요시위	2008.12.17	차별없는세상을위한기독인연대
845차 수요시위	2008.12.24	한국정신대문제대책협의회
846차 수요시위	2008.12.31	한국정신대문제대책협의회
847차 수요시위	2009.1.7	한국정신대문제대책협의회
848차 수요시위	2009.1.14	매원감리교회
849차 수요시위	2009.1.21	양서고등학교 햇담
850차 수요시위	2009.1.28	일본군위안부피해자돕기 고등학생연합회
851차 수요시위	2009.2.4	민족문제연구소
852차 수요시위	2009.2.11	한국여성단체연합
853차 수요시위	2009.2.18	새세상을여는천주교여성공동체
854차 수요시위	2009.2.25	전교조수원노래패, 홍사단미래사회리더클럽
855차 수요시위	2009.3.4	iCOOP생협
856차 수요시위	2009.3.11	전국여성연대
857차 수요시위	2009.3.18	한국정신대문제대책협의회
858차 수요시위	2009.3.25	한국정신대문제대책협의회
859차 수요시위	2009.4.1	한살림 고양 · 파주
860차 수요시위	2009.4.8	한국여성의전화
861차 수요시위	2009.4.15	한국기독교장로회여신도회 전국연합회
862차 수요시위	2009.4.22	한국성폭력상담소
863차 수요시위	2009.4.29	한국여자수도회 장상연합회
864차 수요시위	2009.5.6	한국정신대문제대책협의회
865차 수요시위	2009.5.13	평화를만드는여성회
866차 수요시위	2009.5.20	일본국 헌법9조를 세계로 미래로 연락회
867차 수요시위	2009.5.27	기독여민회
868차 수요시위	2009.6.3	한국정신대문제대책협의회
869차 수요시위	2009.6.10	차별없는세상을위한기독인연대

870차 수요시위	2009.6.17	봉황클럽
871차 수요시위	2009.6.24	한국여성의전화
872차 수요시위	2009.7.1	성공회대NGO대학원 11기
873차 수요시위	2009.7.8	전국여성연대
874차 수요시위	2009.7.15	한국여성단체연합
875차 수요시위	2009.7.22	일본 극단 수요일
876차 수요시위	2009.7.29	iCOOP생협
877차 수요시위	2009.8.5	한살림
878차 수요시위	2009.8.12	한국정신대문제대책협의회
879차 수요시위	2009.8.19	수원매원감리교회
880차 수요시위	2009.8.26	진실과미래 국치100년 사업공동추진위원회
881차 수요시위	2009.9.2	향린교회
882차 수요시위	2009.9.9	한국기독교교회협의회 양성평등위원회
883차 수요시위	2009.9.16	EASY Net
884차 수요시위	2009.9.23	새문안교회 햇순
885차 수요시위	2009.9.30	한국천주교여자수도회 장상연합회
886차 수요시위	2009.10.7	새세상을여는천주교여성공동체
887차 수요시위	2009.10.14	평화를만드는여성회
888차 수요시위	2009.10.21	부천시민연합 여성회
889차 수요시위	2009.10.28	이화민주동우회
890차 수요시위	2009.11.4	한국여성민우회
891차 수요시위	2009.11.11	다시함께센터
892차 수요시위	2009.11.18	한국교회여성연합회
893차 수요시위	2009.11.25	국민대 국사학과
894차 수요시위	2009.12.2	평화헌법9조와 아시아의평화를위한종교인협의회
895차 수요시위	2009.12.9	한국교회인권센터
896차 수요시위	2009.12.16	한국정신대문제대책협의회
897차 수요시위	2009.12.23	한국정신대문제대책협의회
898차 수요시위	2009.12.30	한국정신대문제대책협의회
899차 수요시위	2010.1.6	한국정신대문제대책협의회
900차 수요시위	2010.1.13	한국정신대문제대책협의회
901차 수요시위	2010.1.20	한국정신대문제대책협의회
902차 수요시위	2010.1.27	양서고등학교 햇담
903차 수요시위	2010.2.3	청소년인권복지센터 내일
904차 수요시위	2010.2.10	앰네스티 한국지부
905차 수요시위	2010.2.17	한국여성단체연합
906차 수요시위	2010.2.24	안산안남고등학교 반크
907차 수요시위	2010.3.3	한국정신대문제대책협의회
908차 수요시위	2010.3.10	전국여성연대
909차 수요시위	2010.3.17	매원감리교회
910차 수요시위	2010.3.24	중앙대학교 사회학과
911차 수요시위	2010.3.31	나눔의집
912차 수요시위	2010.4.7	iCOOP생협
913차 수요시위	2010.4.14	한국여성의전화
914차 수요시위	2010.4.21	한국기독교장로회여신도회 전국연합회
915차 수요시위	2010.4.28	한국천주교여자수도회 장상연합회
916차 수요시위	2010.5.5	평화이음동아리
917차 수요시위	2010.5.12	한국성폭력상담소
918차 수요시위	2010.5.19	일본국 헌법9조를 세계로 미래로 연락회

919차 수요시위	2010.5.26	새세상을여는천주교여성공동체
920차 수요시위	2010.6.2	한국교회여성연합회
921차 수요시위	2010.6.9	차별없는세상을위한기독인연대
922차 수요시위	2010.6.16	기독여민회
923차 수요시위	2010.6.23	평화를만드는여성회
924차 수요시위	2010.6.30	한국여성의전화
925차 수요시위	2010.7.7	한국노동조합총연맹 여성위원회
926차 수요시위	2010.7.14	성공회대NGO대학원 11기
927차 수요시위	2010.7.21	서울시립대학교 총학생회
928차 수요시위	2010.7.28	전국공무원노동조합 여성위원회
929차 수요시위	2010.8.4	일본 극단 수요일
930차 수요시위	2010.8.11	세계연대집회(한국정신대문제대책협의회)
931차 수요시위	2010.8.18	한살림 서울
932차 수요시위	2010.8.25	강제병합100년 실행위원회
933차 수요시위	2010.9.1	봉황클럽
934차 수요시위	2010.9.8	한살림 경기남부
935차 수요시위	2010.9.15	나눔의집
936차 수요시위	2010.9.22	한국정신대문제대책협의회
937차 수요시위	2010.9.29	한국천주교여자수도회 장상연합회
938차 수요시위	2010.10.6	한국여신학자협의회
939차 수요시위	2010.10.13	한국여성단체연합
940차 수요시위	2010.10.20	한국정신대문제대책협의회
941차 수요시위	2010.10.27	한국교회여성연합회
942차 수요시위	2010.11.3	한국기독교교회협의회 양성평등위원회
943차 수요시위	2010.11.10	부천시민연합 여성회
944차 수요시위	2010.11.17	한국정신대문제대책협의회
945차 수요시위	2010.11.24	궤도노조(철도·지하철노동조합연대회의)
946차 수요시위	2010.12.1	차별없는세상을위한기독인연대
947차 수요시위	2010.12.8	전국여성연대
948차 수요시위	2010.12.15	전국교직원노동조합
949차 수요시위	2010.12.22	전국공무원노동조합 여성위원회
950차 수요시위	2010.12.29	한국정신대문제대책협의회
951차 수요시위	2011.1.5	한국노동조합총연맹 서울지역본부 여성위원회
952차 수요시위	2011.1.12	동아리 '내일'
953차 수요시위	2011.1.19	양서고등학교 동아리 '햇담'
954차 수요시위	2011.1.26	수원 매원교회 여선교회
955차 수요시위	2011.2.2	2.2수요시위실행위
956차 수요시위	2011.2.9	한국성폭력상담소
957차 수요시위	2011.2.16	한국여성단체연합
958차 수요시위	2011.2.23	민족문제연구소
959차 수요시위	2011.3.2	차별없는세상을위한기독인연대
960차 수요시위	2011.3.9	전국여성연대
961차 수요시위	2011.3.16	한국정신대문제대책협의회
962차 수요시위	2011.3.23	민주노동당 자주통일위원회/대학희망
963차 수요시위	2011.3.30	민주노동당 여성위원회
964차 수요시위	2011.4.6	다시함께센터
965차 수요시위	2011.4.13	전국공무원노동조합
966차 수요시위	2011.4.20	한국여성의전화
967차 수요시위	2011.4.27	한국정신대문제대책협의회, 살트르성바오로수녀회서울관구

968차 수요시위	2011.5.4	평화를만드는여성회
969차 수요시위	2011.5.11	일본 헌법9조련
970차 수요시위	2011.5.18	한 살림 성남용인
971차 수요시위	2011.5.25	한국진보연대
972차 수요시위	2011.6.1	6.1수요시위실행위원회
973차 수요시위	2011.6.8	국제엠네스티 한국지부
974차 수요시위	2011.6.15	기독여민회
975차 수요시위	2011.6.22	경기자주여성연대
976차 수요시위	2011.6.29	참여연대
977차 수요시위	2011.7.6	부천시민연합여성회
978차 수요시위	2011.7.3	국제엠네스티 대학생네트워크
979차 수요시위	2011.7.20	한국기독교교회협의회 양성평등위원회
980차 수요시위	2011.7.27	한국교회여성연합회
981차 수요시위	2011.8.3	한 살림 서울지부
982차 수요시위	2011.8.10	iCOOP생협
983차 수요시위	2011.8.17	수원지역목회자연대
984차 수요시위	2011.8.24	한국정신대문제대책협의회
985차 수요시위	2011.8.31	8.31수요시위실행위원회
986차 수요시위	2011.9.7	햇살사회복지회
987차 수요시위	2011.9.14	한국정신대문제대책협의회
988차 수요시위	2011.9.21	한국여성단체연합
989차 수요시위	2011.9.28	성가소비녀회 인천관구
990차 수요시위	2011.10.5	통일광장
991차 수요시위	2011.10.12	한국교회인권센터
992차 수요시위	2011.10.19	전국여성연대
993차 수요시위	2011.10.26	한국여신학자협의회
994차 수요시위	2011.11.2	기지촌여성인권연대
995차 수요시위	2011.11.9	나비(정대협 자원활동가모임)
996차 수요시위	2011.11.16	새세상을여는천주교여성공동체
997차 수요시위	2011.11.23	극단 고래
998차 수요시위	2011.11.30	한국정신대문제대책협의회
999차 수요시위	2011.12.7	전국철도지하철노동조합협의회
1000차 수요시위	2011.12.14	한국정신대문제대책협의회
1001차 수요시위	2011.12.21	한국교회희망봉사단
1002차 수요시위	2011.12.28	한국정신대문제대책협의회
1003차 수요시위	2012.1.4	한국기독교장로회 총회 교회와사회위원회
1004차 수요시위	2012.1.11	한국정신대문제대책협의회
1005차 수요시위	2012.1.18	안남고, 부평고 동아리 H.I.T.
1006차 수요시위	2012.1.25	수원매원교회
1007차 수요시위	2012.2.1	부개여자고등학교
1008차 수요시위	2012.2.8	한국성폭력상담소
1009차 수요시위	2012.2.15	한일협정 재협상 국민행동
1010차 수요시위	2012.2.22	언니밴드
1011차 수요시위	2012.2.29	한국여성단체연합
1012차 수요시위	2012.3.7	민족문제연구소
1013차 수요시위	2012.3.14	전국여성연대
1014차 수요시위	2012.3.21	평화를만드는여성회
1015차 수요시위	2012.3.28	부천여성의전화
1016차 수요시위	2012.4.4	녹색당 여성당원모임

1017차 수요시위	2012.4.11	고려대학교 한국사회연구회
1018차 수요시위	2012.4.18	한국여성민우회
1019차 수요시위	2012.4.25	한국기독교장로회 여신도회전국연합회
1020차 수요시위	2012.5.2	iCOOP생협
1021차 수요시위	2012.5.9	한국교회여성연합회
1022차 수요시위	2012.5.16	한살림고양파주생협
1023차 수요시위	2012.5.23	기독여민회
1024차 수요시위	2012.5.30	일본 헌법 9조련
1025차 수요시위	2012.6.6	새세상을여는천주교여성공동체
1026차 수요시위	2012.6.13	한국노동조합총연맹
1027차 수요시위	2012.6.20	전국철도지하철노동조합협의회
1028차 수요시위	2012.6.27	경기자주여성연대
1029차 수요시위	2012.7.4	한국여성의전화
1030차 수요시위	2012.7.11	수원시민신문
1031차 수요시위	2012.7.18	통일의길(준)
1032차 수요시위	2012.7.25	한국교회희망봉사단
1033차 수요시위	2012.8.1	한 살림 서울
1034차 수요시위	2012.8.8	나눔의집
1035차 수요시위	2012.8.15	세계연대집회(한국정신대문제대책협의회)
1036차 수요시위	2012.8.22	에큐메니칼 여신학생 연대
1037차 수요시위	2012.8.29	트위터 친구들
1038차 수요시위	2012.9.5	수원YWCA
1039차 수요시위	2012.9.12	한국교회여성연합회
1040차 수요시위	2012.9.19	한국여신학자협의회
1041차 수요시위	2012.9.26	말씀의 성모영보수녀회
1042차 수요시위	2012.10.3	여성국제연대활동 네트워크, 한국정신대문제대책협의회
1043차 수요시위	2012.10.10	한국여성단체연합
1044차 수요시위	2012.10.17	부천시민연합여성회
1045차 수요시위	2012.10.24	평화를만드는여성회
1046차 수요시위	2012.10.31	한국노총 서울지역본부
1047차 수요시위	2012.11.7	새세상을여는천주교여성공동체
1048차 수요시위	2012.11.14	차별없는세상을위한기독인연대
1049차 수요시위	2012.11.21	iCOOP생협
1050차 수요시위	2012.11.28	트위터 친구들
1051차 수요시위	2012.12.5	전국여성연대
1052차 수요시위	2012.12.12	한국기독교목회자협의회
1053차 수요시위	2012.12.19	시사IN 주진우 기자 팬카페 '쫄팔리게 살지 말자'
1054차 수요시위	2012.12.26	한국정신대문제대책협의회

편집후기

이 책을 편집하는 동안 개인적으로 임신과 출산, 육아를 겪었다. 생명의 가치에 대해 새삼스럽게 떠올리는 시간들이었다. 그 가치를 지키고 키워나가는 노력에 대해서도 절감했다. 풀 한 포기가 자라기 위해서도 햇빛과 물, 정성이 필요하듯이 무엇 하나가 생명을 얻기 위해서는 그 무엇 자체와 주변 사람들의 에너지가 엄청나게 필요했다.

위안부 문제가 수면에 떠오르고 그 해결운동이 생명력을 갖춰가는 과정도 마찬가지였다. 생존자들의 용기에서부터 활동가들의 헌신, 시민들의 관심까지 어느 것 하나 쉽게 얻어진 것이 없었다. 지난 20년 동안의 정대협운동사를 읽고 또 읽으면서 위안부 문제가 역사로서 길을 개척해나가는 과정에 마음이 묵직했다.

정대협운동사 편집에 참여하면서 이 또한 하나의 역사라는 생각이 들었다. 윤정옥 선생님, 김혜원 선생님, 윤영애 선생님 등 정대협의 초창기를 일구며 위안부 운동을 이끌었던 선생님들을 만나면서 역사가 시작됐다. 집필이 완료되고, 편집책임을 맡은 정진성 선생님 아래서 김동희 사무처장과 함께 편집에 들어가면서 본격적인 노정이 펼쳐졌다. 여러 필자가 작성한 각 장마다 개성이 뚜렷한 글들을 정진성 선생님이 고르고 다듬었다. 겹친 내용은 빼고, 빠진 내용을 보충했다. 나는 퀼트를 엮듯 글과 문장들을 이었고, 거친 표현은 다듬었다. 부족한 부분은 새로 내용을 채워 넣었다. 김동희 사무처장은 집필자와 편집자를 연결하고 모든 상황을 조율했다.

지금 내 컴퓨터에는 여섯 차례에 이른 원고 수정본이 있다. 그래도 교정과 교열이 충분치 않다는 생각이 든다. 집필자와 편집책임자의 의도를 제대로 반영하지 못한 것 같아 죄송스러운 마음이다. 정대협운동의 22년을 매듭짓는 순간에 함께 자리할 수 있었다는 사실이 감격스럽다.

정대협이 20주년을 맞이하기 전에 시작한 편집 작업은 20주년을 넘기고 말았다. 모두 기다렸던 운동사가 이렇게 늦어진 데에는 개인적인 사정을 핑계로 일을 더디게 한 나의 책임이 크다. 이 책을 읽는 사람들이 위안부 운동의 역사를 계속 써나가는 데 참여할 수 있게 된다면 마음의 짐을 조금은 덜 수 있을 것 같다.

한국근대여성사 연구자 박정애

찾아보기

인명

엮은이
한국정신대문제대책협의회 20년사 편찬위원회

편찬위원회 위원장 및 위원

위원장 정진성   서울대학교 사회학과 교수
                유엔인권이사회자문위원회 위원
                전 정대협 공동대표
                전 정신대연구소 소장

위원 박정애   숙명여대 역사문화학과 강사

지은이(가나다순)

김동찬   뉴욕한인유권자센터 사무총장
김부자   일본 도쿄외국어대 교수
김윤옥   전 정대협 공동대표
김진향   세계한민족여성네트워크 독일지역 대표
김혜원   전 정대협 실행위원
방청자   일본군위안부 문제 해결 간사이네트워크 공동대표
양미강   전 정대협 총무
양지혜   전 재미한인변호사협회장
양징자   재일조선인 위안부 재판을 지원하는 모임
윤미향   정대협 상임대표
윤영애   전 정대협 실행위원
윤정옥   정대협 초대 공동대표
이동우   전 워싱턴정신대문제대책위원회 이사장
이종화   미국 하와이퍼시픽 대학교 신문방송학과 교수
정진성   서울대학교 사회학과 교수, 전 정대협 공동대표
한우성   뉴 아메리칸 미디어(New American Media) 기자
한정로   재독한국평화여성회 대표

한울아카데미 1548

한국정신대문제대책협의회 20년사

ⓒ 한국정신대문제대책협의회 20년사 편찬위원회, 2014

엮은이 | 한국정신대문제대책협의회 20년사 편찬위원회
펴낸이 | 김종수
펴낸곳 | 도서출판 한울
편집책임 | 최규선
편집 | 서성진

초판 1쇄 인쇄 | 2014년 3월 14일
초판 1쇄 발행 | 2014년 3월 28일

주소 | 413-756 경기도 파주시 광인사길 153 한울시소빌딩 3층
전화 | 031-955-0655
팩스 | 031-955-0656
홈페이지 | www.hanulbooks.co.kr
등록번호 | 제406-2003-000051호

Printed in Korea
ISBN 978-89-460-5548-3 93330(양장)
      978-89-460-4827-0 93330(반양장)

* 책값은 겉표지에 표시되어 있습니다.